미국 대중음악과 한국의 방송

1945~1980

1945~1980

미국 대중음악과 한국의 방송

박용규 지음

culture look

미국 대중음악과 한국의 방송
1945~1980

지은이 박용규
펴낸이 이리라

책임편집 이여진
편집 하이픈
표지 디자인 식스틴

2025년 4월 30일 1판 1쇄 펴냄

펴낸곳 컬처룩
등록 번호 제2011－000149
주소 03993 서울시 마포구 동교로 27길 12 씨티빌딩 302호
전화 02.322.7019 | 팩스 070.8257.7019 | culturelook@daum.net
www.culturelook.net

ISBN 979－11－92090－61－0 93300

* 이 책은 2019년 대한민국 교육부와 한국학중앙연구원(한국학진흥사업단)의 한국학 총서 사업 지원을 받아 수행된 연구(AKS-2019-KSS-1230002)입니다.

culturelook

차례

Ⅱ부 팝송의 보급과 팝 정보의 확산

Ⅲ부 한국의 방송과 팝송

일러두기

• 한글 전용을 원칙으로 하되, 필요한 경우 원어나 한자를 병기하였다.
• 한글 맞춤법은 '한글 맞춤법' 및 '표준어 규정'(1988), '표준어 모음'(1990)을 적용하였다.
• 외국의 인명, 지명 등은 국립국어원의 외래어 표기법을 따랐으며, 관례로 굳어진 경우는 예외를 두었다.
• 사용된 기호는 다음과 같다.

신문 및 잡지 등 정기 간행물, 영화, TV 프로그램 제목 등: 〈 〉

책(단행본): 《 》

머리말

AFKN과 팝, 한국 방송과 K팝

K팝이 해외에서 큰 인기를 누리고 있다. 세계 곳곳에서 K팝을 들으며 안무를 따라 하는 영상을 흔히 보게 된다. BTS, 블랙핑크 등 K팝 가수들의 음악이 빌보드 차트에 진입했다는 소식도 자주 듣는다. 이제는 국내에서도 '팝'보다 'K팝'의 인기가 더 많다. K팝의 세계적 인기에 이제 제법 익숙해졌다. 하지만 '팝송'을 '가요'보다 더 즐겨 들으며 자란 세대에게는 여전히 '놀라운 변화'다.

K팝의 발전 과정을 연구한 성과들은 제법 많다. 대부분이 대중음악의 역사를 조망하며 K팝을 살펴본다. 오랫동안 방송이 대중음악을 매개하는 수단으로서 큰 역할을 했음에도 K팝의 성공에 관한 논의에서 방송은 크게 주목받지 못했다. K팝의 성공에 글로벌 온라인 플랫폼이 결정적 역할을 한 것은 분명하다. 다만 방송이 오랜 기간 K팝이 발전할 수 있는 토양을 일구어 온 것에 관해서도 주목할 필요가 있다. 이 책은 K팝의 성공에서 방송은 어떤 역할을 했는가에 관한 관심으로부터 시작했다.

K팝의 역사를 얘기할 때 빼놓을 수 없는 것이 주한 미군 방송,

즉 AFKN의 영향이다. AFKN은 한국 전쟁 이후 오랫동안 한국의 방송이나 마찬가지였다. 미군을 대상으로 하는 영어 방송이었지만, 한국인도 누구나 청취하고 시청할 수 있었기 때문이다. AFKN은 한국 대중문화에 큰 영향을 미쳤다. 특히 언어 장벽이 별로 문제되지 않는 대중음악에서 그 영향이 두드러졌다. AFKN을 통해 유입된 미국 최신 대중음악은 젊은이들에게 큰 인기를 누렸다.

AFKN을 통한 미국의 문화적 영향력에 대해서는 오랫동안 비판적 평가가 지배적이었다. '일방성'과 '종속성'이 비판의 핵심 내용이었다. 하지만 K팝을 포함한 '한류'의 등장은 AFKN의 영향을 새로운 관점에서 보도록 해주었다. 미국의 최신 대중문화를 수용한 것이 새로운 문화를 생산하는 데 큰 도움이 되었다는 것이다. 당연히 K팝의 발전에도 AFKN을 통한 미국 최신 팝의 수용이 영향을 주었다. K팝 성장에 도움이 되었음에도 AFKN을 통한 미국 대중음악의 영향이 반드시 긍정적이었던 것만은 아니었다. 미국 팝을 수용해 단순한 모방에 머무르지 않고 창조의 단계로 나아가고자 했던 사람들의 노력이 부정적 영향을 줄이는 데 기여했다.

AFKN 등을 통해 유입된 미국 팝의 확산에는 다양한 공간과 매체의 역할이 있었다. 많은 사람이 팝송을 연주하거나 부르고, 음반을 통해 팝송을 들려주며, 팝송에 관한 정보를 제공하는 매체를 발행했다. 미8군 무대, 음악감상실, 〈월간팝송〉 등이 바로 그런 것들이다. 이들의 역할은 단순히 팝의 대중화에 그치지 않았다. K팝의 뿌리라고 할 만한 '한국적 팝송' 또는 '팝 스타일 가요'의 등장에서도 큰 역할을 했다. 이런 공간과 매체에서 활동했던 인물들은 방송으로 옮겨 가수와 연주자로 팝 계열 가요의 연행자가 되거나,

방송국의 PD나 DJ로 팝 문화의 기획자가 되었다.

AFKN이 팝의 유입에 기여했다면, 한국 방송은 K팝 성장의 토대를 마련했다. 상업 방송이 등장한 1960년대부터 한국의 방송은 팝을 확산하고 팝 스타일 가요를 발전시키는 데 도움을 준 중요한 요인 중 하나였다. 1960년대 라디오의 DJ 프로그램은 팝의 대중화에 큰 역할을 했다. 1970년대 라디오의 심야 방송은 팝만이 아니라 포크 같은 팝 계열 가요의 확산에도 공헌했다. 1960년대와 1970년대의 TV 음악 쇼 프로그램을 통해 스탠더드 팝, 록, 포크 등 다양한 팝 스타일 가요가 한국적 토양을 형성할 수 있었다.

주한 미군 방송(WVTP, AFKN)과 한국 방송의 음악 프로그램에 관해 연구한 지 10여 년이 흘렀다. 미군 방송을 통한 팝 음악의 유입과 한국 방송의 팝 계열 가요 성장에서의 역할을 살펴보다 두 분야 연구를 한 권의 책으로 묶어야겠다고 생각하게 되었다. AFKN의 영향과 한국 방송의 수용 사이를 잇는 요인들에 관한 연구가 추가로 필요하다고 판단했다. 미8군 쇼와 음악감상실, 그리고 팝 매체와 팝 칼럼니스트에 관한 연구는 그런 고민의 산물이었다.

이 책은 크게 3부로 구성되어 있다. 1부에서는 1945년 해방 직후 등장한 최초의 주한 미군 방송인 WVTP, 1950년 한국 전쟁으로 재출발한 주한 미군 방송인 AFKN의 라디오와 텔레비전에 관해 팝 음악의 수용이라는 관점에서 정리하려고 한다. 2부에서는 미군 쇼의 운용과 가수들의 활동, 팝송을 들려주던 음악감상실의 변화, 팝 악보와 팝에 관한 정보를 제공하던 매체와 사람에 관해 살펴보려고 한다. 3부에서는 1960년대 처음 편성된 오후 및 저녁 시간대 DJ 프로그램, 1970년대에 인기를 누린 심야 음악 프로그램, 1960년대와 1970년대의 TV 음악 쇼에 관해 팝 스타일 가요의 발전이라는 관점에서 분석하려고 한다.

이 책은 K팝 성장의 토양 형성에 방송이 공헌한 부분만을 다루고, 그것도 1945년부터 1980년까지의 시기만을 살펴볼 것이다. 미군 방송이 팝송을 본격적으로 유입했던 1945년부터 상업 방송이 치열하게 경쟁하며 팝송을 확산하고 팝 스타일 가요를 창작하도록 했던 1980년까지의 시기를 다루었다. 이 책은 대중음악 연구자들이 K팝 연구에서 비교적 소홀히 했던 부분을 보완한다는 점에서 의미가 있다. 앞으로 1980년대 이후 한국 방송이 K팝 성장 과정에 기여한 바에 관해 연구하려고 한다.

이 책은 2019년 한국학중앙연구원의 한국학총서사업의 지원을 받았다. 이 지원을 통해 장영민 교수님, 윤상길 교수님과 공동 연구를 할 수 있었다. 한국언론학회 '커뮤니케이션 역사 연구회'의 선배, 동료, 후배 연구자들의 격려와 도움이 없었다면 '언론과 문화의 역사' 연구로 일관하지 못했을 것이다. 공동연구자와 연구회 동료들께 감사와 존경의 마음을 전한다. 어려운 출판계의 현실에서 성의 있게 책을 만들어 주신 컬처룩의 이리라 사장님과 이여진 편집장님께도 감사드린다.

박용규

I부

주한 미군 방송의 등장과 영향

주한 미군 방송과 한국 사회

미군 주둔지에는 어디나 미군 방송이 있었다. 한국에서도 미군은 진주 직후부터 방송을 시작했다. WVTP라는[1] 이름으로 1945년 10월 22일 방송을 시작했다가 한국 전쟁 발발로 1950년 6월 28일 방송을 중단했다. WVTP는 미군의 극동 방송 네트워크Far East Network(이하 FEN)에 소속되어 있었다. 한국 전쟁 중인 1950년 10월 4일에 미군은 다시 방송을 시작했다. 이번에는 AFKN(American Forces Korea Network)이라는 주한 미군 방송 자체 네트워크 체제를 구축했다. AFKN은 1957년 9월 15일에는 텔레비전 방송도 시작했다. AFKN의 라디오와 텔레비전은 1990년대까지 한국인이 쉽게 접할 수 있는 중파(AM)와 초단파(VHF)로 방송해서 50년 동안 사실상 한

1 정순일은 "미국의 방송국은 미시시피강을 경계로 하여 동쪽은 W, 서쪽은 K로 시작되는 호출 부호를 쓰나, 미군 방송은 워싱턴의 지휘를 받기 때문에 W를 쓴다는 것이 미군정청의 설명이었다"라고 했다(정순일, 1991: 18).

국 방송과 마찬가지였다.

WVTP와 AFKN의 라디오·텔레비전은 당연히 주한 미군을 대상으로 한 영어 방송이었지만, 실제로는 한국인도 많이 접촉했기 때문에 한국 사회에 미친 사회적, 문화적 영향은 상당히 컸다. 50년의 세월 동안 한국인들은 미군 방송을 일상적으로 청취 또는 시청할 수 있는 "잠재적 수용자shadow audience"였다(Craig, 1988; Klein, 2012). 특히 가수나 연주자가 미군 방송을 통해 미국의 대중음악을 수용해 국내에 이를 전파하였고, 젊은 청취자들은 미군 방송을 통해 미국의 대중음악을 들으며 자신들의 음악 취향을 형성해 나갔다. 주한 미군 방송은 일본식 방송에 익숙해 있던 한국의 방송인들에게 미국식 방송의 실제를 보여 주어 새로운 음악 프로그램의 등장에 영향을 주기도 했다.

미군 방송은 젊은 군인들이 주된 수용자였기 때문에 오락 프로그램을 많이 편성했다. 주한 미군 방송을 통해 한국인들은 미국 방송의 오락 프로그램을 일상적으로 접촉하며 미국 대중문화의 영향을 직접적으로 받았다. 즉 주한 미군 방송은 "한국에서 미국 대중문화 전파의 가장 중요한 채널"이었고, "한국에 미국 문화를 전파하는 가장 중요하고 직접적인 파이프라인"이었다(강현두, 1994: 108). 주한 미군 방송은 "세계 문화의 변방인 한국을 미국 방송문화의 가시청권으로 편입시키는 역할"을 했다는 평가를 듣기도 했다(이성욱, 2000: 221~222). 긍정적이든 부정적이든 주한 미군 방송은 미국 문화의 직접적 수용을 통해 한국 사회에 엄청난 영향을 주었다(원우현, 1983: 66~70).

그러나 그동안 AFKN의 역사에 관한 체계적 연구가 별로 없었고, 그 전신이라고 할 수 있는 WVTP는 아예 관심의 사각지대에 놓여 있었다. 1980년대 이후 AFKN의 사회적, 문화적 영향력에 관해서는 어느 정도 연구했지만(강종근, 1985; 강현두, 1983; 이강수, 1981), WVTP나 AFKN이 한국의 매체나 문화에 큰 영향을 주었던 해방 이후부터 1970년대까지의 시기에 관한 연구는 드물었다. 실제로 1970년대까지의 주한 미군 방송에 관해서는 단편적인 글만 있을 뿐이고 체계적인 연구는 거의 없었다. 연구 부진으로 인해 주한 미군 방송의 사회적, 문화적 영향력이 형성되어 온 역사적 과정을 구체적으로 파악하기 어려웠다.

WVTP나 초기 AFKN에 관해 전혀 연구하지 않은 가장 큰 이유는 문제의식 부족과 자료 접근의 어려움 때문이었다.[2] 우선 주한 미군 방송의 사회적, 문화적 영향력에 대한 인식이 부족했다. 설사 어느 정도 관심이 있더라도 정작 이런 영향력을 행사하게 된 역사적 맥락에 관해서는 간과했다. WVTP나 초기 AFKN을 연구하는 데 필요한 자료 상당수가 미국 국립문서기록관리청(NARA)에 있는데, 이곳에 있는 관련 문서를 찾아 활용하기가 어려웠다. 국내의 미국 문서 데이터베이스나 자료집에도 주한 미군 방송에 관한 자료는 드물었다.

2 미국 국립문서기록관리청의 자료들 속에서 VOA(Voice of America, 미국의 소리) 한국어 방송이나 VUNC(Voice of United Nations Command, 유엔군총사령부방송) 자료들은 비교적 많이 발견되는 편이지만 WVTP나 AFKN에 관한 자료는 찾기 어려웠다. 전자의 두 방송이 '의도적인 선전' 목적을 달성하기 위해 더 많은 자료를 남겼기 때문일 것이다.

1부에서는 주한 미군 방송의 사회·문화적 영향력을 역사적 맥락 속에서 파악하기 위해 그동안 제대로 연구하지 않았던 WVTP와 1980년대 이전의 AFKN에 관해 살펴보려고 한다. 먼저 최초의 미군 방송인 WVTP를 살펴보고, 다음으로 AFKN의 라디오와 텔레비전에 관해 다룰 것이다. 각 장에서는 주한 미군 방송이 어떻게 시작되어 운영되었고, 프로그램 편성 및 제작의 특성은 무엇이었으며, 한국인들의 프로그램에 대한 수용과 반응은 어떠했는지를 살펴볼 것이다. 특히 음악 프로그램의 편성과 수용에 관한 내용에 중점을 두되, WVTP나 AFKN 라디오는 음악 프로그램의 비중이 매우 높았던 반면에 AFKN 텔레비전의 음악 프로그램 비율은 낮았다는 점을 고려하며 살펴볼 것이다.

이를 위해 미국 국립문서기록관리청을 방문해 직접 수집한 자료는 물론 국사편찬위원회, 국립중앙도서관, 국회도서관 등이 인력을 파견해 수집한 미국 국립문서기록관리청 자료들도 활용하고자 한다. 세 기관의 자료들은 홈페이지에서 이용할 수 있다. 또한 전 세계 미군 방송을 관장하는 AFRTS(Armed Forces Radio and Television Service)가 작성한 《AFRTS 50년사*History of AFRTS, the First 50 Years*》 등의 자료와 미군 방송에서 활동했던 인물들의 회고도 유용하다. 미군 신문인 〈(태평양판) 성조지*Pacific Stars & Stripes*〉[3]에 실린 주한 미군 방송에 관한 기사들도 활용할 것이다.

3 이후 *Pacific Stars & Stripes*의 기사를 인용할 때 그냥 *Stars & Stripes*로 표기할 것이다.

국내 신문이나 잡지에 실린 주한 미군 방송에 관한 기사는 물론 주한 미군 방송의 수용 경험을 다룬 논문, 보고서, 각종 온라인 자료 등도 활용할 것이다. 주한 미군 방송 음악 프로그램의 수용에 관해서는 국내 음악인들의 회고록도 매우 중요하다. 문헌 자료의 한계를 보완하는 것이 필요하다고 판단해, 40대 초반부터 60대 초반까지의 남녀 8명을 대상으로 AFKN 텔레비전 시청에 관해 구술 면접도 실시하였다.[4] AFKN 텔레비전을 주로 시청한 시기에 따라 수용 양상이 달랐을 것이라는 점을 고려해 세대별로 면접 대상자를 선정하였다.

문화제국주의, 문화적 냉전, 그리고 문화적 혼종성

문화제국주의Cultural Imperialism 이론은 문화의 서구에 의한 비서구 사회로의 일방적인 흐름과 이로 인한 문화의 동질화 현상 및 이데올로기의 전파를 비판하는 데 중요한 역할을 해왔다. 특히 문화제국주의 이론을 통한 비판에서 주된 대상은 바로 미국 대중문화의 확산이었다. 매체 기술의 발달과 세계화의 진전 속에 문화제국주

4 구술 면접은 2014년 6월 1일부터 30일까지 한 달 동안 직접 만나거나 이메일을 통해 이루어졌다. 구술자 1(62세, 남, 사업), 구술자 2(61세, 여, 전 대학 강사), 구술자 3(56세, 남, 대학교수), 구술자 4(51세, 남, 기자), 구술자 5(51세, 남, 변호사), 구술자 6(46세, 여, 대학교수), 구술자 7(41세, 남, 회사원), 구술자 8(41세, 여, 주부) 등 8명으로 모두 청소년기 이후 서울에서 생활한 사람을 대상으로 하였다. 김영찬의 주장대로 가능한 한 구술자들의 "기억·소회·느낌 등을 추적, 재구성"하고자 시도하였다(김영찬, 2011: 345～350).

의 이론의 한계를 지적하는 목소리가 커지고 있지만, 여전히 미국에 의한 문화적 지배를 분석하는 데 문화제국주의 이론이 유용하다는 주장도 만만치 않게 나오고 있다(임동욱, 2009; 진달용, 2011).

1960년대에 나온 초기 문화제국주의 이론은 냉전적 시대 상황의 산물이었다. 2차 세계 대전 이후 한동안 미국 문화가 전 세계로 확산되고, 이런 문화가 큰 영향력을 행사했다. 이 시기 "냉전적 문화제국주의는 상업적 문화의 확산으로 직접적인 경제적 이익을 얻는 것보다는 정치적, 이념적 목적을 달성하는 데 더 중점을 두었다"라고 할 수 있다(김승수, 2008: 61~63). 이런 '냉전적 문화제국주의'는 아예 미군정이 직접 지배했던 경험을 지닌 한국 같은 나라에서 더 분명히 나타났다. 미군정은 미국의 정치, 경제적 이해의 지속적이고 안정적인 실현을 위해 다양한 매체 정책을 실시하여 한국에 새로운 가치를 이식하려고 했기 때문이다(차재영, 1994; 김균, 2000).

1980년대까지 냉전 체제 속에 미국의 문화 정책을 '문화적 냉전'이라는 관점에서 바라보기도 했다. '문화적 냉전' 연구는 "조작과 통제라는 일차적 차원에서 벗어나, 자유민주주의의 우월성을 제시하고 사람의 심성과 정신을 재정향시키는 데 다양하고 광범위한 문화적 자원들을 '무기'로 사용하였던 냉전 정책과 전략"에 주목하였다(강명구 · 백미숙 · 최이숙, 2007: 11~12). 즉 문화적 냉전이란 미국이 소련과 대립하고 있는 가운데 "문화, 예술, 교육, 오락, 생활 양식까지를 포함하여 헤게모니를 확립하고, 세계인의 '마음'을 얻기 위해 전개한 문화, 정보, 미디어 전략 전반"을 가리킨다(기시 도시히코 · 쓰치야 유카, 2012: 16).

미군정이 실시되었던 나라에서 미군 진주와 함께 시작된 미군 방송은 문화제국주의의 중요한 수단이 되었고, 때로는 문화적 냉전의 도구가 되기도 했다. 무엇보다도 미군 방송은 미국 상업 방송의 오락 프로그램을 중심으로 편성되었기 때문에 독일이나 영국 같은 나라에서도 큰 인기를 누렸고 적지 않은 영향을 주었다(Morley, 2001; Culbert, 2002). 미국 국무부가 운영하던 해외 방송인 VOA 방송이 의도적인 선전 수단이라고 인식되던 것과 달리 미군 방송은 미군을 상대로 하는 오락 방송으로서 '실제의 미국real United States'을 그대로 보여 준다고 받아들여졌기 때문에 더 큰 영향을 줄 수 있었다(Craig, 1988).

한국에서도 주한 미군 방송의 영향을 문화제국주의라는 틀로 바라보는 연구들이 있었다. 이강수(1981)는 AFKN-TV를 많이 볼수록 미국에 대해 호의적인 이미지를 갖게 된다고 하며, 미국 대중문화의 유입 경로로서 AFKN-TV가 갖는 영향력을 실증적으로 분석하였다. 강현두(1983)는 AFKN이 초기 라디오 방송을 통해 한국의 대중음악에 큰 영향력을 준 것을 시작으로 하여, 이후 텔레비전 방송이 한국의 대중문화 전반에 미국화를 촉진시켰다고 주장하였다. 강종근(1985)은 AFKN-TV가 위성을 통한 방송을 하게 되면서 '문화 침략적 측면'이 더욱 강화되었다는 점을 밝혔다.

이후에도 AFKN의 사회적 영향력에 주목한 다양한 연구들이 나왔다. 이런 연구들은 주로 AFKN-TV의 문화제국주의적 역할에 대해 주목하거나(최재열, 1989; 김원용 · 강종근, 1990), 한국 대중음악의 발전 과정에 미친 주한 미군 방송의 문화적 영향에 관심을 두었다(Ryu, 2007; Kim & Shin, 2010). 전자의 경우 주로 1980년대 이후 텔레비전의 역할을 중심으로 살펴보고 있고, 후자의 연구는 대중음악에 미친 주한 미군 방송의 영향만을 다룬다는 점에서 한계가 있다.

1990년대 이후 문화제국주의론의 한계를 지적하는 문화적 혼종성 이론들이 나왔다(진달용, 2011: 24~26). 이런 이론들은 서구 사회에 의한 비서구 사회로의 일방적인 흐름이나 동질화가 아니라 서구와 비서구 사회 사이의 교류와 협력을 통해 새로운 문화가 창조되는 과정에 주목해야 한다고 주장한다. 이런 관점의 수용은 "서구 문화를 전유하고 그것을 이용해서 다양한 문화 산물을 만들어 낸 방식들에 대한 해석"의 필요성을 일깨운다(진달용, 2017: 26~34). 또한 "미국의 다양한 제도와 가치가 새로운 자본주의 질서 재편성과 (정보) 커뮤니케이션 혁명을 토대로 세계 각 지역에 다양한 방식으로 펼쳐지고, 그 결과 수용 지역에서 자발적이거나 강요에 의해 그런 것을 베끼고 따라잡는 현상과 과정"에 주목할 필요가 있다고도 한다(김덕호·원용진, 2008: 17). 이런 관점에서는 미국 문화 수용 과정의 복합성을 강조하여, 실제 미국 문화의 수용 과정에서 나타나는 다양한 측면을 고려할 것을 요구한다.

한국에서는 한류의 등장과 함께 새로운 관점이 힘을 얻었고, 특히 주한 미군 방송에 대해서도 새로운 평가들이 나왔다. 강준만은 그동안 주한 미군 방송에 대한 한국인의 일상적 접촉과 그 영향력에 대해 부정적인 시각이 지배적이었지만, "한류는 그런 토양의 덕을 보았음을 부인하기 어렵다"라고 했다(강준만, 2020: 623). 미군 방송을 통한 미국 문화의 신속한 전파와 한국인의 주체적 수용이 결국 한국의 방송과 대중음악의 발전을 가져왔다는 것이다. 주한 미군 방송이 오랫동안 문화적 종속의 주범으로 비판의 대상이 되었다가 이제 한류의 근원으로 상찬의 대상이 되기도 한다. 어떤 관점에서 바라보든 주한 미군 방송이 다양한 미국 문화를 한국에 신속하게 전파했다는 사실을 부정할 수는 없다. 주한 미군 방송의 역할에 대한 역사적 평가를 위해서도 방송국의 변천 과정, 음악 프로그램의 구성, 한국인의 수용 과정을 구체적으로 살펴보는 일이 필요할 것이다.

1장

WVTP의 등장과 영향

1. 최초의 미군 방송 WVTP

주한 미군 방송이라면 대부분 AFKN을 떠올린다. AFKN은 1950년 10월 개국해 1990년대까지 한국인이 자주 청취하거나 시청했다. 지금은 접근하기 어렵지만, 많은 한국인이 여전히 AFKN을 기억하고 있다. 미국의 대중문화 수용 과정에서 AFKN의 역할은 매우 컸고, 그 영향이 현재 한국 대중문화 발전의 기반이 되었다는 주장도 많다.

그런데 AFKN 이전에도 미군 방송이 있었다는 사실은 사람들이 잘 모르고 있다. 비록 서울, 부산, 전주(뒤에 광주) 세 곳에만 방송국이 설치되었지만, 해방 직후 이미 미국 대중음악을 마음껏 들을 수 있던 미군 방송 WVTP의 영향력은 작지 않았다. 특히 WVTP

● 이 장은 박용규 (2014). "주한미군방송(WVTP)의 등장과 영향(1945~1950)," 〈한국언론학보〉, 58권 1호, pp.356~380의 내용을 토대로 수정 및 보완하였다.

는 방송인이나 음악인에게 큰 영향을 주었다. WVTP 청취는 '미국 대중음악과의 본격적인 첫 만남'이었다. 방송인은 DJ(Disc Jockey)의 진행 방식을 배웠고, 음악인은 최신 미국 팝송[5]을 익힐 수 있었다.

그러나 WVTP는 오랫동안 연구 대상조차 되지 않았다. AFKN의 전사前史로서 간단히 언급하는 정도에 머물렀다. WVTP는 1945년 10월부터 1950년 7월까지 5년 동안 적지 않은 사람들이 청취했던 미군 방송이었음에도 이름조차 잘 모른다. WVTP에 관한 연구는 미국 대중음악의 초기 유입 과정을 파악하기 위해서도 반드시 필요하다.

1장에서는 먼저 WVTP가 1945년 극동 네트워크 소속으로 개국했다가 한국 전쟁 발발로 폐쇄되는 과정을 분석한다. 다음으로 WVTP의 인력과 편성의 특성을 정리하고, 마지막으로 WVTP의 수용과 그 영향에 대해 살펴보고자 한다.

5 요즘은 '팝'과 'K팝'이라는 용어를 주로 사용하지만, 이 책에서는 외국 (특히 미국) 대중음악을 '팝송,' 국내 대중음악을 '가요'로 부르던 과거(1950년대~1970년대)의 관행을 따를 것이다. 신현준은 요즘 한국의 대중음악을 K팝으로 부르는 것과는 달리 "1980년대까지만 해도 팝과 가요는 다른 음악이었다"라고 설명했다(신현준, 2013: 34). 이 책에서 미국 대중음악을 주로 '팝송'으로 부르지만, 때로는 '팝'·'팝 음악'·'팝 뮤직'이라는 단어도 사용할 것이고, '가요' 대신 'K팝'이라는 용어를 사용할 때도 있을 것이다. 초기에 '팝송의 영향을 받은 가요'에 대해서는 '팝 계열 가요' 또는 '팝 스타일 가요'라고 부를 것이다.

2. WVTP의 개국과 폐쇄

미군 방송Armed Forces Radio Service(AFRS, 1954년부터는 Armed Forces Radio and Television Service[AFRTS])은 1942년 5월 26일 공식적으로 창립되었다. AFRS는 미군이 주둔하고 있는 세계 각 곳에 지역 방송국을 개국했고, LA에 있는 본부에서 지역 방송국에 프로그램을 공급했다(AFRTS, 1993: 19~26). AFRS는 특정 지역 단위로 네트워크를 형성하기도 했다. 1945년 3월에 필리핀 마닐라에 중앙국key station을 둔 극동 네트워크를 구축했다. 미군 점령 시기 일본과 한국의 방송국은 모두 극동 네트워크에 소속되었다. 1945년 9월 12일 상설 스튜디오에서 하는 AFRS 첫 공식 방송으로 WVTQ가 오사카에서 방송을 시작했고, 9월 21일 WVTR이 도쿄에서 극동 네트워크를 앞세운 첫 방송을 했다(AFRTS, 1993: 72).

한국의 경우 1945년 10월 22일에 서울에서 최초의 미군 방송국인 WVTP가 개국했다. 1945년 8월 23일의 문서에는 일본의 미8군 산하 WVTR(도쿄), 미6군 산하 WVTQ(오사카)와 미24군단 산하 한국의 WVTP가 함께 개국을 준비했던 것으로 나와 있다. 일본이 패망하고 한국이 해방된 직후 일본과 한국에서 동시에 극동 방송 네트워크 소속 방송국 개국을 준비했던 것이다(RG 338, 8th Army, Box 44; RG 554, Far East Command, Box 24). 한국의 경우 당연히 패전국 일본보다 미군 진주가 늦었고, 미군 진주 이후에도 일본으로부터 방송 장비를 가지고 들어와 방송을 준비하느라 일본보다 개국이 늦어졌다. WVTP가 개국하기 전까지 미군은 서울중앙방송국을 통해 영어 방송을 하였다(《자유신문》, 1945. 10. 26: 2; USAFIK, 1988: 51).

진주 직후부터 미군을 상대로 하는 영어 방송이 필요했지만, 준비 부족으로 개국하는 데 많은 시간이 걸려서 결국 10월 22일에야 WVTP를 개국할 수 있었다.[6] WVTP의 개국식에 관한 자세한 내용은 〈성조지〉 1945년 10월 19일자 "월요일 WVTP가 개국을 위한 갈라 스테이지쇼를 계획하다"라는 기사에 잘 나와 있다.

> 10월 22일 월요일 오후 8시에 AFRS 산하 WVTP(1480킬로사이클)가 공식적으로 방송을 시작한다. AFRS에서 가장 최근에 개국하는 방송국인 WVTP가 부민관the Citizens' Theater building에서 개국 방송 공연을 한다. 저명한 군고위층이 참여하고, 221육군밴드, 스윙오케스트라, 한국 여성 가수 트리오 등이 공연할 예정이다. WVTP는 평일에 06:30～08:30, 11:30～13:30, 17:00～23:05 세 번 방송을 하고, 일요일에는 11시 30분부터 방송을 시작해 오후 11시 5분까지 계속 방송할 예정이다. (중략) 스튜디오는 부민관 2층에 위치하고 있다. (중략) 방송 운영은 정훈과Information and Education Detachment에서 담당한다. (RG 332, XXIV Corps G-2, Box 27)

위 기사를 보면, WVTP가 부민관에 자리 잡고, 10월 22일에

6 미군정기에 서울중앙방송국에 근무했던 윤길구는 대담에서 방송국을 접수한 미군이 "이 방송을 미군도 듣는다. 미군에 방송 시설이 없으니까 같이하자. 너희들이 영어로 해라. 그래서 그네들이 그 후 WVTP를 만들어 가지고 따로 나갔죠"라고 회고했다(이규일 외, 1994: 74).

그림 1　WVTP 개국식 공연

출처: https://archive.history.go.kr/id/AUS005_06_03V0000_454, 2023.9.20. 접속.

개국했으며,[7] 또한 주한 미군 정훈부서에서 방송을 담당했음을 알 수 있다. 위의 기사에 나와 있는 것처럼, 개국 공연에서 한국 여가수 트리오가 노래를 불렀다는 점이 특이했다.

그림 1은 WVTP 개국 공연에서 신카나리아(가운데), 이난영, 장세정 3명의 여가수가 노래를 부르는 장면이다.[8] 이는 미군 병사를 상대로 한국인 가수가 처음으로 노래를 부르기 시작했다는 점에서 중요한 의미가 있다.

WVTP 개국 다음 해인 1946년 초에 부산에 WLKC가 개국했고, 1946년 5월에 전주에 WLKJ가 개국했다(RG 332, XXIV Corps, G-2, Box 54). 표 1은 1946년 6월 26일의 방송국 현황을 정리한 것이다.

7 《한국방송사》에는 WVTP가 "태평로에 있는 체신부(전 총독부 체신국)"에 설치되었고, 9월 말부터 방송을 시작했다고 나와 있는데, 이는 잘못된 내용이다(한국방송공사, 1977: 949). 부민관은 현재의 서울시의회 의사당 건물이다. 미군은 부민관을 '미군 전용 극장과 미군 전용 방송국'으로 사용했다(〈동아일보〉, 1948. 12. 3: 2).

8 신카나리아는 KPK 악단을 이끌던 김해송이 1945년 10월 18일 '연합군 위문공연'을 부민관에서 열었는데, 이 공연에서 자신과 이난영, 장세정이 노래를 불렀다고 했다. 신카나리아는 이 행사에 미군정 사령관 하지와 주한 대사 무초가 참석했다고 했다(〈동아일보〉, 1981. 7. 30: 11). 신카나리아가 10월 22일의 WVTP 개국식에 출연했던 사실을 착각했을 가능성이 크다. 무초 대사가 1948년 8월 17일 내한해, 1949년 4월 7일 초대 주한 대사로 임명되었기 때문에 이 공연에 그가 참석했다는 것도 사실이 아니다. WVTP 개국식 사진에는 하지 중장과 군정장관 아널드 소장이 나타난다(https://archive.history.go.kr/id/AUS005_06_03V0000_458, 2023. 9. 20. 접속). KPK 악단은 미군정 기간 동안 부민관에서 한 달에 두 번씩 공연했다고 한다(황문평, 1994: 295~296).

표 1 1946년의 주한 미군 방송국 현황

방송국	소재지	출력	주파수	1일 방송량	방송 시간
WVTP	서울	500W	1510kC	17시간 30분	06:30~24:00
WLKJ	전주	500W	1430kC	12시간	0630~23:00
WLKC	부산	500W	1540kC	11시간 30분	06:30~23:00

출처: RG 554, Far East Command, Box 25 (1946. 6. 2).

그러나 이런 방송국들은 일본과 마찬가지로 초기에는 네트워크 체제를 구축하지 않고 독자적으로 방송을 했다. WLKJ는 1947년 중순경 전주에서 광주로 옮겨 방송을 계속했던 듯하다.[9] 경기·강

9 《한국방송사》에는 서울에 이어 부산과 광주에 지역국이 생겼다고 나와 있다(한국방송공사, 1977: 949). 이후 WVTP를 언급하는 국내 자료들에는 모두 같은 내용이 나와 있다. 그러나 당시 대부분의 미군 문서에는 모두 부산과 전주에 지역국이 생겼다고 나와 있다. 그러나 미군정기 24군단 정훈부서의 역사를 정리한 문서에는 부산과 광주에 지역국이 생긴 것으로 나와 있다(RG 332, XXIV Corps G~2, Box 54). AFRTS의 50년사를 정리한 자료를 보면, 전주에 먼저 지역국이 생겼다가 이것이 나중에 광주로 옮긴 것으로 나와 있다(AFRTS, 1992: 74). 자료들을 종합해 보면 대략 1947년 중반쯤 전주에서 광주로 옮긴 것으로 보인다. 해방 직후 미군은 전주 시내의 발리봉에 안테나를 설치했다고 하는데(장명수, 2009: 43~44), 이것이 방송을 위한 시설이었을 가능성이 있다.

원·충청도에는 7사단, 경상도에는 40사단, 전라도에는 6사단이 진주해 있었는데(김일영·조성렬, 2003: 41), 각 사단별로 방송국을 하나씩 둔 셈이었다. 한국의 세 방송국을 포함해 1947년 초에 극동 네트워크(FEN)에는 16개의 방송국이 소속되어 있었다(Roscoe, 1961: 5).

1946년 말경에 WVTP는 부민관에서 남산으로 이전할 계획을 세웠는데, 이 방송국은 "현재 24군 극장에 있는 방송국에다 새로운 미국방송시설품과 기술개량을 가한 것이며, 큰 방송실과 현대식 전파 조절실, 대합실, 레코드 보존실, 기술실 및 방송국 직원 숙소도 설비"할 것이라고 했다. 약 1개월 내지 1개월 반 뒤에 완성할 것이라는데 이 방송국은 "안테나의 위치가 높아서 신호력이 강하여질 뿐 아니라 수신력도 개선되리라고 하는데 현재 조선의 방송망은 물론 미군 방송까지도 모범이 되며 각지 미군 방송의 중심이 될" 것이라고 밝혔다(《예술통신》, 1946. 11. 25: 1). 1947년 4월에 "남산동에 있는 미군 제24군 WVTP 방송국에서는 무전기 2대를 도난당하였다"라고 보도했던 것을 보면(《자유신문》, 1947. 4. 3: 2), 1947년 초에 이미 부민관에서 남산으로 이전했다는 사실을 알 수 있다. 그러나 1947년 7월에 복귀 계획Rehabilitation project을 세워 나중에 부민관으로 다시 방송 시설을 옮겨왔다(RG 554, Far East Command, Box 119).

1945년 11월경 7만여 명에 달했던 주한 미군은 1948년 4월에 3만 명으로 줄었고, 정부 수립 후 철군이 본격화되면서 1949년 초에는 7,500명으로 감축되었으며, 1949년 6월 29일에는 500명의 주한 미군사고문단Korea Military Advisory Group만 남긴 채 모두 철수했다(김일영·조성렬, 2003: 49~50). 1948년 9월에 광주의 WLKJ가 문을 닫았고, 1948년 11월에는 부산의 WLKC가 방송을 중단했다. 1949년

1월 1일 미국은 대한민국을 정식으로 승인했고, 5일 트루먼 대통령은 미국 육군부가 담당하던 선전과 교육 교환 프로그램을 국무부 국제선전국으로 이관하라는 집행 명령을 내렸는데, 육군부와 국무부 국제선전국은 회계 연도가 끝나는 1949년 6월 30일까지는 육군부가 계속 선전 업무를 수행하기로 합의했다(장영민, 2004: 289~290). 이런 과정에서 군이 관장하던 WVTP를 폐쇄할지, 아니면 국무부 관할로 넘겨줄지 논의했다.

1949년 4월 미공보원장 제임스 L. 스튜어트James L. Stewart는 미군 철수 후 WVTP 방송 시설의 인수를 강력히 희망했다. 인수 이유로는 KBS를 활용하지 못할 때 VOA 방송의 중계를 위해 필요하고, 한국 거주 미국인을 위해 영어로 된 오락 프로그램을 제공할 필요도 있다는 점을 들었다(RG 59, Dept. of State, Box 4767). 주한 미국대사 존 J. 무초John J. Muccio는 이런 요구를 받아들여 1949년 5월에 한국 정부에 WVTP 방송 시설을 계속 쓸 수 있도록 요청했고, 이범석 총리와 장기영 체신부 장관이 이를 승인했다(RG 59, Dept. of State, Box 7407). 1949년 6월 30일에는 서울의 WVTP도 주한 미군사고문단과[10] 주한 미대사관에 넘기면서 극동 네트워크 체제에서 벗어났다(Roscoe, 1961: 5~6). 부민관에 있던 WVTP 시설은 주한 미대

10 WVTP를 미군사고문단에게 넘기는 형식을 취했던 것은 군 방송을 국무부 관할 대사관에게 바로 넘기지 않고 군이 계속 관장하려고 했기 때문이었다. 그러나 미군 철수 이후 군사적 기능, 대한 군사원조 창구 기능, 군사 엘리트 양성 기능, 치안 유지 기능 등을 하던(안정애, 1999) 미군사고문단이 자체적으로 방송을 할 수는 없었기 때문에 사실상 방송은 미대사관 산하 미공보원이 주도할 수밖에 없었다.

사관이 있던 반도호텔로 옮겼다(한국방송공사, 1977: 950). 미공보원과 미군사고문단, 그리고 극동 사령부는 WVTP를 언제까지 AFRS 소속으로 둘지, 언제부터 VOA 중계를 위한 방송국으로 활용할지 등에 대해 논의했다(RG 59, Dept. of State, Box 7407).

WVTP는 주한 미대사관 직원과 그 가족, 주한 미군사고문단원들과 그 가족, 그 외의 주한 외교 사절 및 상사 직원들과 그 가족을 위한 역할을 수행했다. 특히 6·25 전쟁이 벌어지면서 '방송매체로서의 기민성을 발휘'했다(한국방송공사, 1977: 950). WVTP를 통해 안내 방송을 해서 주한 미국인을 안전하게 철수시키도록 했던 것이다(Goulden, 1989/2002: 94~95). 주한 미국대사 무초는 1950년 6월 25일 오후 1시에 WVTP를 통해 전쟁 발발 소식을 알리며, 계속 WVTP를 청취할 것을 요구했다(FRUS, 1950: 127). 전황을 알리며 미국인의 피난을 도왔던 WVTP도 1950년 6월 28일 방송을 중단하고 대구로 옮겼고, 7월 31일에는 다시 부산으로 옮겨갔으며, 결국 방송을 완전히 중단하고 말았다(AFRTS, 1993: 74).

3. WVTP의 인력과 편성

WVTP의 운영은 주한 미군사령부 작전참모부 정훈과Information & Education Section에서 담당하였다. WVTP는 개국 이후 오랫동안 적은 인력으로 방송을 운영하여, 1947년 10월까지도 WVTP나 WLKJ, WLKC 모두 불과 장교 1명, 사병 2명 정도만이 근무하였는데(RG 554, Far East Command, Box 25), 이것은 대부분의 프로그램

표 2 1948년의 주한 미군 방송국 인원 현황

방송국	지역	장교	사병	군무원
WVTP	서울	1	6	2
WLKC	부산	1	5	1
WLKJ	광주	1	3	0

출처: RG 332, XXIV Corps G-2, Box 54.

을 AFRS로부터 공급받았기 때문이다. 자체 제작 프로그램이 늘어나면서 1948년경에는 인력이 다소 늘어났는데, 당시 세 방송에 근무했던 인력은 표 2와 같다.[11] 당시 미군 방송국의 인력은 대부분 AFRS 본부에서 교육받고 파견되었다.[12]

군무원 중에는 대중음악인으로 미국에서 한국에 들어와 미군을 상대로 하는 쇼에서 연주 활동을 하다가 WVTP의 아나운서가 된 사람도 포함되어 있었다(Moss, 2006). 대중음악 연주자가 아나운서가 된 것은 WVTP가 그만큼 편성에서 대중음악을 중요시했다는 것을 보여 준다. 이들은 주로 DJ로 활동하였다. 대중음악 프

11 서울 WVTP에 8명, 부산 WLKC에 4명, 광주 WLKJ에 3명이 근무했다는 기록도 있다(한국방송공사, 1977: 949).

12 미국 로스앤젤레스에 있는 AFRS는 초기에 '라디오 프로그램 및 방송 학교The Radio Program and Broadcasting School'라는 이름의 교육 기관을 설치해 방송 인력을 양성했다(DeLay, 1951: 4~5; DeLay, 1953: 302).

로그램이 큰 비중을 차지했지만, 장교나 사병 같은 군인들은 대중음악에 대한 지식이 부족해서 대중음악인을 아나운서로 기용했던 것이다.

WVTP는 개국 당시 뉴스를 하루에 5번 방송하고, 음악 신청 프로그램Request Program을 편성하고, 일요일에는 풋볼 게임을 중계하겠다고 밝혔다(RG 332, XXIV Corps G-2, Box 27). 그러나 WVTP 등 세 방송국은 초기에 적은 인력과 시설 부족으로 인해 뉴스와 24군단의 고지告知 방송 이외 대부분의 프로그램을 본국에서 보내오는 녹음 자료에 의존할 수밖에 없었다. 1947년에 서울의 WVTP는 〈주간 뉴스 논평*Weekly Review of the News*〉 등 일부 프로그램을 제작하여 부산의 WLKC나 전주(뒤에는 광주)의 WLKJ에 보내기도 했다(RG 554, Far East Command, Box 25). 그나마 제작 인력이 조금 많은 WVTP가 부분적으로 중앙국key station으로서의 역할을 하기 시작했다.

1946년과 1947년에 열렸던 미소공동위원회 당시에는 WVTP를 통해 평양 진주 소련군에 통고하기도 했다(한국방송공사, 1977: 949~950). 1946년 3월 20일부터 서울에서 개최된 1차 미소공동위원회 본회의나 1947년 5월 21일부터 서울에서 열린 2차 미소공동위원회 개최를 모두 WVTP를 통해 평양에 진주한 소련군 사령부에 통고하였다. 1948년 1월 8일 UN 총회의 결의에 따라 구성되어 내한한 UN한국위원단이 자신들의 목적 수행을 위해 북한으로 들어가겠다고 할 때도 WVTP를 통해 통고하였다.

WVTP는 자체 프로그램 제작을 위해 한국인의 도움을 받기도 했다. 개국 공연에 신카나리아 등 한국인 가수들이 출연했고, 1946년 2월 3일에는 가톨릭합창단이 WVTP에 출연하였다(《경향

그림 2 WVTP 견장

출처: http://www.usmilitariaforum.com/forums/index.php?/topic/14588-big-found-for-reference-on-german-made-patches/page-2, 2013. 3. 10. 접속

신문〉, 1958. 11. 25: 4). 1946년 11월에는 대중음악을 연주하던 고려경음악단이 한 달 동안 WVTP에 출연했고(《예술통신》, 1946. 11. 22: 1), 1947년 말에는 '조선성가합창대'가 미국인 합창대와 함께 출연했다(《동아일보》, 1947. 12. 17: 2). 1947년 10월에는 서재필의 딸인 뮤리엘 제이슨이 대담 프로그램에 출연해 서재필의 독립운동에 관해 얘기했다.[13]

WVTP는 1948년 당시 일주일 평균 약 52시간에서 54시간 정도의 프로그램을 AFRS 본사로부터 받아 방송하였고, 뉴스통신사나 미군정 공보부의 도움을 받아 자체적으로 뉴스를 제작하기도 했다(RG 332, XXⅣ Corps, G-2, Box 54). 이외에도 WVTP는 자체적으로 다양한 프로그램을 제작하였다. WVTP는 1948년 4월에는 〈힌트를 얻을 수 있나요?*Can You Take A Hint?*〉라는 퀴즈 쇼 프로그램을 시작하였고(*Stars & Stripes*, 1948. 4. 16), 1948년 7월에는 미군과 한국인 야구 팀의 경기를 중계하기도 했다(*Stars & Stripes*, 1948. 7. 9). 음악 프로그램 외에 중요한 비중을 차지한 것이 뉴스나 공지 프로그램이었다.

WVTP가 자체 제작한 프로그램 중에 가장 인기 있었던 것은 1948년 8월에 시작한 〈론스 로열 레스트*Ron's Royal Rest*〉라는 음악 신청 프로그램이었다. 이 프로그램은 오후 6시부터 1시간 동안 편성되었는데, 많은 음악 신청이 들어오는 등 주한 미군들에게 대단히 큰 인기extremely popular를 누렸다(*Stars & Stripes*, 1948. 9. 5: 8). 표 3은

13 https://search.i815.or.kr/ImageViewer.jsp?tid=co&id=1~B00426~009, 2013. 3. 10. 접속.

표 3　1949년 4월의 WVTP 편성표

6:00	Sign On	4:00	Forever Yours
6:00	Music From The Plains	5:00	1480 Club
6:30	Morning Melodies	5:30	Club Fifteen
6:45	Jaek Berch	5:45	Piano Playhouse
7:00	World News	6:00	Bookshelf Of The House
7:15	Fred Waring	6:30	Just Jazz
7:45	Red Harper	7:00	World News
8:00	Your Morning After Hour	7:15	Solitary Singer
9:00	Nine O'Clock Special	7:30	The Whistler
10:00	Coffee Time	8:00	Nelson Eddy
11:00	Pickin Platters	8:30	Fibber McGee and Molly
12:00	Chiquita	9:00	World News
12:15	G1 Jive	9:15	Personal Album
12:30	World News	9:30	Joan Davis
12:45	Melody Round Up	10:00	One Night Stand
1:00	Radio Rodeo	10:30	At Ease
1:30	Club Caravan	10:45	Words
2:00	Console Capers	11:00	World News
3:00	Blue Room Special	11:15	Sign Off

출처: *Stars & Stripes*, 1949. 4. 2: 8.

1949년 4월 2일 편성표인데, 뉴스를 제외한 프로그램의 대부분이 음악에 관한 것이었다. 'Jazz, Music, Melody, Club, Singer, Jive' 등의 단어를 포함한 프로그램뿐만 아니라 사람 이름으로 되어 있는 것도 대부분 음악 프로그램이었다. 이외에도 극동 네트워크로부터 받는 프로그램 중에는 토요일 밤늦게 30분씩 계속 춤곡dance music만 틀어주는 것도 있었다(Roscoe, 1961: 7).

이렇듯 WVTP가 대중음악 프로그램을 많이 편성한 것에 대해, 1945년 11월부터 서울중앙방송국에 근무했던 노정팔은 다음과 같이 평가했다.

> 경음악은 이름 그대로 너무 무겁지 않고 경쾌하면서 사람들의 마음에 녹아들 수 있는 음악이므로 누구나 쉽게 친숙해질 수가 있었다. 그런 터에 미군진주와 함께 재즈가 급속도로 번져 나갔고 곳곳에 댄스홀이 생겨나면서 경음악 애호가가 날로 늘어나게 되었다. 미군이 진주한 서울과 지방 몇 개 도시에서는 미군 방송이 생겨 하루 24시간 거의 쉴 새 없이 재즈음악을 틀어댔다. 그러나 그 음악은 너무 소란스럽고 생소해서 별로 공감을 일으키지 못했으나 전에부터 귀에 익은 블루스, 탱고, 스윙 같은 곡은 접근하기가 쉬웠다. (노정팔, 1995: 120~121)

이렇듯 당시 WVTP에 대한 인식은 음악, 그중에서도 재즈 음악을 많이 편성한다는 것이었다. 이런 인식은 "재즈가 무엇이냐를 따지기보다는 미군 부대에서 흘러나오는 음악은 모두 재즈라고 불렀다는 것이 당시 미국 대중음악을 수용하는 한국인들의 일반적인 태도"였기 때문이었다(신현준 · 최지선, 2022a: 24). 김정하는

"미군이 그처럼 병사들에게 미국 대중음악을 장려한 '하위문화 편성 정책'을 펼친 이유는 음악이야말로 이국의 전장에서 느끼는 병사들의 향수를 조국애로 치환시킬 수 있기 때문"이었다고 주장하였다(김정하, 2012: 75). 즉 미군 방송이 병사들에게 "고향의 정서 a touch of home"를 갖도록 해 주는 데(Hadlow, 2004) 음악이 매우 중요했다는 것이다.

1948년 9월 16일부터는 '김차립'이라는 한국인의 뉴스 논평을 번역해 방송하기도 했다(*Stars & Stripes*, 1948. 9. 17: 8). 김차립은 김삿갓의 다른 이름인데, 원래 김차립을 내세웠던 프로그램은 서울중앙방송국에서 1948년 3월 15일부터 방송된 〈뉴스 논평〉이었다. 이 프로그램은 미공보원이 "선전용으로 뉴스를 가지고 만든 쇼" 프로그램으로 "남북한 주민에게 유권자 등록 절차, 후보자 선택, 투표 등을 가르치는 동시에 공산 진영의 선전에 대해서 역선전하기 위한 것"으로서 "한 월남민이 김차립으로 출연하여 논평을 담당하였는데, 대본을 요청하는 편지가 쇄도하는 등 대단히 큰 호응을 얻었다"라고 한다(장영민, 2007: 156~157). 미공보원이 제작에 관여해 서울중앙방송국에서 방송했던 프로그램을 나중에 다시 WVTP를 통해서도 방송했던 것이다. 공산 진영을 상대로 하는 선전 프로그램을 편성했다는 것은 WVTP가 '문화적 냉전'의 수단으로 활용되기도 했다는 사실을 보여 준다.

미 공보원이 WVTP를 인수한 1949년 7월 이후 미군사고문단은 방송을 담당하던 정훈과로부터 받은 음반을 활용한 음악 방송을 맡았고, 미 공보원은 뉴스 및 논평을 방송하거나 VOA 방송을 중계하려고 했다(RG 59, Dept. of State, Box 4767). 이 같은 결정은 AFRS

의 극동 네트워크인 FEN 체제로부터 벗어나며 외부로부터 프로그램을 공급받을 수 없었기 때문이었다.[14] 미군 철수 직후에는 새로운 유형의 프로그램 제작을 시도했는데, 그중 하나인 〈라디오 게시판*Radio Bulletin Board*〉은 다양한 생활 정보를 생방송으로 전달하는 프로그램으로서 두 명의 여성 진행자가 자연스럽게 대화를 주고받는 방식으로 진행되었다(*Stars & Stripes*, 1949. 8. 4: 6). 1950년 5월부터 WVTP는 정상적으로 운영되지 못하고, 하루에 30분가량 녹음 방송만 하면서 명맥만 유지했다(RG 59, Central File 1950~1954, Box 2541).

4. WVTP의 수용과 영향

해방되던 1945년에 남한에 등록된 수신기 수는 20만 8,000대였으나, 1948년 4월 30일 등록된 수신기 수는 15만 6,733대로 줄어든 것으로 나타났고, 이 중 75%가 서울과 경기도에 몰려 있었다(김영희, 2009a: 169~170). WVTP, WLKC, WLKJ 모두 500W로서 출력이

14 1949년에 미공보원에 들어갔던 천학범은 당시에 미공보원은 "미국의 소리를 한국에서 청취할 수 있도록 방송국을 만들 계획을 세웠"으나 실현하지 못했고, 당시 공보원에는 영화과, 신문과, 문화과, 필름/사진라이브러리, 〈리버티뉴스〉 제작과 등이 있었다고 했다(천학범·구영식, 2013: 11~24). 방송 담당 조직이 없었다는 이런 회고를 통해 WVTP를 인수한 이후 미 공보원이 방송 활동을 제대로 하지 못했음을 알 수 있다.

낮아 가청취권이 상당히 좁은 편이었다.[15] 서울중앙방송국 출력이 50kW였던 것에 비해 주한 미군 방송의 출력은 상당히 낮은 편이었다.[16] 전기 사정도 좋지 못해 라디오 청취자들이 많았다고 보기는 어려웠다(정순일, 1991: 18~19). WVTP는 가청취권을 넓히기 위해 1948년에 기지국을 세워 서울 밖의 외곽 지역까지 방송 청취가 가능해졌다(RG 332, XXⅣ Corps, G-2, Box 54).

WVTP가 방송을 개시하자 서울 지역에서 젊은이들을 중심으로 청취자층이 형성되었다. 특히 해방되면서 대중음악에 대한 젊은이들의 취향이 크게 변했는데, 미국 대중음악을 주로 틀던 WVTP는 이런 변화에 큰 영향을 주었다. 박찬호는 "해방이 되고 미군이 진주하자 미국의 새로운 문물이 물밀듯이 들어와 재즈붐이 도래했다"라고 주장했다(박찬호, 2009: 21). "재즈는 자유를 맛보기 시작한 대중들 속에 무서운 기세로 파고들어 해방과 더불어 대중가요를 크게 바꿔 놓은 것"이다(《동아일보》, 1973. 3. 31: 7). 당시 미국 대

15 출력 500W 방송의 가청취권을 정확히 파악하기는 쉽지 않다. 방송의 주파수 대역, 안테나 크기나 방향, 산이나 높은 건물 등의 영향 등이 복합적으로 작용하기 때문이다. 다만 방송사 기술연구소 관계자는 AM방송은 비교적 멀리 나가기 때문에 서울 중심가인 시청 앞에서 500W로 방송했다면 서울시는 물론 일부 경기도 지역까지 전파가 도달했을 가능성이 크다고 알려주었다.

16 서울중앙방송국의 경우 일제 말기 전파관제로 1kW~5kW로 방송하던 것을 1945년 12월 25일에 50kW로 복구하였다. 그러나 실제로는 진공관 보급이 안 되어 10kW밖에 송출하지 못하다가 1947년 2월 4일부터 50kW로 제대로 송출할 수 있었다(한국방송공사, 1977: 131~134).

중음악에 대한 선호는 주로 젊은 층에서 나타났다(김균, 2000: 62~63; 장영민, 2009: 231~236). 젊은이들은 WVTP를 통해 미국의 대중음악을 쉽게 접할 수 있었다. 1930년생으로 해방 당시 중학생이었던 최덕수는 WVTP를 들었던 경험을 다음과 같이 증언했다.

> 이제 일본이 인제 패망하지 않았어요. 그리고 미군이 들어왔단 말이에요. 그 라디오를 트니까는 재즈가 나오는 거에요. 근데, 그 여기, 저 메모에 써 놨는데, 잼 앤 자바Jam and Java라는 재즈 디제이가 나와요. 근데, 그 뭐야말로 하루 종일 재즈만 나오는데 잼 앤 자바라는 디제이가 막 뭐 오늘 날씨가 어떻고, 저 이 디제이가 방송을 하면서, 자 지금 요담에 트는 거는 뭐 스트리트 오브 뭐라고 인제 곡목 소개해 가지고 또 나오고 또 나오고 그러는데, 그 재즈는 이해를 할 수가 없더라구요. 어떻게 어려운지, 그 사운드를, 그니까는 이 소위 그 클래식 음악말고 현대 상황에 연관된 그런 사운드가 뭐가 없느냐 했는데, 인제 재즈가 나왔는데, 그 재즈를 이해하는데 (강조하며) 굉장히 그 힘들더라 하는 얘기에요. 그래 가지고 〈다운비트〉라는 재즈 잡지가 있는데, (힘 있게) 그건 내 많이 사봤다구요. (중략) 그 인제, 방송은 대개 인제 그런 얘기고, 그리고 한국방송, 라디오 방송은 별로 안 들었어요. 예를 들면은 소설 낭독을 내가 들은 적이 있는데, 그 소설 낭독이, 너무 낭만적인 얘기라 내가 생각하는 그 소설이라든가 이런 거하고 달라요. (강명구 · 백미숙, 2007: 9)

훗날 HLKZ-TV 개국에 참여했던 최덕수는 WVTP를 통해 듣는 재즈를 이해하기 위해 잡지까지 사 보았다고 했던 반면에 한국 방송은 잘 듣지 않았다고 했다. 이러한 미국 대중음악에 대한 선호는 곧 미국에 대한 선망으로부터 비롯된 것이었다. 미국에 대한 선망은 이미 일제 강점기부터 있었지만(유선영, 1999), "1945년 '해방'이 되자 서구에 대한 선망과 함께 '미국 음악' 혹은 '미국 음악풍'이 다시 인기를 끌었다"라고 할 수 있다(김정한, 2012: 73). 급격한 미국 대중음악의 유입은 '과시적 이국異國 취미'와 미국을 통한 '계층 상승 욕망'이 영향을 주었던 것이다(이영미, 2006: 150~164). 그런 이들에게 미국 대중음악을 계속 틀어주던 WVTP는 상당히 인기가 높았다. 1947년 초에 서울에서 WVTP가 얼마나 인기가 있었는지를 일제 강점기부터 아나운서로 활동했던 양미림[17]의 다음과 같은 주장을 통해 확인할 수 있다.

> 'WVTP 서울코리아'의 콜사인은 온종일 쉴 줄을 모르는 방송으로서 시간으로나 방송 종목으로나 우리네의 조선말 방송 전파보다 훨씬 이 땅의 하늘을 우위로 차지하고 있다. 어떤 다방이나 '라디오팬'들은 노상 이 방송만 틀어놓고 듣다시피 한다. 자주 '아나운서'로도 말하는 바와 같이 이 방송은 남조선 주둔 미군인을 위한 공보와 교양으로 방송하는 것으로서 결코 우리 일반 민중을 대상으로 방송하는 것은 아니다. 그러나 결코 청취 금지도 제한도 아니고 봄에 우리 민중이 들어서 무단無斷할 뿐 아니라 오히려 듣기를 환영할지도 모른

17 양미림梁美林의 본명은 양제현梁濟賢으로 1935년경부터 경성방송국에서 아나운서로 활동했고, 해방 후에는 방송평론가로 많은 글을 남겼다(김성호, 2013: 44~45).

다. 그 방송 시설을 한 번 보았거니와 매우 간단한 방송국이라 보아도 한 개의 이동방송시설에 지나지 않으며 따라서 날마다 거의 '레코드'만의 연락방송이건만 그 자연스러운 '접속 아나운서'와 적절한 즉흥시의 삽입으로 조금도 '레코드방송'의 지난한 감을 느끼지 않게 충분히 성공하고 있으며 특히 그 시 낭독은 영어 공부를 하거나 다소라도 영어를 상득詳得하는 청취자들에게는 많은 흥미와 교시를 줄 것이다. 미래 지식층의 청취자들이 점차 이 WVTP의 '팬'으로 전화하여 감은 간과할 수 없는 현실적 사실이다. 그 자연스러운 '아나운서멘트'와 '음악 배음의 시 낭독' 방송은 그 호흡만으로도 우리네 방송 '아나운서'들에게 좋은 참고가 될 것이다. (《예술통신》, 1947. 2. 6: 2)

양미림이 "어떤 다방이나 '라디오팬'들은 노상 이 방송만 틀어놓고 듣다시피 한다"라고 했던 것을 보면, 서울 시내에 WVTP를 듣는 청취자가 많았던 것은 분명하다. 재즈 드럼 연주자 최세진(1931~2008)이 "해방 직후인 지난 47년, 미군 라디오 방송에서 우연히 들은 재즈 연주"로 인해 드럼 연주자의 길로 들어섰다고 했던 것을 통해서도,[18] WVTP가 음악인들에게 큰 영향을 주었다는 사실을 알 수 있다. 명동 등 '젊은 지식인'들이 많이 모이던 서울 시내 다방에 모여서 WVTP를 듣는 경우가 적지 않았을 것이다. 당시에 WVTP를 들었다고 하는(《동아일보》, 1978. 4. 26: 5) 이진섭도 명동의 다

18 https://imnews.imbc.com/replay/2000/nwdesk/article/1867434_30735.html, 2022. 12. 30. 접속.

방에 모이는 지식인 중 한 명이었다(이경재, 2003: 381~382). 이진섭은 자신의 방송 활동에 도움을 받기 위해서도 WVTP를 청취했겠지만, 양미림이 언급한 '미래 지식층의 청취자'들은 대부분이 팝송뿐만 아니라 영어 공부나 국제 뉴스에 관한 관심으로라도 WVTP를 접했을 가능성이 크다.

합동통신사 기자로 활동하다가 1946년 10월에 서울중앙방송국의 아나운서로 입사해 활동하기도 했던(이진섭, 1982: 88~91) 이진섭은 "AFKN의 전신인 WVTP를 열심히 들으면서 디스크자키라는 직종을 하나 더 추가"했다고 회고하기도 했다(《동아일보》, 1978. 4. 26: 5). 이를 통해 일부 지식인에 한정되기는 하지만 WVTP를 통해 직접 미국 문화를 접촉하려고 했던 사람들이 있었다는 사실을 알 수 있다. 원용진은 "문화 자본을 지닌 쪽에서는 그 같은 흉내 내기와는 거리를 두면서 '오리지날' 미국 문화를 향유하려 했고, 아직까지 미국 문화를 전달하는 데 한계를 지닌 매체가 아닌 '오리지날' 한 매체(AFKN, 음반, 미국 잡지 등)를 접하며 문화적 차별을 의도했다"라고 주장했는데(원용진, 2008: 175), 일부 지식인들의 WVTP 청취도 이런 맥락에서 이해할 수 있다.

그러나 당시 지식인들에게 미국과 미국 문화는 이중적 의미를 지니고 있었기 때문에 무조건 미국 문화를 수용하는 것을 경계하였고,[19] WVTP의 접촉도 제한적 범위 내에서 이루어졌을 것이다.

19 허은은 '남한 사회 대미 인식의 이중주'라고 하며, 해방 직후 지식인에게 '인도·정의' 미국상과 '팽창 지향' 미국상의 두 가지가 있었다고 주장했다(허은, 2008: 107~138).

즉 해방 직후 "문화 엘리트들은 미국 문화의 수용에 대한 비판과 강한 거부를 나타"냈기 때문에(강현두, 1994: 105) 이들의 WVTP 접촉이 활발했다고 단정하기는 어려울 것이다. 중고생이나 대학생들을 중심으로 미국 대중문화 수용이 적극적으로 이루어졌고 이들이 WVTP도 청취했다면, 상대적으로 고연령 지식인들은 미국 대중문화 수용에 소극적이었고(서철원, 2013), WVTP도 별로 많이 청취하지는 않았을 것이다.

지식인들보다는 대중음악인들이 미군을 상대로 노래하고 연주하기 위해 WVTP를 들었을 가능성이 더 컸다. 1945년 10월에 '연합군 위문공연'을 했던 KPK악단의 김해송은 미국의 대중음악을 수용해 이후 계속 주한 미군을 상대로 하는 위문공연을 했다(《동아일보》, 1981. 7. 30: 11). 1946년 11월 25일부터 12월 24일까지 한 달 동안 WVTP에 출연했던(《예술통신》, 1946. 11. 22: 1) 고려경음악단에서 활동한 바 있던 문대환은 해방 직후 "지금 시청 옆에 부민관 자리에 미군들 연회를 관장하는 부서"가 있었고 여기에서 악단을 관리하고 부대로 보냈다고 증언했다(문대환, 2005: 131~132).

미군을 상대로 하는 쇼 무대에 서기 위해서 가수와 악단은 팝송을 익혀야만 했다. 당시 미국 음악을 가장 신속하게 접할 수 있는 수단이 라디오였기 때문에 미국 대중음악을 계속 틀어주던 WVTP는 대중음악인들에게 매우 유용한 수단이었다. 즉 당시 대중음악인들이 미국의 대중음악이 담긴 음반을 구하는 것이 대단히 어려워 불가피하게 WVTP를 통해 미국 대중음악을 수용하기도 했을 것이다. 또한 단순히 미국 대중음악을 익혀 미군 앞에서 연주하는 것을 넘어서서, 미국 대중음악의 영향을 받은 장르의 음악을 만들기도 했다(이영미, 2006: 142~164).

당시 방송인들에게도 WVTP는 새로운 방송을 이해하도록 만드는 중요한 경로였다. 즉 WVTP는 미군정기에 한국 방송 제도 변화의 모델이 되기도 했다는 것이다. 서울중앙방송국에 파견된 미군 고문관들은 15분 단위 고정 편성제와 다양한 새로운 형식의 프로그램 제작을 요구하였다(노정팔, 1995: 81~86). 실제로 WVTP가 15분 단위 고정 편성을 했고, 한국 방송에서는 들을 수 없던 다양한 형식의 프로그램을 방송해서 한국의 방송인에게 쉽게 참조가 되었다. 일본도 미군정에 의한 방송 개혁으로 15분 고정편성제를 도입하고, 〈스무고개〉 등의 새로운 프로그램을 도입했는데, 이 프로그램은 극동 네트워크에 소속된 WVTR의 〈스무고개*Twenty Questions?*〉를 참고한 것이었다(야마모토 후미오, 2000: 273~275). 노정팔은 대담에서 "미국 사람이 들어왔을 때부터 논의가 되었습니다만 어떻게 하는 것인지를 몰랐습니다. 그러다가 가까운 일본에서 하는 것을 참고로 해서 스무고개를 시작"했다고 회고했다(이규일 외, 1994: 98). 그러나 〈스무고개〉는 WVTP에도 편성되어 있었기 때문에(*Stars & Stripes*, 1949. 4. 15: 9) 직접 한국에서 듣고 〈스무고개〉를 만드는 데 참조했을 가능성이 크다.

WVTP는 1947년 5월에 출력을 500W에서 1kW로 올리겠다고 일본에 있는 연합군 총사령부에 요청했고, 총사령관 더글러스 맥아더Douglas MacArthur는 이것을 승인했다(RG 554, Far East Command, Box 25). 그러나 이후 자료에도 WVTP의 출력이 500W로 나와 있던 것을 보면, 실제로 출력 증강이 이루어지지는 않았던 듯하다. 1948년 7월경에도 WVTP는 기지국을 건설하여 서울과 인근 지역의 청취권을 늘리려고 했다(RG 322, XXIV Corps, G~2, Box 54). 이 같은 출력 증강은 결국 한국인 청취자도 증가시켰을 것이다.

미군 철수 후 WVTP를 미공보원이 맡았을 때 세운 운영 목표를 살펴보면, 한국인 청취자가 상당히 많았다는 것을 알 수 있다. 주한 미대사관은 자신들이 새로 운영을 맡게 된 WVTP를 "한국의 영어 방송국으로 만들고 영어를 연구하는 사람들을 위하여 뉴스, 교육, 오락 등 방송을 하기로 되었"다고 하며, 이를 위해 '서울중앙방송국과도 긴밀한 협조'를 해나갈 것이라고 밝혔다. 여전히 프로그램을 대부분 미국으로부터 녹음한 것을 가져왔겠지만, 한국인이 좀 더 많이 들을 수 있는 프로그램 제작에도 신경을 쓰겠다는 뜻을 다음과 같이 밝혔다.

> 미국공보원 방송과에서는 한국의 방송 기술과 세계적인 수준에 한국방송 사업을 발전시키고자 노력 중인데 요즘에는 전前 미군용 방송국이던 WVTP를 인계한 후 한국의 영어 방송국으로 만들고 영어를 연구하는 사람들을 위하여 뉴스·교육·오락 등 방송을 하기로 되었다는 소식이 있다. 즉 동 방송 프로는 모두 미국의 우수한 방송 프로로서 미국 로스엔젤레스에서 녹음하여 한국으로 공송空送하여 오게 되었다 한다. 또한 동 방송국은 한국에 근무하는 외국인들을 위하여서도 활약할 것이라는데 앞으로는 서울중앙방송국과도 긴밀한 협조 아래 미 국무성에서 정기적으로 보내오는 레코드를 받아들여 WVTP와 한국방송국에서도 대중음악 감상시간에 음악을 보내주려고 노력하고 있다. 또 한편 ECA를 통하여 들어오는 물자로 우리나라의 방송망을 개량할 계획도 상호 연구 중이라고 한다. (《동아일보》,

1949. 7. 4: 2)

미공보원이 미국의 문화를 전파하고 정책을 이해시키는 수단으로 활용하는(허은, 2008: 75~85) 다양한 수단의 하나로 WVTP를 이용하려고 했음을 알 수 있다. 실제로 미공보원은 WVTP를 통해 영어를 잘하는 관료 등의 한국인을 상대로 하는 다양한 영어 프로그램을 방송하겠다는 계획을 세웠다(RG 59, Dept. of Sate, Box 7407). 미군이 주둔할 때 WVTP가 대중음악 프로그램을 대거 편성하여 한국의 대중음악인들에게 큰 영향을 주었다면, 미공보원이 관장하게 되면서 한국의 지식인들을 상대로 하는 프로그램을 비교적 많이 편성하려는 의도를 보였다. 물론 미공보원이 대중음악 프로그램도 편성하겠다고 했던 것은, 한국인의 미국 대중음악에 대한 선호를 고려한 것으로 여전히 문화적 영향력에 관심이 있었다는 사실을 보여 준다. 다만 1949년 7월부터 1950년 6월 한국 전쟁 발발 전까지 미공보원이 적극적으로 활약했음에도 WVTP를 활용한 활동은 그리 활발하지 않아서 이 시기에 WVTP가 한국인에게 큰 영향을 주었다고 보기는 어렵다.

6. AFKN의 뿌리로서의 WVTP

“미군이 주둔하는 곳에는 미군 방송이 있다”라는 원칙은 한국에도 그대로 적용되었다. 해방과 함께 미군이 진주하며 바로 주한 미군 방송인 WVTP가 개국했다. 일본을 중심으로 하는 극동 방송 네트워크의 지역국과 같은 위상의 방송으로서, 프로그램의 대부분을 AFRS 본부가 있는 LA로부터 가져와서 자체 제작하는 프로그램이 그리 많지는 않았다. 그럼에도 AFRS 산하 방송의 일반적인 특성을 가져서, 대중음악 프로그램 같은 오락 프로그램을 대거 방송해 젊은이들에게 인기가 있었고, 대중음악인이나 방송인에게도 영향을 주었다.

비록 언어적 장벽이 있었음에도 대중음악 프로그램을 포함해 다양한 오락 프로그램을 제공하던 WVTP가 당시 한국 방송보다 더 재미있었다는 점이 작용했다.[20] 여기에 영어 공부를 위한 수단으로 활용하려는 사람도 생겼기 때문에 주한 미군 방송을 청취하는 한국인이 늘어났다. 이렇듯 WVTP를 듣게 되는 과정은 곧 미국 문화의 자연스러운 확산 과정이기도 했다. 미국 문화에 대한 동경이 WVTP를 듣는 데 영향을 주었고, 다시 WVTP 청취는 미국 문화의 내면화에 어느 정도 영향을 주었다. 즉 미국을 선망하는 사람들에게 WVTP는 미국의 대중문화를 경험하도록 만든 중요한 경로였던 것만은 틀림없다.

그러나 당시에 한국인이 소유한 라디오 수신기가 많지 않았고, 전국에 주한 미군 방송국이 단 3개에 불과했으며, 그나마 서

20 해방 직후 한국의 방송은 대중음악 프로그램을 별로 편성하지 않았다. 박용구 같은 음악 담당자들이 가능하면 대중음악을 편성하지 않으려고 했던 탓도 있었고(한국정신문화연구원 한민족문화연구소, 2001: 497～500), 음반이 별로 없어 생방송을 해야만 했던 현실도 작용하였다(노정팔, 1995: 117～121).

울에 있던 WVTP의 출력도 그리 높지 않아, 주한 미군 방송이 당시 사회에 전체적으로 큰 영향을 주었다고 보기는 어렵다. 해방 직후부터 한국 전쟁이 일어나기 전까지의 5년 동안에는 미국에 대한 한국인의 인식이 무조건 호의적인 것만은 아니었기 때문에(전상인, 1997) WVTP를 통한 미국 대중문화의 영향이 아직 전면적인 것은 아니었다.

다만 WVTP를 통한 경험이 한국 전쟁 후 미국 대중문화가 급격히 확산하는 토대가 되었다고는 할 수 있다. 한국 전쟁 전까지 미국은 '점령군'과 '해방군'의 이중적 이미지를 갖고 있었지만, "점령군으로서의 아메리카에 대한 표상은 한국 전쟁이 발발하면서 그야말로 완전히, 라고 해도 좋을 만큼 그 면모를 일신"하면서 '후원자의 표상으로 안착'할 수 있었는데(장세진, 2012: 401~402), 이런 변화가 1950년에 등장한 AFKN이 과거의 WVTP보다 훨씬 더 큰 문화적 영향력을 행사할 수 있는 배경이 되었다. 또한 WVTP가 극동 방송 네트워크 소속으로 제한된 방송을 했던 것에 비해 AFKN은 한국 내 독자적인 네트워크 방송으로 더욱 적극적인 방송을 했다는 점도 AFKN이 더 큰 영향력을 행사하는 데 영향을 주었다.

2장

AFKN 라디오와 한국인 청취자

1. AFKN 라디오의 오랜 역사

AFKN 라디오는 당연히 주한 미군을 대상으로 한 영어 방송이었지만, 실제로 한국인도 많이 청취했다는 점에서 그 사회적 영향력은 매우 컸다. 무엇보다도 AFKN 라디오가 한국인들이 쉽게 들을 수 있는 중파로 방송했기 때문이었다. AFKN 라디오는 1950년 10월 4일에 방송을 시작해 일부 지역에서는 지금까지도 들을 수 있다. KBS 라디오밖에 없던 시절에 개국한 AFKN 라디오는 출력이 높지 않았지만, 전국 네트워크 방송으로서 아주 오랫동안 많은 한국인이 청취해 왔다.

수많은 한국인이 AFKN 라디오를 통해 음악을 듣거나 영어를 공부했다. 특히 AFKN 라디오는 미국 대중음악의 유입과 확산에 크게 기여했다. 많은 가수나 연주자가 AFKN 라디오를 통해 팝송을 청취하며 영향을 받았다. 가수 조용필은 지금도 "언제나 차 안에서 AFKN 라디오를 듣는"다고 했다(《머니투데이》, 2018. 3. 20: 17).

AFKN 라디오는 긴 시간 동안 한국 사회에 큰 영향을 주었음에도 연구 대상으로 크게 주목받지 못했다. AFKN 라디오의 개국

일시 등 가장 기본적인 사실조차 잘못 알려져 있다.[21] 그나마 몇 안 되는 AFKN 연구도 TV에 관한 것이었다. 1970년대 이후 AFKN 라디오보다 TV를 더 많은 한국인이 즐겼기 때문이다. 특히 AFKN-TV는 청소년은 물론 어린이까지 광범위한 층에서 큰 인기를 끌었다. 연구 부족으로 팝송의 유입과 확산에 대한 AFKN 라디오의 영향에 관한 체계적인 논의가 될 수 없었다.

이 장에서는 AFKN 라디오의 변화와 한국인의 수용을 살펴보려고 한다. AFKN 라디오는 1950년 10월 4일 AFKN이라는 이름으로 독자적 방송을 시작해 1954년 고정국 방송 체제로 정착했고 1964년 10월 1일에는 FM 방송을 개시했다. AFKN 라디오는 젊은 미군 병사들을 대상으로 하는 방송으로서 이들이 좋아할 만한 프로그램을 주로 편성했다. 특히 대중음악 프로그램을 가장 많이 편성하여 미국 대중음악이 유입되는 데 큰 역할을 했다.

먼저 AFKN 라디오의 제도 변화를 정리하고, 프로그램 편성과 특성을 알아본다. AFKN 라디오가 TV보다 더 큰 영향력을 행사하던 1970년대까지의 시기를 살펴본다. 마지막으로 한국인의 AFKN 라디오 청취 현황과 그 의미를 정리한다. 한국인이 AFKN

21 1977년 간행된 《한국방송사》에 AFKN이 1950년 10월 4일 12시 41분에 첫 방송을 한 것으로 서술되어 있고, 이후 모든 연구가 이 기록을 따랐다(한국방송공사, 1977: 946). 그러나 당시 문서들을 보면, 10월 4일 오전 7시에 방송을 시작한 것으로 명확히 나와 있다. 《AFRTS 50년사》에서도 AFKN 방송 개시 날짜, 시간, 요일에 관한 잘못된 기록이 많다고 지적하며, 1950년 10월 4일 수요일 오전 7시가 정확하다고 밝혔다(AFRTS, 1993: 74~77).

라디오를 얼마나 들었고, 무엇을 주로 들었는지를 분석하려고 한다. 한국인이 AFKN 라디오를 통해 미국의 대중음악을 청취했던 것을 중심으로 살펴본다.

2. AFKN 라디오 개국과 변화

한국 전쟁 발발로 인해 WVTP가 문을 닫은 후 한동안 한국에는 미군 방송이 존재하지 않았다. 인천상륙작전 성공 다음 날인 1950년 9월 16일 연합군 사령부 정훈부서에서는 한국에서 다시 방송할 계획을 세우고 필요한 인력과 장비를 확보하기 시작했다(RG 338. Project Number: NND 887540. Box 378). 1950년 9월 27일에는 한국의 독자적인 미군 방송 네트워크인 AFKN의 창립을 규정한 일반명령 84호(General Order #84)를 발표했다(AFRTS, 1993: 74). 서울 수복 다음 날인 1950년 9월 29일부터 일본에서 서울로 장교, 하사관, 기술자 등을 파견하고, 장비를 들여와 10월 4일 7시부터 방송을 개시했다(RG 338. Project Number: NND 887540. Box 378).

서울에서 개국했던 AFRS 방송국은 1951년 1·4 후퇴로 다시 대구로 옮겨갈 수밖에 없었다. 한국 전쟁 발발 초기에는 서울 배가본드Vagabond와 부산 홈스테드Homestead 방송국이 있었고, 1951년과 1952년 초에 집시Gypsy(김화),[22] 트루버도어Troubador(10군단, 인제), 킬

22 당시 자료에는 주로 '금화'로 표기되었지만, 공시적인 지명은 '김화'

로이Kiloy(대구) 등 3개의 방송국이 추가로 개국했다. 이런 5개의 방송국으로는 한국에 주둔하는 모든 미군에게 방송이 도달하지 못했기 때문에 1952년 11월에 3개의 이동방송국을 추가로 개국했다(*Stars & Stripes*, 1956. 3. 12: 16). 1952년 11월 6일에 새로 개국한 방송국들은 램블러Rambler(춘천), 노매드Nomad(1군단, 의정부), 머큐리Mercury(군산) 등이었다(*Stars & Stripes*, 1952. 11. 6: 6). 1953년 2월 10일에는 해병대를 상대로 메테르Meteor(포항)가 개국했다(*Stars & Stripes*, 1953. 2. 10: 6).

이러한 방송국 중에 특정 부대를 따라 움직이는 이동방송국이 많아서 AFKN을 "이동 네트워크Network on Wheels"라고 불렀다(AFRTS, 1993: 75~76). 이렇듯 전쟁 중인 상황에서 방송국이 특정 지역에 정착해 활동하지 못하면서 배가본드, 집시 등 독특한 방송국명을 사용하게 되었다(Roscoe, 1961: 8). 홈스테드(부산)와 킬로이(대구)를 제외한(*Stars & Spripes*, 1955. 4. 1: 13) 모든 방송국이 계속 특정 부대를 따라다니며 방송했기 때문에 이런 이름을 붙였다. 이렇듯 전쟁을 치르는 과정에서 계속 방송국이 생기고, 일부는 정착하기 시작하면서 AFKN은 서서히 독자적인 네트워크 체제를 구축해 나갈 수 있었다. 한국 전쟁이 아직 끝나지 않은 1953년 2월에는 표 4에 나와 있는 대로 강원도 김화, 인제, 춘천, 경기도 의정부 등 미군이 주둔하던 전방 지역에 방송국이 여러 개 있었다.

1954년 4월 9개 미군 방송국 중에 북쪽의 배가본드, 집시, 노

였다. 강원도 김화군은 휴전선으로 남북으로 갈렸고, 남한 내 김화군 지역은 1963년 1월 1일자로 철원군에 병합되었다. 당시 자료에 금화로 표기되었더라도 이 글에서는 공식 지명인 김화로 표기한다.

표 4 1953년 2월의 AFKN 방송국 현황

방송국	지역	출력	주파수
킬로이	대구	250W	1510kC
배가본드	서울	1kW	1140kC
집시	구마리(김화)	1kW	1400kC
홈스테드	부산	1kW	1230kC
트루버도어	관대리(인제)	1kW	1320kC
노매드	1군단(의정부)	1kW	1570kC
머큐리	군산	250W	1380kC
메테르	포항	100W	1460kC
램블러	춘천	1kW	1550kC

출처: RG 330, AFRTS, Box 6.

매드, 램블러, 트루버도어 등 5개는 미8군 정훈부서가 운영했고, 남쪽의 킬로이, 메테르, 머큐리, 홈스테드 등 4개는 한국후방관구사령부인[23] KComZ(Korean Communications Zone)에 소속되어 있었다(RG

23 KComZ는 1952년 7월에 창설되어 1955년 6월에 해체되었는데, '한국후방관구사령부,' '한국병참관구사령부,' '한국후방관구사령부' 등 다양한 이름으로 불렸다. KComZ는 병참 임무뿐만 아니라 포로 관리, 민사 지원 등 후방의 다양한 업무를 총괄했다(이동원, 2014: 33~34).

554, Far East Command, Box 12). KComZ는 한국 전쟁 발발 직후 연합군 사령부에 의해 AFKN의 창립과 유지는 물론 감독의 업무를 부여받았었다(RG 554, Far East Command, Box 105). 이 같은 상황은 전쟁 중에 AFKN이 통일적으로 운영되지 못했었다는 사실을 보여 준다.

1954년 4월 1일에 배가본드가 용산의 미8군 영내에 스튜디오를 만들어 옮겨가면서 상설 방송국[24]이 되었다(*Stars & Spripes*, 1954. 4. 3: 7). 1954년 7월 21일에는 공군을 상대로 코메트Comet(오산)가 새로 개국하여 1954년 말에는 한국에 AFKN 산하에 10개의 방송국이 있었다(*Stars & Spripes*, 1954. 7. 22: 6). 이런 변화 속에 메테르, 노매드, 램블러, 트루버도어 등은 없어지거나 중계국으로 전락했고(AFRTS, 1993: 76), 1955년에 KComZ가 해체되면서 4월 1일에는 모든 방송국이 미8군 사령부 소속이 되었다(*Stars & Spripes*, 1955. 4. 1: 13; KBS연감편찬위원회, 1961: 323~324). 1957년에 들어서면서 AFKN은 확실한 네트워크 체제를 구축했고, 서울의 배가본드는 지역국에 프로그램을 공급하는 중앙국으로서의 역할을 하기 시작했다(AFRTS, 1993: 76).

주한 미군사령부는 라디오의 네트워크 체제가 구축되고 난 이후 텔레비전 방송의 개국을 준비했다. 1957년 7월 남산에 방송국을 완성했고. 같은 달 말일에는 용산의 '배가본드 힐Vagabond Hill'에 라디오와 텔레비전 스튜디오를 통합한 방송국 설립 공사를 시작했다. 텔레비전 방송이 시작되면서 AFKN의 제작 인력도 대

24 한 필자는 "방송국의 바퀴가 멈추고 영원한 안식처를 찾았다The wheels of the stations stopped rolling and they found permanent quarters"라고 표현했다(Christman, 1992: 79).

폭 늘어났다. 1957년 7월에 장교 6명, 하사관 74명, 민간인 1명 등 총 81명이었던 것에 비해 정확히 1년이 지난 1958년 7월에는 장교 5명, 하사관, 116명, 민간인 2명 등 총 123명으로 대폭 늘어났다(RG 338, U.S. Army Information Section, Box 1495). 이런 인력의 증가는 텔레비전에 필요한 인력을 확보했기 때문이기도 했다.

용산의 배가본드 힐에 새 스튜디오가 완공되기 전까지 AFKN-TV는 남산에 임시 방송국을 개국했다(RG 338, U.S. Army Information Section, Box 1495). AFKN-TV 방송국이 남산에 머무는 동안에는 자체 제작을 별로 하지 못하고 주로 AFRTS에서 가져온 필름들을 방송하는 데 그쳤다. 1959년 1월 4일 용산에 스튜디오가 완공되면서 비로소 제대로 자체 제작을 하거나 생방송을 할 수 있었다. 1959년 3월 1일에는 '캠프 카이저Camp Kaiser'에도 텔레비전 방송의 지역국이 생겼다(AFRTS, 1993: 83).

표 5를 보면, 1961년 말에 AM 라디오 방송이 가능한 지역이 13개나 되었다는 것을 알 수 있다. 《한국방송사》에 따르면 1961년 현재 서울의 중앙국과 지역국 6개, 중계국 8개가 있었고(한국방송공사, 1977: 947), 1964년에는 지역국 8개와 중계국 9개가 있었다(방송연감편찬위원회, 1965: 565). 지역국과 중계소의 수가 계속 늘어났던 것이다.

AFKN은 1964년 10월 1일에 한국 최초로 FM 라디오 방송을 시작했다. AFKN-FM 라디오는 초기에 오후 11시부터 다음 날 오후 6시 30분까지 AM 라디오 방송을 그대로 FM으로도 송출했다(*Stars & Stripes*, 1964. 10. 3: 26). 즉 AFKN-FM은 오후 6시 30분부터 11시까지만 자체 방송을 했는데 당연히 주로 음악 방송을 했다(방

표 5 AFKN 라디오 및 TV 서비스 현황(1961년 1월)

소재지	운영 주체	스튜디오	중계	AM	단파	TV	주파수	출력
대전	육군		○	○			1485	250W
대구	육군	○		○			1360	1kW
부산	육군	○		○			1250	1kW
서울	육군	○		○			560	5kW
서울	육군	○			○		6875	250W
춘천	육군		○	○			1150	250W
군산	공군	○		○			1440	250W
오산	공군	○		○			1060	1kW
오산(TV)	공군		○			○	CH 12	50W
원주	육군		○	○			1440	250W
서울(TV)	육군	○				○	CH 3	500W
매디슨(TV)	공군		○			○	CH 76	10W
구마리	육군	○		○			1400	1kW
동두천	육군	○		○			900	1kW
파주리(TV)	육군		○			○	CH 12	50W
문산리	육군	○		○			1200	1kW
캠프캐이시(TV)	육군		○			○	CH 3	1kW
광주	육군		○	○			1440	250W
매디슨(TV)	공군		○			○	CH 76	100W
의정부(TV)	육군		○				CH 12	100W
운천리	육군	○		○			1400	1kW

출처: RG 330, AFRTS, Box 6.

송연감편찬위원회, 1965: 566). AFKN이 FM 방송을 시작하면서 그 영향을 받아 한국 최초의 FM 방송인 서울 FM이 1965년 6월 26일에 개국했다.[25]

1970년에는 AM 라디오 지역국 8개, 중계국 11개로 나타났고, FM 라디오 중계국은 6개로 나타났다. AFKN–AM 라디오는 지역국과 중계국을 합쳐 19개로 전국적인 네트워크 체제를 갖추어서 한국인도 어디에서나 쉽게 들을 수 있었다. 다만 출력이 높지 않아 미군 부대에서 먼 곳에서는 듣기 어려워 부산에서 "AFKN 출력이 워낙 낮아 하얄리아 부대 인근에서만 전파가 잡일 정도였으므로 그 영향이 미미했다"라는 주장이 나오기도 했다(김정하, 2012: 83).

AFKN의 지역국과 중계국은 1970년대 내내 비슷한 수를 유지했다. 1979년에 AM 라디오 지역국은 서울, 군산, 문산, 오산, 부산, 대구, 동두천 등 7개 지역에 있었다. 중계국은 춘천, 광주, 광천, 포항, 원주, 진해, 의정부, 평택 등 8개 지역에 있었다. FM 라디오 중계국은 서울, 춘천, 동두천, 대전, 부산, 군산, 대구, 원주, 광주, 평택, 문산 등 11개 지역에 있었다(AFKN, 1979: 16~17). 1979년의 AM 지역국과 중계국 수는 1970년에 비해 다소 줄었지만, FM 중계국

25 한국 최초 FM 방송이었던 서울FM의 방송기술부장이었던 정항구는 "음악을 좋아하는 사람들은 FM 방송을 갈망하였고 특히 AFKN에서의 FM 방송은 매력적"이었다고 하며 서울 FM의 출범에 AFKN–FM의 영향이 있었다는 사실을 밝혔다(https://jc21th.tistory.com/17780737, 2023. 9. 21. 접속).

표 6 AFKN 라디오(AM) 현황(1970)

소재지	주파수(kHz)	출력(kW)	송신탑 높이 (Feet)	방송국 명칭
서울	560	5	300	배가본드
문산	580	5	300	토마호크
군산	1,440	1	130	머큐리
오산	1,360	1	110	코메트
대전	1,480	1	50	
대구	580	5	300	킬로이
부산	780	5	200	홈스테드
동두천	1,200	5	200	베이오네트
운천	1,400	1	440	중계국
춘천	1,040	1	110	중계국
광주	1,150	0.25	65	중계국
백령도	1,510	0.25		중계국
관대리	1,160	0.25		중계국
제주	1,150	0.25		중계국
광주	1,510	0.25	35	중계국
원주	1,440	0.25		중계국
포항	1,510	0.25	250	중계국
의정부	1,160	0.5		중계국
진해	1,510	0.25		중계국

출처: 한국방송회관, 1970: 197.

수는 1970년에 비해 다소 증가했다. 1970년에 AM 라디오 지역국과 중계국 총 19개 중 6개만 FM 방송을 했지만, 1979년에는 지역국과 중계국 15개 중 11개가 FM 방송을 실시했다.

3. AFKN 라디오 편성의 특성

전쟁이 한참 벌어지고 있던 1950년 11월에도 AFKN은 음악, 뉴스, 스포츠 중계 등을 꾸준히 방송했다. 대부분의 프로그램은 AFRS 본부가 있던 LA나 극동 네트워크의 중심지인 도쿄로부터 받은 것이었다. 일부 프로그램은 자체 제작했는데, 그중에서도 특히 자정부터 오전 3시까지 방송했던 〈라이스 패디 레인저*Rice Paddy Ranger*〉라는 이름의 리퀘스트 음악 쇼는 큰 인기를 누렸다. AFKN은 1950년 12월에는 크리스마스를 맞아 한국인 고아를 위한 모금 방송을 하기도 했다(RG 338. Project Number: NND 887540. Box 378). 음악 프로그램이 병사들에게 심리적 안정을 주기 위한 것이었다면, 뉴스는 병사들에게 상황을 이해시키고 대처하도록 하기 위한 것이었다. 특히 뉴스는 영어뿐만 아니라 UN군 참전 용사들을 배려해 다양한 언어로 방송했다(Christman, 1992: 79).

1951년 3월경 연합군 사령부는 AFKN이 자체 인력을 활용해 도쿄와는 다른 방송을 하도록 노력해야 한다고 지시했다(RG 334, Adjunct General Section, Box 778). 음악 프로그램이나 뉴스를 자체 생산하는 비중이 점차 커지고, 새로운 형식의 프로그램들이 제작되기도 했다. 병사들에게 가장 인기가 높았던 프로그램 중의 하나가

〈고향에서 온 편지*Mail from Home*〉였는데, 이 프로그램은 특정 병사에게 노래와 함께 고향 소식을 전하는 형식이었다.[26] 〈뉴스 전선, 극동*News Front, Far East*〉은 전쟁의 현장을 휴대용 녹음기를 가지고 직접 방문해 취재했던 프로그램으로서 AFKN의 전시 역할을 보여주었다. 특히 1951년 겨울에 수색대를 따라 연합군 전투비행대의 공격 목표지에 있는 적진까지 들어가 '트로이의 목마'라는 전투를 취재하기도 했다(AFRTS, 1993: 75~76). 이렇듯 AFKN은 음악과 뉴스뿐만 아니라 전시 임무wartime mission도 충실히 수행했다. 다만 전체적으로는 대중음악 프로그램이 차지하는 비중이 가장 높았던 것은 사실인데, 이는 표 7에서 잘 나타난다.

표 7에 나타난 것처럼 1952년의 AFKN 라디오 프로그램 중에 대체로 음악이나 스포츠 프로그램이 많았다. 1954년에도 대중음악 프로그램이 전체 프로그램의 거의 반을 차지했고, 그다음으로 심포닉 음악 12%, 정훈 교육 10%, 서양 음악 8%, 코미디와 버라이어티 쇼 7% 등이 차지했을 정도로 대중음악이 큰 비중을 차지했다(*Stars & Stripes*, 1954. 10. 22: 23).

1955년에도 방송된 음악 중에 75%가 대중음악이었고, 그중

26 웬디 크롤리Wendy Crowley는 1953년 1월부터 12월까지 부산의 홈스테드와 서울의 배가본드에서 〈고향에서 온 웬디의 편지*Wendy's Mail From Home*〉라는 이름으로 이 프로그램을 진행했다고 회고했다. 그는 이 프로그램에서 미군 병사들의 가족과 여자친구가 보내온 편지를 읽어 주고, 그들의 가족이 신청한 음악을 병사들에게 들려주었다고 했다(http://www.koreanwar.org/html/units/8214au.htm, 2009. 1. 19. 접속).

표 7　AFKN의 편성 비율(1952년 8월)

프로그램 유형	1952. 7. 26~8. 23
정훈 교육	56:15 (8.37%)
서비스 타입	2:30 (0.37%)
뉴스	35:40 (5.31%)
스포츠	38:30 (5.73%)
종교	6:30 (0.97%)
고전 음악	25:30 (3.79%)
심포닉 대중음악	63:00 (9.38%)
대중음악	307:15 (45.72%)
서양 음악	47:15 (7.03%)
미스터리	16:00 (2.38%)
드라마	18:15 (2.72%)
버라이어티 및 코미디	51:30 (7.66%)
기타	3:20 (0.50%)
총 시간	672:00 (100%)

출처: RG 338, U.S. Army Information Section, Box1495.

에서도 가장 인기가 있는 것은 음악 신청 프로그램이었다. 1955년에 한국 근무를 마치고 떠나는 한 미군 하사는 AFKN 서울지역국인 배가본드에 보낸 감사 편지에서, 배가본드의 방송 프로그램들이 자신에게 마치 '고향의 정서' 같은 것을 느끼게 해 주었다고 표현했다(*Stars & Stripes*, 1955. 1. 23: 21). 특히 그중에서도 대중음악 프로그램은 미군 병사들에게 전쟁의 공포나 이국 생활의 외로움을 위로해 주는 역할을 했다.[27] 미군 병사를 상대로 하는 AFKN에 젊은 미군이 좋아하는 팝송 프로그램이 많이 편성되는 것은 당연한 일이었다.[28]

1954년 이후 고정국 체제가 형성되고 1957년에 네트워크 체제가 구축되면서 AFKN 서울방송국은 아래의 프로그램을 제작해 지역국에 제공했다(RG 338, U.S. Army Information Section, Box1495). 1957년

27 1965년에 한국에 근무했던 한 미군 병사는 AFKN의 음악 방송이 자신에게 이국에서의 근무의 외로움을 극복하는 데 큰 도움이 되었고, 라디오를 들어서는 안 되는 경계 근무 중에조차 라디오를 듣기도 했다고 회고했다(Martinez, 2010: 417~421).

28 한국인을 대상으로 하는 VOA 한국어 방송도 팝송을 많이 편성했다. "미국무성에서는 대외적 분위기를 완화하려고 노력하는 데 보조를 맞추어 미국의 소리 방송도 많은 '째즈' 음악을 보내기 시작하였다. 미국의 소리는 시험 방송을 통하여 그 많은 청취자들은 째즈 음악을 좋아한다는 것을 발견하였다. 국무성에서는 해외에 미국의 우인友人을 많이 만들기 위하여 미국의 째즈 음악가들을 각 지역으로 파견하고 있다"라고 설명했다(《조선일보》, 1955. 11. 23: 4). VOA는 점차 직접 방송하기보다는 주로 방송 자료를 제공하는 방식으로 활동하였는데, VOA가 제공한 "〈미국대중음악의 역사〉 시리즈는 한국 유일의 FM 라디오 방송을 통해서 방송하였다"라고 한다(장영민, 2020: 587).

에는 인력이 대폭 늘어나서 장교 6명, 하사관 74명, 민간인 1명 등 총 81명이 되면서 AFKN의 자체 제작 역량이 높아졌기 때문에 이 같은 프로그램 제작이 가능해졌다.

1) 스포츠 기록 이야기 Stories from the Sports Record

2) 톱 20 Top Twenty

3) 미국 음악 The Music of America

4) 스포츠 스포트라이트 Spotlight on Sports

5) 스포츠 프레스 Sports Press

6) 목사를 만나다 Meet the Chaplain

이후 AFKN 서울방송국이 지역국에 공급하는 프로그램이 늘어났고, 지역국 자체적으로 제작하는 프로그램도 다소 늘어났다. 중앙국에서 보내는 프로그램 중에는 음악 등 오락 프로그램이 많았던 반면에 지역국 자체 제작 프로그램으로는 일부 음악 프로그램과 각종 행사 중계 프로그램이 있었을 뿐이다. 이런 변화 속에 AFRTS에서 보내오는 프로그램의 비중이 전체적으로 약간 줄어들기는 했지만 그래도 여전히 그 비중이 상당히 컸고, 자체 제작하는 음악 프로그램도 AFRTS에서 보내는 자료를 활용해 만들었다(RG 330, AFRTS, Box 12).

AFKN 라디오에서 음악 프로그램이 차지하는 비중은 여전히 대단히 높았다. 1959년 말의 분석에서 70.4%가 '음악'으로 나타났고, 그중 60.4%가 한국에 있는 DJ가 진행하는 프로그램이었다(Mohr, 1960: 95~96). AFKN 프로그램들은 주로 팝 음악을 들려주었다.[29] 이에 따라 1961년에 "AFKN의 전파는 예나 다름없이 '포퓰러 송'의 홍수를 이루고 있다"라는 평가가 나오기도 했다(《동아일보》, 1961. 8. 16: 4). 1960년대에도 AFKN 라디오의 편성에서는 뉴스와 음악이 절대적으로 높은 비율을 보였다. 1969년의 AFKN 라디오 프로그램 편성 비율은 보도 20%, 스포츠 7%, 종교 2%, 오락 71%로 나타났다(방송연감편찬위원회, 1970: 197). 오락 프로그램 중 음악 프로그램이 차지하는 비중이 여전히 높았다. "미군 방송 AFKN에서는 약간의 곡의 해설을 곁들인 디스크자키 시간이 많은 비중을 차지"했는데, "이것은 적은 인원으로 24시간의 방송을 커버하기 위하여 부득이한 조치인 것 같다"라는 평가를 듣기도 했다(《가요생활》, 1970. 4: 82).

대중음악 프로그램 중 대표적인 것으로는 〈이스트 오브 미드나이트*East of Midnight*〉나 〈다이앤과의 데이트*Date with Diane*〉 등을 들 수 있다(*Stars & Stripes*, 1963. 2. 19: 20). 〈이스트 오브 미드나이트〉는 밤 12시 5분부터 5시간 동안 방송을 했고, '방송전문가'가 DJ를 맡았다. 1960년부터 편성되어 1970년대에도 계속 방송된 〈이스트 오브 미드나이트〉는 AFKN을 통해 팝송을 듣던 사람들에게 가장 인기 있던 프로그램이었고(신현준 · 최지선, 2022a: 158~159), 한국 DJ 프로

29 1959년에 "AFKN 부산 방송국에는 무려 16,000여의 레코드를 갖추고" 있었는데 그 비율이 "째즈음악 61.4%(6,518매), 고전음악 1.3%(1,092매), 라틴음악 1.1%(222매), 종교음악 2.2%(240매), 웨스턴뮤직 12%(1,190매), 세미크라식 12%(1,300매)"였다고 한다(《부산일보》, 1959. 5. 21: 4).

그램의 등장에 영향을 주었다(김형찬, 2015: 230). 1970년에 〈이스트 오브 미드나이트〉는 0시 5분부터 3시간 동안 편성되었는데, "미군 병사가 아닌 방송전문가 '라리 블라이'가 6일간을 맡고, 일요일에는 '브루스 돌튼' 상사가 방송"을 맡았다(《가요생활》, 1970. 4: 82).

〈다이앤과의 데이트〉는 여성 DJ가 미군 병사나 그 가족이 보낸 사연과 함께 신청 음악을 방송하는 프로그램으로 〈고향의 음악*Music from Home*〉이라는 부제를 달고 있었다. 진행자가 변경되면 프로그램의 이름도 바뀌었다. 1950년대 말에는 〈제리와의 데이트*Date with Jeri*〉였고, 1960년대 들어서는 〈루안과의 데이트*Date with Louann*〉, 〈다이앤과의 데이트〉로 바뀌었다.[30] 〈다이앤과의 데이트〉부터는 진행자 이름을 그대로 프로그램명으로 사용하지 않았다.[31] 1960년대 말의 〈크리스와의 데이트*Date With Chris*〉의 진행자는 영화배우 겸 DJ인 '크리스 노엘Chris Noel'이었는데, 미국에 체류하며 방송했고 가끔 한국을 방문했다(《팝스 코리아나》, 1968. 7: 44~45). 〈크리스와의 데이트〉는 1970년에는 토요일 오전 9시 5분부터 10시까지 방송되었

30 *Stars & Stripes*, 1959. 8. 12: 31; 1960. 9. 27: 31; 1961. 11. 19: 29; 1963. 2. 19: 20.

31 〈다이앤과의 데이트〉의 진행자 이름은 '다이앤'이 아니었다. 진행자를 교체하면서도 프로그램명은 그대로 두었던 듯하다. 1960년대 초에 한국에서 근무했던 한 미군 병사는 자신은 처음에 여성 DJ의 이름이 실제로 'Diane'인 줄 알았다고 했다. 그는 미군 병사들이 여성 DJ를 사랑했던 것은 단순히 부드러운 목소리와 친밀감의 표현 때문만이 아니었고, 자신들에게 고향, 아내, 여자 친구, 옆집 소녀를 떠올리게 했기 때문이라고 회고했다(https://westernfictioneers.blogspot.com/2013/12/christmas~in~korea~with~robert~dick.html, 2020. 12. 20. 접속).

다(《가요생활》, 1970. 4: 82).

1977년에 '프로그램 디렉터 돈 카니프'는 9명의 PD 겸 DJ들이 AFKN 라디오 제작을 담당하고 있다고 하며, 음악 프로그램의 비율에 대해 다음과 같이 설명했다.

> 첫째, Top 40 Music, 그러니까 최신 히트곡이 약 40%, 이것은 어쩔 수 없는 현상이다. 둘째, Progressive Music, 게리 라이트나 레드 제플린과 같은 하드록 스타일을 말하며 모두 앨범에서 선곡하는데, 이것이 20%. 쉽게 표현하자면 Bob Kingsley Show를 연상하면 된다. 셋째, Oldies But Goodies와 칸튜리 뮤직이 20%, 점차 추억의 음악 시간을 늘릴 예정이다. 넷째, 소울 뮤직이 20%. 근래 디스코 사운드의 영향으로 계속 증가되고 있다. 이상이 AFKN의 음악적 비율인데 당분간 이 상태가 유지될 것 같다. (《월간팝송》, 1977. 6: 25~27)

AM 라디오 음악 프로그램 중에 최신 히트곡이나 프로그레시브Progressive 음악 등 최신 대중음악의 비중이 제일 높았다. 젊은 미군 병사를 상대로 하는 방송의 특성을 반영한 것이었다. 1977년 당시 AFKN의 FM은 "100% 컴퓨터의 작동으로 이루어진다"라고 했다. 4개 컴퓨터에 걸려 있는 테이프의 내용은 "① 보컬(대개 조용하며 레터멘Lettermen과 같은 스타일), ② 팝 연주(최신이나 예전의 히트곡을 연주로 편곡한 것), ③ 혼합 경음악(은은한 재즈 계열이나 대형 악단의 연주 스타일), ④ 스트링 사운드(아름다운 선율만을 주제로 한 경음악)"였고, 컴퓨터의 작동으로 4개 다른 스타일의 음악이 계속 방송되었다(《월간팝송》, 1977. 6: 29~30). AFKN AM 라디오가 신나는 음악을 들려주던 것과는 달리 FM 라디오는 주로 부드러운 '이지 리스닝' 음악을 들려주었다(AFKN, 1979: 8~9). 미국의 AFRTS가 "미국 내 전 레코드사들과 계약을 맺어 정기적으로 독자적인 레코드를 제작"해 AFKN으로 보내주는데, '일주일에 한 번씩 공수'되어 오는 이런 음반은 '최신 히트곡'을 담고 있어서 AFKN은 한국 라디오보다 훨씬 더 최신 음악을 들려줄 수 있었다(《월간팝송》, 1977. 6: 27~28).

4. AFKN 라디오의 수용과 영향

1) AFKN 라디오의 청취 현황

한국 전쟁으로 인해 라디오 수신기의 보급이 정체되기는 했지만, 서울의 경우 다른 지역보다는 라디오 수신기 보급률이 비교적 높았기 때문에 AFKN을 듣는 인구도 많은 편이었다. 영어 공부를 위해 듣는 사람들이 생겼다는 점도 AFKN을 듣는 한국인의 증가에 영향을 주었다(강인철, 2006: 415~416). 다만 아직 AFKN 방송국들이 지방에서는 정착하지 못했고, 출력도 높지 않았기 때문에 청취자층이 넓었다고 보기는 어려웠다.

한국인 중에 라디오 수신기 소유자가 점차 늘어나, 유선 방송 스피커를 포함해 1957년 1월에 13만 7,031대에서 1961년 9월에 70만 7,033대로 늘어났다. 한국인 소유 수신기가 증가하고 AFKN의 출력이 1kW에서 5kW로 높아지면서 한국인의 AFKN 청취 가능성이 더 커졌다. 실제로 1956년에 기독교방송이 서울 시민을 대상으로 조사한 결과를 보면, 조사 대상 가구의 41%가 "서울중앙방송(HLKA, KBS), 33%가 기독교방송(HLKY, CBS), 17%가 주한 미군방송(AFKN), 9%가 일본 방송을 듣는다"라고 응답했다(김재복, 1956: 11). 조사 방법을 자세히 알 수 없어서 해석에 한계가 있기는 하지만, 어쨌든 이 조사 결과를 통해 1956년경 AFKN을 듣는 한국인의 비율이 상당히 높았다는 것을 알 수 있다.

1959년 12월에 방송문화연구실이 서울대학교 행정대학원 조사연구실에 의뢰해 서울 지역에서 실시한 청취율 조사에서 서울중앙방송 1채널 51%, 서울중앙방송 2채널과 기독교방송 모두 16%, AFKN 8%, UN군사령부방송(VUNC) 7% 순으로 나타났다(《동아일보》, 1960. 2. 10: 4). 방송문화연구실이 1961년 4월에 다시 서울에서 실시한 조사에서는 서울중앙방송 1채널의 96.7%, 기독교방송 1.1%에 이어 AFKN 청취율이 0.6%로 3위를 차지했다(《동아일보》, 1961. 5. 29: 4; 방송문화연구실, 1961: 350~361). 1959년 12월과 1961년 4월 조사에서 AFKN의 청취 가구 비율은 각각 8%와 0.6%로 나타났지만, 순위는 오히려 4위에서 3위로 올라간 것으로 나타났다. 이같이 청취율이 떨어진 것은 조사 방법 차이 때문이었지만,[32] 어쨌든 이 결

32 1959년 12월의 조사에서는 많이 듣는 방송국 세 개를 순위대로 들게 하여 1위는 3점, 2위는 2점, 3위는 1점을 주어 그 합계를 백분율로 표시한 것이었지만, 1961년 4월의 조사에서는 지난 일주일 동안 '제일 많이 들은' 방송국 하나만을 표시하도록 했다(방송문화연구실, 1961: 360~361). 이런 조사 방법을 보면, AFKN을 가장 많이 듣는 사람이 많지는 않았지만, 다른 방송과 함께 AFKN을 자주 듣는 사람은 많았다는 사실을 알 수 있다.

과만 놓고 보면 1956년의 결과와 마찬가지로 적어도 1956년부터 1961년까지 서울에서는 AFKN을 듣는 사람들이 상당히 많았다고 판단할 수 있다.

전국 대상 조사에서는 다소 다른 결과가 나타났다. 1960년 4월에 방송문화연구실이 실시한 조사에서는, '방송국별 청취율'이 서울중앙방송 1채널 46.1%, 서울중앙방송 2채널 17.1%, 부산문화방송(HLKU) 8.4%, 일본 방송 7.3%, AFKN 3.9%, 기독교방송 3.6%, VOA 한국어 방송 2.3%로 나타났다(《동아일보》, 1960. 5. 11: 4). AFKN 청취율이 기독교방송보다 높게 나온 것은 지역국이 더 많았다는 점도 작용했을 것이다. 1962년 7월에 공보실 조사국이 실시한 전국 대상 조사에서는 '가장 많이 듣는 방송'으로 서울중앙방송 1채널 86.1%에 이어 서울문화방송(MBC, HLKV), 부산문화방송, 기독교방송, 서울중앙방송 2채널, 서울국제방송, 일본 방송 순으로 나타났고, AFKN은 0.1%로 가장 낮게 나타났다(방송문화연구실, 1962: 300~301). 방송관리국의 두 조사에서 AFKN을 가장 많이 듣는다는 비율이 불과 2년 만에 3.9%에서 0.1%로 감소한 것으로 나타난 것은 의외이지만, 아마 1960년 4월의 조사가 가장 많이 듣는 방송을 조사한 것이 아니었을 가능성이 있다.

1962년 10월에 기독교방송은 자신들의 지역국이 있는 서울, 부산, 대구, 광주, 이리 등 5개 지역을 대상으로, '제일 많이 듣는 방송,' '둘째로 많이 듣는 방송,' '셋째로 많이 듣는 방송' 등 세 가지를 물어보았는데, 결과는 표 8과 같다(《동아일보》, 1962. 10. 22: 5). 당시에 서울문화방송과 부산문화방송은 각각 서울과 부산에서만 방송되고 있었다는 점을 고려해 이 조사 결과를 해석해야 한다.

표 8 전국 라디오 청취율(1962년 10월)

가장 많이 듣는 방송	KBS	CBS	MBC	HLKU	AFKN	VUNC	NHK	HLKX
1순위	57.4	18.7	12.4	9.8	1.1	0.5	0.2	0
2순위	40.3	35.5	11.2	5.5	2.8	0.6	1.2	0.1
3순위	23.9	36.7	5.3	3.8	66.0	2.0	5.6	

출처: 〈동아일보〉, 1962. 10. 22: 5.

이 조사에서 AFKN을 가장 많이 듣는다는 비율은 1.1%에 그쳤지만, 세 번째로 많이 듣는다는 비율이 무려 66%로 나타났다. 이것은 주로 한국어 방송을 들으면서, 가끔 AFKN을 듣기도 하는 사람들이 대단히 많았다는 것을 보여 준다. 이 조사에서 서울에서는 가장 많이 듣는다는 비율도 3%로 상당히 높게 나타났다. 아무래도 지방보다는 서울에서 AFKN을 듣는 사람들이 더 많았다는 것을 보여 준다.

1962년 12월 동아일보사가 서울 시내에서 가장 많이 듣는 방송을 조사한 결과에서도 AFKN이 1%로 나타났다(〈동아일보〉, 1963. 2. 4: 3). 공보부 조사국이 실시한 전국 대상 조사에서 가장 많이 듣는 방송으로 AFKN이 1962년 7월에는 0.1%, 1963년 4월에는 0.3%, 1963년 7월에는 0.4%로 나타났다. 1963년 7월의 조사를 보면 20대와 30대가 청취자의 대부분을 차지했다는 것을 알 수 있다

표 9 서울시 주부들의 라디오 청취율(1964년 12월)

	AFKN	국제 방송	라디오 서울	서울중앙(제1)	VUNC	기독교 방송	문화 방송	서울중앙(제2)	동아 방송
상류	5.0	4.2	12.4	17.0	1.4	9.2	28.4	1.4	75.2
중류	4.6	0	11.2	21.4	0	9.4	48.6	0	61.4
하류	0	3.2	5.3	23.0	0.8	2.4	54.8	0	46.0

출처: 〈방송〉, 20호(1965. 1. 11): 5.

(공보부 조사국, 1963). 1961년 12월 서울문화방송이 라디오 방송을 시작한 이후 AFKN을 가장 많이 듣는다는 비율이 1%를 넘지 못하는 것으로 나타났다. 그럼에도 AFKN을 많이 듣는 사람들이 있었는데, 대학을 중퇴하고 배우가 된 유춘수는 "밤새 배가본드 방송을 듣고선 10시에 일어나기 일쑤"라고 밝혔다(《경향신문》, 1962. 8. 27: 8). 1964년 12월에 이화여자대학교 사회학과 학생들이 서울시 주부들을 대상으로 AFKN 청취에 대해 계층별로 조사한 자료에서 '상류'는 5.0%, '중류'는 4.6%로 나타났다. 주부 중에 AFKN을 청취하는 비율이 이 정도였으니 학생 중에는 그 비율이 더 높았을 것이라는 점을 쉽게 짐작할 수 있다.

미공보원이 1966년 5월에 실시한 대학생 대상 조사에서 '거의 매일nearly daily' 듣는 방송국을 모두 선택하라고 한 질문에 대해 조사 대상자의 10%가 AFKN도 거의 매일 듣는다고 응답했다(RG

306, USIA, Entry 1013B, Box 14). 대학생들을 상대로 하는 조사에서 더 높은 청취율이 나타났다. 당시에 "소위 엘리트 지식층들은 AFKN 방송 청취를 자랑으로 삼았다"라고 했으니(선성원, 2005: 190) 대학생 대상 조사에서 AFKN 청취 비율이 더 높게 나타난 것이 당연했다.

1966년 8월 서울에서 실시한 조사에서는 AFKN의 청취율은 0.8%로 나타났고(고영복, 1967: 174), 1967년 11월 전국에서 실시한 조사에서는 0.3%로 나타났다(안광식, 1968: 17). 1968년 8월에 미공보원이 전국에 걸쳐 조사한 자료에서 지난 일주일 동안 가장 많이 듣는 방송으로 0.7%가 AFKN을 듣는다고 답변했지만, 가장 많이 듣는 방송을 제외하고 듣는 방송으로는 16%가 AFKN을 듣는다고 답변했다(RG 306, USIA, Box 67). 이 자료는 AFKN을 주로 듣지는 않지만, 틈틈이 듣기도 하는 사람은 상당히 많다는 것을 보여 준다. 고려대학교 사회경제연구소가 1968년 12월에 실시한 조사에서는 가장 많이 듣는 방송으로 1.5%가 AFKN을 들었다(《중앙일보》, 1969. 1. 1: 10).

미공보원이 1968년 8월 1일부터 9월 3일까지 지난 한 달 동안 AFKN을 들은 적이 있는 사람들이 각 집단 중에 얼마나 있는가를 조사한 결과는 표 10과 같다.

표 10 AFKN의 청취 집단

대학생	언론인	대학 교수	공무원	시민 단체 지도자	중등 교사	전문직	전체
50%	47%	37%	29%	25%	23%	18%	34%

출처: RG 306, USIA, Entry 1017, Box 67.

표 10에 나타난 대로 대학생 중 AFKN을 듣는 사람이 가장 많았고, 다음으로 고등 교육을 받은 언론인과 대학교수가 AFKN을 많이 듣는 것으로 나타났다. 연령별로도 25세 이하 중에는 49%, 25세 이상 34세 미만 중에는 43%, 35세 이상 44세 미만 중에는 38%, 45세 이상 중에는 22%로 나타나, 젊은 층이 주로 AFKN을 많이 들었다는 것을 알 수 있다. 같은 조사에서 23%는 거의 매일, 28%는 일주일에 3~4회, 30%는 1~2회 듣는다고 답변했다(RG 306, USIA, Entry 1017, Box 67). 1960년대는 "청취자가 점점 늘어났고 당

표 11 AFKN의 집단별 청취 프로그램

집단	음악	뉴스	기타	무응답	
대학생	43%(44명)	44%(45명)	9%(9명)	4%(4명)	100%(102명)
중등 교사	23%(8명)	46%(16명)	26%(9명)	6%(2명)	100%(35명)
공무원	15%(5명)	65%(22명)	18%(6명)	3%(1명)	100%(34명)
시민단체 지도자	14%(5명)	70%(26명)	16%(6명)	0(0)	100%(37명)
작가 · 예술가	10%(3명)	81%(25명)	0(0)	10%(3명)	100%(31명)
대학교수	6%(4명)	73%(47명)	13%(8명)	8%(5명)	100%(64명)
전문직	15%(4명)	65%(17명)	19%(5명)	0(0)	100%(26명)
언론인	11%(12명)	71%(81명)	18%(21명)	0(0)	100%(114명)
합계	19%(85명)	63%(279명)	14%(64명)	3%(15명)	100%(443명)

출처: RG 306, USIA, Entry 1017, Box 67.

시 AFKN을 안 들으면 어디 가서 행세를 할 수 없는" 시절이었다는 주장까지 나올 정도였다(선성원, 1996: 29~30).

미공보원의 AFKN 청취 조사 결과에서는 집단별로 주로 듣는 프로그램에서도 차이가 나타났다. 집단별로 주로 듣는 프로그램을 조사한 결과는 표 11과 같다. 이 표를 보면 AFKN 청취자들이 주로 듣는 프로그램으로 뉴스 63%, 음악 19%, 기타 14% 순으로 나타났다. 음악을 가장 많이 듣는 집단은 대학생(43%), 중등 교사(23%) 순이었고, 뉴스를 가장 많이 듣는 집단은 작가·예술가(81%), 대학교수(73%), 언론인(71%) 순이었다. 전체적으로 지식인들이 주로 뉴스를 듣고, 젊은이들은 주로 음악을 들었다고 볼 수 있다.

AFKN 라디오 청취율은 한국 라디오에 비해 훨씬 낮은 편이었지만, 특정 프로그램에 한해서는 1970년대에도 꽤 높은 청취율을 보였다. 〈월간팝송〉은 "본지의 팝 프로 청취율 조사에서 창간 이래 지금까지 넘버원의 자리를 양보치 않고 있는 괴물이 있다. 그것이 바로 AFKN이다"라고 하며, 자신들이 구독자 대상으로 조사한 결과에서 1970년대 내내 팝송을 듣는 라디오 방송으로서는 AFKN이 1등이었다고 밝혔다(《월간팝송》, 1977. 6: 22). "〈월간팝송〉의 방송 청취율 조사는 매달 1천여 통의 엽서 중 80%가 AFKN 청취자"였다고 했다(《중앙일보》, 1978. 8. 10: 3). 팝송 전문지 독자 대상 조사였기 때문인지 AFKN 라디오가 팝송 청취 라디오로서 압도적인 1위를 차지했다. 1981년에 실시한 대학생과 고등학생 대상 '팝송 이용 방송' 조사에서 AFKN-FM 라디오 4.7%, AFKN-AM 라디오 3.2%, AFKN-TV 3.2%로 나타났다(이강수, 1981: 189~190). 전체 학생 중에서도 11.1%나 되는 청취자가 AFKN을 통해 팝송을 들을 정도로 팝송을 듣는 매체로서의 AFKN의 위상은 대단히 높았다.

2) AFKN 라디오 청취의 내용과 의미

1950년대 말 "미군 방송(AFKN)은 뉴스 시간을 제외한 거의 전부를 째즈로 충당하는 형편이어서 언제든지 미국에서 최근에 유행되는 노래를 들을 수 있다"라고 했다(《동아일보》, 1959. 7. 17: 1). 언어 장벽이 별로 문제 되지 않는 음악 프로그램은 당시 한국인들에게 큰 인기를 끌었다.[33] 1950년대 초에 고등학교를 다닌 가수 최희준(1936~2018)의 회고는 이를 잘 보여 준다.

> 나는 경복고를 다니던 시절부터 미군 방송(AFKN)을 즐겨 들으며 최신 팝송을 거의 외우다시피 했다. 신곡이 나오는 족족 가사를 적어다가 학교의 칠판에 써놓고 친구들을 가르치길 좋아했다. 음악 선생 노릇을 한 것이다. 당시엔 특히 '하이눈' '오케이목장의 결투' '하녀' 등의 영화음악이 꽤 인기가 있었다. 가수로는 프랭크 시내트라는 물론 팻 분, 냇 킹 콜 등이 활발히 소개됐다. (《중앙일보》, 2002. 8. 7: 19)

가수이자 작곡가 신중현(1938~)은 1950년대 중반에 "남대문

33 음악을 즐기기 위해서 듣는 청취자뿐만 아니라 음악을 듣고 배워 공연에서 부르려는 가수들도 AFKN 음악 프로그램을 들었다. 미군 무대에 서기 위한 오디션에서 AFKN을 듣고 따라 부르며 연습하는 과정은 매우 중요했다(신현준 · 최지선, 2022a: 35).

시장에서 산 미국 통신용 라디오로 AFKN 전파를 잡아 미국 음악을 열심히 들었다"라고 회고했다(《경향신문》, 1995. 12. 21: 31). 신중현은 AFKN을 교과서 삼아 미국의 팝 음악을 공부했다며 다음과 같이 회고했다.

> 미군 방송에 '배거본(드)'이라는 프로가 있었어요.[34] 그걸 들으려고 영등포시장에 가서 광석을 사고 구리선을 달아서 라디오를 만들었어요. 리시버를 사다가 머리에 끼고 AFKN을 들었지. 24시간 음악 방송을 했는데, 그걸 들으면서 음악에 눈을 떴어요. 그때 맘보, 룸바를 매일 들었어요. 음악들이 정말 좋더라고. 일하면서 틈만 나면 음악을 들었어요. 밥도 잽싸게 먹어 치우고 기타에 매달렸었지. (《서울경제》, 2008. 2. 14: 44)

신중현은 음악인이 된 이후에도 "AFKN의 음악 방송을 밤새 들으며 새 유행곡을 한 곡이라도 놓칠세라 열을 올렸다. 덕택에 본토의 미국인조차 도너츠판을 통해 들을 수 있었던 노래를 나는 한 달 전에 접할 수 있었다. 1년 뒤에야 시내 음악감상실이 그 곡을 LP로 들려주었다"라고 했다(신중현, 2003: 46). 재즈 연주자 이동기도 1950년대 말부터 "주로 라디오를 듣고 (악보로) 따는 것이 음악 공부의 전부였죠. AFKN이 나오기 전에 배가본드 방송이 있었는데 거기서 재즈가 흘러나오면 그렇게 좋을 수가 없었어요"라고 대답했

34 배가본드는 AFKN 서울방송국의 개국 초기 이름으로 그 뒤에도 계속 별칭으로 사용되었다. 신중현의 회고에서 '배거본드 프로(그램)'라고 했던 것은 이 방송국의 프로그램을 의미할 것이다.

다(신현준 · 최지선, 2022a: 94).

최희준과 신중현 외에도 1950년대와 1960년대에 AFKN을 통해 미국 대중음악을 수용했다는 음악인은 많다. 드럼 연주자 류복성(1940~)도 "중학교 2학년 때 미8군 방송(AFKN) 라디오에서 흘러나온" 음악을 듣고 '재즈 인생을 걷게' 되었다고 했다(《영남일보》, 2010. 1. 8: 38). 특히 류복성은 "중학교 때 미군 라디오에서 〈스트레이트 노 체이서*Straight, No Chaser*〉라는 곡을 듣고 음악을 해야겠다고 결심"했다고 회고했다"(《경향신문》, 2003. 8. 7). 재즈 가수인 박성연(1943~2020)은 "오빠가 사다 준 트랜지스터 라디오를 귀에 꽂고 다니며 AFKN에서 흘러나오는 음악을 들었다. 그땐 재즈인지도 몰랐지만 흠뻑 빠졌다"라고 회고했다(《중앙일보》, 2005. 4. 18: 23). 특히 박성연은 "초등학교 시절부터 AFKN에서 흘러나오는 재즈의 강렬한 느낌에 끌렸다"라고 했다(《한겨레》, 1999. 3. 11: 15). 가수 서수남(1943~)도 "소년기에 접한 AFKN의 영향"으로 팝송을 좋아하기 시작했다고 하며, AFKN에서는 "종일 음악이 흘러나왔는데 특히 컨트리풍 곡들이 인상적"이었다고 했다.[35] 1950년대 중후반에 중학생이나 심지어는 초등학생까지 팝송을 듣기 위해 이용할 만큼 많은 사람이 AFKN을 청취했다.

가수 서유석(1945~)은 "5, 60년대에 사춘기를 보낸 아이들은 AFKN 라디오 방송에서 흘러나오는 영어멜로디를 많이 흥얼거리

35 https://blog.naver.com/bupyeong_art/222608536105, 2023. 7. 23. 접속.

고 다녔다"라며, "분위기에 휩쓸려 나도 한때 AFKN에 귀를 붙이고 산 적이 있다"라고 했다(서유석, 2004: 83). 가수 윤형주(1947~)도 "60년 대광중학에 입학하면서 AFKN을 통해 팝송을 처음 접했다. 그는 방과 후에는 아예 라디오를 끼고 다녔던 팝송 마니아였다"라고 했다(《주간한국》, 2005. 2. 22: 85). 이장희(1947~)도 "저는 음악을 많이 들었어요. AFKN 방송을 매일 밤 다 듣다시피 하고" "중학교 1학년 땐가 처음으로 '음악이 참 좋다'라고 생각"했다고 밝혔다(신현준 · 최지선, 2022a: 457). 이장희는 "AFKN(주한 미군 방송)을 통해 팝을 듣"고 영향을 받아 가사에서 "문어체가 아닌 구어체"를 사용하게 되었다고도 했다(《중앙일보》, 2019. 2. 14: 23). 해방 이후 세대로서 가수이자 DJ로 활동했던 서유석, 윤형주, 이장희도 모두 AFKN을 즐겨 들었다고 회고했다.

DJ 이종환(1937~2013)도 1950년대 중반에 미국 대중음악에 관심을 갖기 시작해 AFKN 심야 음악 프로그램들을 들었다고 하며 다음과 같이 회고했다.

> 아버지는 공부에 방해가 된다고 밤에 라디오를 못 듣게 하셨어요. 라디오가 눈에 띄면 다 뺏었죠. 그래도 음악이 듣고 싶었던 저는 청계천에서 '광석 라디오'라는 걸 사다가 이불 속에서 몰래 듣곤 했어요. 전깃줄에 철사를 한 가닥 매달고 콩알보다 조금 큰 이어폰을 귀에 꽂고 듣던 라디오였죠. 그마저 아버지에 들키는 바람에 효창공원으로 끌려가 '다시는 라디오를 안 듣겠습니다'라고 말할 때까지 매를 맞았어요. 그래도 음악은 계속 몰래 들었답니다. (《주간동아》, 2008. 1. 29: 58~60)

국내 최초의 DJ로 평가받는 최동욱(1936~2023)도 "용산에 있는 미8군 기지 내의 AFKN에 자주 드나들었는데 여기서도 DJ에 대한 자극을 많이 받고 있었다"라고 했다(최동욱, 1995: 22). 이종환은 AFKN을 들으며 어떤 신곡이 나왔고, 무슨 노래가 인기가 있는지를 파악하며 방송을 했다고 밝혔다(이종환, 2004: 198). 이종환은 DJ가 된 이후에 새로운 음반을 구하기 어려우면 "기술부 직원들이 AFKN에서 최신곡을 소개하는 시간을 알아내어서 그 프로그램을 통째로 녹음해 두면 앞뒤로 삽입된 멘트를 짤라내고 방송에 사용하기도 했다"라고 밝혔다(이종환, 1993: 166). DJ 김광한(1946~2015)도 "AFKN을 자주 들으며 영어 공부를 한 형님은 거기에 나오는 팝송도 함께 들었다. 나는 팝송을 귀동냥으로 들었는데 평소에도 흥얼거릴 수 있을 정도였다"라고 회고했다(김광한, 2018: 57). 유명 DJ들도 모두 AFKN을 들으며 팝송을 공부했다.

수필가이자 영문학자 피천득(1910~2007)도 "재즈라도 들으려고 AFKN에다 다이얼을 돌렸다. 시월 어떤 토요일 한 시경이었다. 뜻밖에도 그때 심포니홀로부터 보스턴 심포니 75주년 기념 연주 중계방송을 한다"라고 해서 들었다고 했다(피천득, 1994: 97~98). 보스턴 심포니 75주년인 1956년에 쓴 글이다. 영문학자도 재즈를 듣기 위해 청취했을 정도로 1950년대 중반에 지식인들도 AFKN을 많이 들었다. 김내성의 신문 연재 소설 《실낙원》에는 대구에서 운전할 때 "라디오는 배가본드를 방송했다.[36] '스페인의 귀부인'이 흘렀다.

36 AFKN 대구지역국 이름은 '킬로이'였다. '배가본드'는 AFKN 서

'센트루이스 블루우스'도 흘렀다"는 표현이 나온다(《경향신문》, 1957. 1. 31: 4). 안수길의 신문 연재 소설 《제2의 청춘》에서는 고급 택시를 타고 갈 때 "라디오가 고요히 흘러나왔다. '배가본드'의 경음악이었다. 달콤하고 들멱들멱한 멜로디였다"라고 음악을 설명했다(《조선일보》, 1958. 2. 21: 4). 1950년대 말에는 택시에서도 AFKN을 통해 팝송을 들을 수 있을 정도였다.

대구나 부산 같은 지방에서도 AFKN을 통해 팝송을 듣는 사람들이 많았다. 송준용(1944~) 유진광학 회장은 1950년대 말에 자신이 만든 광석 라디오로 AFKN의 대구지역국인 '킬로이'를 청취하다가 방송국 직원들과 인연을 맺어 방송국 방문을 자주 하게 되었고, 1963년부터 14개월 동안은 DJ로 활동하기도 했다(*Stars & Stripes*, 1995. 8. 4: 7). 전쟁 후에 어느 정도 안정되면서 대구에서 "시민들은 서양 음악에 목말라" 했고, "미군 방송 AFKN에서 미군들과 함께 들어온 서양 노래"가 이런 갈증을 해소해 주었다(《매일신문》, 2019. 5. 22: 19). 부산에서 AFKN 지역국 방송은 DJ들에게 큰 영향을 주었다. "부산의 경우에는 AFKN 출력이 워낙 낮아 하얄리아부대 인근에서만 전파가 잡힐 정도였으므로 그 영향이 미미"했지만, "열성적 DJ는 하얄리아부대 근처에서 AFKN 라디오로 〈아메리칸 탑 포티*American Top 40*〉 등의 음악 프로그램"을 들으며 팝송을 공부했다(김정하, 2012: 83).

울지역국의 이름이었는데, 아마 당시에 AFKN을 총칭하는 이름으로 '배가본드'를 사용하기도 했던 것으로 보인다.

1960년대에 교육 수준이 높은 사람들에게 AFKN을 통해 팝송을 듣는 일은 일상이 되었다. 김남(1944~) 작가는 "눈 내리는 밤이면 '나의 청춘 마리안느' 같은 영화에 주연이나 하는 몽상을 하고, 종일을 두고 난로가에서 AFKN의 음악이나 들을 수 있었음 하는 시시한 욕망뿐"이었다고 했다(《동아일보》, 1968. 1. 6: 7). AFKN이 팝송 청취자에게 큰 인기를 끌자 팝송 잡지에는 AFKN에 관한 기사가 실렸다. 최초의 팝송 잡지 〈팝스 코리아나〉 창간호(1968. 7)에는 AFKN 라디오의 프로그램 〈크리스와의 데이트〉의 DJ였던 크리스 노엘의 인터뷰 기사가 실렸다. 이 기사에서 "우리나라에도 많은 팬을 가지고 있는 그녀의 쇼는 디스크로 제작되어 세계 각처에 전달"된다고 했다. 이 인터뷰는 AFKN에서 진행되었는데, 〈팝스 코리아나〉 주간이자 '팝 칼럼니스트'인 서병후와 VUNC에서 〈퍼스트쇼*The First Show*〉를 진행하고 있던 유영옥이 함께 참여했다(《팝스 코리아나》, 1968. 7: 44~45). "외국의 가요를 즐겨 듣는 음악팬들 중에는 많은 사람들이 AFKN을 듣는다"라고 하며, 국내 잡지도 AFKN의 음악 프로그램에 관한 자세한 정보를 소개하기도 했다(《가요생활》, 1970. 4: 82~83).

1970년대 초에 서울대학교 법과대학을 다녔던 이상돈 교수는 AFKN으로 팝송과 뉴스를 자주 들었다고 하며 다음과 같이 회고했다.

> 1971~72년으로 기억되는데, AFKN 라디오엔 자정에 시작하는 이지 리스닝 계열의 음악 프로가 있어서 밤늦게 공부하면서 즐겨 들었다. 그 프로의 진행자는 바비 직스라는 현역 군인이었다. 목소리가 얼마

나 은은하고 달콤한지 빨려 들어가는 듯했다. 그가 제대를 하고 본국으로 귀국하게 되자 그를 좋아했던 여대생들이 환송 파티를 열었다고 하니 그의 인기가 어느 정도였는지 알 만할 것이다.[37]

1971년 6월부터 AFKN 라디오의 〈올나이트 뮤직*All Night Muic*〉을 담당하던 DJ 바비 직스Bobby Zix는 한국인 청취자들에게도 큰 인기를 끌었다(《월간팝송》, 1973. 9: 30~31). 그는 1973년 4월 21일과 22일에 송창식, 이장희, 서유석, 양희은, 김도향, 박상규, 임문일, 고영수 등 30여 명이 출연한 '팝 싱거들의 합동발표회'에 찬조 출연을 하기도 했다(《경향신문》, 1973. 4. 18: 8).[38] 이런 현실에서 "국내의 팝 팬치고 AFKN에 다이얼을 맞추어 본 경험이 없는 사람은 드물 것이다. 하루 종일 팝 뮤직만을 방송한다는 것만으로도 팝스 팬을 황홀하게 하는 AFKN은 국내 방송이 끝나는 시간인 한시 전후에 깨어 있는 사람에게는 단 하나의 방송으로 존재한다"라는 평가까지 나왔다(《월간팝송》, 1973. 9: 30).

〈월간팝송〉을 중학교 3학년 때부터 구독했다는 한 독자는 "간혹 최신곡에 치중을 하다 보면 미8군 방송(AFKN)을 들어보아야만 아하 역시 적시 안타였고나 하는 뉘우침을 갖게도 해주죠"라고 하

37 http://www.leesangdon.com/bbs/board.php?bo_table=column&wr_id=2053, 2023. 6. 10. 접속.

38 바비 직스의 본명은 로버트 W. 직스Robert W. Zix(1949~)이고, 한국의 AFKN을 떠난 이후 카마사미 콩Kamasami Kong이란 이름으로 하와이와 일본에서 오랫동안 DJ로 활동했다. https://en.wikipedia.org/wiki/Kamasami_Kong, 2024. 12. 15 검색.

며 AFKN을 통해 최신 팝송을 듣게 된다고 했다. 한편 "사실 최신 곡의 디스크 입수가 늦은 국내 방송 프로는 날이 갈수록 갈피를 못 잡는 형편이 아닙니까?"라고 국내 방송이 최신곡을 방송하지 못한다는 점을 지적하기도 했다(《월간팝송》, 1974. 11: 140). 최신 팝송을 들을 수 있다는 점이 AFKN을 듣게 만든 주요 요인이었다. 1970년대 내내 팝송을 즐겨 듣는 사람들에게 AFKN 라디오는 가장 큰 인기를 끌었고, "그 이유는 단 하나, 팝 뮤직답게 방송하는 곳이기 때문"이었다(《월간팝송》, 1977. 6: 22).

음악 청취 외에 AFKN 라디오를 듣는 또 다른 목적은 영어 공부였다. 1950년대 중반에 중고교를 다닌 고려대학교 교수 한승주(1940~)는 AFKN을 통해 영어 공부를 했다고 회고했다(《조선일보》, 2000. 7. 20). 서울대학교 교수 김성곤(1949~)도 초등학생 무렵인 1950년대 말에 "영어회화를 배운답시고 극장에 가서 서너 시간씩 죽치고 앉아 있기도 했고 AFKN 라디오를 켜놓고 잠들기도 했다"라고 한다(《경향신문》, 1995. 3. 13: 13). 카이스트 교수 성기수(1934~)도 1961년에 유학을 가기 전에 영어를 "AFKN 뉴스를 들으며 열심히 갈고 닦았"다고 회고했다(《문화일보》, 1998. 4. 9).

1960년대 초에는 AFKN 청취 교재가 간행되었다. 연세대학교 교수 나건석은 《AFKN 청취입문》이라는 책의 서문에서 "언제나 들을 수 있는 것이 AFKN 영어이다. 이만치 미군 방송은 우리에게 친절한 'informant'가 될 수 있고 'sources of entertainment'의 구실을 해줄 수 있다"라고 하며, 자신이 쓴 "이 책자를 보는 사람이면 AFKN에 취미를 가질 수 있고, 영어에 큰 발전을 보리라는 자부심도 느끼게 되었다"라고 주장했다(나건석, 1962). 기독교방송(HLKY)

에서는《AFKN 청취입문》을 가지고 영어 강좌를 개설해 나건석이 직접 강의하기도 했다(《경향신문》, 1962. 9. 10: 1).

1961년 5·16 군사 정변이 일어났을 때 주한 미군 사령관 카터 매그루더Carter Magruder 장군과 주한 미대사관 마셜 그린Marshall Green 대리대사는 군사 정변에 반대하며 합헌 정부를 지지한다는 성명서를 AFKN과 VUNC를 통해 발표했다. 이틀 동안 이런 내용의 방송이 계속되었지만, 군사 정변 세력에 의해 통제된 언론들은 이를 전혀 보도하지 않았다(Hepinstall, 1975: 136~137). 당시 대학생이었던 변호사 이건개(1941~)가 "나는 부랴부랴 AFKN(주한 미군 방송) 라디오를 틀었다. 박정희 소장이 군사쿠데타를 이끌고 있었다는 내용이 흘러나오고 있었다"라고 했던 것을 통해 당시 지식인들이 국내 언론에서 보도하지 않는 사실을 알기 위해 AFKN을 듣기도 했음을 알 수 있다(《월간조선》, 2016. 3: 340). 1960년대 말에 청취 사유로 뉴스를 꼽는 사람이 가장 많았을 정도로 AFKN 뉴스는 지식인들에게 세계를 이해하는 데 유용한 통로였다(RG 306, USIA, Entry 1017, Box 50).

1970년대에 대학생들은 AFKN 청취 동아리를 만들었고, 학원들은 AFKN 청취 강좌를 개설했다. "대학가에는 이색 서클이 많지만 특히 고려대학교의 AFKN 청취회는 그 이름부터 색달라 학생들의 관심을 모으고 있다"라고 했다(《중앙일보》, 1973. 6. 19: 4). 시사영어사는 학원 강의뿐만 아니라 'AFKN 방송청취회원'을 모집해 통신 강의를 하기도 했다(《동아일보》, 1977. 9. 7: 1). 이런 현실에서 "우리나라 젊은이들의 세계에서는 영어 학습을 위한 시청취율이 날로 높아가고 있고 커다란 사건이 있을 때마다 AFKN의 뉴스 프로는 놀라울 정도로 청취되기도 한다. 심지어 AFKN 회화반, 연구반 등 서클이 난립, 외국에는 없는 특이한 현상까지도 낳게 했다"라는 평가도 나왔다(《경향신문》, 1980. 10. 3: 5).

5. 팝송 청취와 영어 공부 수단으로서의 AFKN 라디오

9·28 수복으로 서울을 되찾으면서 한국 전쟁 발발로 사라졌던 미군 방송이 1950년 10월 4일에 다시 등장했다. 극동 네트워크에 소속되었던 과거와는 달리 한국만의 독자적인 네트워크인 AFKN으로 새로 출발할 수 있었다. 기존 한국 방송과는 다른 미군 방송 WVTP를 한국 전쟁 전까지 잠시 경험했던 한국인에게 전쟁과 함께 다시 찾아온 미군 방송인 AFKN은 큰 인기를 끌었다. 그러나 전쟁 중에 AFKN은 정착하지 못하고 계속 이동하며 방송해야 했고, 한국인 청취자들도 차분히 방송을 들을 수 없어서 전쟁 초기 한국인의 AFKN 청취는 그리 활발하지 않았다. 전쟁이 소강상태가 되면서 미군 병사들에게 심리적으로 위안을 주기 위해 편성된 음악 프로그램을 많은 한국인도 듣기 시작했다.

1954년에 AFKN이 이동을 멈추면서 고정 방송국이 되었고, 1957년에는 네트워크 체제를 구축했다. AFKN은 미군 병사들을 위한 정보와 오락 제공의 가장 중요한 수단이 되었다. AFKN은 한국인들에게도 팝송을 듣고 영어를 공부하는 데 없어서는 안 되는 중요한 도구가 되었다. 특히 한국의 민영 라디오 방송과 텔레비전 방송국이 등장하기 이전까지 AFKN 라디오 방송의 인기는 대단히 높았다. 그 뒤에도 AFKN 라디오로 꾸준히 음악을 들으며 영어 공부를 했던 한국인들이 상당히 많았다. 특히 팝 음악에 대한 인기는 1960년대 이후에도 계속되어 "미군 부대 무대와 AFKN 라디오는 당대 최첨단의 유행을 전달하며 한국 음악의 미래를 육성하는 요람 구실을 했다"라는 평가까지 나왔다(Tudor, 2012/2013: 230).

AFKN을 방문한 〈월간팝송〉 편집장 나영욱과 팝 칼럼니스트 김제건에게 AFKN 국장은 "AFKN은 한국의 발전상과 더불어 성장해 온 것이다. 이러한 의미에서 볼 때도 AFKN은 한국 내의 미군을 위한 방송이라기보다 한국 내의 모두를 위한 것이라고 보는 것이 타당하다"라고 답변했다(《월간팝송》, 1977. 6: 34). 그만큼 AFKN 라디오는 미군뿐만 아니라 한국인도 많이 청취했고, 특히 음악 프로그램은 젊은이들에게 큰 인기를 끌었다. 즉 "한국 초기 팝 문화에 AFKN 라디오의 영향을 빼놓을 수 없는 것"이었다(강현두, 1983: 126).

독일에서 많은 사람이 미국 국무부의 해외 방송인 VOA에 대해서는 선전 방송이라고 인식하여 신뢰하지 않았던 반면에 미군 방송인 AFN(American Forces Network)에 대해서는 상당히 높은 신뢰를 보였다는 것은 시사하는 바가 크다(Craig, 1988). 한국에서도 마찬가지로 한국어 방송을 했던 VOA나 VUNC보다 영어 방송을 했던 AFKN을 한국인들이 더 즐겨 들었다. 비록 언어적 장벽은 있었지만, 그래도 음악 프로그램을 포함해 다양한 오락 프로그램을 제공하는 AFKN이 더 재미있었다는 점도 작용했다. 여기에 영어 공부를 위한 수단으로 활용하는 사람들도 있었기 때문에 AFKN을 청취하는 한국인들이 적지 않았다. AFKN을 통한 팝송의 유입은 단순히 '미국 문화의 확산'에 그친 것이 아니었고, 동시대의 팝 음악을 신속히 받아들임으로써 팝 스타일 음악을 낳는 토대가 되기도 했다.

3장

AFKN-TV의 특성과 문화적 영향

1. 미국 대중문화 유입의 파이프라인 AFKN-TV

1957년 9월 15일에 개국한 이후 1996년 4월 30일에 VHF 채널을 반환하기까지 거의 40년 동안 한국인들의 상당수가 AFKN-TV를 일상적으로 시청했다. TV 수상기를 가지고 있으면 누구나 쉽게 볼 수 있는 VHF(초단파) 채널로 텔레비전 방송을 했기 때문이었다. AFKN-TV는 미군 방송이었음에도 40년 동안 사실상 한국의 TV 방송이나 마찬가지였다. 특히 1983년에 위성을 통해 직접 미국의 상업 프로그램들이 AFKN-TV를 통해 대거 방송되면서 영향력이 더 커졌다.

AFKN-TV는 미국 상업 방송의 최신 프로그램을 편성하여, 미국의 대중문화를 한국 사회에 빠르게 전파하는 역할을 했다.

● 이 장은 박용규 (2014). "AFKN-TV의 특성과 문화적 영향(1957~1996)," 〈언론과학연구〉, 14권 3호, pp.101~134의 내용을 토대로 수정 및 보완하였다.

AFKN-TV를 통해 한국인들은 미국 방송의 오락 프로그램을 일상적으로 접촉하며 미국 대중문화의 영향을 직접적으로 받았다(강현두, 1994: 108; 이성욱, 2000: 221~222). AFKN 라디오는 팝 음악을 중심으로 편성되어 젊은이들이 많이 청취했지만, AFKN-TV는 다양한 프로그램이 편성되었고 폭넓은 수용자가 시청했다.

그럼에도 그동안 AFKN의 역사에 관한 체계적 연구는 별로 없었다. 1980년대 중반부터 AFKN-TV의 사회문화적 영향력에 관해서는 어느 정도 연구했지만, AFKN-TV의 역사적 특성에 관한 연구는 드물었다. 1980년대 이후 한국 대중문화의 역사나 미국의 문화적 영향력에 관한 관심이 높아졌지만, 미국의 문화가 한국 대중문화의 형성 과정에 영향을 주는 가장 중요한 경로였던 AFKN-TV의 역사에 관한 연구는 부진했다. 특히 AFKN-TV의 팝 음악 유입에서의 역할에 관해서는 거의 주목하지 않았다.

이 장에서는 먼저 AFKN-TV의 개국과 변화 과정을 살펴본다. 특히 편성 시간과 지역국의 변화를 중심으로 정리한다. 다음으로 AFKN-TV의 편성과 프로그램의 특성에 관해 살펴보려고 한다. 마지막으로 한국인의 AFKN-TV 수용의 변화 과정을 알아본다. 특히 AFKN-TV의 한국인 시청 실태, 선호 프로그램, 문화적 영향 등에 관해 정리한다. 3장에서는 부분적으로는 1980년 이후부터 VHF 채널을 반환한 1996년까지의 내용도 살펴본다. 기존 연구가 드문 가운데 일단 AFKN-TV의 전체적인 변화 과정을 파악하는 것이 필요하다고 판단했기 때문이다.

2. AFKN-TV의 개국과 변화 과정

주한 미군사령부는 1957년에 라디오의 네트워크 체제를 구축한 이후 텔레비전 방송 개국을 준비했다. 1957년 7월에 남산에 방송국을 완성했고, 같은 달 말일에는 용산의 '배가본드 힐'에 라디오와 TV 스튜디오를 통합한 방송국 설립 공사를 시작했다. 텔레비전 방송을 준비하면서 제작 인력이 크게 늘었다. 1957년 7월에 장교 6명, 사병 74명, 군무원 1명 등 총 81명이었지만, 정확히 1년이 지난 1958년 7월에는 장교 5명, 사병 116명, 군무원 2명 등 총 123명으로 대폭 늘어났다(RG 338, 8th U.S. Army, Box 1495). 인원 증가는 텔레비전에 필요한 인력을 추가로 확보했기 때문이었다. 장비와 인력을 확보한 후 AFKN-TV는 1957년 9월 15일에 개국했다.

> 15일 하오 3시 시내 남산 꼭대기에 설치된 주한 미군 텔레비전 방송국(AFKN-TV)은 덱커 대장 및 뷰저 미8군 통신참모 등 미군장교 다수의 참석 하에 개국식을 거행하였다. 먼저 동 방송국 개국식을 축하하는 이 대통령을 비롯한 스탐프 대장, 화이트 대장 및 덱커 대장의 메시지 녹음방송이 있었다. 주한 미군 텔레비전 방송국 책임자 로버트 H. 노더어프트 소령에 의하면 동 방송국은 출력 오백 와트 채널(수신파장번호) 3으로 방송할 것이라고 한다. 실연방송을 위한 스튜디오는 내년 초에 완성될 예정이며 그때까지는 녹음과 필름만을 취급할 것인데 일반 시민이 갖고 있는 텔레비전에도 수상될 것이라 한다. 그런데 평일은 하오 6시 30분부터 10시 30분까지이며, 토요일과 일요일은 하오 2시 30분부터 10시 30분까지 방송되리라 한다. (《경향신

문〉, 1957. 9. 17: 3)

용산에 새로운 스튜디오가 완공되기 전까지 AFKN-TV는 남산에 임시 방송국을 개국했다. 남산에 AFKN-TV 방송국이 머무르는 동안에는 자체 제작을 거의 하지 못하고 주로 AFRTS에서 가져온 필름들을 방송하다가, 1959년 1월 4일 용산에 스튜디오가 완공되면서 비로소 자체 제작을 하고 생방송도 할 수 있었다(AFKN, 1979: 4~5). 1959년 3월 1일에는 난시청을 해소하기 위해 휴전선 근처인 카이저 캠프에도 텔레비전 방송국을 설치했다(AFRTS, 1993: 83). 이후 AFKN-TV는 난시청을 해소하기 위해 중계소 설치 지역을 확대해 나갔다. 자체 제작과 생방송을 시작한 이후인 1959년 9월에 AFKN의 인력은 장교 9명, 사병 161명, 군무원 6명 등 총 176명으로 증가했다. 국장 밑에 라디오, TV, 행정, 기술, 보급 등 5개 부서로 구성되었고, 공보 장교와 기술 전문가가 자문을 맡고 있었다(Mohr, 1960: 91~92).

한국에서 최초의 TV 방송은 1956년 5월 12일 개국한 HLKZ-TV였다. HLKZ-TV는 경영난으로 어려움을 겪다가 1959년 2월 1일에 발생한 화재로 방송이 중단되었다. HLKZ-TV는 1959년 3월 1일부터 AFKN-TV가 매일 30분씩 임시 방송을 위해 채널과 스튜디오를 대여해 주어서 방송의 명맥을 이어가다가 5·16 군사 정변 이후인 1961년 10월 15일에 방송을 중단하였다(강명구·백미숙·최이숙, 2007: 6). HLKZ-TV가 중단되고 얼마 지나지 않은 1961년 12월 31일에는 KBS-TV가 개국했다. 이렇듯 AFKN-TV는 한국 TV 방송의 발전에도 상당한 영향을 주었다.

그림 3 AFKN 제작 현장

출처: AFKN, 1979.

1964년에는 서울의 AFKN-TV 채널이 3에서 2로 변경되었다.[39] AFKN-TV는 1964년에 서울, 대구, 화악산(카이저 캠프), 대전, 파주, 군산, 부산 등 7개 지역에서 하루 평균 8시간 정도 방송했다(방송연감편찬위원회, 1965: 567). 1970년에는 서울, 화악산,[40] 파주, 군산, 부산, 대구, 대전, 광주 등 8개 지역에서 하루 평균 9시간 방송했다(방송연감편찬위원회, 1970: 197). 이렇듯 AFKN-TV는 사실상 전국망을 갖춘 TV 방송국이었다. 1973년에는 주당 20시간이나 방송 시간을 늘리고 시청자들이 원하는 다양한 프로그램 편성을 시도하였다(*Stars & Stripes*, 1973. 11. 6: 7). 1976년 말에 AFKN-TV가 VHF 채널로 송출하는 지역은 서울, 회덕(충남), 군산, 부산, 원주, 광천, 진해, 팔공산(대구), 파주, 화악산, 대구, 무등산(광주) 등 12곳이었다(윤상길, 2022: 112~113).

1979년에 AFKN-TV를 VHF로 송출하는 지역은 서울, 군산, 부산, 팔공산, 진해, 원주, 회덕, 동두천 광천, 문산, 춘천, 대구, 대전, 광주 등 14곳으로 늘어났다(AFKN, 1979: 16). 1979년 현재 전국에

39 1963년 7월 신문에는 AFKN-TV가 서울에서 채널 3과 채널 12를 사용하고 있다고 기록되어 있다(《경향신문》, 1963. 7. 10: 5). 1964년 1년 동안의 내용을 정리한 연감에는 AFKN-TV가 서울에서 채널 2와 채널 12로 방송하고 있다고 나와 있다(방송연감편찬위원회, 1965: 567).

40 1970년의 자료에 '학산'(채널 12)이라고 나와 있는데(방송연감편찬위원회, 1970: 197), 이는 카이저 캠프가 있던 '화악산'의 착오인 듯하다. 1964년의 자료에 화악산(채널 12)으로 기록되어 있고(방송연감편찬위원회, 1965: 567), 이후 다른 자료들에도 화악산으로 나와 있기 때문이다.

서 시청 가능한 인구의 비율이 AFKN-TV의 경우 54.75%로 나타나, KBS-TV 90.42%, MBC-TV 83.25%, TBC-TV 68.25%보다는 낮았지만, 그래도 국내 시청자의 과반수가 수상기만 켜면 AFKN-TV를 시청할 수 있었다(원우현, 1980: 194). 이렇듯 AFKN-TV는 1960년대 이후 꾸준히 방송 시간을 늘리고 가시청권을 넓혀 왔다.

KBS-TV가 컬러 방송의 시험 방송을 시작한 1980년 12월 1일보다 3년 8개월이나 빠른 1976년 4월에 AFKN-TV는 컬러 방송을 시작했다. 1979년 3월에는 비용을 지불하고 금산 지구국의 비상 위성회선을 5년간 사용하기로 한 후 일부 프로그램을 위성으로 받기 시작했고, 1983년 10월 4일부터는 위성 네트워크Satellite Network(SATNET) 계획에 따라 태평양 통신 위성을 통하여 프로그램 위성 전송을 실시했다(문성규, 1983). 위성을 통해 미국의 상업 방송사가 방영하는 뉴스, 스포츠 프로그램 등 시의성 있는 프로그램을 한국 주둔 미군들도 미국에서 방영하는 시간과 같은 시간에 볼 수 있게 되었다. AFKN-TV의 위성 중계는 전파 침해와 문화적 침략이라는 비판을 낳았고, 이를 규제하기 위해 한국 정부가 나서서 교섭했지만 별다른 성과를 거두지는 못했다(윤상길, 2023: 44~45).

위성 방송 중계 직후 AFKN-TV는 하루 20시간을 방송했는데 이것은 당시 한국 TV의 평일 방송보다 9시간 정도 긴 것이었다. AFKN-TV는 위성 방송 실시 전에는 평일에 정오부터 이튿날 새벽 2시까지 14시간 방송했는데 위성 방송 실시 후에는 오전 6시부터 이튿날 새벽 2시까지 20시간 방송하기 시작했다(《동아일보》, 1983. 10. 6: 12). AFKN-TV는 1983년 이후에도 계속 하루 평균 19~20시간 정도 방송했다(《조선일보》, 1985. 10. 25: 7). 반면 당시 한국 방송은 평일에는 오전 5시 30분경부터 10시까지, 오후 5시 30분부터 자정까지 총 11시간 방송하였고, 주말에만 오후 방송을 1시부터 시작해 총 15시간 30분 동안 방송하였다. 결국 낮 시간대나 심야 시간대에는 오로지 AFKN-TV만 볼 수 있었던 것이다.

AFKN-TV는 1980년대 말부터 한국 정부와 VHF 채널 환수에 관한 논의를 시작하여 1991년 10월에 기본 합의를 하였다(한진만, 2003: 11~12). 미군이 감축되면서 AFKN-TV가 VHF 채널로 송출하는 지역이 줄어들어 1988년에는 서울, 부산, 대구, 광주, 대전, 진해, 파주, 회덕 등 8개국이었다(《중앙일보》, 1988. 10. 14: 16). 1995년에 AFKN-TV는 전국에 14개의 지역 방송국을 운영하였는데, 그 중 서울, 부산, 진해, 회덕, 대구 등 5개 지역 방송국만 VHF 채널이고, 9개 지역 방송국은 UHF(극초단파) 채널이었다(최득룡, 1995: 56~58). VHF 채널 송출 지역이 7년 만에 다시 3개가 줄었다. 결국 1991년 10월에 체결했던 '채널 전환 합의 각서'에 따라 AFKN-TV는 1996년 4월 30일에 VHF 채널을 한국 정부에 반납하고 UHF 채널 및 케이블TV 방송망으로 전환하면서 한국인이 시청하기 어렵게 되었다.

3. AFKN-TV 편성의 특성

AFKN-TV는 프로그램의 거의 대부분을 미국 LA에 있는 AFRTS로부터 공급받았다. AFRTS는 초기에 주로 미국의 3대 상업 방송인 ABC, NBC, CBS 등의 프로그램을 선택해 공급하였다. AFRTS는 닐슨의 시청률 조사와 자체적인 설문 조사 등을 통해 가장 인기 있는 프로그램을 주로 선택하였다(김이호, 1998: 69). AFKN-TV 방송은 군인 방송으로서 "주 대상을 고졸 정도의 18~25세의 젊은이로 잡고 있다"라고 밝혔는데(《조선일보》, 1985. 10. 25: 7), 당연히 젊은 사람에게 인기 있는 오락 프로그램을 주로 편성할 수밖에 없었다. 이에 따라 "AFKN-TV는 미국 3대 네트워크의 프로그램 중에서 가장 인기 있는 오락 프로그램을 모아서 방송하는 터이라 미국 본토의 방송보다도 더 오락적인 방송이 되었다"라는 평가를 들었다(강현두, 1983: 127).

AFKN-TV는 개국 초기에는 미국 상업 방송의 프로그램 외에 한국에 관한 프로그램을 방송하기도 했다. AFKN-TV는 1957년 11월부터 미군 병사들에게 한국에 대한 이해를 넓히기 위한 프로그램으로서 〈한국 이야기*The Story of Korea*〉를 일주일에 3번 5분씩 방송하도록 편성했는데, 주된 내용은 한국의 음악이나 문화를 소개하는 것이었다(RG 338, 8th U. S. Army, Box 1495). 1961년에는 일주일에 3번 5분씩 한국어를 배우는 〈한국어를 배웁시다*Learn the (Korean) Language*〉라는 프로그램을 편성하기도 했다(RG 330, AFRTS, Box 12). 한국 문화를 소개하고 한국어를 교육하는 프로그램을 편성했던 것은, 미군 병사들의 한국 근무 적응을 돕기 위한 것이었다. 한편 이런 프로그램들은 한국인 시청자가 AFKN-TV를 친근하게 느끼도록 만들기도 했다. 1959년 3월부터 약 2년 반 동안 HLKZ-TV가 오후 7시부터 30분 동안 AFKN-TV 채널을 통해 한국어로 방송할 수 있었던 것도 "한국인이 영어 장벽을 넘어 AFKN-TV에 좀 더 쉽게 접근하고 미국 프로그램에 노출되는 기회를 확대하기 위한 정책적 결정"의 산물이었다(강명구 · 백미숙 · 최이숙, 2007: 26).

AFKN-TV는 자체 제작을 제대로 할 수 없던 기간에 당연히 거의 모든 프로그램을 AFRTS로부터 공급받았고, 때로는 미공보원(USIA)이나 한국 공보처의 도움을 받기도 했다. 1958년 라디오에서 방송하고 있던 〈한국 이야기〉를 영상화하는 작업을 한국 공보처의 도움을 받아 진행했고, 1958년 8월에는 미공보원이 제작한 필름을 AFKN-TV를 통해 방송하기도 했다(RG 338, 8th U. S. Army, Box 1495). 기본적으로는 프로그램이 부족했던 탓이었겠지만, 여기에는 미공보원이 가능한 한 다양한 매체들을 활용해 선전 활동을 하려고 했던 의도도 어느 정도 작용했다(허은, 2008: 245~246). 자체 제작을 시작한 이후인 1959년 9월의 AFKN-TV의 자체 제작 비율은 18.8%나 되었는데, 프로그램 편성 비율은 표 12와 같다.

1961년에 AFKN-TV는 〈한국의 오늘 밤*Tonight in Korea*〉, 〈언덕 위 콘서트*Concert on the Hill*〉, 〈틴 캔틴*Teen Canteen*〉, 〈토요일 아침 어린이 쇼*Saturday Morning Children Show*〉 등의 음악 쇼 프로그램을 자체 제작해 방송했고, 비무장 지대를 심층 보도한 〈비무장 지대 특별 보도*The DMZ–A Special Report*〉를 방송하기도 했다(RG 330, AFRTS, Box 12). 이렇듯 AFKN-TV는 제작이 비교적 쉽고 시청자들의 반응도 좋았던 음악 프로그램이나 한국의 현실을 알려줄 수 있는 프로그램을 자체 제작해 방송했다. 그러나 당연히 자체 제작한 이런 "약간의 로칼 프로그램"을 제외하고는 대부분이 AFRTS로부터 공급받은 "미국 3대 방송망의 프로그램과 극영화, 보도 및 교육 영화 등"이었다(방송연감편찬위원회, 1965: 567). 1960년대 초에는 미국에서 가장

표 12 AFKN-TV의 프로그램 편성 비율(1959년 9월)

프로그램 유형	편성 비율	프로그램 유형	편성 비율
버라이어티 프로그램	17.3	퀴즈 쇼/대담	5.0
영화/TV 극장 드라마	13.7	해설/프로그램 안내	4.9
스포츠 실황 중계	12.9	정보/교육 프로그램	4.6
모험 드라마	7.0	음악(음악 쇼 포함)	4.0
뉴스	7.0	스포츠 해설	2.6
한국어 프로그램	6.5	성인 서부 드라마	1.9
코미디 드라마	5.2	뉴스 논평	1.7
경찰/형사 드라마	5.2	종교 대담	0.5

출처: Mohr, 1960: 98~99.

인기를 끌던 〈에드 설리번 쇼*Ed Sullivan Show*〉도 일요일 저녁에 편성되어 방송되었다(*Stars & Stripes*, 1961. 3. 16: 39). AFKN에서 자체 제작하는 유일한 TV쇼 〈한국의 오늘 밤〉에는 한국인 가수들도 출연했는데, 팻 분Pat Boone의 노래를 흉내 내던 손시향이 출연하기도 했다(*Stars & Stripes*, 1960. 6. 27: 25). 1966년에는 〈투나잇 쇼*Tonight Show*〉에 패티김이 출연했다(《조선일보》, 1966. 2. 1: 5). AFKN-TV의 자체 제작 쇼 프로그램에 출연할 인적 자원이 제한적이어서 미8군 쇼에서 활동하던 한국인 가수들의 출연이 잦은 편이었다.

AFKN-TV의 프로그램 중에서 전반적으로 오락 프로그램이 차지하는 비중이 높았다. 1969년의 AFKN-TV의 편성 비율은 보도 22%, 스포츠 8%, 종교 3%, 오락 67% 등으로 오락 프로그램의 비율이 압도적으로 높았다(방송연감편찬위원회, 1970: 197). AFRTS가 주로 젊은 미군들의 오락적 욕구를 충족시켜 주기 위한 프로그램을 공급했기 때문이었다. 한편 AFRTS로부터 비디오테이프로 전달되는 프로그램 공급 방식으로는 신속성을 생명으로 하는 보도 프로그램을 제때 공급하는 것이 불가능하다는 점도 작용했다. AFKN-TV의 오락 프로그램은 한국 TV 방송을 통해 볼 수 있던 미국의 오락 프로그램보다는 비교적 최신의 것이었고, 장르도 다양했으며, 선정성도 강한 편이었다.

1983년 10월 4일 위성을 통한 프로그램 공급이 가능해진, SATNET 방송 실시 이후 AFKN-TV의 프로그램 구성에도 변화가 나타났다. 1983년 10월 4일 전후 일주일의 편성 비율을 비교하면 보도는 8.3%에서 26.7%로 늘어난 반면에 드라마·영화는 44.4%에서 29.1%로 줄어든 것으로 나타났다(이지연, 1986: 31). 위성을 통해 뉴스 방송이 가능해지면서 보도 프로그램의 비중이 커지고 상대적으로 드라마나 영화의 비중은 줄어든 것이다. 이런 변화 속에서도 1984년에는 여전히 드라마와 영화뿐만 아니라 스포츠와 예능을 포함했을 때의 전체 오락 프로그램 비율은 여전히 70% 정도를 차지하는 것으로 나타났다(안준국, 1985: 37).

위성 방송이 시작된 이후인 1985년 AFKN-TV의 자체 설문조사에서도 뉴스·영화·시트콤·스포츠 순으로 선호하는 것으로 나타나, 뉴스의 비중이 다소 늘어났지만 여전히 오락 프로그램에 대한 요구가 많았다(*Stars & Stripes*, 1985. 6. 1: 14). 더 많은 뉴스를 원하면서도 한편으로는 더 많은 영화 등의 오락 프로그램을 요구하기도 하는 시청자들을 고려해 편성했던 것이다. 이런 조사 결과는 미국 본토의 뉴스에 대한 욕구도 있었지만, 미군 병사들에게는 여전히 오락 프로그램에 대한 욕구가 더 컸다는 것을 보여 준다.

근본적으로 교육 수준이 높지 않은 젊은 병사들을 대상으로 하는 방송이어서 AFKN-TV는 오락적인 프로그램을 주로 편성할 수밖에 없었다. 이에 따라 AFKN-TV는 미국의 대중문화 중에서도 비교적 수준이 낮은 문화를 전달하는 경로가 되었다는 비판을 듣기도 했다. 즉 AFKN-TV가 '미국의 저수준의 대중문화 프로그램'을 주로 편성하였고, 이런 프로그램에서 음란성이나 폭력성이 심하게 나타난다는 데에 문제의 심각성이 있었는데, 이런 선정성은 1970년대부터 더욱 강하게 나타났다(강현두, 1983). 이런 경향은 당연히 1990년대에도 계속되었고, AFKN-TV의 프로그램들은 한국 TV의 프로그램보다 훨씬 더 "선정성이 두드러진다"라는 비판을 받았다(《경향신문》, 1992. 4. 18: 6).

4. AFKN-TV의 수용과 영향

1) AFKN-TV의 한국인 시청의 실태

TV 수상기가 1957년 7월에 600대, 1958년 6월에 2,700대(한국인과 미국인 소유), 1959년 3월에 3,000대, 1961년 1월에 5,000대에 불과했다(장영민, 2013: 681~684). 당시 TV 수상기가 대단히 고가였기 때문에 극히 일부 계층만이 이를 소유할 수 있었다. 1958년 1월에 HLKZ-TV가 조사한 결과에 따르면 HLKZ-TV만 보는 시청자는 20%, AFKN-TV만 보는 시청자는 5%, 나머지는 양쪽을 골라가며 모두 본다고 응답했다(한국방송공사, 1977: 525). 1961년 12월에 KBS-TV가 개국했지만 한동안 AFKN-TV를 보는 사람들이 상당히 많았다. 1962년 5월에 공보부가 조사한 자료에서 시청자들은 하루 평균 KBS-TV를 2시간 49분, AFKN-TV를 1시간 22분 보는 것으로 나타났다(《경향신문》, 1962. 7. 3: 4). KBS-TV가 개국한 지 얼마 되지 않아 흥미를 끌 만한 프로그램이 부족했고, 당시 TV 수상기를 소유한 계층의 미국 문화에 대한 선호도가 높았기 때문이다.

1964년에 TBC-TV, 1969년에 MBC-TV가 개국하여 시청자들은 비교적 다양한 프로그램을 볼 수 있게 되었다. 다만 TBC-TV는 서울과 부산에서만 방송하여, 시청자들이 전국적으로 많지는 않았다. 이렇듯 한국 TV 방송국이 3개 있었음에도 여전히 한국인 중 일부는 AFKN-TV를 주로 시청하는 것으로 나타났다. 1967년 7월에 TBC 부산지국에서 부산 시민을 대상으로 조사한 결과에서 가장 많이 시청하는 TV 채널로 1%가 AFKN-TV를 선택했다(《중앙일보》, 1967. 8. 26: 5). 중앙일보사가 1967년 12월에 전국에서 2,400명을 대상으로 조사한 결과에서 가장 많이 시청하는 TV 방송국으로 2.6%가 AFKN-TV를 꼽았다(《중앙일보》, 1968. 1. 4: 5). 고려대학교 사회경제연구소가 1968년 12월에 실시한 조사에서는 가장 많이 시청하는 방송으로 1.5%가 AFKN-TV를 꼽았다(《중앙일보》, 1969. 1. 1: 10). 이렇듯 1960년대에 전국적으로 대략 1~2% 정도

표 13 집단별 AFKN-TV 주 시청 비율

대학생	중등 교사	공무원	시민 단체 지도자	작가 및 예술가	대학 교수	전문직	언론인	전체
3%	3%	1%	2%	10%	7%	8%	8%	5%

출처: RG 306, USIA, Entry 1017, Box 67.

가 가장 많이 시청하는 TV 채널로 AFKN-TV를 꼽았다. 주로 한국 TV 방송을 보면서도 가끔 AFKN-TV를 시청하는 사람까지 포함하면 한국인 중 상당수가 AFKN-TV를 보았을 텐데, 이를 감안해 한국 신문들은 AFKN-TV의 주요 프로그램 안내 기사를 게재하였다.

1968년 8월 1월부터 9월 3일까지 미공보원이 전국에 걸쳐 '엘리트 1,187명'을 상대로 조사한 자료에서 주로 시청하는 방송국으로 TBC-TV가 63%, KBS-TV가 31%, AFKN-TV 5%로 나타났다(RG 306, USIA, Entry 1017, Box 67). 표 13에서 나타나듯이 AFKN-TV를 주로 본다는 비율이 5%로 나타난 것은, 상대적으로 학력 수준이 높은 엘리트들이 AFKN-TV를 더 많이 시청했다는 것을 보여준다. 특히 엘리트 중에서도 작가나 예술가, 전문직 종사자, 언론인, 대학교수 등이 AFKN-TV를 시청하는 비율이 상대적으로 더 높은 것으로 나타났다. 연령적으로는 25~34세 사이가 10%, 35~44세가 6%로 높게 나타나, 주로 20대나 30대의 젊은 층들이 주로 AFKN-TV를 시청했다는 것을 알 수 있다.

1976년에 실시된 한국방송보호협회의 조사에서도 '채널별 선호도'에서 AFKN-TV가 3%로 나타났다(오순정, 1994: 348). 1978년에 전국 1,752명을 대상으로 한국방송보호협의회가 실시한 조사에서는 AFKN-TV를 주로 시청한다는 비율이 전체적으로 6.91%로 나타났다(오순정 외, 1978: 203~209). 이 조사는 사실상 복수 응답을 허용한 것이기 때문에 비율이 높게 나왔는데, 만약 주로 시청하는 TV 방송국을 하나만 고르라고 했다면 AFKN-TV를 주로 시청한다는 비율은 이보다는 상당히 낮아졌을 것이다.[41] 1979년 7월에 20세 이상 남녀를 대상으로 서울, 부산, 대구에서 실시한 조사에서는 'AFKN이나 일본 방송'을 '거의 모두 시청함'이 0.4%, '상당히 많이 시청함'이 5.9%, '경우에 따라 시청함'이 45.1%로 나타났다(박기성, 1979: 75). 이런 두 조사 결과를 통해 1970년대 말에 AFKN-TV를 가끔이라도 보는 시청자가 상당히 많았다는 것을 알 수 있다.

1978년 조사에서는 15~19세의 시청률이 16.05%로 가장 높게 나타났고, 그다음 25~29세는 12.5%, 20~24세는 9.62%, 30~34세는 9.3%로 조사되어 젊은 사람들이 AFKN-TV를 더 많이 시청하는 것으로 나타났다. 학력에서는 대학원졸 10.87%, 대졸

41 이 조사에서는 "주로 시청하고 있는 TV 방송국을 지적하되 2개국 이상을 비슷한 비중으로 시청할 때는 2개국 또는 3개국을 같이 지적하도록 하였으므로 한 번 지적을 1점으로 하여 그 TV 방송국별 합계 점수를 전체 응답자 수로 나누는" 방법으로 측정했다고 한다(오수정 외, 1978: 203). 사실상 복수 응답을 허용하고는 각 "TV 방송국을 지적한 점수"를 응답자 수로 나누었기 때문에 AFKN-TV를 본다는 비율이 높게 나타났다.

9.76% 순으로 교육 수준이 높은 사람들일수록 AFKN-TV를 더 많이 보는 것으로 조사되었다. 이 자료에서 10대 청소년들도 상당수가 주로 AFKN-TV를 보는 것으로 나타났는데, 직업별로 분류한 자료에서는 대학생들의 AFKN-TV 시청률이 23.21%인데 비해 중고생은 5.86%에 불과했다. 만 나이로 10대 말인 대학생들이 중고생보다 AFKN-TV를 더 많이 시청했다고 해석할 수 있다. 이것은 1981년에 조사한 결과를 토대로 작성한 표 14를 통해서도 확인할 수 있다(이강수, 1981: 179~181).

표 14를 보면 가장 즐겨 보는 TV 방송으로 AFKN-TV를 선택한 비율이 대학생은 25.0%였는데, 남고생은 10.5%, 여고생은 5.3%로 나타났다. 그러나 가끔 시청한다는 비율까지 포함하면 남고생 84.2%, 여고생 81.4%, 대학생 78.8%로, AFKN-TV를 가끔

표 14 가장 즐겨 시청하는 TV 방송국

	KBS-TV	MBC-TV	AFKN-TV	무응답	전체
남고생	56(49.1%)	44(38.6%)	12(10.5%)	2(1.8%)	114
여고생	65(57.5%)	39(34.5%)	6(5.3%)	3(2.7%)	113
대학생	8(15.4%)	26(50.0%)	13(25.0%)	5(9.6%)	52
전체	129(46.2%)	109(39.1%)	31(11.1%)	10(3.6%)	279(100%)

출처: 이강수, 1981: 179~181.

이라도 접촉하는 비율은 오히려 고등학생에서 더 높은 것으로 나타났다. 전반적으로 중고생이나 대학생 중 약 80% 정도가 가끔이라도 시청할 정도로 청소년층에서 AFKN-TV가 큰 인기를 끌었던 것은 분명하다. 이렇듯 AFKN-TV의 청소년 시청자들이 늘어났던 데는 1970년대 들어서서 청소년들의 TV 시청이 전반적으로 늘어났다는[42] 점과 이들이 좋아할 만한 AFKN-TV의 오락 프로그램들이 더 많아졌다는 점이 작용했다.

중고생이나 대학생에 비해 현저하게 낮기는 하지만 다른 연령층에서도 AFKN-TV를 비교적 많이 보는 것으로 나타났다. 1980년대에도 전국적으로 실시한 전 연령 대상 조사에서 AFKN-TV를 주로 시청한다는 비율이 과거와 크게 다르지 않게 나타났다. 1981년에 한국광보문화연구원이 실시한 전국의 1,800명 대상 조사에서 1.9%가 AFKN-TV를 가장 많이 시청한다고 응답했다(《중앙일보》, 1981. 5. 15: 8). 1984년 9월에 서울대학교 사회과학연구소가 실시한 전국의 12세 이상 남녀 대상 조사에서는 AFKN-TV를 주로 시청한다는 비율이 0.6%로 나타났고, 학력에서는 대재(1.9%)나 대졸 이상(2.2%)이 비교적 많이 시청하는 것으로 나타났다(이상희·추광영, 1985: 179~181). 1988년 12월에 KBS 부설 한국방송문화연구소가 전국에서 조사한 결과에서 가장 자주 시청하는 채널로 1%가 AFKN-TV를 들었다(《중앙일보》, 1989. 2. 10: 16).

42 1970년대에 텔레비전을 많이 보는 어린이들을 '테돌이'와 '테순이'로 불렀고, 실제로 초·중·고 학생들의 TV 시청 시간은 상당히 길었다(임종수, 2008: 55~63).

한편 1984년 4월 조사 결과에서 방송언론인 중 AFKN–TV를 시청하지 않는 사람은 16.7%에 불과하여 대부분이 AFKN–TV를 시청했고, 전 응답자의 일일 시청 평균 시간은 51.6분으로 시청 시간도 상당히 길었다는 것을 알 수 있다(이지연, 1986: 41). 1984년 10월 조사한 자료에서 교수들 중 AFKN–TV를 "거의 시청하지 않는다"라는 사람은 7.3%에 불과했고, "대단히 자주 본다"(13.4%), "자주 본다"(20.7%), "보통 본다"(30.5%), "가끔 본다"(28.0%)로 나타나 교수들 대부분은 AFKN–TV를 시청하는 것으로 나타났다(안준국, 1985: 50). 이렇듯 방송언론인이나 교수가 다른 집단보다 훨씬 더 많이 AFKN–TV를 시청했던 것은 영어 실력이 상대적으로 더 좋고 뉴스에 관한 관심도 더 컸기 때문이었다.

1984년 4월 조사에서 대학생은 하루 평균 48분 정도 AFKN–TV를 시청하는 것으로 나타났다(강종근, 1985: 236). 1984년 10월 조사에서 대학생들은 "기회 있을 때마다 시청한다"라는 비율이 70.9%로 가장 많았고, "방학 때 주로 시청한다"가 5.4%, "1년 전후로 (계속) 시청했다는 정규 시청자가"가 전체의 7.8%를 차지하여, 틈틈이 AFKN–TV를 보는 대학생이 상당히 많은 것으로 나타났다(김희동, 1985: 36). 1987년 4월 조사에서 중고생들의 95%가 AFKN–TV를 시청하고 있으며, 이들 중 하루 평균 30분 이하 시청하는 경우는 32%였고, 30분에서 1시간 시청하는 집단은 35%였으며, 1시간 이상 시청하는 비율은 33%로 나타났다(김원용·강종근, 1990: 176~177).

1980년대 내내 전체적으로 중고생이나 대학생들이 AFKN–TV를 많이 시청하는 것으로 나타났다. 특히 위성 방송을 시작한 1983년 이후 AFKN-TV를 접촉하는 비율이 더 높아졌고, 특히 청소년들이 비교적 자주 보는 것으로 나타났다. 당시 한 신문은 "KBS와 MBC 등이 자체 조사한 시청률 조사에 따르면 AFKN의 국내 시청률은 83~86년 사이에 크게 높았다가 2, 3년 전부터 다소 떨어지는 추세를 보이고 있으나 특히 젊은 층 사이에 적지 않은 고정 시청자를 확보하고 있는 것으로 나타나고 있다"라고 주장하며, "방송학자들이 추산하는 AFKN의 국내 시청률은 대략 3% 정도"라고 평가하였다(《동아일보》, 1989. 5. 25: 5). 여기에 가끔 보는 사람들까지 포함하면 1980년대에도 청소년들의 상당수가 AFKN-TV를 시청했고, 1990년대에 가면 프로레슬링 등을 보기 위해 초등학생들까지 AFKN-TV를 시청하게 되면서 시청자층이 더 확대되는 경향을 보였다(《중앙일보》, 1990. 11. 19: 16).

2) AFKN-TV의 한국인 선호 프로그램

한국 방송이 송출되지 않는 시간대에 많은 한국인이 한국 방송에서 볼 수 없던 프로그램을 보기 위해 AFKN-TV를 시청했다. 구술자 1은 1960년대에 "채널을 이리저리 돌리다 재미있어 보이는 것을 하면 보곤 했어요. 〈로하이드*Rawhide*〉나 〈컴뱃*Combat*〉 같은 것들을 주로 보았지요. 텔레비전이 안방에 있어서 끝까지 보는 경우는 많지 않았어요. 심야 영화도 볼 때가 있었는데 한국 방송에 비해 다소 야했지요"라고 응답했다(구술자 1). 1960년대까지 텔레비전은 대개 안방이나 거실에 있었기 때문에 청소년들이 원하는 것을 보기는 쉽지 않았지만, 틈날 때마다 대사를 잘 이해하지 못해도 재미있게 볼 수 있는 드라마나 영화를 보았다는 것이다. 반면 구술자 2는 고교 시절까지는 AFKN의 TV보다 라디오를 더 많이 접촉했지만, 1970년대 초 대학 시절에 학원의 AFKN-TV 뉴스청취반을 수강하면서 뉴스를 보게 되었고, 이후 재미있는 드라마를 찾아보기도 했다고 한다(구술자 2). 1973년에 '캠퍼스 그룹 스푸키스'에서 활동했던 치과의사 백광우(1953~)는 중고등학교 시절 AFKN-TV에서 "재방송으로 해주었던 〈에드 설리번 쇼〉를 즐겨 보던 기억이 나요. 1964년 당시 비틀스가 미국에 처음 와서 하는 공연을 그 당시에 보았죠"라고 회고했다(신현준·최지선, 2022b: 374). 미공보원이 1968년 8월 1일부터 9월 3일까지 '엘리트' 집단을 대상으로 실시한 조사에서 AFKN-TV 프로그램 중에 관심 있는 것으로 뉴스(93%), 드라마(82%), 영화(80%), 논평(80%), 음악(79%) 순으로 나타났다(RG 306, USIA, Entry 1017, Box 67).

1970년대에도 많은 시청자가 한국 TV 방송이 끝난 심야 시간대에 AFKN-TV를 주로 시청하였다. 심야 시간대 AFKN-TV 시청은 '성인 시청용' 영화나 드라마에 대한 청소년들의 호기심도 작용한 것으로, 1970년대에 이미 이에 대한 비판이 나오기도 했다(《경향신문》, 1974. 12. 11: 8). 한 구술 대상자가 "아주 저학년 때가 아니라면 주로 형제들끼리, 특히 AFKN 같은 경우는 주로 야한 것을 찾아서, 국내 방송보다는 좀 더 야했기 때문에" 시청했다고 대답한 것을 통해서도 청소년들이 한국 TV 방송에서는 보기 어려운 선정적인 프로그램을 보기 위해 AFKN-TV를 시청했다는 것을 알 수 있다(김영찬, 2011: 357). 1970년대에도 여전히 영화나 드라마를 많이 보았지만, 미국 대중음악에 대한 청소년들의 관심이 컸던 만큼 "미국 팝가수들의 공연을 찾아보기도 했고요, 〈소울 트레인*Soul Train*〉 같은 것을 자주 보았어요"라는 대답도 나왔다(구술자 3). 팝송에 관한 관심이 컸을 뿐만 아니라 영어를 잘 몰라도 즐길 수 있었기 때문이었다.

1979년에 한 신문은 "최근 AFKN-TV를 시청하는 사람의 수가 급작스럽게 늘고 있다. 영어를 해독할 수 있는 사람뿐만 아니라 영어에 익숙치 못한 사람까지도 AFKN으로 채널을 돌린다는 것은 우리나라 텔레비전에 식상한 사람의 수가 급증하고 있음을 뜻한다"라고 보도했다(《경향신문》, 1979. 2. 6: 5). 한국 TV 방송의 진부한 프로그램에 대한 식상함도 한국인이 AFKN-TV를 많이 보도록 만든 요인이었다는 것이다. 군사 정권하에서 강력한 통제가 이루어져 다양하고 재미있는 프로그램이 제공되지 못하던 현실이 AFKN-TV로 채널을 돌리도록 만들었던 것이다. 1970년대 말에 "〈제네랄 호스피탈*General Hospital*〉이나 〈소울 트레인〉을 주로 보았지요"라거나(구술자 4) "〈제네랄 호스피탈〉이나 〈달라스*Dallas*〉를 본 기억이 납니다"(구술자 5)라는 대답을 보면, 여전히 드라마나 영화, 그리고 음악 프로그램을 많이 시청했다는 사실을 알 수 있다.

위와 같은 구술의 내용은 조사 자료를 통해서도 확인된다. 1981년의 조사에서 고교생들과 대학생들이 즐겨보는 프로그램으로는 〈미드나이트 스페셜*Midnight Special*〉(10.4%), 〈무비 인 모션*Movie in Motion*〉(10.1%), 〈스포츠〉(10.0%), 〈소울 트레인〉(9.1%), 〈제너럴 호스피털〉(8.1%), 〈칩스*CHIPS*〉(6.2%) 순으로 나타났다(이강수, 1981: 183~184). 이를 보면 젊은 층들은 주로 〈미드나이트 스페셜〉이나 〈소울 트레인〉 같은 음악 프로그램, 〈무비 인 모션〉, 〈제너럴 호스피털〉, 〈칩스〉 같은 영화나 드라마, 그리고 다양한 '스포츠' 프로그램을 선호했다는 것을 알 수 있다. AFKN 라디오만큼은 아니어도 AFKN-TV에서도 음악 프로그램의 인기가 상당히 높았음을 알 수 있다. 국내 라디오 방송과 AFKN의 AM·FM 라디오에다 AFKN-TV까지 포함해 '팝송 이용 방송'을 조사한 결과에서 AFKN-TV가 3.2%로 나타났다(이강수, 1981: 189~190). AFKN-TV를 통해 팝송을 즐기는 젊은이가 꽤 많았음을 보여 준다.

대학생을 대상으로 1984년에 실시한 조사에서 오후에는 15.7%가, 심야 시간에는 37.2%가 AFKN-TV를 시청하는 것으로 나타났는데, 당시 한국 TV가 방송되지 않던 오후나 심야 시간대에 대학생들이 대체 매체로서 AFKN-TV를 접촉했다는 것을 알 수 있다(김희동, 1985: 35). AFKN-TV가 1983년부터 19~20시간 방송했기 때문에 1980년대 내내 한국 TV 방송국이 방송하지 않는 시간대에 AFKN-TV를 보는 시청자가 많았다. 가족이 모두 잠든 심야 시간에 혼자서 몰래 AFKN-TV를 시청했다는 회고가 많은 것을 보면 1980년대에도 여전히 한국 TV 방송이 끝나고 난 뒤 AFKN-TV를 보는 청소년들이 적지 않았음을 알 수 있다.

1984년 10월 조사에서 대학생들은 '영화'(34.5%), '연예·스포츠'(18.8%), '뉴스·보도·시사 기획 프로'(17.0%) 순으로 즐겨보는 것으로 나타났다(김희동, 1985: 36). 중고생이나 대학생 모두 오락 프로그램을 즐겨 보았지만, 다만 대학생들이 영어 공부를 위해 뉴스도 즐겨 보았다는 점에서만 다소 차이가 있었다. 실제로 대학생들의 AFKN-TV 시청 동기 중 '학습 동기'(3.43)가 가장 강하게 나타났고, 그다음으로 '대체 오락 동기'(3.38), '미국 선호 동기'(2.70) 순으로 나타났다. 특히 '학습 동기'가 강한 대학생들이 '학습 동기'가 약한 대학생들보다 "뉴스·보도·시사 기획 프로"를 더욱 선호하는 경향을 보였다(김희동, 1985: 41~45). 사회 전반적으로 영어 공부를 하기 위해 AFKN-TV를 시청하는 사람들이 많았지만, 특히 이런 경향이 대학생들에게서 잘 나타났다.[43] 1980년대 중반에 "영어 공부를 위해 부모님이 보라고 하셔서 뜻도 잘 모르면서 뉴스나 토크 쇼를 보는 경우가 있었죠"라는 대답을 통해(구술자 6) 여전히 영어 공부를 위해 AFKN-TV를 시청하는 사람이 많았음을 알 수 있다.

이와 달리 방송언론인이나 교수의 경우에는 상당한 차이가 있었다. 1984년 4월의 조사에서 방송언론인들은 〈CNN 뉴스〉(27.1%), 〈나이트 라인*Night Line*〉(12.5%), '영화'(8.3%), 〈솔리드 골드*Solid Gold*〉(6.8%), 〈자니 카슨 쇼*Johnny Carson Show*〉(5.7%), 〈60분*60 Minutes*〉(4.2%), 〈도나휴 쇼*Donahue Show*〉(4.2%) 순으로 자주 시청하는 것으로 나타났다. 이를 전체적으로 보면 뉴스·보도·교양 프로그램이 50.0%, 오락 프로그램이 15.6%, 영화 8.3%, 드라마 1.6%로 나타났다(이지연, 1986: 50~51). 1984년 10월의 조사에서도 교수들은 '시사'(24.1%), '토크 쇼'(24.1%), '뉴스'(10.3%), '드라마'(8.0%), '영화'(6.9%) 순으로 즐겨 시청하는 것으로 나타났다(안준국, 1985: 51). 이런 경향은 외국 언론의 한국 보도에 대한 지식인들의 관심이 반영된 것이

43 한 구술자는 1980년대 초반에 대학을 다닐 때 영어 공부에 도움을 주기 위해 학교의 '사운드 라이브러리'에서 대형 스크린으로 AFKN-TV를 틀어 놓았고, 수업이 없는 시간에 자주 가서 보았다고 응답하기도 했다(구술자 4).

었다. 이에 따라 "AFKN-TV가 최근 각광을 받은 것은 6·29 선언 이전 6월 10일을 전후한 무렵, 미국 본토로부터 직접 받는 뉴스로 최루탄과 돌, 화염병이 난무하는 서울을 그대로 내보냈기 때문"이라는 평가도 나왔다(《중앙일보》, 1987. 10. 3: 11). 이렇듯 청소년들의 오락 프로그램 선호와는 다른 지식인들의 보도 프로그램에 대한 욕구도 함께 존재했다.

1987년의 조사에서 중고생들이 즐겨보는 AFKN-TV 프로그램으로는 〈올스타 프로레슬링*All-Star Pro-wrestling*〉(13.3%), 〈제너럴 호스피털〉(12.5%), 〈심야 영화*Late Movies*〉(12.2%), 〈아메리칸 톱 텐*American Top 10*〉, 〈가이딩 라이트*Guiding Light*〉(7.3%) 순으로 나타났다(김원용·강종근, 1990: 177). 1980년의 조사 결과와 대체로 비슷했지만, 프로레슬링이 가장 큰 인기를 끈 데서 과거와 차이가 나타났다. 이 같은 경향은 1980년대 말부터 시청 연령이 낮아지면서 한국 방송에서는 볼 수 없던 미국 스포츠 프로그램에 대한 선호가 높아졌음을 보여준다.

> 아침 방송이나 심야 방송이 없던 시절에도 꼬맹이들을 TV 앞에 잡아 두었던 것이 있었습니다. AFKN. 신문의 방송 편성표에는 당연한 듯이 AFKN의 방영표가 따로 나왔었고 각 가정에서는 TV를 보다가 지루해지면 한 번씩은 틀어보게 되는 채널이기도 했습니다. 특히 토요일 아침에는 고맙게도 몇 시간씩 연달아 만화를 방영해 주어서 영어라고는 전혀 모르는 아이들이 기를 쓰고 2번을 돌리도록 했습니다. (중략) 토요일 오후 3시경엔 미국 프로레스링을 방영해서 어린이들은 물론이고 우리와는 꽤 터울이 지는 형들과도 함께 그 화려한

액션에 넋을 잃었습니다. (중략) 레슬링 외에도 새벽 시간에 방영해 주던 NBA 경기에 일찌감치 취미를 붙인 친구도 있었고 메이저리그나 미식축구를 찾아보는 친구들도 간혹 있었던 것으로 기억합니다.[44]

프로레슬링이 인기를 끌면서 1990년대에 남학생들이 "토요일에 학교가 끝나면 집으로 달려와 레슬링을 보고 친구들끼리 흉내를 냈다"라고 한다(구술자 7).[45] 청소년들이 AFKN-TV의 선정적이고 폭력적인 오락 프로그램들을 즐겨 보면서, "청소년 정서가 날로 멍든다"라며 이러한 프로그램 시청에 대한 지도가 필요하다는 의견이 나오기도 했다(《서울신문》, 1990. 12. 4: 19). 한편 비슷한 연배인 여성 구술자는 "주로 토요일에 만화를 많이 봤어요. 영어를 몰라도 우리나라 만화보다 재미있었던 것으로 기억돼요"라고 하여(구술자 8), 여학생들은 주로 만화 영화를 즐겨보았던 것으로 보인다. 비디오 등을 통해 미국 영화를 볼 수 있는 경로가 늘며 AFKN-TV를 통한 영화나 드라마 시청이 다소 줄고, 미국 대중음악에 관한 관심이 줄며 AFKN-TV의 음악 프로그램 시청도 다소 줄었지만, 시청

44 http://gall.dcinside.com/board/view/?id=me mory&no=15053, 2013. 3. 30. 접속.

45 "1980년대 후반~1990년대 초반 활약한 미국 프로레슬링 선수 워리어"가 사망하자 손민호 기자는 "AFKN키즈의 추억"이라는 제목의 추모 글을 통해 "워리어Warrior가 나온 날이면 AFKN 키즈들은 나름 비장한 의식을 치렀다. 머리를 잔뜩 헝클 다음, 아직 가는 팔뚝에 형광색 신발 끈을 묶고 꽥꽥 악쓰며 빨랫줄을 흔들었다. 그러다가 엄마한테 맞았다"라고 회고하기도 했다(《중앙일보》, 2014. 4. 16: 31).

연령이 낮아지면서 프로레슬링이나 만화 영화에 대한 선호가 높아졌다.

3) AFKN-TV가 한국인에게 미친 영향

1961년 초에 TV 수상기 보급 대수는 5,000대에 불과했던 만큼 당시 TV 수상기가 있었다는 것은 부유함을 뜻했다. 가수 정미조(1949~)는 사실상 AFKN-TV만 방송되던 1950년대 말에 이미 자신의 집에 일제 TV 수상기가 있었다고 했다. 그의 회고를 정리한 다음 내용은 초기에 AFKN-TV를 통해 미국 대중문화가 어떻게 받아들여졌는지를 잘 보여 준다.

> 어느 날 AFKN에서 미국 가수들이 노래를 부르며 춤을 추고 있었다. 그 가수들의 노래와 춤은 어린 그[정미조 — 인용자]에게도 충격이었다. 전혀 새로운 문화였기 때문이다. 그는 TV를 보는 어른들 뒤에서 그 춤 동작과 노래 부르는 모습을 따라 했다. 당시 사람들이 있는 곳에서 어린아이가 춤을 춘다는 것은 그리 쉬운 일이 아닌 문화였다. 그럼에도 그는 거리낌 없이 흉내를 내곤 했다. (《스포츠경향》, 2008. 12. 17)

이 글은 초기에 AFKN-TV를 통한 미국 대중문화의 유입이 어린이들에게 어떤 영향을 주었는지를 잘 보여 준다. AFKN-TV를 통한 새로운 문화의 '경험'은 곧 이런 문화의 '흉내'로 이어지곤 했고, "미국 중심의 서구 문화에 대한 이국정서를 더욱 조장시키게 되었다"라고 할 수 있다(박기성, 1985: 347). 또한 AFKN-TV는 초기 한국 TV 프로그램의 제작에도 영향을 주었다. 1961년 12월에 개국한 KBS-TV는 1957년부터 이미 방송하고 있던 AFKN-TV를 참조해 프로그램을 제작할 수밖에 없었다. KBS-TV 개국 당시 입사했던 황정태는 "당시 AFKN-TV 프로그램은 미국의 3대 네트워크에서 방영된 우수한 프로그램들이 많았다"라고 하며, 개국을 앞두고 이런 "프로그램을 모니터하고 토의"하며 프로그램 제작을 준비했다고 밝혔다(황정태, 2001: 448).

1969년에도 TV 수상기 보급 대수가 아직 22만 3,695대밖에 안 되었을 정도로 1960년대에 TV 수상기를 소유한 사람들은 여전히 매우 적었다. 따라서 1960년대에 TV 수상기 소유자들은 경제 수준이나 교육 정도가 상당히 높은 사람들이었을 것이다. 1960년대에 TV 수상기를 갖고 있었다는 한 인물은 AFKN-TV 등을 통한 외국 프로그램의 수용이 "서구 선진 민족국가와 국민의 경제적·문화적·지적 우월성을 체화"하는 과정이었다는 것을 다음과 같이 구술하고 있다.

> 당시의 텔레비전을 보는 맛은 역시 미국과 같은 잘사는 서양을 경험하는 것이었지. 우리 채널이 하나였던 시대에 그랬고, 또 미군채널(AFKN)에서도 …… 영화도 그렇고 무슨 다큐멘터리들도 모두 외국 이야기들이었던 것 같아. 당시 일본은 물러났고 감정이 안 좋았을 때였으니 서양 얘기만 했는지는 몰라도. (마동훈, 2001: 199)

미국에 대한 동경으로 AFKN-TV를 보았고, 이를 통해 미국에 대한 우호적 이미지가 강화되었다는 것이다. 1960년대 중후반에 AFKN-TV를 본다는 것은 "마치 나만이 미국 문화를 빨리 접하는 것 같은 생각을 갖게 만들었지"라는 말처럼(구술자 1), 미국 대중문화 수용의 경로가 많지 않던 시절에 AFKN-TV 시청은 다른 사람과 자신을 차별화시키는 요인으로 받아들여지기도 했다. 1970년대 중반에 AFKN-TV의 음악 프로그램을 보고 나서 "친구들에게 자랑삼아 이야기하곤 했다"라는 것도(구술자 3) 이런 경향을 잘 보여 준다.

1980년 이전까지 AFKN-TV를 통한 미국 대중문화의 유입은 '새롭고 선진적인' 문화를 모방하거나 미국에 대한 호의적 이미지를 강화하는 데 큰 영향을 주었다. AFKN-TV는 미국 대중문화를 확산시킴으로써 한국인의 문화적 취향이 미국의 문화적 영향 속에 형성되는 데 영향을 주었고,[46] 한국인의 미국에 대한 긍정적 이미지를 갖도록 하는 데도 기여했다. 이런 배경에는 한국 전쟁 이후 한국인이 미국을 '혈맹' 또는 '구원자'로 생각하고, "그 어떤 나라도 따를 수 없는 특별한 국가"로 받아들여 왔던 '대미 인식'이 자리 잡고 있었다(김진웅, 2010: 324~325).

AFKN-TV를 시청하는 사람이 증가하고, 시청 시간도 늘어나면서 그 영향에 대한 사회적 관심도 커졌다. 고등학생과 대학생을

46 안정효가 장편 소설《헐리우드 키드의 생애》에서 미국 영화의 영향을 받은 청소년들을 '할리우드 키드'라고 이름 붙였듯이(안정효, 1999), 유재용은 AFKN-TV의 영향을 받은 청소년들을 'AFKN 키드'라고 불렀다(유재용, 2007). '할리우드 키드'들이 미국 할리우드 영화를 AFKN-TV를 통해서도 보았다는 점에서, 'AFKN 키드'는 미국 대중문화의 영향을 더 포괄적으로 표현해 주는 단어라고 할 수 있다.

대상으로 1980년에 실시한 조사에서, AFKN-TV를 매일 시청하는 사람과 거의 시청하지 않는 사람 사이에는 미국의 대중문화는 물론 미국이라는 국가에 대한 이미지에서도 큰 차이가 있었다(이강수, 1981: 191~210). 즉 AFKN-TV 시청량이 많을수록 미국에 대해 호의적인 이미지를 갖는다는 것이다. 여기에는 AFKN-TV가 제공하는 미국 대중문화의 영향뿐만 아니라 그동안의 긍정적 대미 인식이 함께 작용했다. 1970년대 말에 우리 사회와는 무척 다른, 드라마 속의 미국을 보며 "유학을 가고 싶다"라는 생각을 가졌다는 대답은(구술자 4) AFKN-TV 시청이 미국에 대한 동경을 낳기도 했음을 보여 준다.

AFKN-TV의 영향에 관한 연구는 위성 방송을 시작한 1983년 이후 본격적으로 이루어졌다. 1984년 4월에 방송언론인 192명을 대상으로 한 조사에서, AFKN-TV 시청량이 많은 방송언론인일수록 한국 TV 뉴스에 비해 AFKN-TV 뉴스에 대해 더 긍정적인 평가를 하는 것으로 나타났다(이지연, 1986: 63~64). 이것은 당시 군사정권에서 한국 방송이 많은 제약을 받고 있었다는 점이 작용했다. 실제로 이 시기에 한국 TV 방송은 사실조차 제대로 보도하지 못해서 상당수 시청자가 한국의 실상을 어느 정도 그대로 보도하던 AFKN-TV를 즐겨 시청했다. 이런 현상은 저널리즘의 역할을 AFKN-TV를 통해 새롭게 인식하게 만드는 계기가 되었다.

위성 방송 실시 이후 AFKN-TV의 사회문화적 영향력에 대한 염려는 어느 정도 현실로 나타나기도 했다. 1984년에 대학생 대상 조사에서 AFKN-TV 시청 시간이 길수록 '서구적 가치관'을 갖는 경향이 있는 것으로 나타났다(김희동, 1985: 46~47). 유교주의와 남녀

평등 등 몇 가지 항목에 대한 인식을 조사해 나타난 결과라 단정하기는 어렵지만, AFKN-TV의 시청량이 많은 집단일수록 상대적으로 서구적 가치관에 일정한 영향을 받는 것으로 볼 수는 있다.

대학교수 같은 지식인들에게 AFKN-TV가 미치는 영향은 다소 다른 양상을 보이는 것으로 나타났다. 1984년의 조사에서 대학교수들은 AFKN-TV의 뉴스를 즐겨 보면서도, 프로그램 전반에 대해서는 수준 낮은 대중문화적 특성을 보인다는 비판적 의식도 가지고 있던 것으로 나타났다(안준국, 1985: 58~60). 지식인들의 경우는 AFKN-TV의 오락 프로그램을 별로 시청하지 않았을 뿐만 아니라 이런 오락 프로그램에 별다른 영향을 받지 않았음을 알 수 있다.

1984년의 대학생 대상 조사에서는 AFKN-TV 수용이 미국문화에 대한 인식에 영향을 주지만, 그 영향이 그리 크지 않은 것으로 나타났다. 즉 AFKN-TV 시청 시간이 길수록 미국 문화에 대해 긍정적으로 평가하는 경향이 어느 정도 있지만, 그렇다고 해서 AFKN-TV 시청량이 반드시 한국 문화에 대해 부정적으로 평가하도록 만들지는 않는다는 것이다(강종근, 1985: 249~250). 1987년에 중고생 대상 조사에서도 AFKN-TV 시청이 서구적 가치관 수용에 영향을 주는 것은 사실이지만 일부에서는 오히려 서구적 가치관에 대한 반발을 낳기도 하는 것으로 나타났다(김원용·강종근, 1990: 182~183).

이런 조사들을 통해 AFKN-TV의 영향력이 염려했던 것만큼 크지는 않았다는 사실을 엿볼 수 있다. 이런 조사들이 AFKN-TV 시청이 미국 또는 미국 문화의 인식에 대해 미치는 영향을 물어본 것이 아니라 서구적 가치관 형성에 끼친 영향을 물어본 것이라는 점에서 AFKN-TV의 영향력이 크지 않았다고 단정할 수는 없다. 1980년대에 AFKN-TV를 즐겨 보았다는 한 시청자는 다음과 같이 회고하고 있다.

> 당시 제 또래들이 배워 온 미국이란 나라는 청교도적 신념과 정의를 소중히 여기며 약한 자를 감싸 주는 선의의 힘을 가진, 성은이 망극한 나라였습니다. 거기에 미국방송(우린 AFKN을 이렇게 불렀지요)에 나오는 전국의 관광지나 사람들 사는 모습, 마천루 등을 통해 미국을 자유와 풍요와 기쁨이 넘치는 곳으로 파악한 꼬꼬마로서는 자기 마음속의 이상향으로 꼽지 않을 도리가 없었지요. 거기서 무엇을 보게 되든 우리에게는 그것이 가장 첨단의 것이었고 최상의 표현이었고 최고의 장면이었으니까요. 기꺼이 추종하여 흉내 내기라도 내고픈 궁극의 목표였지 않았나 싶습니다.[47]

마찬가지로 1980년대에 AFKN-TV를 즐겨 보았다는 다른 시청자도 "국민들이 외국 문화를 쉽게 접할 수 없었던 시대라 AFKN의 등장은 미국이라는 나라를 알리고 미국 문화를 소개함으로써 방송에 관한 인식을 새로이 하는데 큰 영향을 미친 것은 분명합니다"라고 주장하였다.[48] 이렇듯 청소년들의 AFKN-TV 시청이 이들

47 http://gall.dcinside.com/board/ view/?id=memory&no=15053, 2013. 9. 4. 접속.

48 http://www.lostmemory.kr/xe/memory/15371, 2013. 9. 4. 접속.

에게 미국이라는 나라에 대한 긍정적 이미지를 심어 주는 데 영향을 주었다. 1980년대 중반에 가족이 텔레비전 앞에 모여 함께 미식축구 챔피언 결정전인 '슈퍼볼'을 보며 미국을 동경했다는 진술(구술자 6)을 보아도, 이런 점을 알 수 있다. 다만 AFKN-TV 프로그램의 시청이 반드시 미국에 대해 무조건 호의를 갖게 했던 것만은 아니었다. 이는 1970년대부터 AFKN-TV를 즐겨 보았다는 기자 유재용의 다음과 같은 증언을 통해 확인할 수 있다.

> 처음 AFKN을 보면서 느끼게 됐던 건 일단 미국이 우리와는 너무나 다른 나라라는 것이었다. 솔직히 말하면 여기 나오는 프로그램들에 비친 미국은 우리를 훨씬 앞서가는 나라였다. 우리나라에서는 상상도 할 수 없던 것, 이른바 세계 수준의 것들을 이런 프로그램에서는 볼 수 있었다. (중략) 그렇다고 철이 없던 그 시절에도 그런 감정이 부러운 것을 넘어서 미국을 좋아한 것으로 가는 건 자존심과 나의 현실감각이 허락하지 않았던 것 같다. 어쨌건 당시 우리의 현실도 그렇고 내 나이도 그렇고 미국 문화를 비판적으로 보게 되는 데는 상당한 시간이 걸렸음을 고백하지 않을 수 없다. (유재용, 2008: 205~206)

청소년 시절의 AFKN-TV 시청이 미국을 '부러운' 나라로 생각하게 만들기는 했지만, 그렇다고 반드시 미국을 '좋아하는' 나라라고 인식했던 것은 아니라는 것이다. 청소년들이 미국의 대중문화를 선호했다고 해서 반드시 미국이라는 나라까지 좋아한 것은 아니었다. AFKN-TV를 통해 프로레슬링이나 만화 영화를 즐겨 보았지만, "그냥 우리나라 방송에서는 보기 어려웠던 것들을 즐겼을 뿐"이지, 이를 통해 미국에 대한 동경이 생긴 것은 아니었다는 것이다(구술자 7; 구술자 8). 즉 1980년대 중반 이후 청소년들이 AFKN-TV를 통해 '미국의 대중문화'를 적극적으로 수용하면서도, '미국 자체'에 대해서는 비판적이기도 했는데, 이를 '미국과 미국적인 것에 대한 인식 분리'라고 평가하기도 했다(원용진, 2008: 205~206). 1980년대 중반 이후 이런 변화가 나타났던 것은, 1980년의 '광주 민주화 운동'과 1987년의 '6월 항쟁'으로 미국에 대한 비판적 인식이 싹텄던 것과도 관련이 있었다(김진웅, 2010: 325~332).

한편 AFKN-TV를 통한 미국 대중문화의 수용이 때로는 새로운 문화 생산의 기반이 되기도 했다. 1980년대에 AFKN-TV를 통해 미국 영화를 즐겨 보았다는 영화감독 봉준호는 "극장보다 TV로 영화를 더 많이 봤고, 특히 주한 미군 방송인 AFKN을 통해서 영화에 대한 갈증을 상당 부분 해소했다"라고 밝히고는, "리얼리즘 영화의 고전이랄 수 있는 〈자전거 도둑〉부터 폭력 미학의 거장 샘 페킨파의 작품까지를 AFKN에서 섭렵했다"라고 밝혔다(OSEN, 2006. 5. 29). AFKN-TV를 통한 다양한 영화 시청이 영화감독이 되는 데 영향을 주었다는 것이다. 또한 "당시 10대들은 AFKN을 통해 갖가지 뮤직비디오를 접하며 90년대 이후 등장한 영상 세대(혹은 신세대, X세대)의 감수성을 갈고 닦고 기름칠하고 있었다"라는 평가도 나왔다.[49] AFKN-TV의 〈소울 트레인〉 등의 음악

49 http://music.naver.com/todayMusic/index.nhn?startDate=20090808, 2013. 9. 4. 접속.

프로그램은 가수 박진영과 이주노에게 댄스와 힙합의 교과서 같은 역할을 했다(《쿨투라》, 2020. 5: 73~75).

5. 한류의 밑거름이 된 AFKN-TV

TV 수상기가 대량 보급된 1970년대와 1980년대에 청소년기를 보낸 사람 치고 AFKN-TV를 시청하지 않고 자란 사람은 거의 없다. 영어 공부를 명분으로 내세웠든 선정적 프로그램에 대한 호기심이 발동한 것이었든, 당시 청소년들이 AFKN-TV를 즐겨보았다는 것만은 분명하다. 당시 청소년들의 문화 의식은 미국의 대중문화 산물에 많은 영향을 받았는데, 그런 미국 대중문화를 접하는 경로로 AFKN-TV는 매우 중요한 의미를 지녔다. 한편 지식인에게 AFKN-TV는 미국의 다양한 문화를 경험하게 해주었던 것은 물론 한국의 현실을 객관적으로 들여다보도록 해 주는 창이 되기도 했다.

AFKN-TV는 기본적으로 젊은 미군 병사를 상대로 하는 방송이었다. 당연히 이들의 요구에 부응하는 다양한 오락 프로그램이 편성될 수밖에 없었다. 오락 프로그램은 먼 타국에서 근무하는 병사들의 고단한 생활을 달래 주는 역할을 했을 것이다. 본국 소식을 알고자 하는 욕구를 충족해 주는 보도 프로그램도 중요한 비중을 차지했다. 위성을 통한 방송이 가능해지면서 뉴스의 중요성은 더 커졌을 것이다. 미국 본토 TV 방송 체제의 영향을 받은 AFKN-TV는 한국의 TV 방송보다 더 긴 시간 방송했고, 컬러 방송도 먼저 시작했으며, 위성 방송을 실시하기도 했다.

많은 한국인이 AFKN-TV를 시청했던 것은 무엇보다도 우선 VHF 채널로 방송을 하여 TV 수상기를 가지고 있는 사람이라면 누구나 쉽게 시청할 수 있었기 때문이었다. 한국 TV 방송이 나오지 않는 시간대에도 시청할 수 있었고, 한국 TV 방송에서는 볼 수 없는 내용의 프로그램도 시청할 수 있었다는 이유도 있었다. 한국 TV 방송이 나오지 않던 심야 시간대나 오후 시간대에도 방송하여 한국의 시청자들이 채널을 돌리게 했고, 한국 TV 방송을 통해 볼 수 있는 미국 드라마나 영화보다 훨씬 더 신선하고, 다양하며, 선정적인 오락 프로그램으로 시청자의 눈길을 끌었다.

이와 같이 AFKN-TV를 통한 미국 오락 프로그램의 접촉이 일상화됨으로써 한국인들이 미국 대중문화의 큰 영향을 받았던 것은 명백한 사실이다. 'AFKN 키드'라고 부를 만큼 AFKN-TV를 통한 미국 대중문화의 적극적인 수용이 이루어졌고, 이런 과정을 통해 미국에 대한 동경과 호의가 형성되기도 했다. 1980년대 이후 AFKN-TV를 통해 형성된 미국 대중문화에 대한 선호가 곧 미국에 대한 우호적 이미지 형성으로 이어졌다고 단정할 수는 없다. 다만 미국 대중문화의 접촉 경험이 새로운 문화 창조의 기반이 되었던 것은 사실이다.

AFKN-TV의 프로그램들은 한국 대중문화의 다양한 영역에 영향을 주었다. 특히 AFKN-TV는 AFKN 라디오에 비해 음악 프로그램의 비중이 높지는 않았지만, 라디오와는 다른 매체적 특성으로 한국 대중음악 발전에 도움이 되었다. AFKN 라디오가 초기 팝송 전파에 영향을 주었다면, AFKN-TV는 댄스 음악처럼 젊은 세대들이 선호하는 음악의 원형을 제공했다. AFKN-TV를 통한 미국 대중문화의 수용은 K팝의 확산을 포함해 '한류'가 등장하는 데 밑거름이 되었던 것이다.

II부

팝송의 보급과 팝 정보의 확산

팝송의 보급과 확산

미군 진주와 함께 시작된 주한 미군 방송을 통해 팝송 유입이 본격화되었다. 미군이 주둔하며 팝송을 부르거나 연주하고, 미군 방송의 영향으로 음반을 통해 팝송을 들려주며, 팝송에 관한 정보를 제공하는 다양한 직종의 사람들이 등장했다. 이들은 팝송을 좋아하고 즐기는 젊은이들의 욕구를 충족시키기 위해 다양한 활동을 하기 시작했다. 미8군 무대에서 활동했던 연주자이자 작곡가 신중현, 국내 1호 DJ 최동욱, 국내 1호 팝 칼럼니스트 서병후 등은 각 영역의 상징적인 인물들이다. 이들은 모두 팝송이 유입되고 확산하는 데 크게 기여했다.

미군이 주둔하는 지역에는 미군 방송과 함께 반드시 미군 위문 쇼도 있었다. 초기에는 미국 연예인이 내한하거나 재능 있는 미군들이 쇼단을 구성해 공연했지만, 미군 주둔 규모가 커지고 공연 수요가 늘어나면서 한국인을 연행자로 고용할 수밖에 없었다. 미24군단이 미8군으로 확대되면서 미군 위문 쇼를 '미8군 쇼'라고 부르고, 이들이 활동하는 공간을 '미8군 무대'라고 했다. 미8군 쇼에서 활동하던 한국인 악단이나 가수들은 미군 취향에 맞춘 음악을 연주하고 노래를 불렀다. 미8군 무대에 서려면 오디션을 통과해야 했기 때문에 미8군 쇼단의 가수와 연주자들은 철저히 준비해야 했다. 팝송을 부르던 이들은 일반 무대로 진출하며 팝송만이 아니라 팝 계열 가요도 부르기 시작했다.

미국의 최신 팝송을 익히고 불렀던 미8군 쇼 출신 음악인들이 한국 대중음악 발전에 기여했고, 나아가 한류의 뿌리가 되었다는 인식이 생겼다. 2000년대 이후 K팝에 관한 관심이 높아지면서 본격적인 연구도 나오기 시작했다. 로알드 말리앙카이Roald Maliangkay(2006)는 한국에서는 서구 대중음악의 영향에 관한 연구가 부족하다며 1960년대 초까지의 미8군 쇼가 한국 대중음악에 미친 영향을 정리했다. 이후 미8군 쇼 무대를 통한 미국 대중음악 유입에 관한 연구들이 계속 나왔다(한지수, 2009; 안민용, 2013; 정연주, 2013). 이후 미8군 무대에 관한 연구는 세부적인 주제로 나아가서 쇼단에서 활동하던 여가수에 관한 연구(김은경, 2017; 이유정, 2019; Lee, 2020), 일본과의 비교 연구(김영선 · 이경규, 2021), 특정 지역 미8군 클럽의 공연에 관한 연구(김남석, 2022) 등으로 이어졌다. 대중음악의 역사에 관한 책에서도 미8군 쇼에 관해 비교적 자세히 언급했다(김형찬, 2015; 박성서, 2010; 신현준 · 최지선, 2022a, 2022b; 최규성, 2018). 최근에 미8군 쇼에 관한 연구가 활발해지긴 했지만, 여전히 미8군 쇼 운영 체제에 대한 논의가 부족하고 기본적인 사실에서조차 많은 오류가 발견되고 있다.[50]

50 1960년대의 대표적인 연예대행회사인 한국흥행주식회사(속칭

AFKN을 통해 팝송을 들었던 젊은이들이 좋은 음향으로 원하는 팝송을 듣기 위해 음악감상실로 모였다. 1950년대 중반 무렵부터 명동과 충무로에 음악감상실들이 생겼고, 음악을 소개하고 틀어주는 DJ들이 등장했다. 음악감상실에서 DJ 등으로 활동했던 최동욱, 이종환, 피세영, 박원웅, 박광희, 조용호, 이선권, 이백천 등은 방송사에서 PD나 DJ로 활동하며 라디오 팝송 프로그램을 연출하거나 진행했고, 텔레비전의 음악 쇼 프로그램을 연출했다. 이들은 대부분이 1930년대 중반부터 1940년대 초반 사이 태생으로 해방 이후 교육을 받았고 대학을 나왔다. 음악감상실은 음반으로 팝송을 들려주었던 것은 물론 작은 무대를 마련해 미8군 쇼단에서 활동하던 가수들의 활동 공간이 되기도 했다. 1950년대 중반부터 1960년대 말까지 음악감상실은 젊은이들이 원하는 팝송을 듣거나 공연을 보는 중요한 공간이었다. 1960년대 말부터는 전축이 보급되고 불법 복제 음반이 대량 유통되면서 가정에서 팝송을 듣는 사람들도 늘어났다.

음악감상실이 팝 음악 확산에 미친 영향이 엄청남에도 본격적으로 연구된 바가 없다. 다만 음악감상실에서 DJ나 행사 진행자로 활동했던 이종환(1993), 최동욱(1995), 이백천(2014) 등의 회고록과 음악감상실 '세시봉'에서 노래를 불렀던 조영남(1994, 2022), 윤형주(2012) 등의 자서전에 음악감상실에 관한 내용이 나온다. '세시봉'

'화양')의 구성이나 운영 방식에 대한 설명이 부족하고, 사장인 '안찬옥安燦玉'의 이름을 '안인옥'으로 잘못 기록한 자료들이 있을 정도다.

이 관심의 대상이 되면서 김종철(2011)과 조영남·이나리(2011)의 연구가 나오기도 했다. 한국 대중음악의 역사에 관한 연구에서는 음악감상실에 관해 단편적으로 언급한 정도에 그쳤다(김형찬, 2015; 신현준·최지선, 2022a, 2022b). 음악감상실에 관한 체계적인 연구가 없고, 기본적인 사실들조차 제대로 정리되지 않았다. 음반을 통한 팝송 감상과 관련해서는 '빽판'에 관해 본격적으로 연구한 성과가 나오기도 했다(최규성, 2020).

1960년대 이후 팝송 악보·가사 해설 서적과 팝송 전문 잡지가 출판되었고, 신문이나 잡지들에 팝 칼럼이 실렸다. 팝송을 즐기는 인구가 늘어나면서 팝송에 관해 알고 싶은 욕구가 높아졌고, 이런 욕구를 충족시키기 위해 팝송 책이나 잡지가 출판되고 각종 매체에 팝 칼럼이 실렸다. 음악감상실을 드나들던 젊은이들이 팝송 서적을 사거나 잡지를 구독했고, 음악감상실의 DJ 출신들이 방송국에서 활동하며 경음악평론가나 팝 칼럼니스트라는 이름으로 신문과 잡지에 팝 칼럼을 게재하기도 했다. 팝 칼럼니스트들은 팝송을 확산시키고 팝 스타일 가요를 정착시키는 데 기여했다. 그럼에도 팝송 서적과 잡지의 출판이나 팝 저널리즘에 관한 연구는 전무하다.

Ⅱ부에서는 미8군 쇼의 형성과 변화 과정, 음악감상실의 변화와 '빽판'을 통한 음악 감상, 팝송 서적의 출판과 팝 저널리즘의 형성 과정에 대해 살펴보려고 한다. 생계를 위해 팝송을 불러야 했던 미8군 무대가 팝 스타일 음악 연행자의 형성에 공헌했다면, 팝송을 듣던 음악감상실과 팝송 정보를 제공해 준 매체들은 팝 음악의 유입과 확산에 기여했다. 팝송의 유입과 확산 과정에서 다양한 역할을 했던 인물들은 뒤에 방송국에서 가수, 연주자, PD, DJ 등으

로 활동했다.

Ⅱ부에서는 우선 미군 담당 부서의 문서와 당시 활동했던 인물들의 회고록 및 구술 자료를 적극적으로 활용했다. 또한 당시 신문이나 잡지의 기사들이 큰 도움이 되었다. 당시 발행된 팝송 악보집과 잡지를 파악하기 위해 도서관과 고서점에 대해 온라인으로 검색하는 것은 물론 직접 방문해 찾는 과정도 거쳤다.

미국 문화 전파의 대리자 또는 한국의 팝 문화 기획자

초대 주한 미공보원장 제임스 스튜어트James Stewart는 1947년에 "미국의 문화 전파 활동이 시장, 잔치판, 다방, 심지어 사거리에까지 파고들어야 하며, 이 속에서 미국의 메시지를 불어넣을 수 있는 '대리인'을 획득해야 한다고 지적"했다(허은, 2008: 84). 제임스 스튜어트의 지적은 미국이 한국 대중과의 관계 형성에 얼마나 노력했는지를 잘 보여 준다. 실제로 미국은 다양한 영역에서 미국의 가치를 실현할 수 있는 '대리인'을 찾았고, 필요한 지원과 교육의 수고를 아끼지 않았다.

미국 문화 확산의 '대리인'을 양성하기 위한 노력은 여러 영역에서 다양한 방식으로 나타났다. 이미 1950년대부터 미국무성이 공공 외교의 일환으로 다양한 분야의 한국인에 대한 교육·교류 사업을 추진했고, 주한 미대사관과 미공보원이 대상자 선발과 관리 업무를 맡았다(차재영, 2014). 미국이 실시한 교육·교류 사업은 미국인과 미국 사회에 대한 이해와 신뢰를 확대함으로써 미국의 헤게모니를 전 세계적으로 구축하기 위한 정책의 일부였다. 교육·교류 사업의 대표적인 분야는 학자 프로그램, 지도자 프로그램, 전문가 프로그램 등 세 가지였다(장영민, 2022). 1950년대 중반에 "교육 받은 한국인은 서양 음악Western music을 좋아한다"라고 하며 '음악 전문가music specialist'를 교육·교류 사업에 포함해야 한다고 했는데, 여기에서 '서양 음악'은 '서양 고전 음악'을 의미했다(RG 59, Central Decimal File, 1955~1959).

미국은 교육·교류 사업을 통해 다양한 분야에서 한국인을 미국 문화 전파의 대리인으로 활용했지만, 대중문화 영역은 중요한 고려 대상이 아니었다. 특히 음악 분야에서도 미국은 서양 고전 음악을 주로 지원했을 뿐, 미국 대중음악american jazz의 확산에는 큰 관심을 기울이지 않았다(Park, 2019: 73~74). 미국 대중음악 유입에는 미국이 의도적으로 개입했다고 보기 어렵고, 당연히 팝 음악 전파를 위한 의도적인 '대리인' 양성도 시도하지 않았다.

한국에서 미국 팝 음악의 유입은 미군 주둔으로 인한 AFKN의 개국과 미군 쇼의 등장이 직접적인 영향을 주었다. AFKN을 통해 팝 음악을 누구나 라디오로 쉽게 들을 수 있었고, "미군부대 출신 음악인을 통해서 전통적 의미의 문화 접변, 즉 접촉을 통한 타문화 습득이라는 방식으로 전파"되었다(김필호, 2005: 216~217). 가수나 악단은 미군 쇼에 서기 위해 팝송을 익혀야 했고, DJ나 팝 칼럼니스트들은 AFKN을 통해 팝송을 듣고 미국 잡지를 통해 팝 음악에 관한 지식을 쌓았다. 미8군 쇼 출신 가수나 악단이 팝송 연행자로 활동했다면, DJ나 팝 칼럼니스트들은 이들 활동의 기획자였다.

팝송 연행자나 기획자에 대해 미국 대중문화의 무분별한 수용을 문제 삼아 비판하는 시각도 있었다. 당시에 이미 팝송을 부르는 가수나 열광하는 청소년들에 대해 "단순한 모방성이나 감각적 낭만에 쉽게 몰입"했다고 비판하기도 했다(《중앙일보》, 1974. 5. 1: 4). 이런 내용의 비판이 당시 신문과 잡지에 많이 실렸다. 문화제국주의적 관점에서는 팝송의 수용과 인기에 대해 '외세 지배하의 종속적 성격'을 드러내는 것이고(이소영, 1991: 209) "한국 사람이 '팝 음악'을 '만국공통어'로 이해하고 있다는 자체가 문화적 피식민성의 일면"이라는 비판이 나왔다(김창남, 1991: 79~80). 이런 관점에서는 팝 음악 연행자와 기획자는 미국 대중문화 확산의 대리인이고, 청취자는 그 추종자일 뿐이라고 보았다. 실제로 이종환과 박원웅은 1998년 3월에 미국 LA시로부터 "30여 년간 미국 대중음악을 한국에 보급한 공로를 인정받아" 명예 시민권을 받았다(《경향신문》, 1998. 3. 31: 11).

그러나 K팝의 인기가 높아지면서 한때 미국 문화를 추종한다고 비판받았던 집단에 대한 평가가 변화했다. 문화적 혼종성 이론에 따라 미국 팝 음악 수용을 종속성만으로는 설명할 수 없다는 주장이 설득력을 얻었다. 미8군 쇼에서 활동했던 가수들은 '창조적 모방'을 통해 한국 대중음악을 변화시켰다고 재평가되고 있다. 서병후, 조용호 등이 참여했던 '목요회'에 대해 "팝 음악을 제대로 보급하는 데 힘썼다"라는 이유로 '팝 혁명의 산파'라고 부르기도 한다(신현준·최지선, 2022a: 291). 기존 한국 음악과 차별화되는 새로운 팝 음악에 대한 '주체적 수용'을 통해 한국 대중음악을 도약시키는 데 기여했다는 것이다. 미8군 쇼의 가수들, 음악감상실의 DJ, 신문·잡지의 팝 칼럼니스트들의 활동을 '종속성'을 넘어선 '혼종성' 형성 과정으로 바라보며, 팝 음악의 수용과 변화 과정을 살펴보고자 한다.

4장

미8군 쇼와 한국 대중음악

1. 미8군 쇼에 관한 관심

AFKN이 미국 대중음악의 유입에 큰 역할을 했다면, 미8군 쇼는 미국 팝 스타일 음악의 연행자 양성에 결정적 공헌을 했다. AFKN을 통해 팝송을 듣고 좋아하게 된 청중에게 미8군 쇼 출신 가수의 팝 스타일 노래는 큰 인기를 끌었다. 2000년대 이후 K팝 열풍이 불고 한류가 유행하자 미8군 쇼를 'K팝, 한류의 원류'라고까지 주장하는 사람들도 나왔다.[51] 미8군 쇼를 통해 미국 팝 음악의 최신 경향을 따라잡고 훈련했던 과정이 K팝 발전의 밑바탕이 되었을 것이라고 보는 것이다.

미군 주둔 지역에는 반드시 미군을 위한 '방송'과 함께 '쇼'가 있었다. 2차 세계 대전 중 조직한 미국위문협회United Services

51 https://www.yna.co.kr/view/AKR20230527019300005, 2023. 9. 30. 접속.

Organization(USO)가 미군이 주둔하는 지역에 가서 각종 공연을 제공했다. 미국위문협회 공연만으로 한계가 있자 미군 주둔 지역의 현지인 연예인들이 공연하는 형태로 변화하기 시작했고, 이런 변화는 한국에서도 그대로 나타났다(이유정, 2019: 223~237). 해방 직후부터 미군 위문 공연을 하는 한국인 가수나 악단이 있었지만, 본격적인 미군 상대 공연 활동은 한국 전쟁 이후 시작되었다. 1959년 4사분기에 미국 군인 쇼soldier show는 109회, 미국 연예인 쇼professional show는 198회에 불과했던 반면 한국인 밴드Korean band 공연은 2,279회, 한국인 쇼Korean show 공연 1,250회였을 정도로 한국인 악단이나 가수의 공연이 압도적으로 큰 비중을 차지했다(RG 338, Staff Section Box 34).

미8군 쇼의 전성기는 달러로 대가를 처음 지급받은 1950년대 말부터 월남전으로 쇠퇴하기 시작한 1960년대 말까지의 10년간이었다. 미8군 쇼의 전성기는 10년에 불과했지만, 한국 대중음악에 끼친 영향은 매우 컸다. 1970년대 중반에 "기성 가수들 가운데 특히 30, 40대의 중견급이면 일단은 '8군 쇼' 출신으로 보아 무방하다"라며, '8군 쇼'가 "한때는 국내 가요계의 실질적인 '신인 배출의 창구' 역할을 했던 호화로운 선망의 무대"였다는 평가까지 나왔다(《경향신문》, 1974. 10. 24: 7). 가수 윤항기(1943~)는 미8군 쇼 무대가 없었다면 "우리나라 대중음악의 발전이 십수 년은 늦어졌으리라는 말도 과언은 아니다. 우리나라 유명한 연주가, 작곡가, 음악인들은 모두 미8군 출신이라 할 수 있다"라고 주장하기도 했다(윤항기, 1993: 126).

K팝이 인기를 끌면서 미8군 쇼에 관해 연구하기 시작했다. 2010년을 전후해 시작된 연구들은 주로 미8군 쇼를 통한 미국 대

중음악의 유입 과정에 관해 관심을 기울였다. 대부분의 연구가 한국 전쟁 이후 시기만 다루고 있고, 특히 미8군 쇼단 가수 개인의 활동에만 주목했다. 이런 연구들로는 미8군 쇼의 등장과 변화를 전체적으로 파악할 수 없고, 미8군 쇼의 제도적 특성과 영향을 설명할 수도 없다.

이 장에서는 미군 쇼가 처음 시작한 해방 직후부터 미8군 쇼가 쇠퇴한 1970년 무렵까지의 변화를 모두 살펴본다. 또한 미8군 쇼 운영을 둘러싼 미군과 연예 군납업체의 관계나 연예 군납업체에 소속된 쇼단의 운영에 관해서도 들여다본다. 먼저 해방 직후부터 한국 전쟁 시기까지와 한국 전쟁 이후부터 1960년대 후반까지로 나누어 미군의 정책과 연예 군납업체의 활동을 정리한다. 다음으로 미8군 쇼단의 가수와 음악에 대해 살펴보고, 1960년대 말의 변화와 쇠퇴 과정을 설명하고자 한다.

2. 해방 직후와 한국 전쟁 시기 미군 위안 무대

1) 해방 직후 미군 진주와 미군 위안 무대

미군을 상대로 하는 위문 공연은 이미 1945년 9월 미군 진주 직후부터 시작되었다. 경음악평론가 겸 작곡가 황문평은 “미군이 정식으로 진주(9월 8일)하기 전인 8월 말일께 미군 장교들이 일본군의 항복을 받기 위한 사전 협의를 위해 여의도 공항에 도착 후 곧바로 조선호텔에 투숙했다. 조선호텔에서는 이들의 환영 파티를 위해 한국

의 연주단을 초청했었다"라고 설명했다(황문평, 1983: 148~149). 김호길 악단이 "김희조 등과 함께 해방되던 해 반도호텔에서 '지까다비[じかたび, 일본의 노동자용 작업화 — 인용자]'에 모닝코트를 입고 미항공단 환영 연주"를 했다는 기록도 있다(《동아일보》, 1973. 4. 5: 5). 미군 진주 직후 호텔에서 한국인 악단이 미군 환영 공연을 했던 것이다.

주한 미군 방송인 WVTP는 1945년 10월 22일에 개국하며 기념 공연을 했다. 개국을 앞두고 〈성조지〉 1945년 10월 19일자에 "월요일 WVTP가 개국을 위한 갈라 스테이지 쇼를 계획하다"라는 기사가 실렸다. 이 기사는 "AFRS에서 가장 최근에 개국하는 방송국인 WVTP가 부민관the Citizens' Theater building에서 개국 방송 공연을 한다. 저명한 군 고위층이 참여하고, 221육군밴드, 스윙 오케스트라, 한국 여성 가수 트리오 등이 공연을 할 예정"이라고 전했다(RG 332, XXIV Corps G-2, Box 27).

미군 진주 직후 미군을 상대로 한 공연은 주로 KPK악단이 주도했다. WVTP 개국식 공연에서 노래를 불렀던 한국 여성 가수 트리오는 신카나리아, 이난영, 장세정 등 3인이었다. 이 공연을 기획했던 김해송은 이후 본격적인 쇼단인 KPK악단을 만들어 '주한 미군을 위한 정기적인 위문 공연'을 했다(《동아일보》, 1981. 7. 30: 11). "김해송과 백은선, 김정환이 조직한 KPK악단(이들 3인의 두문자를 따서 만든 이름)은 이난영, 장세정, 계수남, 강준희를 주축으로 미군 무대에서 재즈와 탱고를 연주해" 인기를 얻었는데, 당시에 "재즈붐을 타고 현인 외에 박단마, 박혜옥, 이인숙, 유정희 등이 재즈곡을" 불렀다(《동아일보》, 1973. 3. 31: 7). 손석우(1920~2019)는 자신이 소속된 KPK악단이 일반 무대에서 공연을 안 할 때는 미군 부대를 상대로 한 위문 공연을 하러 다녔다고 회고했다(손석우 · 신현준, 2004: 94). 당시 부민관은 미군 상대 공연의 공간이자 관리 부서가 있던 곳이기도 했는데, 당시 활동했던 연주자 문대환(1921~?)은 다음과 같이 설명했다.

> 징병으로 끌려가기 직전까지 옛날 경성중앙방송국 심포니 오케스트라 단원으로 일했지요. 그런데 막상 해방되고 나니까 어디 연주할 만한 자리나 무대가 없어서 한동안 그냥 지낼 수밖에 없었어요. 그러던 중에 미군이 들어왔는데, 음악하는 사람들 사이에는 앞으로 "미국 음악을 해야 된다"는 분위기가 퍼져 있었어요. 그래야 벌어먹기도 하고 작은 일거리도 생기고 할 테니까. 지금 시청 옆에 부민관 자리에 미군들 연회를 관장하는 부서가 있었어요. 거기서 악단들을 관리하고 각 부대로 보냈죠. 그런데 막상 우리가 악단이라고 나오기는 했지만, 미군들이 좋아하는 노래를 제대로 아는 게 있어야지. 그래서 처음 구해본 게 바로 '유아 마이 선샤인'이에요. 미군을 통했는지 어떤 경로로 구했는지 잘 기억나지 않지만, 그 악보를 전부 베껴서 연주했어요. (문대환, 2005: 131~132)

작곡가 길옥윤(1927~1995)도 1945년 말에 "피아노 박춘석, 아코디언 노명석, 트럼펫 김영순, 베이스기타 황병갑 등과 함께 핫팟hot pot이란 밴드를 조직하고 미군클럽에서 데뷔"했다고 회고했다(〈동아일보〉, 1985. 3. 23: 12). 길옥윤은 "서울 치전 2학년 때 해방이 되었고, 나는 악단을 조직해서 아르바이트를 시작했어요. 지금 명동 사보이 호텔 뒤편에 있던 황금댄스홀에서 나는 색소폰을 불고, 김영순은 기타를 치고, 박춘석은 피아노를 쳤지요. 댄스하러 온 미군들의 박수가 대단했어요"라고 하며 댄스홀에서도 연주했다고 밝혔다(길옥윤, 1995: 133~134). 길옥윤이 "미군 24사단 장교 클럽, 지금의 미도파에서 재즈를 처음 들었"다고 했던 것을 보면, 당시 미국인으로 구성된 전문적인 재즈 악단이 공연했고 한국의 음악인이 여기에 영향을 받아 다시 미군을 상대로 공연했음을 알 수 있다(길옥윤, 1995: 49).

1946년부터 주한 미군 쇼가 본격화되어 미군 자원 사병과 미국에서 파견된 연예단이 활발하게 공연했고, 한국인 쇼단의 공연도 시작되었다. 미24군단 휼병감恤兵監/Special Service실[52]의 연예부서 Entertainment Section가 공연을 예약하고 관리했다(김은경, 2017: 12~14). 1946년 말에 이미 "6개 한국인 밴드, 3개 한국인 버라이어티 쇼, 한 명의 마술사, 1개 한국인 댄스 극단이 서울, 영등포, 부평, 인천 지역의 부대에 오락을 제공하기 위해 동원"되었고, "2개의 한국인 버라이어티 쇼가 주한 미군 극장(3층) 연회장에서 매주 화요일과 목요일 오후 8시에 공연"을 했다(RG 332, Special Service, Box 54-1). 1947년 9월에는 14개의 한국인 밴드가 영등포, 김포, 인천 등에서 공연했다(RG 332, Special Service, Box 54-2).

미군정기에 미군 쇼에 출연했던 가수나 악사들은 대부분이

52 'Special Service' 부대를 번역한 용어다. 휼병감실의 역할은 한국에서도 마찬가지인데, 육군본부직제(1956. 2. 20. 제정) 제22조에는 "휼병감실은 군인, 군속과 체육과 휴양 기타 복지에 관한 사항을 분장한다"라고 규정되어 있다. 한국의 휼병감실은 1970년 5월에 폐지되었다. 당시에 '휼병감' 대신 '정병감'으로 부르기도 했다.

일제 강점기부터 활동했던 사람들이었다. “일제 강점기인 1940년대, 적어도 미8군 무대가 체계화되기 전인 1950년대 초부터 경력을 시작한 세대(대략 ‘1920년대생’이다)는 미8군 무대와 일반 무대를 오가며 연주하는 것이 일반적”이었는데, 엄토미, 김광수, 손석우, 김호길, 송민영, 노명석 등 당대를 수놓은 명 연주인이 여기 속했다(신현준 · 최지선, 2022a: 64～65). 미군정기에 팝송을 불렀던 가수들도 당연히 일반 무대와 미8군 부대를 오가며 활동했다. 이들 중에 “이난영, 장세정, 홍청자, 이해연, 박단마 등은 일제 식민지 시기에 레코드를 취입했거나 해방 전후 악극단에서 활동하던 가수들”이었다(김은경, 2017: 21).

“연주단의 경우는 미군이 들여온 레코드를 듣고 그들의 유행 음악을 익히든가 미군 계통을 통해 흘러나오는 미국의 유행 음악 악보를 수입, 연습하면 곧바로 미군 위문을 위한 연주가 가능”했지만, 영어 가사를 익혀서 노래를 불러야 했던 가수들은 큰 어려움을 겪었다(황문평, 1977: 146). 미군 진주 직후 “팝송 가사의 깊은 뜻도 모르면서 영어 가사 발음을 한글로 적어 앵무새처럼 팝송을 부르며 미군 부대를 드나드는 신흥 팝송 가수”도 생겨났다. “가창력과 영어 실력을 길러 팝송을 제대로 소화해서 미군들에게 인기 가수로 지목받던 가수”도 있었는데, “일본 중앙음악학교 출신 팝 싱어 박혜옥, 그리고 백일희, 가요 가수이던 박단마, 이해연 등은 당시 당당한 팝송 가수로서 전국 가요계에서도 주목받던 팝송의 선구자들”이었다(황문평, 1989: 336). 가요를 부르던 이들이 팝송을 부르는 모습이 이색적이어서, “어느 날 키가 훌쭉하게 큰 박단마가 ‘COME ON A MY HOUSE’를 기세 좋게 영어로 불러대자 기성세대들은 대경실색했다"라고 한다(《동아일보》, 1978. 10. 10: 5).

미군정기의 '캠프 쇼'는 조직화되지 못했고, 다양한 한국 연예인들의 공연은 군부대와의 직접 계약을 통해 이루어졌다(이유정, 2019: 235). 초기 미군 쇼는 미군의 요구가 있을 때마다 공연자를 모집하는 방식이어서 부정기적이고 즉흥적으로 이루어졌다. 다방이나 악단의 사무실에 모여 대기하고 있다가 미군 클럽과 음악인을 연결해 주는 브로커가 일거리를 구해 오면 군용 트럭을 타고 가서 공연했다(정연주, 2013: 39).

아직 미군 위안 공연이 체계적으로 운영되지는 않았지만, 이미 1940년대 말에도 미군 신문인 〈성조지〉를 통해 공연 일정이 공고되기도 했다. 미국위문협회 쇼와 군인 쇼는 물론 한국인 쇼단Korean band and floor show의 공연 일정까지 사전에 미군 병사들에게 알렸다(*Stars & Stripes*, 1949. 5. 4: 9; 1949. 5. 19: 9). 공연 내용과 시간을 미리 알려 주어서 군인들이 선택할 수 있도록 해 주었다.

2) 한국 전쟁 발발과 미군 진중 쇼의 등장

한국 전쟁 발발과 함께 미8군 사령부는 일본에서 한국으로 옮겨왔다. 한국 전쟁으로 미군이 대거 한국에 들어오면서 미군을 상대로 한 공연도 이전보다 활발해졌다. 미군이 주둔하는 지역은 물론 이동하는 미군을 따라다니면서도 공연했다. 특히 피난지 부산에서는 미군을 상대로 하는 상설 공연장이 만들어졌다. 작가 한운사는 1950년에 부산으로 피난 가서 주한 미군의 공군 기지가 있던 수영 비행장 근처에서 장교 클럽을 운영했었다고 밝혔다. 한국인이 자금을 대고 경남 지사가 허가해 문을 열었다고 하는 이 클럽에는 임근식이 악단을 이끌었고, 가수와 댄서들이 활동했다(한운사 · 이영미, 2004: 86~90). 미군이 주둔하면서 부산에는 미군 상대 공연이 활발해졌고, 피난 온 가수들이 이런 공연에 출연했다. 가수 신카나리아(1912~2006)는 한국 전쟁 당시인 1951년 초에 부산에서 피난 생활을 하며 가수 임혜옥의 주선으로 "미8군 쇼에 일자리도 얻었다"라고 회고했다(《동아일보》, 1981. 8. 10: 7). 가수 곽순옥(1932~2023)도 "6 · 25 당시인 51년 부산 피난 시절 미8군에서 데뷔, 김광수 악단과 함께 외국 번안곡을 주로 불렀"다고 회고했다(《동아일보》, 1983. 7. 11: 12).

부산으로 피난 갔던 연주자 겸 작곡가 손석우는 "거기서는 군 관계 위문이라든가, 기회가 닿으면 미8군 쇼에서 일을 하고 아니면 카바레라든지 댄스홀, 그 외에 극장" 등에서 활동했다고 밝혔다(박성서, 2010: 124~125). 가수 겸 배우 나애심(1930~2017)도 한국 전쟁으로 평남 진남포에서 피난을 와서 대구에 정착해 김미정(영화배우), 이경희(영화배우), 막냇동생 전봉옥(가수) 등과 함께 '아리랑시스터즈'를 결성해 "미8군 무대와 일반 무대에까지 나섰다"라고 회고했다(박성서, 2010: 268~269). 한국 전쟁 중에 부산과 대구에서는 미군 상대의 상설 공연 공간이 있었고, 피난 온 가수와 연주자들은 이런 미군 무대와 일반 무대를 오가며 활동했다.

한국 전쟁 중에는 주로 "유엔군의 주둔지를 두루 순회하면서 위문공연"하는 '진중쇼'가 많았다(《경향신문》, 1974. 10. 24: 7). 가수 백설희(1927~2010)는 한국 전쟁 중에 미군과 국군 위문 공연을 모두 다녔고, 부대를 따라 평양까지 가서 공연했다고 밝혔다(백설희 · 이준희,

2007: 98~105). 나애심도 한국 전쟁 중에 가수로 활동하면서 미군과 국군에게 모두 위문 공연을 다녔다고 회고했다. 당시 위문 공연은 멀리 이동해야 했고, 가설 무대에서 진행되었기 때문에 가수와 악단들이 고생했다. 그럼에도 미군들이 좋아할 만한 팝송을 부르거나 탭 댄스를 추는 등의 공연을 하며 미군들로부터 큰 인기를 얻었다(백설희 · 이준희, 2007; 손석우 · 신현준, 2004).

미군 상대 공연에는 주로 기존 가수나 악단이 활동했지만, 일부 새로운 가수들이 등장하기도 했다. 가수 한명숙(1935~2025)은 "제가 8군 무대에 선 것은 52년이었어요. 박단마, 홍청자, 이인숙 트리오가 아리랑 드레스를 입고 인기를 모으고 있더군요. 이들은 일반 무대에서도 아리랑 드레스를 입고 상당한 인기를 끌었어요"라고 회고했다(《동아일보》, 1973. 4. 5: 5). 한국 전쟁 중에 활동을 시작한 가수들은 특별한 절차 없이 인맥을 통해 무대에 섰다. 한명숙은 1952년 "18세 때 집에서 '오르갠'을 치며 노래하는 모습을 지켜본 이웃집 흥행사가 8군 무대 진출을 주선"해 주어 가수가 되었다고 했다(《선데이서울》, 1969. 8. 24: 8~9). 가수 송영희(1935~)도 한국 전쟁 중에 부산에서 우연히 만난 미군 상사에게 오르간을 연주할 수 있다고 하자 오디션도 안 보고 '미군 기지 안 클럽'에서 노래를 부르게 해 주었다고 밝혔다(송영희, 2010: 119~122).

한국 전쟁으로 다시 미군의 수가 늘어나자 "미군들은 주둔하는 곳마다 클럽을 두었으니 그들만의 악단으로는 프로의 충당이 모자라므로 많은 한국인 밴드와 가수가 생겨"났다(《조선일보》, 1963. 9. 8: 7). 미군은 "1951년 한국 전쟁 당시 한국의 연예인들을 현지에서 조달하기 시작하였고, 또한 한국 대중예술인의 임금 척도를 표

그림 4 미군 장병(2보병 사단 23보병 연대)들을 위한 한국인 연예인의 위문 공연(1951. 3)

출처: https://archive.history.go.kr/record/catalog/catalogView.do

준화하기 위해 1951년 현지 연예인 고용 규정을 제정"했다. "한국에 주둔하는 미군 부대의 이익을 위하여 로컬 예술인들을 고용하는 문제가 승인이 나자, 각 연예부대, 쇼 밴드의 공연마다 임금 기준에 의거하여 지불액이 결정되었고, 1952년 7월 이후 서울 지역 군부대에서는 로컬 엔터테이너들을 광범위하게 활용하기 시작했다. 심지어 더 이상 예산이 없었을 때에도, 미8군 복지 기금에서 전용된 예산으로 지속적으로 고용하기 시작"했다(이유정, 2019: 235).

한국 전쟁 중에 미군 부대를 방문하며 공연을 했던 연예인들은 "일정한 조직이나 계통 없이 통역관이나 밴드 마스터가 미군 주둔지를 찾아다니며 위문 공연"을 했다(박성서, 2010: 293~294). 가수나 악단들은 미군 부대에 위문 공연을 다니면서 보수를 제대로 받지 못했고 주로 물자로 받는 경우가 많았다(백설희 · 이준희, 2007; 손석우 · 신현준, 2004). 황문평은 "미군 캠프촌을 순회하는 쇼단은 각양각색이어서 미군의 취향에 따라 보수가 결정되는 것이다. 하루 저녁 연주, 또는 쇼 공연에 위스키 몇 명, 또는 캔맥주 몇 박스로 대가를 정한다. 여기도 소위 매니저라는 거간꾼이 있게 마련인데 이들이 미군 물자를 남대문시장에 내다 팔아서 현찰로 지급하기도 한다"라고 회고했다(황문평, 1983: 166). 미군 상대로 공연하는 한국인의 '고용 규정'을 제정했음에도 실제로는 대가를 제대로 지급하지 않았던 것이다.

3. 한국 전쟁 이후 미8군 쇼의 성장

1) 미8군 쇼의 성장과 연예 군납업체의 등장

한국 전쟁 휴전 이후인 1953년 8월 15일 미8군 사령부는 용산으로 이전했다가 제24군단 1진이 한국을 떠나던 11월 20일 미8군 사령부도 용산에서 다시 일본으로 옮겨갔다. 주한 미군의 대폭 철수에 이어 미8군 사령부까지 한국을 떠나자 파장이 커졌고, 결국 1955년 7월 26일에 미8군 사령부는 다시 용산으로 복귀했다(김일영 · 조성렬, 2003: 77~78). 미8군 사령부가 용산으로 돌아오면서 미군도 다시 크게 늘었다. "한국 전쟁은 많은 재산과 인명 피해를 가져다주었지만, 가요사적 측면에서만 보면 새로운 전기를 가져다준 하나의 전환점"이 되었는데, "그중 가장 대표적인 점을 꼽으라면 '미8군 쇼'일 것"이다. 대폭 증가한 '주한 미군을 위문하는 연예 창구'로서 본격적인 '미8군쇼'가 생기고 많은 가수와 연주자들이 이곳에서 활동하고 후일 한국 대중음악에서 '중추적 역할'을 했기 때문이다(이백천, 2014: 43~44).

한국 전쟁 이후 미군을 위한 공연이 늘어나면서 한국 음악인들에 대한 수요가 대폭 증가했다. 전쟁 직후에는 미군 클럽의 매니저가 공연이 필요할 때 음악인들이 모여 있는 다방에 와서 이미 만들어진 팀이나 즉석에서 구성한 악단을 군용 트럭에 태워 미군 기지로 데리고 들어가는 방식으로 운영되었다. "52년부터 56년까지 사이에 미8군 쇼는 속칭 '폭포수 시대'로 구분되기도 하는데 이 무렵 무교동에 있던 폭포수다방을 집합처로 해서 각 단체가 스케줄에 따라 군용 트럭을 타고 공연장으로 떠나곤 했기 때문"이었다(《일간스포츠》, 1975. 7. 24: 6).[53] '폭포수다방'이 있던 명보극장, 스카라극장 주변은 "대한레코드작가협회를 시작으로 한국가요작가협회, 한국가요예술작가동지회, 한국음악저작권협회 단체의 사무실을 비롯 미도파 레코드사를 중심으로 한 음반사와 녹음실, 음반 도소매상, 그리고 음악학원 등이 밀집돼 있던 '가요의 산실'이자 '가요인의 메카'로 원로부터 가수 지망생까지, 24시간 가요인들의 발길이 끊이지 않았던 곳"이었다. 작사가 반야월은 이 근처에 있던 폭포수다방 등은 '가요관계자들의 아지트'로서 "온갖 정보가 이곳에서 흘러나왔으며 심지어 캐스팅 장소로, 오디션 장소로도 활용된 가요의 못자리"였다고 평가했다.[54]

휴전 이후에도 한동안 "악사 개개인, 혹은 삼삼오오로 분립하여 저마다의 팀을 조직하여 각기 유엔군의 각 구락부와 직접 교섭하여 일정한 출연료나 계약 없이 즉흥적인 흥정으로 공연"을 했고, 이로 인해 "행정적인 무질서와 저속한 연예물의 양상은 천태만별로 극에 달할 정도"였으며, "더구나 출연 캐라를 양담배나 술 몇

53 이 기사에서 '폭포수다방'이 무교동에 있었다고 했지만, 당시 자료나 회고들을 보면 충무로에 있었던 것이 확실하다. 그러나 신중현도 '미8군 밴드 선배'들에게 들었다고 하며 "한국전 종전 직후 서울 시청 옆, 무교동 골목, 오전 중이면 이곳에 독특한 인력 시장 하나가 형성됐다"라고 회고했다(신중현, 2003: 124~126). 다만 신중현의 회고에 '폭포수다방'에 관한 언급은 없다.

54 http://weekly.hankooki.com/news/articleView.html?idxno=2684034, 2022. 10. 5. 접속.

병 정도를 받아들고 나서는 현상은 정말 한심하고 눈물겨운 일이 아닐 수" 없었다(《가요생활》, 1967. 1: 199). 이렇듯 "악사 개개인 또는 그들이 팀을 조직하여 제각기 주한 유엔군의 여러 클럽과 직접 교섭을 하여 그때그때 적당히 정해지는 출연료를 받고 쇼"를 벌이면서, "연예 공급이 무질서하고 쇼의 내용이 상업성과 대중성의 기미를 타고 저속하고 질이 낮게 변모"했고 "출연료도 현금으로 받지 못하고 연초나 양주, 식품 등 소비성 물자로 지급받았기 때문에 사회에 사치성을 높이는 계기가 되기도 했다"라는 지적을 들었다(《가요생활》, 1970. 5: 80). 이 시기에도 쇼단에 매니저 역할을 하는 사람이 있었는데, '17보병연대'에서 공연했던 한국인 쇼단Korean show troupe의 매니저는 김동식이라는 상이군인이었다(*Stars & Stripes*, 1953. 9. 15: 18). '매니저'는 주로 미군부대를 상대로 공연을 흥정하고 대가를 받아내는 '거간꾼' 역할을 했을 것이다.

당시 "서울 근교를 중심으로 휴전선 일대의 미군 클럽 수는 물경 264개소[55](16개국 참전부대 포함)나 산재해 있었다"라고 하는데, 가수나 연주자들에게 "각 부대 클럽을 상대로 소위 부킹 오피스를 차려 놓고 연예인들을 소개하는 업자(매니지먼트)들이 개런티를

55 미8군 쇼단이 공연한 미군 클럽 수를 정확히 밝혀 놓은 자료가 없음에도 출처 없이 '264'개라고 쓴 글들이 많다. 황문평이 언급한 내용이 그대로 계속 인용되고 있는 듯하다. 1959년에 '270여 개'라고 추산한 기사가 있고(《동아일보》, 1959. 11. 18[석간]: 1), 1962년에 '150개'(《조선일보》, 1962. 10. 10: 5), '180개'라고 정리한 기사도 있다(《동아일보》, 1962. 11. 3[석간]: 5). 미군이 감축된 1970년대 초에도 여전히 '270여 개의 클럽'이 남아 있었다는 기록도 있다(《가요생활》, 1970. 5: 80).

30% 이상이나 착취"하고 있을 정도로 문제가 많았다. 이런 현실에서 연주자들은 "필요한 경비만 공제하고 적당한 보수를 받도록 하자는 목적"을 달성하기 위해 협회를 조직하고자 했다(황문평, 1983: 276~277). 1954년 7월에 '한국대중음악협회' 발기인 총회가 개최되었는데, 참석 회원 수는 300여 명이었고 그중에서 미8군 쇼 계통에 종사하는 연주인 수가 70%, 그 밖에는 일반 무대 공연 또는 악극단 계통에서 종사하는 연주인들이었다(황문평, 1998b: 247~248). 당시 신문은 "대한경음악가협회가 지난 12일 시내 돈의동 동명회관에서 결성되었는데 초대 회장에 손영준씨, 부회장에 김영순, 황문평 양씨가 선출되었다"라고 보도했다(《경향신문》, 1954. 7. 16: 2). 연주인 원로 중에 손영준을 회장으로 선출하고, 부회장에는 "8군 쇼 계통에 능통한 김영순(트럼피터, 일명 베니김)"과 작곡가 황문평을 뽑았다(황문평, 1983: 276~277).

대중음악가협회의 "회장단과 협회 간부들은 대한극장 뒤편에 사무실을 정하고 본격적인 협회 운영 조직 사업에 착수했다. 주한 미8군 봉사본부 간부들과 회합, 상공부에 등록하는 용역불수의계약 방법" 등을 추진했지만 손영준 회장이 갑작스럽게 세상을 뜨면서 활동이 중단되었다(황문평, 1983: 276~277; 황문평, 1998b: 247~248). 이후 새로운 집행부가 나서서 대중음악가협회를 재건하고 공보처 차장의 주선으로 미군 관계자를 만나 한국 연예인의 처우 개선을 요구했다. 미8군 측은 협회 한 곳만 상대할 수는 없다고 하며 여러 개의 업체가 경쟁해야만 좋은 쇼 공연을 공급받을 수 있다고 주장했다(황문평, 1983: 277~278: 황문평, 1998b: 249~250).

미8군 쇼에 대한 연예 군납 업무의 '무질서한 상태'를 해결하기 위해 "미5공군과 8군이 전국의 쇼를 통합"해 대행 기관을 만들려고 했다.[56] 한국흥행주식회사에서 활동했던 정서봉은 "일괄 대행 기관이 필요하게" 되면서 "처음엔 국도극장에서 오디숀을 하다가 조선호텔에서 본격적으로" 했고, "가수와 악단이 점점 많아지니 다동 호수그릴 옆에 북킹오피스(주문처)를 만들고 일원화를 시도"했다고 회고했다(《동아일보》, 1973. 4. 5: 5). 해방 이후 미군이 진주한 이후 국내 통화에 의한 연예 군납이 시작되었다가 허가를 통해 외화를 받고 본격적으로 납품하게 된 것은 1957년부터였다(《경향신문》, 1965. 1. 11: 3). "1957년 12월 뜨내기 '쇼맨'들을 모체로" 연예 군납을 일괄 대행하는 기관이 출발했다(《동아일보》, 1962. 11. 3: 5). 각종 "모순과 난립 상태를 정리하고자 생긴 것이 한국흥행주식회사"였고, 이 회사는 "정부의 직접적인 지원 없이 분투 노력한 바가 크게 힘입어 미8군 정병감의 정식 허가를 얻게" 되었다(《가요생활》, 1967. 1: 199). 이에 대해 "연예물의 군납을 체계화하고 국제적인 신의의 회복을 위하여 설립된 것이 연예 군납업체"인데, "이러한 업체의 설립으로 군납에 대한 합리적인 경영과 연예인의 단합으로 그 질의 향상을 보게" 되었던 것이라는 평가도 나왔다(《가요생활》, 1970. 5: 80). 최초 연예 군납업체인 '한국흥행주식회사'(화양)에 대해 다음과 같이 설명했다.

56 이 기사에는 "차균철 씨를 중심으로 하는 대행 기관이 처음으로 발족하였던 것"이라고 나와 있다(《조선일보》, 1962. 10. 10: 5). 차균철은 뒤에 '워커힐 연예부장'으로 연예 대행 업무를 계속했다(《경향신문》, 1963. 12. 28: 5). 1957년에 차균철이 한국흥행주식회사 소속이었는지, 아니면 별도로 대행 기관을 만들었던 것인지는 명확하지 않다.

미8군 연예 단체를 '화양' 하나로 알고 있을 정도로 오랜 전통과 권위를 가진 회사이다. 이 회사는 8·15 해방과 더불어 설립된 것으로 첫 출발은 오늘과 같은 완전한 기업체로서보다 유엔군 각 부대를 시찰 공연함으로써 출연료를 당 클럽에서 지급받는 소극적인 활동을 해왔다. 이 같은 소극적이고 불합리한 연예 활동을 기업화시킴으로써 그 폐단을 일소할 수 있다는 점에 착안, 1957년에 들어 미8군 허가 취득에 성공하게 되어 오늘의 체제를 갖추었다. (《가요생활》, 1968. 11: 70)

당시에는 '한국흥행주식회사'를 흔히 '화양'이라고 불렀다. "화양흥업을 중심으로 한국흥행주식회사가 생겼다"라고 했던 것을 보면(《동아일보》, 1973. 4. 5: 5), '한국흥행주식회사'의 주요 투자자가 '화양흥업'이었던 것으로 보인다. 1958년 4월에 "군납업자의 등록 자격은 군납업자도 무역법에 의거하여 그 자격을 인정하게 될 것이고 자금 확보에 대한 대외 교섭은 주한 미군 구매처와 주미대사관을 통하여 대외 기관에 추진하기로 결정"되었다고 하면서 연예 군납업체의 자격 조건을 강화했다(《조선일보》, 1958. 4. 4[석간]: 3). 1959년에 "주한 미군에 대한 공연을 전담하고 있는 한국흥행대행기관연합회"에는 "한국흥행, 삼양기업, 고려연예, 대중음악가협회의 대행기관 산하에 21개의 쑈 단체와 48개의 째즈뺀드"가 있었다(《동아일보》, 1959. 7. 17: 4). 1950년대 말에도 계속 〈성조지〉를 통해 미8군 쇼의 공연 일정을 공개했다(*Stars & Stripes*, 1959. 4. 17: 33; 1959. 4. 21: 30).

1959년 10월 1일에 '극동연예'가 연예 단체를 미8군에 공급하고 달러로 대가를 지급받는 계약을 맺은 다섯 번째 단체가 되었다.[57] 반면 '극동연예'와 함께 신청했던 '유니버설' 연예회사에 대해서는 재무 당국이 승인을 거부했다. 재무 당국은 언론의 반대와 과열 경쟁 방지 때문이라고 주장했지만, 미8군은 "기존 업자들의 독점 계획에 의한 방해"라고 평가했다(《동아일보》, 1959. 11. 18[석간]: 1). 한국의 재무 당국은 10월 31일까지 외화 승인 표시를 받지 못하면 미8군과의 계약이 해소된다고 하며 유니버설에게 미8군과 새로운 계약을 맺어오라고 요구했지만, 미8군은 "유니버샬 회사와의 연예 계약은 별도로 해약 통고가 없는 한 무제한으로 연장"되는 것이라고 하며 사실상 재무 당국에게 승인하도록 요구했다(《동아일보》, 1959. 11. 21[석간]: 1). 미군 당국은 극동연예가 한국흥행과 밀접한 관계를 맺고, 정식 군납업체가 되기 전에 이미 달러로 공연 대가를 지급받은 사실을 조사했다(RG 338, Staff Section Files, Box 36). 미군 당국은 한국흥행이 자신과 가까운 극동연예는 승인받고, 경쟁 관계에 있는 유니버설은 거부되도록 로비했다고 보았다.

"통칭 '연예인의 집'으로 불리는 '화양'에는 4개의 연예 회사가 집결되어 있다"라고 했는데, "회사별로 구분한다면 10년의 전통을 자랑하는 한국흥행주식회사 및 삼양, 신일이 있고, 1959년

57 극동연예가 재무 당국으로부터 승인받으면서, 달러로 계약을 맺고 활동하는 "연예 회사는 5개사"라고 보도되었다(《동아일보》, 1959. 11. 18[석간]: 1). 아직 유니버설이 승인받지 못했으니 5개사는 기존의 '한국흥행,' '삼양,' '고려,' '대중음악가협회'에 '극동'을 더한 숫자일 것이다. 유니버설이 승인받은 이후 대중음악가협회는 연예 군납업체에서 빠져, 한동안 한국흥행, 삼양, 고려, 극동의 연합체와 유니버설 등 5개사가 활동하게 되었다.

10월 8일에 설립한 극동연예주식회사(대표 김영순)가 있다"라고 설명했다(《가요생활》, 1967. 1: 198). 화양은 '한국흥행주식회사'를 가리키는 용어이자 '한국흥행, 삼양, 신일, 극동' 등 4개사의 연합 회사를 지칭하는 용어로도 사용되었다. 화양흥업회사를 "'한국연예주식회사'의 일원"이라고 했던 것을 보면, 4개 회사의 연합체를 '한국연예주식회사'로도 불렀다는 것을 알 수 있다(《동아일보》, 1960. 2. 13: 3). 연주자 이백천은 1950년대 말에 "원효로 선린상고로 들어서는 길목에 '한국연예연합회'라는 연예 회사가 있었다"라고 하며, 이 회사는 "약 50여 개 단체가 소속되어 있는 연합 회사로, 당시 사장은 안찬옥 씨였고 중학교 1년 선배인 이완영 씨가 전무, 가수 이해연 씨 남편인 김영순 씨가 상무로 있었다"라고 설명했다(이백천, 2014: 46). 1950년대 말에 한국흥행 주도로 4개 연예 군납업체의 연합체를 '한국연예대행연합회Korea Entertainment Agency Association(KEAA)'라고 부르기도 했다.[58]

"주한 유엔군에서는 전국에 270여 개소의 연예 장소를 마련해 놓고 주로 한인들로 구성된 연예 단체들과 딸라로 계약을 하고 이를 관람하고 있는데 이러한 연예회사는 아직 5개 회사에 불과하여 그들의 요구를 충족시키지 못할" 정도였다(《동아일보》, 1959. 11.

58 박성서는 "1958년, 미8군 쇼단이 모여 탄생시킨 KEAA(화양) 창립 기념 사진"을 제시하며, 이 사진에 "안찬옥 대표를 비롯해 베니김(김영순), 김일광, 장덕원, 박용준, 가수 남인수 등의 모습이 보인다"라고 했다(《Newsmaker》, 2014. 3: 47). 그러나 이 사진은 극동연예가 연예 군납업체로 승인받은 이후인 1959년 말 이후일 가능성이 크다.

18[석간]: 1). 1959년은 미8군 쇼에서 중요한 시기였다. 미군 참모부는 1959년에 "한국 연예대행사agents에 대한 더욱 기술적인 감독과 더 많은 협의를 통해 한국인 쇼의 기준과 질이 더 높은 수준에 도달했다"라고 평가했다(RG 338, Staff Section Files, Box 34). 이 시기에 달러로 지급하는 연예 군납업체를 선정하고, 오디션 제도를 통한 등급 제도를 실시했다는 사실을 언급한 것이다.

이런 상황에서 연예 군납업체의 수입은 크게 늘어 1959년경 미군 상대 연예회사들은 연간 100여만 달러의 외화를 벌어들였다(《동아일보》, 1960.2.13.: 3). "화양·삼양·고려 등의 각 연예회사는 그 산하에 각각 몇 개씩의 '쑈' 또는 '빤드' 단체 등을 전속시키고 미군 상대로 전국에 걸쳐서 흥행하고 있는데 월평균 8만여 불의 출연료를 바꿔주는데 있어 시중에서 1,100환 내지 1,300환 하는 용역불을 여러 가지 구실을 붙여서 600 대 1로 또는 750 대 1로 환산하여 출연료를 지불하여 주고" 있어서 비판을 받았다(《동아일보》, 1960. 2. 13: 3). 연예 군납업체의 과점이 가수나 악단에 대한 횡포로 이어졌다.

2) 연예 군납업체 사이의 치열한 경쟁

1960년대부터 '유니버설'도 미8군에 쇼를 군납하는 단체가 되었다(《동아일보》, 1961. 6. 6[석간]: 4). 1960년대 초에는 "현재 미8군에 연예용역을 담당하고 있는 단체는 '한국연예'를 이루고 있는 한국흥행(대표 안찬옥), 삼양기업(이완영), 극동연예(김영순), 신일연예(박영준)와 유니버셜(대표 홍남표) 등으로 이들은 모두 상공부 군납 조합에 정식 가입

함으로써 군납촉진법의 보호 혜택을 받고 있으며 1958년 10월 이래 미군 당국과 '달러'로 계약을 하여 국가의 외화획득 정책의 일익을 담당하고 있다"라고 했다(《경향신문》, 1963. 8. 28: 5). 1960년대 초에 4개 단체 연합체인 '한국연예주식회사'를 '한국연예대행연합회,' '한국연예대행기관,' '한국연예단체연합회' 등의 다양한 이름으로 불렀다. 또한 '한국연예대행,' '한국연예,' '한국흥행,' '화양연예'라고 줄여 불렀고, 아예 '화양'이라고만 부르는 일도 많았다.[59]

1960년대 초에 미8군 쇼가 성장하면서 "주한 미8군의 150개에 달하는 장교, 사병 및 서비스클럽"에는 "현재 미8군 '휼병감실'의 연예 대행 기관인 '한국흥행'과 '유니버설연예' 주식회사 산하에 70개 단체의 밴드와 22개 단체의 쇼가 있는데 여기에 출연하는 연예인이 무려 천명을 넘어 일대 '맘모스' 연예 지대를 형성하고 있다"는 평가까지 나왔다(《조선일보》, 1962. 10. 10: 5). 연예 군납업체들은 1958년에 45만 달러를 버는 데 그쳤지만 업체가 늘어나면서 1962년에는 120만 불의 수입을 올렸고(《조선일보》, 1962. 10. 10: 5), "줄

59 1961년경에는 '한국연예주식회사'를 '한국연예대행연합회'(《조선일보》, 1961. 5. 12[석간]: 4), '한국연예대행기관'(《동아일보》, 1961. 6. 6[석간]: 4), '한국연예단체연합회'(《경향신문》, 1961. 12. 26[석간] : 4) 등으로 다양하게 불렀다. 또한 '한국연예대행'이라거나(《경향신문》, 1962. 12. 7: 8) 더 줄여 '한국연예'라고도 불렀다(《조선일보》, 1962. 12. 8: 8). 소속된 4개사 중 대표적인 회사가 한국흥행 또는 화양흥업이기 때문인지 4개 연합 회사의 통칭을 '연예 대행 기관인 한국흥행'이라거나 '국내 유수의 흥행 회사 화양연예'라고도 했고(《조선일보》, 1962. 10. 9: 5; 1962. 10. 10: 5), 훗날 많은 사람이 그냥 '화양'이라고만 부르기도 했다.

기찬 노력 끝에 12%의 '개런티' 인상에 성공"해 1963년에는 150만 달러를 벌었다(《동아일보》, 1962. 11. 3: 5). 1960년대 이후 5년 동안 연예 군납업체는 100만 달러 이상의 수입을 올렸을 정도로 성장했다(호영진, 1966: 234~235). 연예 군납업은 이 시기 외화 획득에서 대단히 큰 역할을 했다.

미8군 상대의 연예 군납업이 성장하자 기존 업체 사이에 경쟁이 치열해지고, 새로운 업체도 진입을 시도했다. 가수 현미(1938~2023)는 "악단 스윙스타에서 한창 인기를 끌던 시절, 우리 '현 시스터즈'는 뉴 앤드 뉴New & New라는 악단에도 스카우트된 적이 있다"라고 하며 악단 사이에서 인기 있는 가수를 스카우트하려는 움직임이 있었다고 회고했다(현미, 1997: 104~105). 가수 윤복희(1946~)도 유니버설 소속 '에이원쇼'에서 활동하며 인기를 끌자 "당시 최대의 라이벌이자 미8군 프로덕션으로는 최대 규모인 '화양'에서 어떤 조건이든 들어주겠다며 스카우트를 제안해" 왔지만 옮기지 않았다고 했다(윤복희, 1997: 90~91). 그룹 '사랑과 평화'를 이끌었던 최이철(1952~)은 유니버설 소속으로 활동하다가 "'화양'으로 소속사를 옮겨서 패키지쇼"를 했다고 밝혔다(신현준 · 최지선, 2022b: 413~414). 화양이라 불리던 한국연예주식회사가 인기 있는 가수를 적극적으로 끌어들이려고 했던 것이다.

새로운 업체가 등장하면서 기존 업체와 갈등이 생기기도 했다. 1963년 8월에 '미8군을 상대로 하는 5개 흥행 단체'가 "'공영기업'(대표 전석규)과 '대영프로덕션'(대표 최남식)의 두 흥행 단체가 ① 상공부의 미군납 흥행 단체로 되어 있지 않음에도 불구하고 ② 미8군과 원화로써 흥행 계약을 맺어 흥행 단체에 의한 외화 획득 연

120만 불에 많은 지장을 초래할 것이므로 이에 대한 선처를 바란다고 공보부에 진정"하는 일이 벌어졌다(《동아일보》, 1963. 8. 26: 7). 기존의 5개 업체는 '공영기업'(대표 전석규)과 '대영프로덕션'(대표 최남식)'이 "한국연예나 유니버설이 현재와 같이 기업화하지 못한 1958년 이전에 하던 식으로 미8군 당국과 불법적으로 원화 계약을 함으로써 그만큼 외화획득액의 감소를 가져왔을 뿐만 아니라 사계斯界에 혼란을 일으키고" 있고, 이러한 행위는 "국가적 이익보다 개인 이득만을 보려는 이단적 행위"라고 비판했다. 기존 업체들은 "군납업은 군납촉진법 제5조에[60] 의해 등록된 단체가 외화표시 계약으로써 외화를 수령할 조건으로만 할 수" 있음에도 "상공부에서 자격 미달로 등록을 시키지 않은 단체를 공보부가 등록시킨 것도 사태를 문란케 한 한 요인"이라고 지적했다(《경향신문》, 1963. 8. 28: 5).

기존 업체와 신규 업체 사이의 갈등이 커지면서 "요즘 미8군에 쇼를 제공하는 업자들은 무모한 난립 경쟁으로 외화 획득에 문란을 가져오고 있어 말썽이 되고 있다"라고 하며, "이러한 혼란은 지난 10년 동안 기업으로 성장한 한국연예의 기반을 최근 공영, 대영 등 단체가 미8군에 불법 침투해서 좀먹고 있다는 데 기인한다"라는 비판이 나왔다. '한국연예측 김영순'은 "연예산업을 위하여 기업화한 한국연예는 신인으로부터 기성인을 만들 때까지의 제작

60 법률 제979호로 1962년 1월 15일에 제정된 '군납 촉진에 관한 임시조치법'은 제5조의 제1항이 "군납을 업으로 하는 자는 각령의 정하는 바에 의하여 등록을 하여야 한다," 제2항이 "전항의 규정에 의한 등록을 하지 아니한 자는 군납을 업으로 할 수 없다"라고 규정하고 있다.

상의 기구가 완비된 데 비해 그들은 이제 보따리 장사로 무모한 경쟁을 하려" 하고 있는데, 그것은 "법을 무시한 치외법권적인 오산이다"라고 비판했다. '공영 측 전석규'는 "합법적으로 등록을 하려해도 받아주지 않고" 있지만, 자신들은 "계속 등록을 서두르고 있다"라고 반박했다(《경향신문》, 1963. 10. 28: 5). 미군 군납업의 구매 자금은 한정되어 있어서 신규 업자가 들어오면 수익이 줄 수밖에 없으니 기존 업자들은 필사적으로 신규 업자의 진입을 막으려고 했다(호영진, 1966: 232~233).

결국 상공부는 새로운 업체들의 등록을 받아 주어 연예 군납업체들이 늘어나게 되었다. 신규 업체가 등장해 경쟁이 치열해지자 연예 군납업체의 수익성이 악화되었고 미8군 쇼단 소속 가수와 악단에 대한 대우도 나빠졌다. 이에 따라 "미8군에 출입하는 가수와 '쇼걸' 등 3백여 명의 '쇼맨'들은 흥행대행업자인 한국흥행회사(대표=안찬옥씨)를 상대로 임금 25% 인상 등을 요구하는 조건을 내걸고 현재 8일째 파업을 계속, 서울 원효로 1가에 있는 동 회사 앞마당에서 농성"을 벌이기도 했다(《경향신문》, 1964. 9. 21: 7).

1966년 6월 29일에 상공부는 군납업 자질 향상을 위해 시행규칙을 개정했는데, "연예업에 있어서도 현행 요건 이외에 미측의 소정심사(오디션)에 합격한 쇼 5개조(현행 3개조) 이상 또는 밴드 13개조(현행 10개조) 이상을 소유한 자"로 규정했다(《매일경제》, 1966. 4. 29: 3). 상공부가 조건을 강화해 새로운 업체의 진입을 막았고, 미군 당국은 외국 쇼단의 한국 진출을 허용했다. 이에 따라 연예 군납업의 수입도 "66년도 외화 획득 목표액 150만 불, 67년도 목표액 1백만 불인데 9월 말 현재 국내 미8군 군납 매상고가 417,000불, 월남 외화획득 220,000불로서 도합 637,000불"에 머물렀다(《가요생활》, 1967. 12: 109). 1967년부터는 월남에서 벌어들이는 수입까지 합쳐도 과거에 비해 현저히 줄어들었다.

4. 연예 군납업체의 가수와 음악

1) 가수 입문 과정과 오디션 제도

한국 전쟁 이전까지 미8군 쇼에서 활동했던 가수들은 대부분이 일제 강점기나 해방 직후부터 활동했던 사람들이었다. 이난영, 장세정, 홍청자, 이해연, 박단마, 신카나리아 등이 그런 가수들이었다. 김광수나 엄토미 같은 연주자들은 해방 직후부터 활동을 시작했다. 한국 전쟁을 거쳐 휴전 이후 한동안까지도 주로 과거부터 활동했던 인물들이 활발하게 활동했고, 이후 서서히 새로운 가수나 연주자들이 등장하기 시작했다. 이 시기 가수들은 대부분이 미군 쇼와 일반 무대를 오가며 활동했지만, 영어 가사를 제대로 이해하지 못하고 한글로 적어서 외워 불렀다.

이렇듯 초기에는 "과거의 악극단에서 전환한 악사, 가수들이 중심"이었다가 1950년대 말부터 점차 새로운 인력들이 유입되었다. 이들은 크게 세 가지 과정을 거쳐 미8군 쇼의 가수가 되었다. 첫째는 "쇼단의 스타 발굴과 기획을 통해 가수로 데뷔"하는 경우였다. 둘째는 음악에 재능이 있는 대학생이 아르바이트를 하다가 가수로 발탁되는 일도 있었다. 셋째는 유명 음악인의 가족이라는 인연을 통해 미8군 무대에 서게 된 경우였다(김은경, 2017: 21~23). 1960년대 초까지는 두 번째와 세 번째 경우가 많다가 1960년대 중반 이후에는 첫 번째처럼 쇼단의 발굴을 통해 등장한 가수가 늘어났다.

두 번째 경우로는 현미와 최희준을 들 수 있다. 덕성여자대학교에 재학 중이던 현미는 무용을 배우고 있었는데, "무용연구소에 드나들던 작곡가 김희조 선생이 내게 미8군 무대에 출연해 학비를 벌어보지 않겠느냐고" 제안해 미8군 무대에서 무용수로 일하다가 '여의도 장교 클럽'에 갑자기 나오지 않은 성악과 학생을 대신해 무대에 서며 미8군 쇼의 가수가 되었다(현미, 1997: 96~99). 서울대학교 법과대학을 졸업한 최희준도 가정교사를 하고 있다가 "한 달에 두어 번만 출연해도 목돈을 챙길 수 있다"는 친구 형의 제안으로 미8군 쇼에서 노래를 부르다가 가수가 되었다(《중앙일보》, 2002. 8. 8: 17). 대학을 다니거나 졸업하고 잠시 미8군 무대에 섰던 것이 가수의 길로 이끌었다. 이른바 '학사 가수'라고 불렸던 박형준, 유주용, 위키리 등이 이런 경로로 가수가 되었다.

세 번째 경로로 미8군 쇼에서 활동했던 가수로는 김시스터즈와 윤복희가 있다. 김시스터즈는 KPK악단을 운영하던 김해송과 이난영 부부의 자녀들로 구성되었다. 한국 전쟁으로 남편 김해송이 실종된 이후 이난영이 자녀들에게 노래와 악기를 익히게 해서 김시스터즈를 결성했고, 이들을 미8군 쇼에서 활동하도록 했다(최규성, 2018: 30~33). 윤복희는 악극단 단장이던 윤부길과 무용가 성경자의 딸로 어려서부터 부모를 따라 미8군 쇼에서 노래를 불렀다. 부모가 세상을 떠난 이후 부모와 인연이 있던 송영선의 주선으로 활동하다가 인기 있는 '에이원쇼'단의 스카우트 제안이 들어와 본격적으로 활동하게 되었다(윤복희, 1993: 90~91). 이런 경로로 미8군쇼에서 활동했던 가수들은 대부분이 아주 어려서부터 무대에 섰다.

이미 1950년대에도 쇼단의 발굴로 가수나 연주자가 되기도 했다. 신중현(1938~)은 1955년에 기타학원에서 일을 하다가 미8군 쇼단 무용수의 소개로 '미8군 밴드 마스타'를 만나서 미국인 심사위원들에게 오디션을 받는 기회를 얻었다고 했다(신중현, 2003: 41~42). 패티김도 취업할 곳을 찾다가 1959년에 오빠 친구의 소개로 '한국흥행' 상무였던 김영순을 만나서 미8군에서 가수로 활동하게 되었다(조영남, 2012: 24~31). 1950년대까지는 소개에 의한 개인적인 오디션이 실시되었다.

1960년대에 들어서면서 미8군 쇼단이 본격적으로 가수를 발굴하기 위한 오디션을 실시하기 시작했다. '이시스터즈'의 김희선은 1960년 여름에 "당시 미8군 쇼 단원을 모집한다는 신문광고를 보고 '화양'의 오디션에 응시한다. 자유곡으로 부른 〈런던 브릿지 *London brige*〉를 비롯해 간단한 영어 테스트에 코르붕겐[시창 — 인용자]까지 까다로운 시험을 통과, 합격했다"라고 설명했다(《Newsmaker》, 2019. 4: 46). 1960년대 중반 이후에는 오디션이 일반화되었다. '코러스라인'이라는 여성 그룹은 "한국흥행의 1964년 하반기 오디션에서 '쇼 오브 쇼츠'라는 플로어쇼로 참가해 72개의 밴드들을 제치고 통과했다"라고 했다(최규성, 2018: 119). 박성연도 1960년대 중반에 미8군 쇼단의 오디션 광고를 보고 지원해서 가수가 되었다고 했다(《경향신문》, 1996. 4. 27: 27). 펄시스터즈도 1967년에 "어느 날 '화양' 8군의 슈팅스타 오디션에 끼이게 된 것이 계기가 되어 8군에 픽업되었고 이어서 이후부터 8군에서 활동하게 된 인연이 되었다"라고 밝혔다(《가요생활》, 1969. 4: 54~55).[61] 광고를 보고 미8군 쇼단 오디션에 참가해 가수가 되었다는 사람들이 상당히 많았을 정도로 1960년대에 연예 군납업체의 신인 가수 발굴을 위한 오디션이 활발하게 실시되었다.

대학을 다니거나 졸업한 사람들이 미8군 쇼에서 활동했던 가장 큰 이유는 높은 임금 수준 때문이었다. 현미는 "당시 미8군 부대 일이라면 대학생들에겐 최고의 아르바이트 자리였다. 보수도 웬만한 사무직보다 훨씬 나았다. 내로라하는 명문 대학 재학생들도 미군 부대에서 아르바이트하는 걸 자랑으로 여기던 때였다"라고 주장했다(현미, 1997: 96~98). 최희준도 1959년에 가수가 되고 오디션에서 A등급을 받았는데, 'A급의 월급은 20만 환'이었고 "당시 은행원 월급의 네 배 정도 되는 거금이었다"라고 설명했다(《중앙일보》, 2002. 8. 9: 17). 이백천도 1950년대 말 미8군 악단에서 연주 활동을 했는데, 자신의 월 보수가 "당시 대학 등록금의 서너 배에 가까운 거금"이었다고 했다(이백천, 2014: 49).

1960년대 중반에 '넓고도 좁은 가수에의 문'이라는 기사에서 가수가 되는 길로, 가요학원, 방송국, 작곡가의 개인 지도, 8군 관계 연예단체 등 네 가지를 들었는데, 그중 '8군 관계 연예단체'를 거치는 경로에 관해 다음과 같이 설명했다.

61 1967년에 펄시스터즈의 배인순은 "가수가 되고 싶어 무작정 미8군으로 오디션을 보러" 갔던 친구를 따라갔다가 함께 오디션을 보고 가수가 되었다고 설명했다(배인순, 2003: 18~19).

> 우선 8군 가수로 들어오는 사람들은 작곡가, 방송국, TV 관계자들의 소개를 받고 오므로 경험은 별무하더라도 착실한 경험과 실력의 소유자라 볼 수 있다. 이렇게 소개를 받아오는 사람은 제작위원회의 엄격한 심사를 거친 결과 그 재질이 인정되면 단체에 배속을 받아 노래를 익히는 것이다. 그러나 일 년에 고작 들어오는 신인의 수는 손가락으로 꼽을 만큼 몇 명밖에 되지 않는다. 그 이유는 신진대사가 더딘 때문이다. 오래된 가수들이 자리를 물러서지 못하는 것은 신인 배출이 적은 데 원인이 있다. 원어로 부르는 외국 가요를 적어도 근사하게 부르자면 상당한 연습이 필요한 때문일 것이다. (《가요생활》, 1966. 11: 94~95)

어떤 경로로 들어오든 미8군 무대의 가수들은 대부분 개인이 아니라 특정 쇼 단체에 소속되어 활동해야 했다. '플로어 쇼단'에 소속된 가수나 악단은 전국 각지 미군 캠프를 순회하며 활동했고, 특정한 부대에 딸린 클럽의 전속은 '하우스 밴드'나 '하우스 가수'라고 불렸다. 이들은 모두 오디션을 통과한 사람들이었다. 아직 오디션을 통과하지 못하고 미군 클럽이 아닌 주변 기지촌 클럽에서 그때그때 수요에 따라 연주하는 '오픈 밴드'도 있었다(브랜드스토리, 2012: 18). 신중현은 '스프링 버라이어티 쇼'단에 소속되어 활동했는데, 1960년대 중반에 20여 개의 플로어 쇼단에 들어가기 위한 악사들의 경쟁이 매우 치열했다고 주장했다(신중현, 2003: 126). 플로어 쇼를 '빅쇼'라고도 불렀는데, 빅쇼에는 밴드 8인조 이상, 무용수 대여섯 명, 가수들 몇 명 등 20여 명 내외의 단원으로 구성되어 있었다(윤항기, 1993: 134~135). 박성서는 "미8군 쇼단의 멤버 구성은 대략 연주인(5~7명), 가수(2~3명), 무용수(3~5명), 그리고 MC, 음향, 조명,

매니저 등 17인 이내"였다고 하며, "이 인원은 미군트럭 한 대로 다 함께 이동할 수 있는 적정 인원으로 미8군 측의 지침이기도 했다"라고 설명했다(《Newsmaker》, 2014. 3: 46).

미8군 상대 쇼단들은 "미8군의 흥행관계관들이 담당하는 3개월마다의 '오디션'(정기 심사)"을 거치는데, "본국에서 활약하던 미국의 포퓰라 뮤직맨과 각 부대 소속의 유능한 악단인으로 구성된 이 심사회에서는 전기 단체들을 A·B·C·D 4개 등급으로 제정하고 이에 따라 보수도 좌우된다"라고 설명했다(《동아일보》, 1959. 7. 17: 4). 심사위원들은 "미8군 정병감에서 주한 미 문관들에게 차출 지시를 한 것"으로 "이네들 심사위원은 적어도 본국에서 음악대학을 졸업했거나 성악·기악·현악에 달하는 전반적인 음악을 통달하는 실력을 갖추고" 있는 사람들이었다(《가요생활》, 1967. 1: 199). 즉 일정 기간마다 미8군 관계자들이 심사해서 쇼단들에 대해 등급을 매겼고, 그 등급에 따라 보수가 결정되었다.[62] 오디션 기간이 3개월부터 6개월 사이로 시기에 따라 주기가 조금씩 변화했을 뿐, 네 등급으로 평가해 보수를 차등해 지급하는 체제는 1960년대까지 거의 그대로 유지되었다.[63]

62 미8군 쇼단에서 활동했던 가수나 연주자는 대부분이 오디션 심사위원들의 구성에 관해 과장했다. 미국에서 파견된 전문가들로 구성되었다고 주장했지만, 실제로는 한국에서 음악 활동을 하던 인물들로 구성되었다. 등급을 매겨 임금을 차등 지급하는 오디션 제도가 치열한 경쟁과 꾸준한 훈련의 동인이 되었다는 점을 강조하는 과정에서 과장이 나타나곤 했다.

63 AA, A, B, C로 나누었다는 주장이 가장 많은데, 일부는 AA를 스

미8군 쇼 단체의 오디션 일정이 기사화되기도 했다. "오는 12일부터 3일간 미8군에서는 유엔군부대 출입 쇼 단체인 한국연예대행기관과 유니버살 등의 대우등급을 심사하는 정례 오디션을 거행"한다고 보도되었다. "4개월에 한 번씩 열리는 이 오디션에서는 국내 40여 단체의 등급과 대우를 결정하기 위하여 전문적인 식견을 가진 6명의 미 군인들이 심사위원회를 구성"해 오디션을 실시했다. 쇼 단체의 등급이 결정되면 1회 공연에 더블A급이 125달러, A급이 115달러, B급이 100달러, C급이 75달러를 받게 되는데, "이상과 같이 각 단체의 급이 결정되면 각 쇼 단체에서는 그에 소속된 싱어와 쇼걸 등의 월급도 따라서 결정"했다(《동아일보》, 1961. 6. 6[석간]: 4). 1년 정도 지난 뒤에는 "미국인 5명으로 구성된 심위에서 무용·장치·음악·구성·작곡·의상·조명 등 전반에 걸쳐 엄격한 심사"를 해서 쇼 단체의 등급을 결정했다고 한다(《조선일보》, 1962. 10. 10: 5).

신중현은 "당시 국내 오디션이라면 가수건 코미디언이건 각각 단품만을 심사하고 뽑는 것이었으나, 미8군의 오디션은 쇼 프로그램 전체를 다 뽑았다. 그들에겐 스타보다 하나의 잘 짜여진 상품으로서의 무대가 더 필요했다는 얘기"라고 하며 당시 미8군의 오디션이 쇼 단체를 대상으로 했다고 설명했다(신중현, 2003: 137). 반면 최희준은 "당시 미8군 쇼에 출연하는 사람들은 단체 오디션을 받

페셜 A로도 불렀다. 이와 달리 일부는 A, B, C, D로 나누었다고 했다. 거의 모든 가수나 연주자들이 자신들은 AA를 받았다고 주장했다. 아예 등급을 받지 못하면 미군 클럽 무대에 설 수 없었다.

는 게 아니었다. 개별적인 오디션을 통해 등급을 부여받아 그에 합당한 보수를 받게 돼 있었다"라고 했다(《중앙일보》, 2002. 8. 9: 17). 최희준의 주장대로 개인별로 오디션을 통해 등급이 결정되었다기보다는 쇼 단체의 등급이 결정되고 나면 그 단체 내에서 가수의 인기나 출연 횟수에 따라 임금에 차별을 두었던 것으로 보인다. 현미는 "한 달이면 40회 이상의 부킹(출연 예약)을 받았고, 다른 가수들이 12만 환에서 많게는 18만 환의 월급을 받을 때 미스 케이와 나는 35만 환이라는 파격적인 개런티를 받았다"라고 주장했다(현미, 1997: 103). 신중현의 부인이자 미8군 쇼단의 드럼 연주자였던 명정강은 "45분짜리 쇼를 구성해 미8군 오디션에서 등급을 받으면 회사에서 그 등급과 일한 날짜를 계산해 출연료를 받아와 월급을 나누어주는 형식"이었다고 설명했다(최규성, 2018: 92).

연예 군납업체나 소속된 쇼 단체들은 오디션을 앞두고 높은 등급을 받기 위해 좋은 가수나 연주자를 뽑아야 했다. "오디션을 받기 위해 신청되면 일단 그 멤버를 조금도 변경할 수 없기 때문에 흥행회사 측은 엄청난 신경을 곤두세워야" 했고, "만약의 경우 어떤 한 사람이라도 출전하지 못한다면 그 팀은 참가 자격을 상실함으로 멤버 구성의 신경은 노골적으로" 나타났다. "이 같은 위험성을 방지하기 위해 '화양'에서는 신인 발굴을 다각적으로 전개"했고, "지상 공고로 모집한다든가, 아니면 믿을 만한 사람의 소개로 채용했다(《가요생활》, 1967. 1: 199). 재즈 피아니스트 신관웅도 "미8군에서 활동하려면 용역 회사의 오디션을 거쳐야 했다. 나 역시 몇몇 선배 연주자들과 밴드를 구성해 오디션을 봤다"라고 회고했는데(《경향신문》, 1997. 12. 27: 28), 여기에서의 오디션은 '용역 회사'에 들어가기 위한 과정을 의미했다. 이렇듯 "연예 군납업체는 우선 연예인들을 모집하여 그들로 쇼단체나 밴드를 구성"하고, "이들의 조직 편성이 끝나면 일단 미8군의 정병부에 오디션(심사) 신청"을 했다(《가요생활》, 1970. 5: 80). 연예 군납업체 관계자의 엄격한 심사를 통과하지 못한 가수나 밴드는 쇼 단체에 들어갈 수 없으니 당연히 미8군 클럽에서 공연할 수 없었고, 미8군 외곽에 있는 기지촌 무대에 서야만 했다(브랜드스토리, 2012: 16).

'히파이브'의 베이스 연주자였던 김용남은 "화양에서는 미8군 오디션을 앞두고 예비 오디션을 보곤 했는데, 젊은 그룹들의 경쟁이 대단했다"라고 회고했다(브랜드스토리, 2012: 76). 안치행도 "회사(화양)에서는 연습실도 갖추고 팀을 선별해 미8군 오디션을 보게 했다. 45분의 쇼를 위해 신인이었던 실버 코인스는 죽어라고 연습을 했다"라고 밝혔다(브랜드스토리, 2012: 96). 이백천은 "일괄 대행업체가 했던 가장 중요한 일은 미8군 주관으로 치르는 오디션을 준비하는 것이었다"라고 하며, "쇼단의 등급에 따라 출연의 여부가 결정되고 출연료가 책정되기 때문"에 "일괄대행업체는 일정한 수준의 쇼를 유지하기 위해 쇼 멤버들의 능력 개발과 역량 있는 신인 발굴에 힘을 쏟았다"라고 했다(《신동아》, 2003. 3: 462).

> 당시 미8군 무대에 서기 위해서는 모든 단체가 넉 달에 한 번씩 실시하는 오디션을 거쳐야 했다. 오디션 성적에 따라 S. A.(스페셜 A), A, B, C로 등급이 매겨지고 D를 받으면 드롭(낙제)이라 무대에 설 수조차 없었다. 이 오디션을 치르기에 앞서 회사 자체적으로 예비 오디션을 실시했다. 회사 내 넓은 장소가 없어 예비 오디션을 할 때면 큰 식당

을 빌려 쓰곤 했다. 예비 오디션은 연합회 스태프와 해당 단체 오너들이 어울려 기록하고 지적된 바를 수정해 나가는 방식으로 진행되었다. 의상, 안무, 음악, 영어 발음, 구성, 쇼맨십, 표정, 스테이지 매너까지 꼼꼼하게 확인하여 철저히 준비시키는 단계였다. 본 오디션의 결과가 좋아야 좋은 연예인을 영입할 수 있고, 그에 따라 일감이 늘어나고 당연지사 수입이 많아지는 형국이니 모두들 진지하고 열심일 수밖에 없었다. (이백천, 2014: 46~47)

연예 군납업체들이 신인 가수나 연주자를 발굴하고, 오디션을 대비해 이들을 훈련하는 과정을 보면 "일괄 대행업체는 일종의 연예기획사로 미8군 클럽에 쇼 납품을 전담하며 공연기획, 연주자의 공급, 연습, 교육, 오디션 준비 등 미8군 쇼와 관련된 전반적인 것을 계획하고 준비"했다고 볼 수 있다(한지수, 2009: 135). 1960년대 말 무렵에는 과거에 3개월 또는 4개월에 한 번씩 실시하던 오디션이 변하여 "6개월마다 다시 오디션을 실시하여 새로운 급수를 받게" 되었다(《가요생활》, 1970. 5: 80). 오디션 실시 간격이 길어지면서 한 번 등급이 결정되면 그 존속 기간이 길어지는 만큼 높은 등급을 받기 위한 경쟁도 더 치열해졌을 것이다. 그러나 "1969년 초부터는 종전의 오디션에 의한 분류가 폐지되고 각 클럽에서 직접 각기 회사에 쇼 단체를 픽업하러" 나오고, "저마다 회사에서는 준비된 단체를 그들 앞에서 공연토록 하여 픽업 여부와 출연 보수를" 정하는 방식으로 서서히 바뀌어 갔다(《가요생활》, 1970. 5: 81). 미8군 쇼가 쇠퇴하면서 오디션 제도도 사라져 갔던 것이다.

2) 미8군 쇼의 가수와 음악

한국 전쟁 이후 한동안 미8군 무대에서 활동했던 가수들은 여전히 과거부터 활동했던 인물들이었지만 1950년대 말부터 새로운 가수들이 등장하기 시작했다. 당시에 "8군 '쇼맨'들의 성분을 보면 초창기에는 수준이 떨어졌으나 현재는 '싱어'가 여고졸이나 대학 중퇴가 대부분이며 '밴드맨'도 군악대나 고교밴드, 그리고 음대 출신들"로 수준이 높아졌다는 평가가 나왔다(《조선일보》, 1962. 10. 10: 5). 초기에 활동했던 가수들은 대부분이 팝송 가사의 뜻도 모른 채 한글로 가사를 적어 그것을 외워서 불렀다. 1950년대 중반에 활동을 시작한 한명숙도 영어의 알파벳도 모른 채 팝송 가사에 일일이 토를 달아서 부르고 이를 녹음해 반복해 들으며 노래를 익혔다고 했다(김은경, 2017: 34). 1950년대 말부터 미8군 쇼에 서게 된 사람들의 교육 수준이 높아지면서 팝송을 제대로 부르는 가수들이 나타났다. 미8군 쇼에서 활동하는 가수들은 팝송을 배우기 위해 미군들로부터 악보를 받아서 연습하거나 라디오 등을 통해서 채보하여 연습했다(박성건, 2016: 82~83).

미8군 쇼단은 주한 미군을 위문하는 성격의 공연을 하니까 당연히 미군이 좋아하는 노래를 불러야 했다. 미군 클럽도 "장교들이 출입하는 오피서스 클럽Officers Club, 하사관들이 출입하는 NCO 클럽, 사병들이 출입하는 EM 클럽으로 구분"되었고, "하사관 클럽과 사병 클럽도 백인들이 주로 가는 곳과 흑인들이 주로 가는 곳"이 달랐다(브랜드스토리, 2012: 18). 신중현은 장교 클럽에서는 "스탠다즈 재즈나 세미클래식 같은 것을 적당히 섞어서" 연주했고,

일반 사병 클럽에서는 "록앤롤, 재즈, R&B, 컨트리 등 미국의 대중음악 전 분야"를 연주했다고 했다(신중현, 2003: 131~132). 명정강은 사병클럽은 "록을 비롯한 신나는 곡"을 좋아했고, 하사관 클럽은 '컨트리 음악'을 선호했다고 했다(최규성, 2018: 94). 실제로 1959년 주한미군의 음악 선호도 설문 조사에서 장교와 사병 집단 사이에 가장 큰 차이가 나타났던 장르는 '로큰롤'과 '전통적 편곡의 스탠더드' 팝이었다. 선호도가 로큰롤은 장교 10.8%, 사병 60.4%로 나타났던 반면에 전통적 편곡의 스탠더드 팝은 장교 42.2%, 사병 26.7%로 나타났다(Mohr, 1960: 316~317). 1960년대 중반 미8군 무대에서 밴드 활동을 했던 심형섭(1946~)은 다음과 같이 클럽별 음악의 취향을 정리했다.

> 사병들이 가는 EM club, 하사관들의 NCO 클럽, 장교들의 오피서스 클럽 등으로 계급에 따라 구분이 되어 있고, 인종적인 차별은 없었으나 사병 클럽과 하사관 클럽의 경우에는 자연히 흑백으로 갈라지더군요. 같은 부대 안의 사병 클럽이라도 백인들이 주로 오는 곳은 비틀스나 비치 보이스 같은 록 음악, 나이가 좀 든 백인 하사관들이 모이는 클럽에는 주로 컨트리 음악, 그리고 흑인들이 모이는 사병 클럽이나 하사관 클럽은 템테이션스나 제임스 브라운 같은 소울 음악, 장교 클럽은 흑백에 관계 없이 음악도 분위기 있는 음악이 주로 연주되는 등 각각 특색이 있었지요.[64]

64 https://www.weiv.co.kr/archives/11404, 2020. 10. 30. 접속.

미8군 쇼단의 악단과 가수들은 특정 클럽에서만 활동하는 것이 아니라 다양한 클럽을 돌아다니며 활동해야 했기 때문에 다양한 스타일의 음악을 부르고 연주하는 '팔방미인'이 되어야 했다(브랜드스토리, 2012: 18). 현미는 "당시 최고의 인기를 누리던 그룹 플래터스의 최신 히트곡들이 나의 단골 레퍼터리"였고 "플래터스의 〈오직 당신만을*Ony you*〉과 〈나의 기도*My Prayer*〉, 〈당신을 모르실 거야*Don't you Know*〉 등은 내가 빼놓지 않고 부르던 애창곡"이었다고 했다. 또한 "나는 미8군 무대에서 빠른 노래는 별로 안 부르고 케이 스타의 〈로큰롤 왈츠〉, 프랭크 시나트라의 〈길가는 내내*All The Way*〉, 〈그라나다〉, 프랭키 레인의 〈문라이트 갬블러〉 등 템포가 느린 노래들을 불러 착실하게 인기를 쌓았다"라고 했다(현미, 1997: 100~102). 현미는 1950년대 말에 활동을 시작했는데, 당시 인기 있던 다양한 미국 가수들의 노래를 불렀다. 현미는 자신은 '흑인 영가나 스탠다드 넘버의 팝송'을 주로 불렀던 반면에 자신의 '라이벌'이었던 미스 케이라는 가수는 "템포가 빠른 로큰롤이 단골 레퍼토리"였다고 설명했다(현미, 1997: 102).

패티김은 미8군 쇼단에 들어가며 "프랭크 시나트라, 로즈마리 클루니, 도리스 데이, 패티 페이지 등 좋아하는 외국 가수들 노래를 부르며 연습을 했는데 어떤 때는 그 사람들 흉내를 내보기도 하고, 어떤 때는 또 내 스타일로 만들어서 불러보기도" 했고, 실제 무대에서 패티 페이지 노래를 불렀다고 회고했다(조영남, 2012: 30~31). 최희준도 "냇 킹 콜의 노래를 밤이 새도록 틀어놓고 숨소리까지 흉내냈다"라고 했다(〈동아일보〉, 1993. 8. 19: 13). 미8군 무대에 서는 가수들은 미국 가수의 목소리, 창법, 분위기를 최대한 모방해야 했다. “당시 관객들이 듣고 싶어했던 것은 한국인 가수가 부르는 한국 노래가 아니라 엘비스 프레슬리, 냇 킹 콜, 패티 페이지였기 때문”이었다(브랜드스토리, 2012: 20~21).

DJ 최동욱(1936~2023)은 “미8군 군납 단체(흔히 미8군 쇼단)에 소속되었거나 악단 전속 가수로 있거나 간에 대부분의 가수들은 미국을 비롯한 외국 가수들의 모창과 성대모사 가수로 시작한 예능인들이었다”라고 하며, “1960년대 초에 최희준은 냇 킹 콜, 위키리는 바비 대런, 박형준은 제리 베일의 노래를 1960년대 중반 이후 “이른바 통기타 세대 가수들 가운데 조영남은 탐 존스의 성대 모사로 〈딜라일라〉를 불렀으며, ‘뉴월드’ 뮤직홀 DJ 출신인 김준은 잉글버트 험퍼딩크의 목소리를 그대로 표방하면서 가수로 자리를 잡았다”라고 설명했다(최동욱, 1995: 170). 이백천도 “최희준은 〈우리 애인은 올드미스〉(1961)로 데뷔하여 당시 인기 있던 냇 킹 콜을 흉내 내어 많은 인기를” 끌었고, “이 외에도 페리 코모를 닮은 미성을 지닌 〈첫사랑 언덕〉의 박형준과 바비 다린을 닮은 〈저녁 한때의 목장 풍경〉을 부른 위키 리, 한국의 프랭크 시나트라를 자처한 유주용 등이 대단한 인기를 누렸다”라고 했다(이백천, 2014: 57). 대중음악 평론가 선성원은 최희준, 박형준, 위키리, 유주용 외에 루이 암스트롱을 흉내 냈던 김상국과 “이외에도 라틴 넘버에 도통한 ‘한국의 카테리나 바렌테’라는 호칭이 붙은 이춘희” 등을 외국 가수를 모사한 예로 들었다(선성원, 1993: 27~29).

미8군 쇼의 가수들은 과거와 달리 노래와 함께 춤도 익혀야 했는데, 주로 여자 가수에게 율동이 요구되었다. 한명숙은 화양에서 한익평 등의 안무가들을 불러서 가르쳐 준 내용을 익혀서 오디션을 보고 무대에 나가서 그대로 했다고 설명했다(김은경, 2017: 18). 일부 여가수들은 본격적으로 춤을 추며 노래를 부르기도 했다. 이금희는 '국내 최초의 율동파 가수'라고 평가받으며 '미스 다이너마이트'라고 불리기도 했다(선성원, 1993: 27~29). 신중현은 '몬로K'라는 여가수가 "온몸을 흔들며 엘비스의 노래를 부르면 클럽은 미군의 환호로 무너질 정도"였다고 하며 춤을 추며 노래 부르는 여가수의 인기가 매우 높았다고 했다(신중현, 2003: 147).

미8군 쇼와 함께 나타난 큰 변화는 중창단과 '그룹사운드'들이 대거 등장했다는 점이다. 1953년에 한국 최초의 공식 걸그룹으로 평가받는 '김시스터즈'가 등장해 미8군 쇼에서 활동했다(최규성, 2018: 30~31). 이후 미8군 쇼단에는 많은 여성 중창단이 만들어졌다. 현미는 1958년에 "스윙스타의 악단장인 박인순 씨가 집으로 나를 찾아"와서 "월급을 세 배로 올려줄 테니 앞으로 그룹 하나 만들어 가수로 나설 의향이 없느냐고 힘주어" 물어서 결국 '현시스터즈'로 활동하게 되었다고 했다(현미, 1997: 98~100). 패티김도 1959년에 미8군 쇼에서 활동을 시작하며 베니김의 요구로 그의 아내 이해연과 듀엣으로 무대에 섰다(조영남, 2012: 31). 1960년대 초에 가장 인기를 끌었던 '이시스터즈'의 김희선은 '쇼 오브 쇼' 단장인 박선길이 "어느 날 제게 트리오를 만들어 활동하면 어떻겠냐는 제의를 해"왔는데, "당시에는 김시스터즈가 라스베가스에 진출해 연일 화제가 되던 때였고 또 박선길 선생 역시 미국의 슈프림스, 맥과이어 시스터즈 등 여성 트리오의 노래에 특히 관심이 많았"기 때문이었다고 설명했다(〈Newsmaker〉, 2019. 4: 46).

1960년대 중반에 이르면 미8군 쇼에는 연주와 노래를 함께하는 그룹사운드들이 등장했다. 1963년에 '키보이스'라는 밴드를 결성해 활동했던 김홍탁은 "당시 최희준, 현미 씨와 같은 분들이 우리 선배인데, 그분들까지는 밴드와 무용단이 있고 가수가 따로 있는 형식으로 공연"을 했지만, "키보이스 때부터 자체적으로 그 모든 것을 해결"하는 '패키지 쇼'를 했다고 주장했다(브랜드스토리, 2012: 59). 그룹사운드의 등장에 대해 최동욱은 다음과 같이 설명했다.

> 관행적으로 연주 악단은 전속 가수를 두거나 밴드에서 노래를 구사할 줄 아는 사람을 연주 레퍼터리에 간헐적으로 삽입하는 일은 있어도 전적으로 노래와 연주를 겸하는 일은 없었다. 그러다가 64년 비틀즈의 출현으로 영향받은 자작 반주의 락밴드의 형태를 답습하면서 이른바 비틀즈 형태의 그룹들이 우후죽순처럼 생겨났다. 이것은 주한 미8군 각 부대의 장교 클럽이나 NCO 클럽, 그리고 USO 등에 출연하는 연예 납품 회사에 소속된 그룹들에서부터 비롯되었다.(최동욱, 1995: 173)

1960년대 중반 록밴드들의 등장에는 비틀스의 활약과 쇼단 체제의 변화가 영향을 주었다. 세계적으로 비틀스가 인기를 끌면서 미8군 쇼에서도 유사한 편성의 록밴드들이 등장했다. 기존에는 20명 내외의 플로어 쇼단이 주로 활동했지만, 이제 6명 정도로 구성된 그룹사운드가 플로어 쇼단을 대체했다. 그룹사운드가 노래와 연주는 물론 코미디와 마술까지 스스로 해결할 수 있었기 때문이었다. 키보이스의 윤항기는 다양한 코미디와 미국 유명 가수들의 모창으로 미군들의 인기를 끌었다고 회고했다(윤항기, 1993: 144).

1960년대 중반 '넉 아웃(KO)'이란 6인조 패키지 쇼단을 만들어 활동했던 신중현도 AFKN을 통해 '마술 무대의 아이디어'를 얻어 미8군쇼에서 '마술 흉내 코미디'를 했다고 밝혔다(신중현, 2003: 142~143). "한국 쇼의 온상이라고 할 수 있는 미8군 내의 쇼 단체는 현재 약 25개가 있다"라고 하며, "현재는 7~8명으로 구성된 '펙케이지 쇼' 단체가 전부이고 현재 화양의 '홍두표와 골든스타즈쇼'만이 총 12명으로 빅쇼의 명맥을 유지하고 있다"라고 했을 정도로 변화했다(《가요생활》, 1970. 8: 64). 그러다 보니 "보컬그룹의 경우는 거의 전부가 8군 계통 출신"이고 "이것은 8군 쇼 자체가 대부분 6, 7명 이내의 패키지 쇼로 구성되는 점에도 이유를 둘 수 있다"라는 평가도 나왔다(《선데이서울》, 1969. 5. 4: 41). 이런 변화 속에서도 1970년대 초까지 한국인 쇼단의 공연은 미8군 병사들을 열광하게 할 만큼 인기를 끌었다(*Stars & Stripes*, 1972. 10. 18: 24).

5. 미8군 쇼의 변화와 쇠퇴

1) 미8군 쇼와 일반 무대

1950년대도 가수와 연주자들의 활동 공간은 일반 무대와 미8군 무대로 나누어져 있었다. 1950년대에 악극단에서 활동하다 미8군 무대로 옮겨왔던 가수와 연주자 중에 많은 사람이 여전히 일반 무대에서도 활동했다. 1950년대 중반에 미8군 무대에 섰던 박단마와 박재란, 연주자인 '째스왕 토미와 탱고왕 김광수'가 가극단에서 활동하는 사람들과 함께 일반 무대에서 공연했다(《경향신문》, 1955. 5. 25: 3). 한때 미8군 쇼에서 활동했지만 이미 1950년대 말에 일반 무대에서 활발하게 활동했던 사람으로 박단마를 들 수 있다. '박단마 그랜드쑈'라는 이름으로 극장에서 공연했는데, '박춘석과 그 악단,' '김광수와 그 악단,' '김영순과 그 악단'과 백일희, 이해연, 곽순옥, 노명애 등 미8군 무대에서 활동하던 사람들이 대거 참여했다(《조선일보》, 1957. 3. 31: 2; 1957. 9. 5: 2).

1958년 12월 5일부터 3일간 '째즈, 탱고, 쇼의 호화찬란한 콘테스트'라고 하는 '해외진출선발 제1회 전국경음악실연대회'가 국도신문사와 한국대중음악가협회가 주최하고 문교부와 공보부가 후원해서 열렸다(《경향신문》, 1958. 12. 5[석간]: 3). 이 대회에는 주로 미8군 무대에서 활동하던 사람들이 참여했는데, 입상자 명단을 보아도 이를 잘 알 수 있다.

> ▲ 빤드부 1위=이봉조와 그 악단(문교장관상) ▲ 쑈부 1위=김안영과 파피쑈(공보실장상) ▲ 개인상 1위=KPK(김씨스터즈) ▲ 인기상 1위=김광수와 탱고빤드 ▲ 장려상=한국예술단. (《경향신문》, 1958. 12. 15: 4)

이봉조, 김안영, 김광수 등은 모두 미8군 쇼에서 활동하고 있었다. '신춘 탱고 째스 맘보 대제전, 김광수와 그 악단 스위스타쑈'에도 김계자, 윤복희, 송영란, 이춘희, 이금희, 패티김 등 미8군 무대에서 활동하던 가수들이 대거 출연했다. 패티김은 공연 광고에 '김혜자양, 도미하는 싱거 특별 출연'이라고 본명으로 나와 있다(《조선일보》, 1960. 1. 14[석간]: 3). '가극단 쑈보트, 리듬칼 코메디쑈'에도 미8군 무대에서 활동하는 가수들이 다수 출연했는데, 광고에 "미8군 전속으로 일대 쎈쎄이슌을 일으킨 대표적 재즈싱거 미스K"라고 나와 있다(《조선일보》, 1960. 5. 11[석간]: 4). 미스K는 현미가 자신의 라이벌이라고 했을 만큼 미8군 무대에서 인기를 끌었던 가수였다(현미, 1997: 102). 1960년 8월 21일부터 30일까지 '모던 째즈의 향연'이라는 이름으로 미8군 무대 출신 연주자와 가수들이 공연했다. '이봉조와 그의 악단'과 현미, 미스K, 후랭키손 등의 가수들이 출연했다(《조선일보》, 1960. 8. 21[석간]: 2; 〈동아일보〉, 1960. 8. 30[석간]: 2). 1960년 일본에서 활동하던 길옥윤이 '동경스윙오케스트라'라는 악단을 인솔해 귀국해 공연했다. 주일미군 캠프촌을 순회하는 악단을 조직해 활동했던 길옥윤의 등장은 미8군 쇼단에서 활동하던 음악인들에게 영향을 주었다(김영선 · 이경규, 2021: 438~440).

언론인 김종철(1944~)은 중학교 3학년생이던 1959년에 '김광수와 그의 악단'의 공연을 보기 위해 극장에 간 적이 있었는데, "미국의 팝 음악을 비롯해서 탱고 같은 라틴아메리카 곡들이 신나게 내 귀를 파고들었다"라고 회고했다(김종철, 2011: 148~153). DJ 김광한도 고등학교 2학년생이던 1963년, 극장에 "쇼 구경을 갔다가 한 여가수가 부르는 팝송에 매료됐다"라고 하며, 팝송만 부르던 송영희의 "열광적인 팬이 된 나는 그녀가 출연하는 쇼는 절대로 놓치지 않았다"라고 했다(김광한, 2018: 58~59). 중고등학생이 극장을 찾아갔을 정도로 팝송을 부르는 미8군 쇼 출신 가수들이 출연하는 극장 공연에 대한 인기가 꽤 높았다.

다만 1960년대 초에 미8군 무대와 일반 무대의 교류는 활발하지 않았다. 미8군 쇼에서 활동을 시작했던 가수나 연주자들이 일반 무대에 서는 것을 조심스러워했기 때문이다. 신중현은 "미군 부대의 수요가 높았을 당시 우리는 한국의 무대에 선다는 것은 생각조차 하지 않고 있었다"라고 하며, "우리는 스스로가 스프링 버라이어티 쇼는 일반 한국인의 정서와 괴리가 너무 난다고 말은 없었지만 서로 동의하고 있었다"라고 주장했다(신중현, 2003: 147). 미8군 쇼에서 활동을 시작한 가수나 연주자들은 한국인이 자신들의 음악을 이해해 줄 수 있을까 하는 노파심을 가졌다. 심형섭은 "우린 보통 일반과 미8군으로 구분해서 불렀으며 서로 사이가 좋지 않았는데 이는 미군을 상대로 그들의 음악을 소화하는 실력 있고 진취적인 미8군의 음악인들이 단지 음악을 생계를 위한 기술로 삼아 그저 먹고살기 위해 음악을 하는 일반 악사들을 낮추어 보는 경향"이 있었기 때문이었다고 주장했다.[65] 즉 미8군 쇼단에서 활동하는 음악인들이 팝 음악을 한다는 자부심으로 기존 악극단에서 활동하던 사람들을 낮추어 보기도 했다는 것이다.

그럼에도 미8군 쇼 단체들은 1960년대에 들어서면서 활동 무대를 넓히기 위해 조직적으로 국내 일반 무대나 해외로의 진출을 시도했다. "한국연예대행연합회에서는 종래의 산발적인 무대공연을 지양하고 새로운 기획으로 스케일이 큰 본격적인 '쑈'를 구상해서 춘하추동 연 4회에 걸쳐 정기적으로 공연할 계획"이라고 밝혔는데, 모든 구성은 김영순이 맡았다. 우선 첫 공연은 6월 초순경에 국도극장에서 개최할 것이라는데 '베니스 쑈,' 'A트레인 쑈,' '가이스

65 https://www.weiv.co.kr/archives/11404, 2022. 10. 30. 접속.

앤드 돌스 쑈,' '쑈 보트' 등 4개 단체의 100명이 넘는 멤버들이 합동 공연을 할 첫 공연의 레퍼토리는 1부가 '뮤지칼 그랜드 쑈,' '세계의 휴일'이고 2부가 '째즈 카니발'로 구성되어 있었다(《조선일보》, 1961. 5. 12[석간]: 4). "한국연예대행연합회는 미8군 상대 쇼 단체의 총본산인데 이곳에서 연2회 일반 무대 진출을 기획하고 그동안 월여에 걸쳐 연습을 거듭해 오고 있다"라고 하며, "이 공연은 여러 개의 '플로어쇼'가 합쳐져서 처음으로 대극장의 무대를 밟는 것인데 오랜 시일 동안 미군을 위안해 온 숙련된 쇼 단체들이 비로소 일반 무대에 서는 것이니만큼 의욕과 성의로 뭉쳐졌을 것으로 기대된다"라고 보도했다(《경향신문》, 1961. 6. 21[석간]: 4). '5·16혁명축하예술제'로 인해 연기되었다가 7월 1일부터 공연을 했는데, "근래 공연된 모든 쑈 수준을 단연 능가"했다는 평가를 들었다(《경향신문》, 1961. 7. 6[석간]: 4).

1961년 추석을 맞아 미8군 무대에서 활동하던 김치캣츠, 박재란, 이춘희, 로라성, 현미, 위키리 등이 출연한 쇼가 '국제쇼오,' '미8군쇼오' 등의 이름으로 극장에서 열렸다(《조선일보》 1961. 9. 23[석간]: 4). 1961년 11월 27일부터 29일까지 한국연예단체연합회는 다시 '한일친선 문화교류 도일渡日 기념 공연, 노래와 째즈의 향연'이라는 이름으로 시민회관에서 공연을 했다(《조선일보》, 1961. 11. 26[석간]: 4; 《경향신문》, 1961. 11. 28[석간]: 4). 이 공연은 한국연예단체연합회가 제작하고 김영순이 구성·지도했다. "본연本聯 최고 대편성"이라고 하며 패티김, 김치캣, 유주용, 이해연, 백숙자가 출연자로 나와 있고, 이금희, 한명숙, 몬로K, 로라성, 곽순옥, 계수남, 황선애, 리마김, 이영숙, 베니 사중창단, 짹키부라더, 자니김 등이 찬조 출연으로 나와 있다(《조선일보》, 1961. 11. 28: 2). 사실상 미8군에서 활동하는 가수들이 총출동했던 것으로 '세계의 휴일'을 이은 공연이었다.

1962년 6월 27일부터 29일까지는 아예 '특보 미8군 쑈'라는 이름으로 공연을 했다. '허리윤쑈,' '아부롱쑈,' '쟈이안트쑈' 등이 '이봉조와 그 악단,' '이인성과 그 악단'과 함께 공연했다(《동아일보》, 1962. 6. 26[석간]: 4). 미8군 쇼의 "30팀의 빼드는 한국 내 180개 미국 클럽에서 유엔군들의 전진戰塵을 씻고" 있는데, 이런 "위문 활동 이외에도 1년에 두세 번씩 일반 시장에 진출하여 무대식 '뮤지컬쇼'를 시도하고" 있었다. 미8군 쇼단은 "아직 일반 시장에 본격적으로 나서기에는 여러 가지 난점이 있지만, 결국 이들의 목표는 한국 관객을 상대하는 한국적 '뮤지컬쇼'의 형성에 있다는 것을 미리 짐작하고 그 준비를 서두르고 있는 눈치"라는 전망도 나왔다(《동아일보》, 1962. 11. 3[석간]: 5).

"한국연예대행은 63년도 제1회 일반 공개공연으로서 오는 15일부터 2일간 시민회관에서 '세계휴일쇼'를 갖는다"라고 밝히고, "특히 이번 공연은 이제까지 일반 무대에서 공연하지 않은 순수한 미국식 재즈의 일반화에 중점을 두었다"라고 주장했다(《경향신문》, 1963. 1. 15: 8). "미8군 쇼 단체들의 모임인 '한국연예대행' 산하 쇼맨들은 쇼의 질을 많이 향상시켜 외국에 나가도 과히 손색이 없을 정도인데 주로 미8군만을 상대해 오던 이들이 '세계의 휴일'이란 이름 아래 일반 무대에 나와 많은 팬들을 즐겁게 해주었고 또한 쇼의 재미를 느끼게 해준 일이" 있었으며, "이들은 항상 충분한 연습이 되어 있기 때문에 구성만을 참신하게 하면 훌륭한 무대를 이룰 수 있었던 것"이라는 평가를 들었다(《경향신문》, 1963. 1. 23: 8).

1963년 "5월 27일부터 매주 드라마센터에서 재즈 페스티벌을 벌여온 '한국연예'는 7월 제5주(29일, 30일, 31일)의 제9회 공연까지 갖고 8월 한 달은 공연을 하지 않으리라고" 밝히고, '한국연예' 상무인 김영순 씨는 "9월부터는 레퍼터리를 정비하고 보강해서 더욱 일반의 구미에 맞는 무대를 마련할 작정"이라고 설명했다. 이에 대해 "부디 코큰 사람 보여 주던 찌꺼기만 들고나오지 말고 일반 무대 진출에 상응하는 창의성 발휘되기"를 바란다는 기대도 나왔다(《경향신문》 1963. 7. 27: 8). 즉 미군을 상대로 팝송만 부르던 미8군 쇼단에게 한국인이 좋아할 만한 노래를 불러 달라는 것이었다. 당시 재즈는 미국 대중음악을 통칭했던 것이었던 만큼 최희준, 위키리, 유주용, 박형준 등 스탠더드 팝을 부르는 미8군 출신 가수들도 총출동했다. 이백천은 "이들 학사 연예인 군의 활동은 63년도 드라마센터에서 1주일간 열린 매머드 재즈 페스티발에서 최고조에 달했다" 라고 하며 이른바 '학사 가수'들의 활동이 활발해졌다고 설명했다(《일간스포츠》, 1975. 7. 24: 6).

1961년에는 미8군 가수들의 해외 진출이 시도되기도 했다. "미8군의 흥행단체 유니버살에 전속하고 있는 한국의 두 가수 김양기, 박양수(둘 다 23세) 3개월 동안에 걸쳐 향항香港, 필리핀, 대만, 오끼나와를 순연巡演하고 일본에 머물면서 인기를 모으고 있다고 외지가" 전했다(《조선일보》, 1961. 7. 28[석간]: 4). 일본의 국제 '프로덕션'과 한국거류민단본부가 초청하여 한국연예단체연합회 상무 김영순, 베티김, 김치캣즈, 이해연, 배숙자(무용) 등 40명에 가까운 연예인이 대거 일본으로 나가서 공연했다. 일본에 가서 하는 공연의 레퍼토리는 김영순 구성·지휘인 '노래와 재즈의 향연'인데, 일본으로 가기 전에 시민회관에서 3일 동안의 기념 공연을 한다고 밝혔다

(《경향신문》, 1961. 11. 26[석간]: 4). 한국연예 안찬옥 대표는 한명숙, 안일선, 이금희, 나복희 등 4명의 여성을 한 팀으로 3개월 동안 순회공연을 떠났는데, 하루 저녁 30분 공연에 주 500달러의 계약을 맺었다(《경향신문》 1963. 8. 31: 5). 1960년대 초에 이미 한국연예주식회사나 유니버설 같은 연예 군납업체들이 국내 일반 무대뿐만 아니라 해외 무대로의 진출을 모색했다.

미8군 쇼단의 가수들도 개인적으로 일반 무대 진출을 희망했다. 패티김은 "미8군 쇼단에서는 아무리 해봐야 미군 장병들 위문공연"에 불과하고 "미8군 쇼 무대에서 쳇바퀴 도는 것 같아서 다른 무대에서 노래했으면 좋겠다고 생각"하고 있는데 조선호텔 외국인 전용 클럽 매니저가 와서 그 클럽 전속 가수로 가지 않겠느냐고 권유해 미8군 무대를 떠나게 되었다고 했다(조영남, 2012: 56~58). 1962년에 연예 군납업체의 수입은 120만 달러에 달하는데 대행기관 측에서 20%인 24만 달러를 공제하고 세금까지 제하면 실제 연예인들의 수입은 형편없었다. "톱싱어급이 되면 월급이 3만 5천 원 가량 되고 다음은 밴드 마스터와 안무사가 2만 원, 무용사나 플레이어[DJ — 인용자]가 1만 원, 그리고 신인들은 불과 4천 원 정도밖에 안 되는데 매일같이 트럭에 몸을 싣고 먼지에 쏘인 채 쇼에 출연하는 이들은 겉으로 보기와는 다른 비화가 숨어 있다"라고 지적했다(《조선일보》, 1962. 10. 10: 5). 임금 수준이 떨어지자 가수나 악단들은 더 이상 트럭 타고 위문 공연하러 다니는 고생을 하지 않으려고 일반 무대로 눈을 돌리기 시작했다.

최희준은 "아무튼 '세계의 휴일'에 출연하게 된 것은 분명 천운이었다. 미8군 쇼에서 날리던 가수들 가운데 '대표급 가수' 몇몇으로 내가 뽑힌 것이다"라고 설명했다. 또한 "드디어 우리의 관객과 만나는 첫 무대"라고 하며, "마치 다람쥐 쳇바퀴 돌 듯 약간은 단조로웠던 미8군 쇼에서 잠시 벗어날 수 있다는 생각으로 나는 뛸 듯이 기뻤다"라고 토로했다(《중앙일보》, 2002. 8. 13: 18). 미8군 무대에서 인기를 끌던 여성 듀엣 '투 덕스'도 인터뷰에서 "톱 싱거로의 위치를 향하는 것과 8군 연예인을 벗어나 좀 더 시야를 넓혀 국내 무대에서 활약하는 것"이 희망이라고 밝혔다(《영화연예》, 1964. 10 상순: 56).

1964년에 "한국연예는 새해에 본격적인 국내 시장 개척을 계획 중"이라고 하며, 이제 "일반 무대뿐만 아니라 요즘 성행 중인 나이트클럽 진출에도 적극적인 태도를 보이겠다니 미군에게 보이던 재주를 때늦게 우리에게 보이는 셈"이라고 했다(《동아일보》, 1964. 1. 9: 7). "미군을 상대로 쇼 비즈니스를 납품(?)하던 한국연예(KEAA)는 최근 국내시장을 부지런히 개척, 얼마 전에는 새로 개업한 0호텔의 나이트클럽을 독점"했는데, "그전에도 몇 개의 주요한 나이트클럽을 장악한 그들은 본격적으로 국내시장 개척 공세를 취하고 있어 국내 밴드들은 전전긍긍"하고 있다고 했다(《동아일보》, 1964. 2. 24: 7). "지난해 드라마센터에서 재즈 페스티벌을 매주 정기적으로 열어 재즈팬을 즐겁게 해주던 한국연예는 그 재즈 페스티벌의 연장이라 할 수 있는 뮤직살롱을 오리엔털호텔(퇴계로 1가) 6층에 개설했다"라고 하며, "한국연예의 김영순씨가 주재하는 뮤직살롱에는 매일 한국연예 산하 11개 악단이 교체 연주하며 재즈피아니스트인 임근식과 그의 '퀸테트'도 특별 출연하고 있다"라고 했다(《경향신문》, 1964. 4. 4: 5). "미군을 상대로 활약하던 쇼단체 한국연예가 그 산하 단체를 총동원하여 시내 퇴계로 일가에 있는 오리엔탈호텔 문라이트 클럽에 진출하여 주야쇼를 벌이고" 있는데 "과연 국내 시장을 개척코자 새해 벽두부터 부단히 공격을 취하던 8군계 쇼의 인기가 어떨는지 주목된다"라고 했다(《동아일보》, 1964. 4. 9: 7). 미8군 쇼단의 일반 무대 진출이 극장 공연을 넘어서서 호텔 나이트클럽으로까지 확장되었다.

2) 미8군 쇼의 쇠퇴와 일반 무대 진출 확대

1960년대 중반 이후 미8군 쇼가 "국군이 파월派越되던 무렵인 66년 이후 미군이 줄어들고 시장이 좁아짐에 따라 (미8군) 쇼는 급격히 쇠퇴해 갔다"라고 보도되었다(《동아일보》, 1973. 4. 5: 5). 신중현도 "넉아웃이란 6인조 패키지 쇼단으로 규모를 줄여서 클럽 무대를 돌던 1960년대 중반"에 "미군의 절반이 철수한 까닭에 무대에 오르는 횟수는 한 달에 20차례도 안 됐다"라고 주장했다(신중현, 2003: 46). 1968년에는 미8군 쇼단이 전체적으로 어려워져 "월 10회밖에 출연치 못하는 단체가 있는가 하면 가장 많이 공연하는 단체라도 24회 정도의 선을 넘지 못하고" 있다는 지적도 나왔다(《가요생활》, 1968. 11: 71).

실제로 1960년대 중반부터 미8군 쇼단의 운영이 어려워졌던 것은 사실이지만, 그 원인이 반드시 주한 미군 병력의 감축 때문만은 아니었다. 주한 미군의 병력 규모는 1964년의 6만 3,000명을 정점으로 점점 줄어들었다. 1964년의 한국군 베트남 파병 결정으로 줄어들기 시작해서 1965년에 6만 2,000명, 1966년에 5만 2,000명, 1967년 5만 6,000명으로 줄어들었다. 1968년에 6만 7,000명으로 잠시 늘어났다가 1969년 6만 1,000명, 1970년 5만 4,000명, 1971년 4만 3,000명, 1972년 4만 1,000명으로 계속 줄어들었다(김영일·조성렬, 2003: 90). 1965년에 주한 미군 병력이 줄어들었지만 1968년에 일시적으로 다시 늘어났기 때문에 1960년대 후반 미8군 쇼 쇠퇴의 원인을 단순히 병력 감축만으로 돌릴 수는 없다.

1960년대 후반에 미8군 쇼단의 운영이 어려워졌던 데는 연예 군납업체가 늘어나 경쟁이 치열해졌던 것과 미8군 당국이 외국 쇼 단체의 주한 미군 상대 공연을 허가했던 것도 영향을 주었다. 10개 회사와 28개 쇼 단체의 등록을 받아 활동하고 있음에도 미8군은 "국내 쇼만으로는 욕구 불만이라는 이유를 들어 1964년엔 외국 상사를 통한 미국 쇼 도입 공급을 허가함에 따라" 한국 업자의 외화 획득이 감소했다. 연예 군납업체들은 1965년 1월 당시 국무총리 앞으로 진정서를 제출하고 이듬해 상공부, 재무부, 문화공보부 등 각 부처에 진정함으로써 1966년 4월 외국상사의 외국 쇼 도입 허가를 취소하게 만들었다(《가요생활》, 1968. 11: 70). 1967년에는 다시 "여태까지 10여 년 동안 해마다 약 1백만 달러의 외화를 벌어오던 한국연예인들의 미8군 위문쇼 사업이 이달 초부터 외국인 쇼단의 입국, 활약으로 그 존립이 크게 위협받고 있다"라는 지적이 나왔다. 이에 따라 "KEAA(한국연예흥행주식회사)를 비롯한 쇼업자들은 미8군 측이 갑자기 종래의 정책을 바꾸어 7개 팀의 외국쇼단을 초청, 흥행케 함으로써 한국연예계에 큰 타격을 주고 연간 약 30만 달러의 외화를 놓치게 할 우려가 있다고 관계 당국과 요로에 진정서"를 냈다(《조선일보》, 1967. 7. 20: 5). 결국 타협책으로 '한국흥행주식회사'가 2~3개의 미국 쇼단을 초청해 미8군에 공급하게 되었다

(《가요생활》, 1968. 11: 70).

1968년 말 "현재 상공부의 정식 인가를 받은 미8군 연예 군납업체"는 상당히 많았는데, 그중 대표적인 회사는 다음과 같은 10개였다(《가요생활》, 1968. 11: 70)

한국흥행주식회사(대표 안찬옥)
삼양기업주식회사(대표 이완영)
신일연예주식회사(대표 박영준)
극동연예주식회사(대표 김영순)
유니버살흥업주식회사(대표 홍남표)
동일연예주식회사(대표 김동환)
대영프로덕숀(대표 최남식)
공영인터프라이스(대표 전석규)
20세기흥업사(대표 김일광)
유왕흥업사(대표 유칠왕)

월남전으로 미군이 감축되어 미8군 쇼 무대도 줄어들면서 연예 군납업체의 경쟁은 더 치열해졌다. 그럼에도 한국연예주식회사인 화양의 시장 점유율은 여전히 매우 높았다. 1967년에 "현재 화양에 들어 있는 각 회사 단체는 큰 쑈(14명 이상)가 6개, 작은 쑈(7인 이하)가 3개, 무용이나 코메디가 전혀 없는 순수한 밴드만이 45개"였고, "여기에 따른 인원은 도합 498명이라는 엄청난 숫자를 나타내고" 있었다(《가요생활》, 1967. 1: 199). 1970년에도 미군에 "연예 납품을 담당하고 있는 업체들 중 가장 큰 업체가 한국흥행, 통칭 '화양'(10년전 개칭)이라고 불리는 이 회사는 미군 흥행의 70%를 맡고" 있었다(《경향신문》, 1970. 8. 8: 5).

"1960년대 후반 미8군의 축소와 쇼 무대의 사양화에 따라 적지 않은 수의 미8군 쇼단 출신 음악인들이 이를 대체하는 무대로 진출"했는데, "하나는 베트남 위문 공연 무대이고, 다른 하나는 일반 무대"였다(신현준 · 최지선, 2022a: 350~351). 미8군 쇼단들은 국내 공연 무대가 줄어들면서 1966년부터 적극적으로 월남 진출을 모색해서 결국 "한국연예주식회사(대표 안찬옥)는 19일 주월 미군과 연간 약 50만 달러의 흥행 계약"을 맺었고(《중앙일보》, 1966. 11. 22: 7), 12월부터 1진을 월남으로 보냈다(《가요생활》, 1968. 11: 71). KEAA(한국흥행, 삼양기업, 극동연예, 신일연예)는 1967년 "12월까지 연 150개 팀의 쇼단을 보내 연 4,216회(연 인원 757명)의 공연을 가질 예정인데 약 127만 달러의 외화를 벌어올 작정"이라고 밝혔다(《조선일보》, 1967. 1. 12: 5).

> 현재 월남에서 이 관계로 달러를 벌어들이는 길은 두 가지가 있다. 미군에 대한 쇼 군납과 한국군에 대한 위문 공연이 그것이다. 쇼 군납은 우선 주월미군휴양기관(USOV)에 군납업체로서 등록, 승인을 받아야 하는데 현재 한국은 한국흥행, 유왕엔터프라이즈, 유니버살공사 등 7개 업체가 등록돼 있다. 그 산하 연예단체가 26, 연예인이 178명에다가 총인원이 251명, 기록에 남아 있는 외화획득고를 보면 66년부터 이 분야에 손을 뻗쳐 1,200달러를 벌기 시작해서 67년에 43만 달러, 68년에 백만 달러를 넘겼고 금년 들어 5월말 현재 52만 달러로 연말까지 150만 달러를 내다보고 있다. (《동아일보》, 1969. 7. 8: 5)

한동안 월남에서 꽤 높은 수입을 올렸지만, 1970년대 들어서서 미8군 연예 군납업체들은 월남 진출이나 동남아 시장 개척 같은 해외 시장 진출로는 한계가 있다고 판단하고, 장기 대책으로 관광 호텔이나 국내 쇼무대에 본격적인 진출을 시도했다(《경향신문》, 1970. 8. 8: 5). 미8군 쇼에서 활동하던 가수나 악단들은 음악감상실이나 음악 살롱에서 활동하기도 했다. 신중현은 '애드 포'를 만들어 활동할 때 극장에서 공연하는 것은 물론 명동 일대의 음악감상실 무대에 서기도 했다고 회고했다(신중현, 2003: 139). 윤항기도 '키보이스'로 활동하며 "종로의 디쉐네나 무교동의 쎄시봉 등에서 라이브 공연을 가지고는 했었다"라고 했다(윤항기, 1993: 135~136). 가수 오세은(1947~2017)은 1960년대 중반에 "디쉐네 같은 곳에서 박원웅, 이종환, 최동욱 등"을 만났고, "키보이스, 애드 포 같은 미8군에서 활동하던 그룹들이 일주일에 한 번 정도 와서 연주하는 것"도 보았다고 했다(신현준·최지선, 2022b: 521). 팝송을 음반으로 듣던 음악감상실의 이용자들에게 미8군 쇼단 출신 가수나 악단의 출연은 직접 부르는 팝송을 듣는 좋은 기회였다.

1960년대 중반 이후 "서울 시중에는 이른바 음악 살롱이라는 형태의 생음악 연주 공간들이 하나둘" 생겼다(최동욱, 1995: 166~167). 음악 살롱에서는 방송사의 공개 방송이 진행되거나 미8군 쇼단 연예인들의 공연이 이루어졌다(《가요생활》, 1968. 5: 87~88). 백광우는 "중학교 때에는 과외 선생님과 당시 대학생들이 자유롭게 모였던 미도파살롱 같은 곳도 가봤어요. 그때 거기서 바보스(이진과 김선 등이 멤버로 있던 1960년대 그룹사운드)의 공연을 봤는데 아주 환상적"이었다고 했다(신현준·최지선, 2022b: 374).

가수들의 수입에서 극장 공연이나 나이트클럽 출연이 차지하는 비중이 커졌고(《선데이서울》, 1969. 8. 3: 18~19), 미8군 쇼단들도 수입을 올리기 위해 이런 무대로 적극적으로 진출했다. 이종환은 "미8군 무대를 주름잡던 수많은 그룹"이 국내 일반 무대로 진출한 것은 "주한 미군의 철수로 8군 시장이 좁아지기도 했지만, 그보다는 미국적인 음악이 일반인들에게 열광적으로 환영을 받은 것도 또 하나의 이유"라고 지적하며, "영국 출신의 비틀즈 음악이 외국에서 파격적인 인기의 파도를 타자 그 파도는 태풍이 되어 우리나라로 상륙했다"라고 주장했다(이종환, 1993: 176).

1970년대에 들어서서는 미8군 무대는 명맥만 유지하는 수준에 머물렀다. 미군 감축으로 미8군 쇼의 수요가 줄었고, 국내 무대가 확장되면서 굳이 미8군 무대에 서야 할 이유가 없어졌기 때문이다. 1970년대에 가수나 악단들은 극장이나 나이트클럽은 물론 방송으로까지 대거 진출해 활동할 수 있었다. 경음악평론가 최경식은 1970년에 "이제까지 방관 상태에 있던 연예인들조차 국내 시장으로 관심을 갖도록 하였다"라고 평가했다(《가요생활》, 1970. 12: 56). 1970년에는 "인기인들이 빠진 8군쇼 스테이지는 사실상 그 정상적인 기능을 발휘할 수 없는 실태"라는 평가까지 나왔다(《가요생활》, 1970. 5: 81). "한때는 이 땅의 연예가에 큰 영향력을 미치던 '한국 속의 이방 무대'도 이제는 우리들 기억에서 서서히 잊혀져 가고 있다"라는 평가도 나오게 되었다(《경향신문》, 1974. 10. 24: 7).

6. 미8군 쇼의 영향

한국 전쟁을 거치며 주한 미군이 24군단에서 8군으로 확대되면서 미군을 상대로 하는 공연의 통칭이 '미8군 쇼'가 되었다. 해방 이후 한국 가수나 연주자에게 미군 위문 공연은 생계를 위해 매우 중요한 활동 공간이었다. 한국 가수나 악단은 미군이 좋아하는 음악을 부르고 연주하기 위해 노력해야 했다. 미군들이 좋아하는 음악을 잘 따라 하는 것이 더 높은 수입을 보장해 주었기 때문이다. 미군에 쇼를 납품하는 연예 군납업체들도 등장해 활동했다. 많은 쇼단을 거느리는 연예 군납업체들은 더 많은 수익을 올리기 위해 좋은 가수와 연주자를 발굴하고 훈련하는 '연예기획사' 같은 역할을 하기도 했다.

미군 위문 공연이라는 조건과 음악적 창의성 발휘가 어려운 현실로 인해 미8군 쇼에서 활동하던 음악인은 언제든 떠나려고 했다. 미8군 쇼가 쇠퇴하고 일반 무대가 폭넓게 열리자 많은 가수와 악단들이 한국인 관객을 만나기 위해 미8군 쇼를 떠났다. 미8군 쇼에 서기 위해 팝송을 훈련받았던 많은 가수와 연주자가 미8군 쇼를 떠나서는 다양한 팝 스타일 음악으로 한국인 관객을 만났다. AFKN을 통해 팝송을 들었던 한국 관객들에게 미8군 쇼 출신 음악인들의 팝 계열 가요는 큰 인기를 누렸다. 특히 1960년대에 TV 방송이 시작되고, 음악 살롱 등 일반 무대가 확대되면서 미8군 쇼 출신 가수들의 활동은 더 활발해졌다.

미8군 쇼는 미국의 최신 대중음악을 유입하는 매우 중요한 경로였다. 미군들이 좋아할 만한 음악을 공연하기 위해서는 부단히 최신 음악을 듣고 훈련하는 과정이 필요했고, 그 과정에서 자연스럽게 미국 유행 음악에 관한 최신 정보가 흘러들어 왔다. 미8군 쇼는 많은 음악인이 생존과 발전을 위해 다양한 시도를 하며 새로운 음악을 모색하는 공간이었다. 처음에는 미국 가수 흉내 내기로 시작했지만, 점차 자신들만의 색깔을 띠는 음악을 만들려고 시도했다. 미8군 쇼는 대규모의 쇼단을 운영하는 과정에서 연예 매니지먼트 시스템을 배우는 계기도 되었다. 미군의 엄격한 오디션을 통과하기 위해 음악인을 발굴하고 훈련하는 과정은 한국 대중음악계에 새로운 경험을 제공했다.

미8군 쇼는 미국 최신 유행 음악의 유입과 팝 스타일 음악 연행자 양성으로 한국 대중음악의 기조를 바꾸었다. AFKN이 한국인에게 팝송을 듣는 음악 취향을 형성하도록 했다면, 미8군 쇼는 팝 스타일 음악 연행자를 양성해 팝송 취향 청중의 요구에 부응하는 한국의 대중음악을 공급하도록 해 주었다. 즉 미8군 쇼는 세계 최신 음악을 듣고 이를 수용해 새로운 음악을 만드는 데 큰 영향을 주었다. 이런 이유로 생계 유지를 위해 나선 미군 위문 공연의 현장이었던 미8군 쇼가 오늘날 K팝과 한류의 원류라는 평까지 듣게 되었다.

5장

음악감상실과 '빽판'의 보급

1. 팝송 청취의 공간과 수단

2010년 무렵 라디오와 TV 프로그램에 과거 음악감상실 '세시봉C'est si bon'에서 활동하던 조영남, 송창식, 윤형주, 이장희 등이 함께 출연하면서 '세시봉 붐'이 일었다. 세시봉에 관한 책이 나오고,[66] 2015년에는 같은 제목의 영화가 개봉되기도 했다. 세시봉을 '서양 팝의 전도사'라고 조영남이 얘기했을 정도로[67] 음악감상실은 팝 음악의 유입에 큰 역할을 했다. 그럼에도 세시봉의 인기가 당시 유행했던 전체 '음악감상실'을 향한 관심으로 이어지지는 않았다. 몇몇 유명 가수들이 무대에 섰던, 문 닫기 전 2~3년 동안의 세시봉에만 주목했기 때문이다.

66 아예 책 제목에 세시봉을 담은 책으로는 김종철(2011)의 《세시봉 이야기》, 조영남 · 이나리(2011)의 《쎄시봉 시대》가 있다.

67 https://n.news.naver.com/mnews/article/001/0004927385?sid=103, 2023. 9. 3. 접속.

팝송을 주로 들려주던 음악감상실은 한국 전쟁 직후 처음 생겨 10여 년 동안 젊은이들에게 큰 인기를 끌었다. AFKN을 통해 팝송을 접하며 관심을 가지게 된 청소년들이 1950년대까지는 원하는 팝송을 들을 수 있는 수단이 별로 없었다. 거의 모든 가정에 전축이 없었고, 한국 라디오 방송에서는 아직 팝송 프로그램을 편성하지 않았기 때문이다. 이들이 원하는 팝송을 편하게 들을 수 있는 곳이 바로 한국 전쟁이 끝나고 명동과 충무로에 출현한 음악감상실이었다. 기존 다방과 달리 음악감상실은 입구에서 표를 사서 들어갔고 의자 배치도 앞을 보고 앉게 되어 있었다. 만남과 대화의 공간이었던 다방과 달리 음악감상실은 음악 청취에 집중할 수 있는 곳이었다.

1960년대 중반 이후 라디오에 팝송 프로그램이 편성되고, 1960년대 말부터 전축과 '빽판' 보급이 확대되면서 음악감상실이 사라졌다. 전축과 빽판의 보급으로 많은 젊은이가 가정에서 편하게 원하는 팝송을 듣게 되었다. 불법 복제된 팝송 음반을 가리키는 빽판은 싼 가격으로 청소년들도 살 수 있었기 때문이다. 비록 빽판의 음질이 좋지는 않았지만, 금지곡까지 실어서 청소년들의 인기가 높았다. 물론 1960년대 이후에도 다방에서 팝송을 틀어주기도 했지만, 다방은 음악을 들으려고 일부러 찾는 곳은 아니었다. 음악감상실은 음반으로 음악을 들려주는 역할을 넘어서서 일종의 소규모 공연장으로 변신을 시도했지만 오래가지는 못했다.

음악감상실은 한때 젊은이의 팝송 취향을 만족시켜 주는 공간으로서 매우 큰 의미를 지녔음에도 본격적으로 연구된 바가 없다. 음악감상실의 DJ들이 훗날 방송국의 DJ나 음악 프로그램의 PD로 활동했다는 점에서도 연구할 필요가 있다. 이 장에서는 먼저 음악감상실의 등장과 변화 과정을 살펴본다. 특히 DJ들의 특성과 음악감상실 이용 현실에 주목한다. 이어 전축 및 불법 복제 음반의 보급과 이를 통한 팝송 청취 방식의 변화에 대해 알아본다. 특히 빽판을 통한 팝송 청취의 특성을 중심으로 정리하고자 한다.

2. 음악감상실의 등장과 이용

1) 음악감상실의 등장

1948년에 파고다 공원 건너편에 음악감상실 '백조사'가 생겼는데, "고상한 음악을 레코드로 감상할 수" 있다고 하며 소장 레코드가 4,000~5,000장에 달했다고 한다(《경향신문》, 1948. 11. 18: 3). '돌체'는 1940년에 서울역 앞에서 문을 열었다가 해방 후 명동으로 옮겼었는데, 한국 전쟁 발발 후 부산으로 피난 가서 영업하다가 전쟁 직후 명동으로 돌아왔다(《주간조선》, 2013. 5. 6: 70~75). '르네상스'는 1951년에 대구에서 출발해 수복 후에 서울로 올라왔다(《조선일보》, 1962. 5. 30: 3). 돌체와 르네상스는 주로 고전 음악을 들려주던 음악감상실이었다.

고전 음악만 들려주던 르네상스는 1954년 5월 29일에 음악 감상회를 연다는 기사를 통해 확인된다(《경향신문》, 1954. 5. 29: 2). 인사동에 있던 '다방 아닌 음악감상실 르네상스'에 "들어서면 이내 음악적인 심연深淵에 스며들고 만다"는 평가까지 들었다(《동아일보》, 1954. 6. 13: 4). 1954년에는 명동의 '돌체 다방'에서 '오페라 레코드 음악감상회'를 열었다는 기사가 여러 번 실렸다(《경향신문》, 1954. 6. 26: 2; 1954. 7. 25: 3). 당시 한 신문은 "어떤 다방에서는 '다방'이란 글자 대신 '티룸' 또는 '음악감상실'이란 간판으로 바꾸어 영업을 계속"하고 있다고 보도하기도 했다(《경향신문》, 1954. 12. 7: 2). 반면 돌체 다방처럼 다방이라는 이름을 그대로 쓰는 음악감상실도 있었다. 1955년 4월 13일에는 동화백화점 4층에도 음악감상실이 생겨 음악해설 강좌와 소음악회를 연다고 밝혔다(《조선일보》, 1955. 3. 22: 3). 이 음악감상실의 이름을 '동화음악궁전'이라고도 불렀다(《동아일보》, 1956. 4. 10: 4). 서울시 '음악애호가협회'도 자체 음악감상실을 개관했다(《동아일보》, 1956. 8. 25: 4).

1950년대 중반에는 팝송을 들려주는 음악감상실들도 등장했다. 가장 먼저 등장한 곳이 1953년 5월 20일에 문을 연 세시봉이었다(《가요생활》, 1968. 5: 86). "라이트 뮤직을 상표로 한 세시봉이 젊은이들의 보금자리로 표방하고 문을 연 건 17년 전 명동에서 당시 육군 준장이던 김모씨에 의해서였다"라고 하며[68] 그때는 클래식 위

68 세시봉에서 DJ로 활동했던 조용호는 "해병대 김모 준장이 영화배우 김모 씨에게 돈을 주어서 세시봉을 운영하다 매물로 내놓은 것을 저의 어머니와 친구분이 인수"했다고 주장했다(이백천, 2014: 253). 그의 부친이 세시봉을 인수해 운영했던 이선권의 2011년 인터뷰 기사에는 "쎄시봉은 1953년 '명동 장군'으로 불리던 육군 준장 출신의 김모 씨가 서울 명동에 처음 문을 열었다고 한다"라고 나와 있다(https://www.newscj.com/article/201104180060174. 2022. 12. 8. 접속). 1959년에 조용호의 모친이 인수하기 전의 세시봉에 관해서는 알려진 사실이 별로 없다. 1953년에 개업했다는 사실도 시간이 많이 지난 뒤의 잡지에 나와 있지만, 다른 자료에서 확인되지는 않는다. 창업자가 어떤 사람이고,

주의 '뮤직홀'만 있었는데 "라이트 뮤직은 세시봉이 효시"이고, 세시봉은 "클래식에서 재즈 시대로 접어드는 젊은이의 호흡에 맞춰 유행 팝송을 들려주었다"라고 했다(《선데이서울》, 1969. 5. 11: 12). 세시봉이 1953년에 문을 열었다는 사실을 당시 신문을 통해 확인할 수는 없지만, 적어도 1950년대 중반부터 존재했던 것만은 분명했다.[69] 화가 백영수는 1950년대 중반에 명동에 새로운 "음악을 주로 하는 다방"인 '쎄시봉'이 생겼는데, '화가의 동생'이자 '준장准將'인 사람이 문을 열었다고 회고했다.[70] 최동욱이 1955년경 세시봉에 음악을 들으러 다녔다고 했던 것에서도 1950년대 중반에 이미 문을 열고 있었다는 사실이 확인된다(최동욱, 1995: 18~19).

대중음악 연구자 김형찬은 "1954년경 명동의 '은하수 다실'이 클래식을 주로 틀다가 최초로 팝송을 틀어준 것이 그 시작이었다"라고 주장했다(《국제신문》, 2016. 1. 18: 23).[71] 문화비평가 이성욱은 "명동의 '은하수'가 최초라 하기도 하고, '세시봉'이 원조라고도 하는 뮤

1959년까지 누가 운영했는지에 대해 근거가 불분명한 주장이 온라인에서 난무할 뿐이고 명확히 확인된 사실은 거의 없다.

69 세시봉이 신문 기사에서 처음 확인되는 것은 1957년이다(《동아일보》, 1957. 10. 27: 4). 1957년 당시 세시봉의 주소지가 충무로 2가였고 '쎄시봉 다방주가 김옥인'이었다는 기사도 있다(《동아일보》, 1959. 7. 31: 3).

70 백영수는 구술 과정에서 처음에는 세시봉이 생긴 때가 전쟁 직후라고 했다가 채록 연구자의 질문에 대답하는 과정에 "55년 지났던가?"라고 반문하기도 했다(백영수, 2007: 97~99).

71 명동의 은하수다방도 신문 기사에서 처음 확인되는 것은 1957년이다(《조선일보》, 1957. 2. 17: 3).

직홀"이라고 표현하기도 했다(《경향신문》, 1999. 11. 12: 33). 은하수다방은 다방이라는 이름을 그대로 사용하며 음악감상실로 운영되었다. 1961년 자료에는 '은하수다방'(음악실)이라고 표기되어 있어서 당시에도 이름은 은하수다방이었지만 '음악(감상)실'로 인식되고 있었던 것으로 보인다(서울역사박물관, 2011: 88~89).

1950년대 중반에 음악감상실이 계속 생긴 것은 "마음 내키는 대로 집에서 음악을 듣지 못하고 '행차'를 해야 하는 국민의 형편" 때문이었다(《동아일보》, 1956. 5. 23: 4). 당시에는 음악을 들을 수 있는 전축을 가지고 있는 집이 많지 않았다. 설사 집에 전축을 가지고 있다고 해도 음악감상실의 장비를 따라갈 수는 없었다. 음악감상실들은 음향 장비를 개선하여 더 좋은 음질의 음악을 들려주고자 했다. "시내 몇 군데에 우수한 HIFI 재생장치가 설치"되었고, 특히 르네상스는 "최신의 LP 재생 장치를 신설"했다(《동아일보》, 1956. 10. 4: 4). 동화음악궁전도 곧 세계 최고 성능의 원음 재생 음향 장치를 갖추었다고 주장했는데, 음반은 SP 1만 매, LP 3,000매를 보유했다(《동아일보》, 1957. 10. 3: 4). 아직 LP판은 많이 보급되지 않았다. 따라서 "레코드를 구입할 여유가 없는 일반 서민이나 학생은 주로 감상실에 의존할 방도밖에 없"었다(《동아일보》, 1957. 10. 27: 4). 은하수다방은 1959년 성탄절 무렵에 만든 것으로 보이는 홍보용 리플릿에 '하이파이 홀Hi Fi Hall'이라고 써서 음질이 좋은 음향 장비를 갖추고 있다는 사실을 내세웠다.[72]

72 https://blog.naver.com/PostPrint.naver?blogId=s5we&log

당시 신문 기사에는 "경음악 전문의 '쎄시봉,' 그리고 경음악 시간을 일부 가지고 있는 '동화,' '돌체' 등의 상황을 보면 경음악 감상객이 더 많음을 알 수 있으니 역시 딱딱한 클라식보다는 경쾌한 라이트 뮤직이 일반의 구미에 맞는 듯이 보인다"라고 평가했다(《동아일보》, 1957. 10. 27: 4). 실제로 당시에 경음악 음악감상실이 더 큰 인기를 끌었고, 경음악 중에서도 팝송이 가요보다 더 큰 인기가 있었다. 당시의 음반 판매량도 "학생층에서는 파퓰러 쏭, 이를테면 주로 외국의 히트 쏭이라든지 이름난 민요를 많이 찾는다고 하는데 국내 유행가는 시골 사람(?)이 사가는 정도"라고 설명했다(《동아일보》, 1958. 9. 13: 4).

당시 음악감상실은 크게 세 종류가 있었는데, 경음악만의 '세시봉,' '은하수,' 클래식만의 '르네상스,' 'KY뮤직홀,' 클래식에다가 경음악도 겸하는 'SS,'[73] '돌체' 등이 있었다. 이런 음악감상실의 "입장자의 5분지 4 정도가 대학생이며 나머지가 대학 시대의 고객이었던 일반인과 그리고 고교생"이었다(《동아일보》, 1959. 5. 4: 4). 이 시기에 경음악을 위주로 하는 음악감상실로는 세시봉, 은하수 외에 '무아無我'가 있었다(《동아일보》, 1959. 7. 17: 4). 세시봉과 은하수는 '경음악 전문'이었지만, 무아는 고전 음악과 경음악을 모두 고루 들려주었

No=150083828256, 2023. 2. 12. 접속.

73 '남대문로 동화백화점(지금의 신세계백화점) 5층'에 있던 동화음악궁전이 명동으로 옮기면서 'SS음악감상실'로 이름을 바꾸어 영업했다(최동욱, 1995: 22).

다는 기사도 있다(《조선일보》, 1959. 9. 27: 5).[74] 1950년대 말에 팝송을 들려주는 음악감상실로 세시봉과 은하수가 대표적이었던 것만은 분명하다. 이 시기에 세시봉은 충무로에 있었고(《조선일보》, 1959. 11. 29.[석간]: 3), 은하수는 명동에 있었다(서울역사박물관, 2011: 88~89). 경음악과 고전 음악을 모두 들려주던 돌체, 무아, SS음악감상실도 모두 명동에 있었다(최동욱, 1995: 22~24).

1959년 9월 16일에 종로구 인사동에 "다른 감상실에 비하여 좌석이 많다는" 특색을 지닌 '디쉐네Die Schöne'가 문을 열었다(《가요생활》, 1968.5: 89). 최동욱에 따르면 "종로 2가에서는 YMCA 옆 골목 안에 디쉐네라는 매머드 뮤직홀이 먼저 문을 열었"고(최동욱, 1995: 22), 디쉐네가 문을 열고 얼마 지나지 않아 "화신백화점 3층에 '메트로'라는 고급 뮤직홀이 새로 생기게" 되었다(최동욱, 1995: 24). 메트로가 언제 문을 열었는지는 확실하지 않지만, 1961년에 화신백화점 4층에 메트로 음악감상실이 있었다는 것만은 확실하다(《경향신문》, 1961. 10. 15: 4). '라스카라'는 1961년 3월 13일에 남대문로의 '미우만 백화점'[지금의 롯데영플라자 — 인용자] 3층에 개장했다(《경향신문》, 1961. 3. 13: 4). '카네기'도 1961년 초에 이미 영업하고 있었다(《조선일보》, 1961. 3. 31: 4). 모친이 운영하던 세시봉에서 DJ로 활동했던 조용호(1939~)는 "명동 사보이 호텔 주차장 옆 건물"에 세시봉이 있었

74 '무아'에 대해 "고전뿐이 아니라 경음악도 트는 점에서는 '돌체'하고도 같다"라는 보도도 있었다. 무아는 다른 음악감상실과 달리 "미리 표를 사지 않는다는 것"이 특징이었다 (《평화신문》, 1959. 11. 27: 4).

다고 했다(김종진, 2010: 72).[75] 카네기도 충무로에 있었고, 세시봉에서 멀지 않았다. 세시봉은 1961년경에 충무로를 떠나 종로의 YMCA 빌딩 뒤로 옮겼다(최동욱, 1995: 26).[76] 세시봉은 다시 소공동으로 옮겼는데, "세미 클라식과 재즈, 샹송의 레코드 감상을 주로 하는 음악실 '쎄시봉'은 이번 소공동 서울은행 본점 앞으로 옮겼다"라고 보도되기도 했다(《동아일보》, 1962. 10. 6: 5). 최동욱은 세시봉이 충무로에서 'YMCA 뒤'로 왔다가, '소공동 상업은행 뒤 월계수 다방 자리'로 다시 옮겼다가 1963년에 '서린동 스타더스트 호텔 뒤'로 옮겼다고 했다.

충무로를 떠나 종로로 옮길 때 조용호의 모친이 이선권의 이모에게 세시봉을 넘겼고, 다시 소공동으로 이전하며 이선권의 이모가 이선권의 부친에게 운영권을 넘겼다(최동욱, 1995: 26~28). 당시 잡지도 이선권의 부친인 "이흥원 씨가 세시봉을 인수한 건 63년, 세시봉이 명동에서 종로 2가 YMCA 뒤로, 그리고 다시 소공동으로 옮긴 뒤였다"라고 보도해서(《선데이서울》, 1969. 5. 11: 12), 이선권의 부

75 1961년 명동과 충무로 지역 지도에는 사보이호텔 주차장 옆에 백성빌딩이 있고, 그 안에 '섹쓰본'이 있는 것으로 나와 있다. 조용호의 발언을 감안하면 '섹쓰본'이 세시봉이었을 가능성이 크다(서울역사박물관, 2011: 88~89).

76 조용호는 충무로에 있던 세시봉이 "조선호텔 못가서 가로수다방인가, 그쪽에 잠깐 있다 다시 YMCA 뒤쪽 넓은 데로" 옮겼다고 했다(이백천, 2014: 253). 조용호의 주장은 다른 사람들의 회고와는 달리 세시봉이 충무로에서 종로의 YMCA 뒤쪽으로 바로 옮긴 것이 아니라는 것이다.

친이 소공동 시절부터 운영했다는 사실을 확인할 수 있다. 세시봉의 종로 이전과 함께 음악감상실의 중심지도 변화되었는데, 최동욱은 다음과 같이 정리했다.

> 50년대 후반에는 뮤직홀들이 명동과 충무로를 중심으로 이루어져 있었다. 그러다가 60년대에 오면서 차츰 종로 2가 쪽으로 몰려들거나 새로 생기기 시작하여 종로 2가가 젊은이들의 거리가 되기 시작했다. 종로에는 디쉐네를 비롯해서 YMCA음악실, 충무로에서 옮겨 온 세시봉, 뉴 월드, 아폴로, 광화문의 아카데미, 무아, 르네쌍스 등이 밀집되어 있었다. 충무로에는 카네기 하나만 남고, 명동에 돌체와 미도파백화점 옆의 시대백화점(지금의 KAL빌딩 자리)에[77] 라스카라 뮤직홀이 있었다. (최동욱, 1995: 22)

1962년에는 '라이트 뮤직'을 틀어 주는 음악감상실로는 "뉴월드, 라스카라, 메트로, 세시봉, 카네기 등"이 있었다(《조선일보》, 1962. 8. 10: 4). 1962년에는 이 기사에서 언급되지 않은 디쉐네도 있었고, 1962년 이후에도 당시 "태평로 2가에 자리한 5층짜리 조선일보사 부설 건물 2층의 아카데미 뮤직홀과 을지로 입구 개성인삼 옆의

77 라스카라가 있던 미우만백화점은 1959년에 개업해, 1963년에 시대백화점으로 바뀌었다가, 1974년에 미도파백화점에 인수되며 건물도 합쳐졌다. 애초에 미우만백화점의 위치가 미도파백화점과 KAL(한진)빌딩 사이였는데, 최동욱은 미우만백화점 자리에 KAL빌딩이 들어선 것으로 착각했던 것으로 보인다. 미도파백화점 건물은 리모델링 공사를 거쳐 현재 롯데영플라자가 영업하고 있다.

아폴로 뮤직홀" 등이 새로 문을 열었다. 최동욱은 이 시기에 세시봉, 디쉐네, 메트로, 카네기, 뉴월드 등을 '1급 뮤직홀'이라고 평가했다(최동욱, 1995: 28). 이렇듯 팝송이 "60년대 초 우후죽순처럼 생겨난 음악감상실을 통해 이 땅에 번지기 시작"했다(《조선일보》, 1975. 12. 17: 5). 팝송을 들려주는 음악감상실이 번창하던 1962년에 클래식 위주의 음악감상실 돌체는 문을 닫았다(《주간조선》, 2013. 5. 6: 70∼75).

2) 음악감상실의 이용

1950년대에 대학생을 중심으로 한 고학력 젊은이들은 "미국의 문화와 미국의 물건을 소비하는 것으로 미국적인 선진 문화의 주체라는 자의식"을 가졌다(이선미, 2006: 94). 이들은 미국에 대한 동경과 선망을 가지고 미국의 영화나 음악을 소비했다. 이우용은 "미국의 영향력이 확대되는 와중에서, 미국의 국력에 대한 콤플렉스가 미국 문화, 미국 대중음악에 대한 경외심으로 발전했으며, 미국의 대중음악은 위대한 것이라는 등식으로 발전"했다고 주장했다(이우용, 1996: 49). 1950년대에 할리우드 영화 관람과 AFKN 청취의 영향으로 팝송을 듣기 시작한 젊은이들이 음악감상실로 몰려들었다.

최동욱은 "당시 뮤직홀에 들어왔다 하면 보통 3시간 정도는 앉았다 가는 것이 보통이었다"라고 하며, "현관 밖에서 표를 사 갖고 들어와서 차를 한 잔씩 제공받고, 남은 쪽지에 신청 곡목을 적어 플레이실로 보낸다"라고 설명했다(최동욱, 1995: 24). 입장료를 받고 들어가는 음악감상실은 원래는 불법이어서 "경찰은 '음악감상실'이라는 이름 아래 들어가는 문에서 입장권을 파는 다방업을 단속하기로 결정하고 위법행위를 고치지 않는 업체에 대해서는 허가를 취소하는 강경한 행정처분을 건의키로" 했다(《조선일보》, 1961. 4. 1: 3). 그럼에도 1960년대에 음악감상실은 계속 영업하며 젊은이들의 팝송에 대한 욕구를 충족시켜 주는 역할을 했다. 음악감상실은 대학생 이상만 출입이 가능했지만, 청소년들이 나이를 속이고 출입하는 일이 빈번했다.

최동욱은 1950년대 중반에 "가끔 세시봉에 들어가기도 했는데 분위기나 프레이되는 곡들이 그다지 마음에 들지 않았다. 주로 비트닉한 파퓰러 음악을 많이 틀어주었는데 킹스턴 트리오의 포크 송 '탑 둘리'가 매우 인상 깊었다"라고 분위기를 설명했다(최동욱, 1995: 18~19). 또한 최동욱은 1950년대 말에 세시봉에 배우 엄앵란(1936~)도 자주 드나들었다고 했다(최동욱, 1995: 19). 엄앵란은 세시봉을 언급하지는 않았지만, 팝송은 매우 좋아했다고 밝혔다.

> 난 대학 3학년 때 영화하랴 학교 강의시간 채우랴 바쁜 생활을 하면서도 그 바쁜 와중에 쪽지에 가사를 적어 외우던 노래가 있었다. 팻 분이 부른 'April Love'였다. 난 그 노래를 부르면 마치 내가 영화 '초원의 빛'에서 나오는 그 청순한 나타리 우드가 된 것처럼 그냥 좋았다. 왜 그렇게도 그 노래가 좋았는지……. (엄앵란, 1998: 168)

엄앵란 같은 당시 대학생에게 팝송은 가사를 적어 외울 만큼 인기가 있었고, 상당수의 젊은이가 팝송을 듣기 위해 음악감상실을 다녔다. 또한 대학생들은 고전 음악감상실도 찾아다녔다. CBS PD와 DJ로 활동했던 최경식(1933~)은 "대학 시절 음악감상실과 영화관이 나의 강의실"이었다고 하며, "방과 후엔 클래식 음악감상실 돌체와 르네상스로 달려갔다"라고 했다(최경식, 2003: 196). 사회학자 김진균(1937~2004)도 "6·25를 지난 50년대 초반에 중고등학교를 지낸 사람들은 학교에서 옳게 노래 한 곡 배우지도 못했을 것이기에 음악에 대한 갈증"이 있었다고 하며, 그래서 "당시 장안에서 오디오 시스템이 거의 유일하고 제일 좋았던 르네상스 음악감상실에 드나들곤 하였다"라고 했다(김진균, 1990: 106~107). 1950년대 말에 서울의 남녀 대학생들에게 명동의 돌체나 충무로의 세시봉 출입은 일상적인 일이었다.[78] 대학생들은 음악적 취향에 따라 고전 음악 또는 팝 음악 위주 음악감상실을 선택해 갔지만, 그날의 기분에 따라 둘 중 하나를 골라서 가기도 했다. 최희숙(1938~2001)은 소설 《슬

78 가수 최희준은 서울대학교 법대 재학 시절(1955~1959)에 동숭동 대학가의 골목에 있던 '별장다방'이 최신 팝송 정보를 제공받던 곳이라고 하며, 같은 시기 서울대학교 철학과에 다니던 작사가 전우(1936~1978)도 단골 멤버였다고 회고했다(〈중앙일보〉, 2002. 9. 25: 21). 1950년대 중반에 서울 중심가인 명동이나 충무로가 아닌 대학가 동숭동의 다방에서도 팝송을 들을 수 있었다는 것이다. 같은 시기 서울대학교 정치학과를 다닌 언론인 오도광(1936~2012)은 '학림다방'보다 먼저 생겼던 별장다방은 "1950년대 후반 한국 최고의 젊은 지성들이 혹은 절망하여 좌절하고 혹은 분노하여 포효하고 울분을 토하던 동숭동 캠퍼스 낭만의 원천"이었다고 하며, "팝뮤직은 '별장'의 분위기와는 아무래도 거리가 있는 것"이었고 주로 "무겁고 분위기 있는 음악을 들려주었다"라고 주장했다(http://xp4.nayana.kr/~kangolympics/bbs/zboard.php?id=bbs&page=647&sn1=&divpage=9&sn=off&ss=on&sc=on&select_arrange=subject&desc=asc&no=4139, 2024. 12. 26 검색). 최희준과 오도광의 기억을 종합해 보면, 별장다방은 클래식과 팝 음악을 모두 들려주었을 가능성이 크다.

픔은 강물처럼》에서 1959년 여대생들이 방문한 세시봉에 대해 다음과 같이 묘사했다.

> 음악실을 찾자. 잘 생긴 남자 애라두 있음 화제가 되니까. 이렇게 해서 우리는 쎄시봉엘 들어갔다.
>
> "신디 아 신디 …… 신디, 돈 렛 미 다이 …… "의 노래 소리가 시작되면서 천천히 들리는 음악. 그와 함께 떠들고 싶은, 입에서 맴도는 말씨름.
>
> "텡이구나. 데비 레이놀즈가 부른거……"
>
> "이건 빠나나 뽀트송."
>
> "또 소녀의 기도"
>
> "암 이건 크레이지 러브. 폴 안카가 부른 거." (최희숙, 1959: 316~317)[79]

1950년대 말까지 팝 음악 중심의 음악감상실에 드나드는 사람 중에는 지식인들도 적지 않았다. 조용호는 1950년대 말에 세시

79 〈신디 오 신디*Cindy Oh Cindy*〉는 미국의 빈스 마틴Vince Martin이 1956년에 부른 노래인데, 가사 중 "Don't let me down"을 "Don't let me die"로 잘못 적었다. 미국의 데비 레이놀즈Debbie Reynolds가 1957년에 부른 노래의 제목은 〈텡이〉가 아니라 〈태미*Tammy*〉다. 〈빠나나보트송*The Banana Boat Song*〉은 미국의 해리 벨라폰테Harry Belafonte가 1956년에 부른 노래로, 〈데이 오*Day O*〉라고 부르기도 한다. 〈크레이지 러브*Crazy Love*〉는 미국의 폴 앵카Paul Anka가 1958년에 취입한 노래다. 세시봉에서 틀어 준 노래들은 당시로서는 모두 비교적 최신의 미국 팝 음악이었다.

봉에는 “화가 김정화 씨, 이진섭 씨 같은 분들이 단골로 드나들었어요”라고 회고했다(이백천, 2014: 253). 최동욱은 “메트로에는 KBS 아나운서와 기독교방송의 아나운서들 가운데 음악 방송을 담당하는 이들이 자주 들렀다”라고 하고, 또한 “메트로에는 대학생들뿐만 아니라 젊은 대학교수나 강사들의 출입이 잦았을 정도로 분위기가 꽤 고급이었다”라고 설명했다(최동욱, 1995: 25~26). 1960년대에도 음악감상실에 젊은이들만 드나들던 것은 아니어서, 시인 최원은 고전 음악을 즐기던 자신이 “째즈음악”을 좋아하는 친구와 함께 찻집을 드나들며 “자연스럽게 째즈에 관심을 기울이게 되었다”라고 했다(《세대》, 1964. 9: 34).

음악감상실에는 팝송을 즐겨듣고 가수나 연주자의 길을 가려고 하는 사람들도 자주 방문했다. 가수 박광수(1940~2022)는 포항에서 학교를 다니며 밤마다 라디오로 AFKN을 들었고, 1961년 이후에는 서울로 올라와 “이때 메트로, 쎄시봉, 디쉐네 같은 음악감상실에 드나들었죠. 정말 뻔질나게 드나들었습니다”라고 회고했다(신현준 · 최지선, 2022b: 101~102). 가수 윤항기도 1961년에 군대에서 휴가를 나와 “명동의 음악감상실 카네기에 놀러 나갔었는데, 그곳에서 여러 친구를 만났다”라고 했다(윤항기, 1993: 123). 훗날 미8군 쇼에서 활동했던 가수들도 젊은 시절에 음악감상실을 드나들며 팝송을 듣거나 함께 활동할 친구들을 만나곤 했다.

음악감상실에 미성년자는 출입 금지였지만, 청소년들이 변장하고 드나들기도 했다(이종환, 1986: 199~200). 언론인 김종철은 “4월 혁명 한 해 뒤인 1961년에 고등학생이던 나는 여름방학에 가까운 친구와 함께 서울 충무로에 자리 잡은 세시봉을 찾아갔다”라고 하며, "엘비스 프레슬리, 팻 분, 폴 앵카 같은 가수들의 노래에 빠져 있던 '우리의 소원'은 대학생들이 다니는 음악감상실에 가서 성능이 좋은 음향으로 노래를 듣는 것이었다"라고 했다(김종철, 2011: 21). 가수 서수남도 고등학교 3학년 때 팝송을 듣기 위해 세시봉에 출입했는데, "거기에 가보니 미8군 부대에서 나온 컨트리, 팝 음반이 가득"했고, "영어엔 자신이 있던 터라 가사를 나름대로 해석해 가면서 음악 탐구에 열정을 쏟았다"라고 했다.[80]

당시에 고전 음악 감상실보다 경음악 감상실이 더 인기가 있었다. "클래식 전문인 명동의 S감상실과 인사동의 R감상실의 실정을 보면 백여 석을 보유하고 있음에도 불구하고 하루 연인원 7, 80명의 감상객을 헤아릴 정도"였지만, "이에 반하여 경음악 전문으로 때로는 실연 프로도 있는 충무로의 S는 성황을 보이고 있다"라고 했다(《동아일보》, 1958. 9. 13: 4).[81] 1960년대 초에도 비슷한 경향을 보여주었다. "서울 시내 변두리를 제외한 중앙부에 7, 8개의 음악감상실에는 방학 중인데도 하루 평균 1,500명의 대학생들이 드나들고 있다"라고 하며, "그중 약 80퍼센트가 '라이트 뮤직 팬'이며 '라이트 뮤직'을 즐기는 학생들은 증가 일로를 걷고 있다는 것이 경영자들의 말이다"라는 보도도 있었다(《조선일보》, 1962. 8. 10: 4).

음악감상실은 "주한 미군 방송인 AFKN에서 흘러나오는 노래

80 https://blog.naver.com/bupyeong_art/222608536105, 2023. 7. 13. 접속.

81 여기에서 명동의 클래식 전문 S감상실은 SS음악감상실, R감상실은 르네상스이고, 경음악 전문 충무로의 S는 세시봉이다.

에 익숙해 있던 팝 매니어들이 미국의 최신 유행곡을 들을 때마다 대부분 그런 취향에 곧장 맞출 수는 없었지만 대개 1개월쯤 지나면 EP나 LP로 구입하는 것이 보통"이었고, "경우에 따라서는 밤새 그 방송의 음악을 녹음해 두었다가 편집해 쓰는 뮤직홀"도 있었다(최동욱, 1995: 28~29). 조용호는 "당시 미8군에서 나온 LP들이 세시봉에 제일 먼저 나왔다"라고 하며, "여관에 수북히 쌓여 있는 걸 골라서 박스로 들고 오곤 했다"라고 회고했다(김종진, 2010: 72). 이백천은 KBS에서 일하던 1964년에 "젊은이들은 라디오를 통해 AFKN 등을 접하면서 끊임없이 새로운 음악을 원하는 와중"이었고, "그들을 상대로 하는 나로서는 대중들이 원하는 음악을 들려주기 위해 그들이 자주 많이 모이는 음악감상실에서 음반을 구해야만 했다"라고 하며 음반 구입의 고충을 토로했다(이백천, 2014: 68). 방송국에서 빌리러 올 정도로 음악감상실들은 팝송 음반을 빨리 구했다.

당시 음악감상실에서 인기를 끌었던 남성 가수로는 "엘비스 프리슬리, 폴 앵카, 팻 분, 빌 할리, 냇 킹 콜, 해리 벨라폰테" 등이 있었고, 여성 가수로는 "도리스 데이, 패티 페이지, 로즈마리 클루니, 조지아 깁스, 빌리 홀리데이" 등이 있었다. 당시 신문 기사는 "외국서는 인기의 고비를 넘은 프레슬리, 팻 분, 폴 앵카, 그리고 도리스 데이가 의연 판을 치고 있다"라고 지적하기도 했다(《조선일보》, 1959. 9. 27: 5). 1960년대 초에도 음악감상실에서 "코니 후란시스, 폴 앙카, 엘비스 프레슬리, 패티 페이지, 팻 분과 트위스트의 창시자라는 체비 체커 정도가 '톱 싱거' 급에 속하고 곡으로는 〈네버 온 선데이〉(코니 후란시스), 〈아이 웬 투 유어 웨딩〉(패티 페이지), 〈힐 해부 투고〉(짐 리브스), 〈트위스팅 USA〉(처비 체커), 테너 색스혼의 〈아 목동아〉와 〈코리나 코리나〉(레이 패터슨) 등을 제일 많이 찾고 있다"라고 했다(《조선일보》, 1962. 8. 10: 4). AFKN을 통해 최근에 접했던 팝송을 음악감상실에 와서 들으려고 했지만, AFKN에서 방송되는 음악과는 별도로 한국인이 특별히 좋아하는 나름의 팝송 취향도 있었다.

3) 음악감상실의 DJ

1950년대 말까지 음악감상실에는 진정한 의미의 DJ가 없었다. 신청받거나 직접 선곡한 음악의 곡명만 알려주며 음반을 틀어 주던 '플레이어'가 있었을 뿐이다. '장내 방송으로 진행'하며 음악 해설도 해 주는 명실상부한 DJ는 없었다는 것이다. 1959년에 종로 2가에 생긴 디쉐네에 드나들다 DJ가 되었던 최동욱은 다음과 같이 회고했다.

> 나는 디쉐네에 매일 드나들면서 파퓰러 음악에 대해 관심을 가졌고, WUS[세계대학봉사회 — 인용자]에서의 경험과 USIS[미공보원 — 인용자]에서 알게 된 지식도 있고 해서 미국 방송에서 일반화되어 있는 디스크자키를 시도해 볼 의욕을 갖고 있었다. 나는 이호범 군과 용산에 있는 미8군 기지 내의 AFKN에 자주 드나들었는데 여기서도 DJ에 대한 자극을 많이 받고 있었다. 이때부터 한국에서 내가 최초의 디스크자키가 되어 보겠다는 꿈을 가꾼 셈이다. 그때가 1960년 봄이었다. 나보다 먼저 디쉐네에 드나들던 이호범 군은 이 뮤직홀 주인과도 잘 통하는 사이여서 플레이어실에 거침 없이 드나들 수가 있었고, 소장된 음반들도 마음 놓고 들추어 볼 수 있었다. 그러던 어느 날 나

> 는 주인에게 파퓰러 곡은 물론이고 클래식 곡도 제대로 소개하면서 진행하는 디스크자키를 자원했다. 허락을 받았다. 이때까지 디쉐네에서 판을 틀면서 클래식 곡목을 소개하던 사람들은 모두 플레이어라고 불렸는데, 나는 과감하게 디스크자키라 불러 달라고 요구했다. 그래서 난생 처음으로 명함을 찍었는데 디쉐네 뮤직홀 디스크자키 최동욱'이라고 인쇄를 했다. 명함 찍는 집에서 디스크자키가 무엇을 하는 직업이냐고 물었던 것도 당연했다. 방송에서도 디스크자키 프로그램이라는 표현은 썼어도 전문직을 일컫는 디스크자키라는 말이나 그런 일을 하는 사람은 그때까지 없었으니까 말이다. (최동욱, 1995: 22~23)

조용호는 1959년에 자신이 세시봉의 '주인 겸 DJ' 역할을 했다고 밝혔다(김종진, 2010: 72). 조용호는 모친이 세시봉을 넘긴 이후에도 "인계는 했지만 음악감상실에 대해 아는 사람이 나밖에 없으니까 거기서 일을 봐"주었다고도 했다(이백천, 2014: 253). 조용호는 자신이 이미 1950년대 말부터 DJ로 활동했다고도 주장했다. 당시에 이미 모든 음악감상실에는 음악을 틀어 주는 사람들이 있었을 텐데, 나중에 이들은 자신들이 모두 DJ로 활동했다고 회고했던 것이다.

디쉐네에서 활동하던 최동욱은 새롭게 문을 연 메트로로 옮겨 활동했다. 메트로에서는 훗날 MBC 아나운서가 되는 정홍숙과 함께 진행을 맡았다(최동욱, 1995: 25). 최동욱은 메트로에서 8개월 정도 있다가 "충무로에서 YMCA 뒤로 이전해 온 세시봉에서 지배인 겸 음악실 책임을 맡아 달라는" 요구를 받고 옮겼는데, 당시 세시봉에는 조용호와 이선권이 '플레이어'로 있었다고 했다.[82] 최동욱은 "내가 세시봉으로 자리를 옮긴 다음부터 이 뮤직홀에서도 장내 방송이 시작"되어 본격적인 DJ의 활동이 시작되었다고 했다. 이후 최동욱은 "다시 충무로에 있던 카네기에 초청되어 그 뮤직홀에서 3개월 동안 있다가, 세시봉이 소공동 상업은행 뒤 월계수다방 자리로 옮길 때 다시 합류했다"라고 밝혔다(최동욱, 1995: 27).

최동욱은 당시의 대표적인 음악감상실인 디쉐네, 세시봉, 메트로, 카네기 등을 거치며 DJ로 활동했고, 1962년에는 새로 생긴 뉴월드로 옮겼다. 최동욱은 뉴월드에서 DJ로서 자신을 "반장으로 삼아 너댓 명을 기용했다"라고 하며, "내가 맨 처음 뮤직홀 DJ를 시도했던 디쉐네에서 바통을 이어받았던 중앙대 출신 이종환, 메트로에서 함께 있던 정홍숙, 가수가 되기 전의 외국어대 학생인 이해석(이석), 김준 등이 마이크를 잡았다"라고 설명했다(최동욱, 1995: 32). 최동욱이 DJ로 활동하기 시작하며 음악감상실들에는 비슷한 방식으로 진행하는 많은 DJ들이 등장했던 것이다.

82 조용호는 세시봉이 종로 YMCA 뒤쪽에 있을 때 "하루는 왕년에 유명한 라디오 DJ 최동욱 씨가 찾아와서 일이 하고 싶대요. 경험이 있냐고 했더니 음악은 많이 아는데 DJ 경험은 없다는 거예요. 그래서 한번 테스트해 보았더니 목소리가 좋은 거죠. 그렇게 해서 최동욱 씨가 무교동 이전 세시봉에서 몇 달간 DJ를 했어요"라고 회고했다(이백천, 2014: 254~255). 이미 여러 음악감상실에서 DJ로 활동하다가 세시봉에 초빙되었다는 최동욱의 주장과는 완전히 다른 내용이다. 오래전 기억이라 착오가 있을 수 있다. 최동욱이 세시봉으로 옮긴 과정은 어느 쪽 주장이 맞는지 알 수 없지만, 세시봉으로 옮기기 전에 이미 최동욱이 다른 음악감상실에서 활동했던 경험이 있었던 것만은 사실이었다.

세시봉에는 1960년대 초기에 조용호, 이선권, 피세영 등이 DJ로 활동했는데, 당시 성우였던 피세영은 "세시봉하고 '라디오 서울'[TBC 라디오의 전신 — 인용자]은 가까우니까 낮에 프로그램이 없을 때에 세시봉에 가서 이선권 씨가 곡목 써주고 틀어주면 나는 앵무새처럼 받아 읽기만" 했다고 회고했다(이백천, 2014: 256). 이종환은 "1963년에 현 미도파 옆 미우만 백화점에 있던 음악감상실 라스칼라에서 아르바이트를 했고, 곧이어 음악감상실 디쉐네로 스카웃되었다가 1965년 2월, 나는 문화방송의 프로듀서 정봉화 씨의 달콤한 말에 넘어가 문화방송에 입사했다"라고 밝혔다(이종환, 1993: 27). 1960년대 중반 라디오의 팝송 프로그램 DJ로 활동했던 최동욱, 이종환, 피세영이 모두 1960년대 초에 음악감상실 DJ로 활동했던 경력을 지녔다.

세시봉에는 DJ로 조용호, 이선권, 피세영 외에 박광희, 구자홍, 허건영 등도 있었다(조영남, 1994: 211). 당시 잡지는 "디쉐네의 자랑은 아무래도 훌륭한 쟈키를 제외할 수가 없다고 한다"라고 하며, "이미 사회적으로 배출된 동아방송의 최동욱, 문화방송의 이종환, 신세기 레코드사 지명길 등이 이곳 디쉐네 출신들"이라고 보도했다(〈가요생활〉, 1968. 5: 89). "아카데미 뮤직홀에는 지미라는 별명을 가진 김태웅이 메인 DJ로 일"했다(최동욱, 1995: 32). 또한 "명동 2가 명동극장 옆 골목 안 2층에 '시보네'라는 음악감상실"에는 "박원웅이 디제이로 데뷔했는데 뮤직홀 세대의 마지막 디스크자키인 셈"이라고 했고, "시보네에는 심지다방에 있던 백형두가 합류했다가 부산으로 내려갔다"라고 했다(최동욱, 1995: 166). "59년경의 메트로에는 1년 간격으로 아저씨와 조카 사이인 박광희 씨(현 TBC라디오 제작2부 음악PD)

와 박원웅 씨(MBC-FM 팝DJ)가 나란히 활동을 했다"라고 한다(《일간스포츠》, 1975. 7. 23: 6). 박원웅(1940~2017)은 1967년 "방송계에 투신하기 전에 시내 뮤직홀 DJ로 약 7년간 활약을 한 경력도 있다"라고 하며, "씨는 서울 중심가의 뮤직홀을 전전하면서 팝송의 물결과 함께 서식을 했다"라고 그 경력을 설명했다(《가요생활》, 1969. 8: 56).

DJ 중에는 한곳에서 오랫동안 활동했던 사람도 있지만, 대부분은 여러 곳을 옮겨 다니며 활동했다. 이종환은 "라스칼라와 디쉐네, 뉴월드의 이종환, 메트로의 김인권, 뉴월드의 박광희와 이호범, 씨보네의 박원웅, 아카데미의 지미 김"과 배경모, 지명길, 백형두, 최동욱, 이귀철 등등이 DJ로 활동했다고 하며, "이런 사람들이 당시 음악감상실의 스타라면 스타였다. 물론 이 사람들은 훗날 한 사람 한 사람 방송국으로 흡수되기 시작"했다고 주장했다(이종환, 1993: 164~165). 선성원은 1993년에 "DJ로 최동욱(재미 DJ)이 디쉐네에서 메트로로 옮기면서 그 자리에 이종환(재미 DJ)이 특유의 스타일로 인기를 얻었고 메트로의 김인권(전 DBS 아나운서), 박광희(KBS-2FM 부장), 라스칼라의 원종관(KBS 방송위원), 세시봉의 조용호(SBS-TV 부국장), 이선권(전 KBS PD), 뉴월드의 이호범(작고), 가수 이석, 아카데미의 박원웅(MBC-FM 부국장), 미국으로 이민간 그룹 비둘기 가족의 리더 지미(본명: 김태웅), 디쉐네의 지명길(작사가), 허건영(TBS-PD), 시보네의 백형두(TBS-DJ), 세시봉의 구자흥(CM스튜디오 사장), 그리고 필자(선성원) 등이 그 시절 인물들이었다"라고 정리했다(선성원, 1993: 44~45).

1950년대 말부터 1960년대 중반까지 활동했던 음악감상실 DJ들 중 상당수가 라디오의 PD로 입사하거나 DJ로 활동했고, 일부는 텔레비전의 쇼 PD로 이름을 날렸다. 즉 음악감상실 DJ들이 방송으로 진출해 팝송의 보급과 팝 스타일 가요의 대중화에 크게 기여했다. 음악감상실 DJ들은 미8군 쇼에서 활동하던 가수나 연주자들에게 활동 공간을 제공해 이들이 일반 무대로 옮겨오는 디딤돌을 마련해 주기도 했다.

4) 음악감상실의 변화

최동욱은 "복학한 지 얼마 안 되어 4·19가 터져 어수선하던 서울의 대학생들은 낭만이 있는 뮤직홀을 유일한 휴식처로 삼게 되었다"라고 하며, "1960년에 서울에서 뮤직홀이 붐을 이루기 시작한 것이었다"라고 회고했다(최동욱, 1995: 21). 그러나 1961년에 이미 "한때는 전성을 이루었던 음악감상실 붐"이라고 표현했을 정도로 1960년대에 들어서면서 음악감상실의 인기는 다소 줄어들었다(《조선일보》, 1961. 7. 13: 4). 또한 "경찰은 불량 청소년들의 소굴이며 온상이라는 느낌을 주고 있는 음악감상실에 대하여 단속의 손을 강화하였다"라고 비판했을 정도로 음악감상실에 대한 부정적 이미지가 생기기도 했다(《경향신문》, 1962. 5. 25: 3).

1962년에 음악감상실은 '대학생들의 유일한 안식처'라는 평가를 들으면서도 이미 음악감상실 경영자가 '라이트 뮤직'을 중심한 음악감상실은 '클래식' 음악감상실에 비해 "데이트나 약속 장소, 시간 보내는 곳으로 이용되는 비율"이 아주 높았고, "음악을 들으러 오는 사람은 2할도 안 될" 것이라고 말했을 정도로 그 역할이 변화하기 시작했다(《조선일보》, 1962. 8. 10: 4). 더욱이 음악감상실이 우범 지역이 되면서 뉴월드에서는 10대들 사이에 칼부림 사건이 벌어지기도 했다(《경향신문》, 1964. 3. 10: 7). 카네기에서는 대학생이 절도 사건으로 경찰에 붙잡히기도 했다(《조선일보》, 1964. 3. 12: 7). 이제 음악감상실이 음악을 듣기 위한 곳이 아니라 만남의 장소가 되었고, 심지어 청소년들이 모여 범죄를 저지르는 곳이라는 부정적 인식까지 생겼다.

1962년에 서울시는 6개 음악감상실에 대해 조명이 규정보다 어둡고 종업원이 보건증을 갖고 있지 않다는 이유로 7일간의 영업 정지 처분을 내렸다(《조선일보》, 1962. 6. 30[석간]: 3). 디쉐네는 "유니버살 김희갑 악단을 고용하여 밴드를 연주하고 30원의 입장료를 징수하다가 적발"되어 15일간 영업 정지 처분을 받았다(《조선일보》, 1963. 9. 19: 7). 얼마 뒤 다시 음악감상실이 "종업원이 보건증을 갖지 않았거나 입장 요금의 부당징수"로 처벌을 받았는데, "5일간 영업 정지된 곳은 르네상스(종로 1가), 뉴월드(관철동 89), 아폴로홀(남대문 1가), 카네기(충무로 1가) 등 4개소이며, 칸데비라(명동 2가)는 15일간의 영업 정지 처분"을 받았다(《경향신문》, 1963. 9. 24: 7). 최동욱은 "그때는 음악감상실이나 맥주 살롱 등의 요식업은 2인 이상의 연주자를 무대에 세울 수 없도록 규정이 되어 있었다"라고 하며, 영업이 어려워지면서 "급기야 대량 가수들의 무대를 시도하다가 당국에서 업태 위반으로 수차례 경고"를 받거나 처벌받았다고 주장했다.[83]

이미 1950년대 말이나 1960년대 초에도 음악감상실에서 간단한 공연을 하는 일이 있었지만, 1960년대 중반부터는 음악감상실이 춤을 추거나 본격적인 공연을 하는 공간으로 크게 변모했다.

83 m.koreatimes.com/article/20180601/1182392, 2021. 9. 25. 접속.

라디오의 팝송 DJ 프로그램이 방송되기 시작하고 전축과 팝송 음반이 보급되면서 음악을 들려주는 것만으로 생존하기 어려워졌기 때문이다. 이미 1960년대 초부터 일부 음악감상실에서는 트위스트 춤을 추었지만(최동욱, 1995: 27), 1960년대 중반 이후에 이런 일이 대부분의 음악감상실로 확산되었다. 가수 서유석은 고등학생 시절(1960~1963) "광화문 조선일보사 구 사옥 뒤에 아카데미란 음악 홀이 생겨 주말이면 재키라는 DJ의 진행으로 트위스트 경연대회가 열렸다"라고 하며, "상품은 칼피스 주스 한 잔 주는 입장권이 전부였으나 서울 장안에서 트위스트 춘다는 놈들은 죄다 모여들었다"라고 당시 음악감상실의 분위기를 설명했다(서유석, 2004: 85). "어두컴컴한 음악감상실에 꽉 찬 하이틴들은 요란스런 재즈 가락에 맞춰 몸을 흔들고" 있었는데, "디쉐네, 세시봉, 메트로, 미도파 — 서울 시내 어떤 음악감상실에서도 이런 장면은 흔하다"라고 하며 중고등학생들이 음악감상실에서 춤을 추는 것에 대한 비판도 나왔다(《동아일보》, 1966. 4. 26: 7). '종로에 있는 N뮤직홀'은 "문득 음악이 끝나면서 '트위스트 파티'의 시간을 알리는 '프레이어'의 말이 흘러나왔다. 그러자 갑자기 장내는 함성으로 가득찼다"라고도 했다(《가요생활》, 1967. 3: 253). 또한 선성원은 "음악감상실에서는 다양한 행사가 펼쳐졌다"라고 하며, 그중에서도 "가장 관심을 모은 것은 트위스트 경연대회와 아마추어 가수 선발대회였다"라고 했다(선성원, 2008: 106).

음악감상실에서는 미8군 쇼에서 활동하던 가수나 연주자들의 공연이 이루어지기도 했다. 조용호는 세시봉에서 "평일에는 음반을 틀고, 미8군 무대가 쉬는 휴일엔 미8군 무대에 나가는 음악인들을 세웠"다고 했다(신현준 · 최지선, 2022a: 372). 특히 조용호에 따르면 "스페셜 A팀 불러서 했는데, 신중현 씨가 그때 미8군 쇼에 재키 브라더스라고, 두 사람이 기타 치면서 노래"했고, "몬로 K라고 아주 유명한 가수도" 출연했다(이백천, 2014: 277). 최동욱은 "디쉐네의 넓은 무대는 수시로 미8군 출연 한국인 연예인들이 생연주를 해주기도 했는데 그럴 때마다 무대 사회까지 겸해 주었다"라고 했다(최동욱, 1995: 28). 이종환은 "신중현의 애드포Add Four의 생음악 무대라든가 조동진이 이끌던 셰그린, 하청일의 샤우터즈, 서수남의 웨스턴 쥬브리, 조영조의 코끼리 트리오, 이런 사람들의 연주 무대는 열광적이었다"라고 했다(이종환, 1986: 203). 특히 "애드포나 키보이스 등 인기 그룹의 라이브 무대가 있는 날이면 인파가 구름처럼 몰려 들었다"라고 할 정도였다(선성원, 2008: 106). 세시봉에 미8군 쇼에서 활동하던 가수들이 대거 출연하면서 "대한민국에서 팝뮤직깨나 한다는 사람은 세시봉과 직접, 간접 연관을 가졌다"라는 얘기까지 나왔다(《일간스포츠》, 1975. 7. 25: 6).

부정적인 인식 속에서 음악감상실은 다양한 시도를 통해 변화를 모색하기도 했다. 세시봉에서는 1964년 5월 26일에 '모던 재즈의 밤,' '샹송의 밤' 등의 행사를 열었다(《조선일보》, 1964. 5. 26: 7). 1966년에 김종철은 세시봉의 DJ인 구자홍을 통해 "우리나라 대학생들이 밝고 즐겁게 음악을 듣고 공연을 볼 장소가 마땅치 않은데 세시봉에서 한 주 한 번씩 '대학생의 밤'을 열면 어떨까요? 각 대학의 밴드와 노래패를 부르고 프로 연예인과 지식인들도 초청하면 좋을 텐데요"라고 제안했고 사장이 이를 받아들였다(김종철, 2011: 27~34). 이백천도 "레코드판의 음악만 들려줄 게 아니라 직접 라이브음악을 들려주면 좋겠다는 생각"으로 '대학생의 밤'을 시작했고, 여기에 조영남, 윤형주, 송창식, 이장희, 박상규, 장우 등이 노래를 불렀다고 했다(이백천, 2014: 74). 조영남과 '트윈폴리오'(윤형주 · 송창식)가 한창 인기를 끌고 있을 때 미국에서 갓 들어 온 한대수도 세시봉에서 처음으로 노래를 불렀다. 그는 당시 세시봉에 대해 "그곳은 젊은이들이 자신의 마음을 대변해 주는 음악을 벗삼아 자유롭게 의식과 영혼을 나누는 참으로 귀한 공간이었다"라고 평가했다(한대수, 2005: 68~69).

1960년대 말에 세시봉에 "감상자와 사회의 저명 인사들 간의 유대를 깊게 하자는 뜻으로 제정된 특별 프로 중에는 성점 가요(매주 월요일), 시인 아워(매주 수), 대학생의 밤(매주 금), 클래식에 밤(매주 목), 토요스테이지(매주 토) 등 많은 프로"가 있었다(《가요생활》, 1968. 5: 86). 당시 〈주간 한국〉 기자였던 정홍택은 "내가 여기서 기획하고 진행했던 이벤트는 성점감상실, 신곡 합평회, 시인 만세, 신인가수 선발, 그리고 스타 데이트 등 다양했다"라고 하며 자신이 세시봉의 많은 행사를 기획했다고 주장했다(정홍택, 2001: 216~219). 이런 노력으로 "뮤직홀을 불량 학생의 소굴이란 인상에서 젊은이들의 건전한 휴식처, 사교장으로 바꿔 놓는 데 성공"했다고 하며, 그 결과 세시봉엔 대학생, 젊은이뿐만 아니라 김대중, 김상현, 신동준 등의 정치인과 박두진, 조병화, 김종문, 김수영 등의 교수나 문인까지 찾는 장소가 되었다(《선데이서울》, 1969. 5. 11: 13). 이런 결과는 세시봉 등이 더 이상 팝송을 듣기 위한 음악감상실에 머무르지 않았다는 사실을 보여 준다. 이런 노력 때문인지 "세시봉이 메이저였다면, 내쉬빌과 디쉐네 같은 장소는 요즘 말로 언더나 인디라고 할 수 있다"라는 평가도 나왔는데, 음악적으로는 "세시봉이 포크 중심이었던 데 비해 내쉬빌은 사이키델릭하고 헤비한 음악을 틀었다"라고 했다(양병집, 2012: 44). 그럼에도 음악감상실은 1960년대 말에는 거의 사라졌는데, 최동욱은 다음과 같이 설명했다.

> 50년대 말과 60년대 초에 성행하던 뮤직홀이 60년대 중반 이후부터 차츰 쇠퇴하기 시작했다. 어떤 이들은 그 직접적인 원인이 63년에 등장한 동아방송의 〈탑튠쇼〉를 비롯한 파퓰러 뮤직 프로그램들이 다양화되면서, 굳이 뮤직홀까지 가서 음악을 들을 필요가 없게 된 때문이라고도 분석했다. (중략) 입장료를 내고 들어가는 뮤직홀이 번거로운 데다가 방송에서 나오는 최신곡을 제대로 들을 수 없게 되고, 분위기마저 혼탁해지면서 감상실을 찾는 사람들의 발길이 차츰 뜸해지기 시작했다. 그래서 60년대 초에 붐을 이루던 뮤직홀 가운데 카네기, 디쉐네, 메트로, 라스카라, 무아, 돌체, SS감상실 등이 차례로 문을 닫았다. (최동욱, 1995: 165)

다른 음악감상실들이 대부분 사라지던 가운데 변신을 통해 버티던 세시봉이 1969년 5월 2일에 문을 닫았다는 사실은 음악감상실 시대의 종말을 알린 것이었다(《선데이서울》, 1969. 5. 11: 12). 음악감상실이 사라진 1970년대 초에 "종전 서울 시내에는 20여 개의 음악감상실이 있었으나 지금은 R감상실 등 몇 개 안 남고 대부분 주간 다실 겸 야간살롱으로" 변했다(《경향신문》, 1971. 7. 14: 3). "지금 명동에는 전문적인 음악감상실은 하나도 없는 셈인데 대신 좋은 음악을 자율적으로 틀어주는 음악다방이 늘어나고 있어 업주들은 스피커

등 스테레오 장치, 최신 유행 디스크 수집에 열을 올리고 있다"라고 설명했다(《경향신문》, 1971. 8. 10: 7). 이렇듯 "음악감상실의 쇠퇴기에 고개를 들기 시작한 것이 음악 다실"이었고, "서울 시중에는 이른바 음악 살롱이라는 형태의 새 음악 연주 공간들이 하나둘" 생겨났다(최동욱, 1995: 166). 음악을 듣기 위해서는 음악 다방으로 향했고, 라이브 공연을 보기 위해서는 음악 살롱으로 가면서 복합적인 기능을 했던 음악감상실은 그 역할의 시효가 다하면서 사라지고 말았다.

3. 전축과 팝송 음반의 보급

1) 1960년대 전축과 팝송 음반의 보급

1950년대 후반에 음반 시장은 동대문 시장과 충무로를 중심으로 형성되어 있었다. 최동욱은 "동대문 시장에는 SP판 판매점과 축음기 판매 상점들이 밀집해 있었고, 충무로에는 LP판 판매 레코드점들이 몰려 있었다"라고 했다(최동욱, 1995: 20). "1954년 충무로에 음악사라는 이름으로 고급 전축과 LP 음반을 판매하는 점포가 생겼고, 1956년 '연악사研樂舍'로 개명한 뒤 충무로 일대에서는 엔젤사, 리빙사, 하이화이사 등 동종 점포가 문을" 열었고, "이들은 SP와 유성기를 판매하던 점포와 달리 새로 수입된 전축과 LP 음반을 판매했다는 점을" 내세웠다(송현민, 2017: 166). "그 무렵 음반의 구입처 역시 미군 PX를 통한 것이나 직접 수입을 하는 방법도 있었지만 재미난 것은 음반의 진가를 모르는 고물상을 통한 '횡재' 역시 심심찮게" 있었다(《일간스포츠》, 1975. 7. 20: 6). 1950년대 중반에는 미공보원 도서실에서 회원들에게 LP레코드를 3장씩 대출해 주기도 해서,[84] 전축이 있는 곳에서 최신 LP음반을 이용한 음악감상을 할 수도 있었다(최동욱, 1995: 17~18). 그러나 1950년대 말까지는 AFKN을 통해 접한 팝송을 다시 듣기 위해서는 음악감상실을 갈 수밖에 없었다. 전축과 음반의 보급이 아주 낮은 수준에 머물러 있었기 때문이다.

1960년대에는 본격적으로 "태엽의 동력으로 작동하던 '유성기'가 전기를 동력으로 하는 '전축'으로 대체"되었고, 동시에 SP가 LP로 바뀌는 변화가 나타났는데 그 중심지가 충무로였다(신현준, 2007: 404). 1960년대 초까지는 음악감상실들도 음반 판매점들이 몰려 있던 충무로와 그 인근의 명동에 집중되어 있었다. 1960년대에는 음악감상실이나 방송국에서도 팝송 음반을 구하기가 대단히 어려웠다. 음반사에서 팝송 음반을 바로 구할 수 없었기 때문이다. 이

84 1950년대에 대전의 "미공보원(전 대전문화원)은 망루에 대형 스피커를 설치해 오후 5시 하기식이 끝나면 미국의 최신 팝송을 들려주기도" 했다(《대전일보》, 2016. 5. 9: 22). 1954년 4월 1일부터 1955년까지 대전의 "선화동 문화원 건물 맞은편에 자리한 대전 시청 옥상에 설치한 10m 높이의 방송대"를 이용한 '대민방송'을 했다. 일요일과 공휴일을 제외한 매일 오전 8시~8시 30분, 낮 12시~12시 30분, 오후 5시~5시 30분, 저녁 9시~9시 30분 등 1일 네 차례 방송을 내보냈다(위경혜, 2018: 137). 오후 5시~5시 30분 사이의 방송에서 팝송을 들려주었던 것으로 보인다. 미공보원은 팝송을 들려주는 것뿐만 아니라 팝송 음반도 대여해 주었을 가능성이 있다.

종환은 직접 “미군 부대 근처를 쑤시고 다니며 도너스판을” 찾거나 신중현 등 미8군 쇼에서 활동하던 사람들에게 “부탁해서 최신 팝송이 담긴 레코드를 사들이기도 했다”라며 음반 구입의 어려움을 토로했다(이종환, 1993: 159~163). 특히 “미군부대 PX에 출입하는 사람들이 용케 디스크를 구해서 방송국에 팔기 위해 들고” 왔고, “그 사람들이 가지고 온 디스크는 울며 겨자 먹기로 일단 모두” 사야 했다(이종환, 2004: 310).

1960년대 초에 팔리던 외국 음반의 “대부분은 미군 PX에서 부정 유통되는 암거래품이거나 여행자들이 들고 들어온 것들”이었고, “이보다 앞서서 50년대 말부터 이른바 복사판이라는 것들이 나돌기 시작”했는데 외국에서 복사해 만든 것이 들어왔거나 국내에서 불법으로 복제한 것들이었다(최동욱, 1995: 158). “처음엔 미군기지 주변에서 싼값에 판을 사려는 미군을 상대로 만들었으나 (가격은 1달러 정도) 음질이 우수해 일반 팬에도 널리” 팔리기 시작했다(《일간스포츠》, 1975. 7. 23: 6). 한국인도 팝송을 듣기 위해서는 미군 부대에서 흘러나온 음반이나 불법 복제 음반을 구해야만 했다.[85]

전축이 일부 가정에 보급되기 시작한 1950년대 말에 이미 젊은이들에게는 팝송 음반이 인기를 끌었다(《동아일보》, 1958. 9. 13: 4).

85 가수 나미의 아버지는 1950년대 말에 경기도 동두천시에서 “미군을 상대로 해적 음반 레코드점을 경영”했다(https://weekly.hankooki.com/news/articleView.html?idxno=2174569, 2022. 11. 20. 접속). 다른 미군 주둔 지역의 레코드 가게들에서도 미군 상대로 불법 복제 음반들을 팔았을 것이다.

"국산 유행가가 안 팔리는 또 한 가지 이유는 외화 LP 등을 통해서 속속 수입되는 달콤한 영화 주제가 샹송들에 팬을 빼앗기는 탓"이라고 보도되기도 했다(《동아일보》, 1958. 12. 26: 4). 그러나 "가정에서 축음기(및 '전축')를 통해 음반을 듣는 것"은 아직 대중적이지 않았는데, "1960년대 이전에는 불법 복제된 음반(이른바 '빽판')도 나오지 않았고, 오리지널 음반(이른바 '원판')은 구하기도 힘들었으며 한국인의 구매력 수준에 비추어 보면 매우 고가"였기 때문이다(신현준 · 최지선, 2022a: 158).

그럼에도 1960년대에 들어서서는 가정에서 전축을 통해 팝송을 듣는 사람들이 조금씩 늘어나기 시작했다. 1960년대 초에 "해적판이라고 할 수 있는 이들 국산 LP" 중에서 "대체로 우리나라의 대중가요보다 외국곡이 훨씬 많이 팔린다"라고 했다(《조선일보》, 1961. 7. 13[석간]: 4). "취입반과 숫자적으로 맞먹어 온 복사반의 수가 요즘 부쩍 늘고 있다"라고 하며, "이것은 제작비가 취입반보다 덜 먹고 젊은 팬이 잘 사감으로써 생긴 현상"이라고 했다(《경향신문》, 1963. 8. 14: 8). 여기에서 '복사반'은 주로 팝송의 불법 복제 음반을 가리키는 것이었다. 즉 1960년대 초에 음악감상실에서 팝송이 인기를 끌었던 것처럼 전축을 가지고 있는 가정의 젊은이들도 팝송 음반을 더 선호했다. 1963년에 국내 음반사들이 생산하는 음반의 45%가 "외국의 '포퓰러' 가곡을 중심으로 한 영화주제가 등 이른바 '양곡洋曲'"이었고, 40%가 국내 대중가요, 15%가 "명곡으로 불리우는 크라식"이었다(《조선일보》, 1963. 9. 5: 5).

서유석은 고등학생 시절에 레코드 가게에 가서 폴 앵카의 음반을 사서 "판을 집에서 틀고 또 틀면서 들리는 대로 가사를 우리말로 노트에 베껴 썼다"라고 하며, "그걸 다음날 학교에 갖고 가면 영어 꽤나 하는 친구들이 옮겨줬다"라고 했다. 그는 "이렇게 손으로 베껴 쓴 팝송 가사 노트는 공부를 잘 하든 못 하든 한두 권씩은 가지고 다녔다"라고 하며 당시 팝송에 대한 인기를 설명했다(서유석, 2004: 83~84). 김광한은 고등학교 3학년이던 1964년에 형의 전축을 자신의 방으로 옮겨 놓고 하루 종일 꼼짝 않고 레코드로 팝송을 듣곤 했다고 회고했다(김광한, 2018: 62). 가수 양병집(1951~2021)은 중학생 때 영화 '틴에이저 스토리'에 빠져 "광화문의 한 레코드점에서 '틴에이저 스토리'의 주제곡들이 여러 개 담긴 LP판을 구입"했다(양병집, 2012: 26). 1960년대 초에도 이미 어느 정도 경제력을 갖추고 음악에 관심이 있던 가정에는 전축이 있었고, 그런 가정의 중학생이나 고등학생들이 팝송 음반을 사서 들었다.

1960년대 중반 이후 불법 복제 음반의 보급이 대폭 증가했다. 저작권에 대한 인식이 별로 없던 시절이라 등록된 음반사도 불법 복제 음반을 제작했다. "당시 한국음반제작자협회에 등록된 레이블 47개와 무허가 업체 60여 개 등 100개가 넘는 크고 작은 음반사가 한 달에 평균 150여 류의 빽판을 제작"했을 정도로 1960년대 중반 이후 그 시장이 급격히 성장했다(최규성, 2020: 106). 1960년대에 팝송의 불법 복제 음반은 주로 편집 음반이었다. 1968년에는 《흘러간 외국 가요 팝송 반세기》라는 이름으로 성음사에서 팝송 158곡을 담은 LP 12매가 발매되기도 했다(〈동아일보〉, 1968. 12. 27: 1). DBS의 최동욱과 MBC의 이종환은 자신들이 진행하는 프로그램의 이름을 딴 시리즈 불법 복제 음반의 선곡 작업에 참여했다. 최동욱은 《Mr. DJ가 Fan에게 드리는 Top Tune Show》를 미미레코드에서, 《Top Tune Show》를 신진레코드에서 내는 데 관여했다. 이종환은 《탑왕》과 《뮤직 다이얼》을 킹레코드에서, 《오늘의 팝송》을 엔젤레코드에서 제작하는 데 참여했다(최규성, 2020: 108~109). 이들은 라디오 프로그램에서 인기 높던 팝송을 선곡해서 팝송 편집 음반을 만들도록 했는데, 불법 복제한 판에서 골라 다시 편집 음반을 만들기도 했다. 이종환은 '의정부 신씨'라는 사람이 빽판을 찍어 큰돈을 벌었는데, "다행히 내가 킹 레코드 제작에 참여하고 있었기 때문에 의정부 신씨의 빽판은 제일 먼저 받아낼 수" 있었다고 했다(이종환, 2004: 198~199).

듣고 싶은 음악을 자신이 원하는 시간과 장소에서 듣고자 했던 젊은이들에게 불법 복제 음반은 그런 욕망을 충족시켜 주는 중요한 수단이었다. 1960년대 말에 전축을 소유한 사람들이 늘어나면서 불법 복제 음반은 팝송을 좋아하는 젊은이들에게 큰 인기를 끌었다. 1968년에 "몇 년 전만 해도 전축 하면 일부 특수층이나 부유한 가정의 독점물인 양 희소한 사치품으로 인식"되었으나, 이제 "국민 생활 수준이 높아짐에 따라 전축은 시골의 한적한 다방에서도 당연한 구비품으로 생각하는 대중화 단계에 들어서게 됐다"라고 하는 주장도 있었다(《매일경제》, 1968. 4. 15: 3). '대중화' 단계라고까지 표현하기는 다소 어렵지만, 확실히 1960년대 말에 전축의 보급이 늘어난 것은 사실이었다.

"1960년대까지 전축은 사치재의 성격이 강했고, 전축의 올바른 장소는 거실의 중앙"이었기 때문에 "한국에서 '스탠더드 팝'이나 '이지리스닝'으로 불리는 영미 대중음악은 당시 도시 중간 계급 가정의 거실이라는 공간과 밀접한 상관관계를 갖는다"라고 할 수 있었다(신현준, 2007: 405). 이에 따라 1960년대 전반에는 스탠더드 팝 음반 보급이 비교적 활발했다. 최동욱은 "60년대 중반 이후부터 본격화되기 시작한 백판은 한국의 젊은 층들에게 유일한 음반 구입 수단이었고, 싼값에 쉽게 구입할 수 있는 기회이기도 했다"며 불법 복제 음반을 통해 젊은이들도 가정에서 팝송을 듣게 되었다고 설명했다(최동욱, 1995: 159). 1960년대 말부터는 좀 더 다양한 장르의 팝 음악을 불법 복제 음반으로 듣게 되었다.

2) 1970년대 이후 불법 복제 음반의 대중화

경음악평론가 최경식은 "근간 한국의 팝스 팬들은 최신 외국 가요가 24시간 흘러나오는 미군 방송과 무질서하게 출반되던 해적판, 백판의 복사판에 의하여 첨단적이고도 국제적인 유행의 감각이 예밀해질 대로 예민해졌다"라고 설명했다(《가요생활》, 1970. 12: 56). 1970년대에 "접어들면서 빽판은 국내 음반 시장의 60%를 점령할 정도로 비대"해지면서 빽판을 구하기가 더 쉬워졌던 영향이 컸다(최규성, 2020: 338). 특히 1970년대에 들어서서 "편집을 하지 않고 '원판'을 그대로 복제한 음반, 이른바 '빽판'이 일반화"되면서 더욱 널리 보급되었다(신현준, 2007: 408). 1960년대 말에 '복사판 디스크'가 "국내가요 디스크 수요와 거의 비슷하거나 상회"했다고 하며 '해적판 복사 제작 실태'를 다음과 같이 보도했다.

> 현재는 등록된 회사 중 3~4개 회사만이 각자 독립된 제작을 하고 그 외에는 위탁 제작자들의 음반을 제작하여 주고 있는데 이들 대부

> 분이 외국 음반을 주로 제작하고 있다. 약 30여 개의 회사가 월 평균 1~2종의 새로운 외국 음반을 제작하고 있다. 이들 제작자들이 새로운 외국 음반을 입수하는 방법은 여러 가지 루트에 의하는데 제일 큰 비중을 차지하는 것이 미8군 PX를 통하여 나오는 디스크이다. 그 외 3~4개의 회사는 각 민방의 PD를 포섭하여 방송국에서 곡을 입수하고 있으며 미국에서 직접 주문하는 회사도 있다. 그밖에 국내에 거주하는 외국인을 통한 방법, FM 방송을 채취하는 방법, 심지어는 국내에서 제작된 음반에서 재차 녹음하는 일도 있다. 외국 음반의 제작은 원판을 약품에 담그어 완전히 복사하는 경우도 있고, 방송국의 팝송 PD나 레코드사의 문예부에서 곡을 선정하여 편집된 판을 제작하기도 한다. 한편 제작자 중에는 한국에 거주하는 외국인이나 외국 군인들을 상대로 하여 소위 '백판'이라 하여 외국의 LP판을 전적으로 복사하고 있는 업자도 있다. (《가요생활》, 1970. 3: 76)

다양한 방식으로 구입한 음반을 활용해 빽판이 계속 제작되자 문화공보부는 1967년에 제정된 음반법을 개정해 규제하려고 했다. 1970년 3월 초에 문화공보부는 "그동안 음반 제조업자들의 양곡洋曲 복사 해적 행위를 현재 국회에 상정되어 있는 음반법 개정안이 통과될 때까지의 경과조치로서 묵인하기로 하고, 그사이의 양곡 복사는 음반협회에서 쿼터제로 마찰없이 조절하도록 위임"했다(《경향신문》, 1970. 9. 12: 5). 빽판의 심각한 폐해를 막기 위해 1970년 4월 내무부와 문공부 장관이 담화문을 발표했고, 5월부터 강력한 단속을 시작했다. 이에 정식 음반사들은 빽판 제작을 중단했지만 계속 제작했던 4개사는 등록 취소가 건의되기도 했다(최규성, 2020: 336). 음반협회는 문공부의 경과 조치에 근거하여 "이사회의 결의로 '한국음반판매주식회사'를 6월 30일에 설치하고 쿼터제에 따라 문공부 등록 14개 회사에서 제작한 복사판을 일괄 판매하여 양곡 복사 문제를 일원화"시켰다(《경향신문》, 1970. 9. 12: 5).

문공부의 경과 조치로 "문공부에의 등록업자, 프로듀서 메이커, 도산매都散賣업자, 그리고 우리나라 음반계에 공로가 많은 사람들로 이루어진 새 공개법인체 한국음반주식회사가 발족한 후 최초의 디스크 두 장"을 내놓았다. 제1호는 "'뉴팝스-비틀즈'의 신작 영화주제곡 이름을 딴 《렛잇비》(12인치 LP)를 부제로 단 판으로서 비틀즈 4인조의 노래 12곡을 담은 것"이고, 제2호는 "《월드팝스》(12인치 LP)-〈밤의 장미〉, 〈시실리안〉, 〈시간은 어디로〉, 〈삶의 기쁨〉 등 12곡"을 실은 것이었다(《조선일보》, 1970. 8. 16: 7). 한국음반주식회사는 《뉴팝스》와 《월드팝스》의 두 팝송 시리즈 5개 종을 내놓았다. "한국음반협회의 쿼터제 배정을 받아 문공부 등록 제조회사에서 제작된 이 팝송 시리즈는 종래의 무질서한 해적판 외국 음반 복사를 일괄 정리하는 한편 무모한 경쟁을 위한 덤핑에서 초래되는 저질 음반을 막기 위한 조치로 음반협회의 품질 검사를 받도록 되어" 있었다. "수록된 팝송들은 그동안 국내 음반업계서 제작되지 않았던 것들로 이번 첫 계획은 1개사 1종씩 15종"이었다(《경향신문》, 1970. 8. 29: 5). 문공부의 조치에 따른 한국음반주식회사의 설립과 쿼터제는 성공을 거두지 못했고, 다시 "외국 음반 복사는 지난 3월의 문공부 부정 음반 단속 이전의 난맥 상태로 환원되어 버리고 말았다"라는 평가가 나왔다(《경향신문》, 1970. 9. 12: 5). 불법 복제 음반 발행이 활발하고 경쟁이 치열했던 것은 전축을 가지고 있는 가구가 늘어나며 음반에 대한 수요도 증가했기 때문이었다. 1970년의 센서스 조사 결과에 따르면 전국적으로는 10%가, 도시 지역에서는 18%가 전축을 가지고 있는 것으로 나타났다(《경향신문》, 1973. 6. 11: 5).

1972년 2월 28일 음반법 시행 유예 기간이 끝나자 문공부는 3월 1일부터 5개의 빽판 녹음업체에 대해 단속을 시작했다. 그러나 판매업자들로부터 아직 약 70만 장 정도 남아 있어 경과 기간을 연장해 달라는 요청을 받고 이를 받아들였다(《경향신문》, 1972. 3. 11: 5). "빽판의 제작과 유통을 규제하기 위해 제정된 음반법은 아이러니하게도 빽판의 전성시대"를 불러왔고, "근절은 고사하고 제작사 표기도 없이 조악하게 제작된 빽판들은 라이선스와는 비교도 되지 않는 저렴한 가격으로 시장의 몸집을 더욱 키웠다"라고 할 수 있다(최규성, 2020: 338). 빽판을 규제하겠다고 나섰던 문공부의 정책이 결과적으로 더욱 영세한 제작자들이 빽판의 제작과 유통을 주도하도록 했다.

한편 문공부는 외국 음반을 복사하려면 라이선스 계약을 맺도록 했지만 음반사들은 소극적이었다. 1971년에 성음레코드만이 '데카,' '필립스'와 국내 최초로 라이선스 계약을 맺었을 뿐이고, 1972년에는 지구레코드가 'RCA'와 라이선스 계약을 맺었다. 음반법 시행 유예 기간이 끝나기 전에 16개 등록음반사 중에서 기껏 성음레코드와 지구레코드 두 곳만이 라이선스 계약을 했다(최규성, 2020: 338). 1972년에 신세계레코드가 '데카,' '필립스'와 계약을 했고, 1974년에는 오아시스레코드가 'EMI' 등과 라이선스 계약을 맺었다. 1975년 해외 라이선스 음반 시장은 '성음, 지구, 오아시스, 신세계' 등의 음반제작사가 주도했다. 라이선스 계약을 통해 "그동안 백판에서 자갈 구르는 소리만 듣던 감상자들에게 깨끗한 음질을 제공하면서 팝 문화의 발전에 일조를 했다"라는 평가가 나왔다(선성원, 1996: 54). 라이선스 음반의 발행에 대해 "팝 음악의 달콤한 얼굴 뒤에 거대한 다국적기업의 냉혹한 자본 논리가 숨어 있음을 결코 잊어서는 안 될 것"이라는 비판도 나왔다(김창남, 1991: 76～77).

1970년대 중반에도 여전히 해적판이 라이선스 음반보다 더 많이 팔렸다. "라이선스판이 1,500원 정도인데 반해 이 해적판은 250～300원 정도의 저렴한 가격이기 때문에 청소년들의 주머니 사정으로는 어쩔 수 없는 실정"이었다(《경향신문》, 1975. 10. 21: 7). 음질이 다소 떨어지더라도 가격이 훨씬 저렴했기 때문에 팝송 음반을 구매하던 젊은이들에게 빽판이 인기가 있었다. 라이선스 음반에는 빠지던 금지곡을 빽판을 통해서는 들을 수 있었던 것도 영향을 주었다. "옛날에는 나라에서 금지곡을 지정했는데 핑크 플로이드의 〈더 월〉도 교육을 부정하는 내용이라고 금지"되었고, 이 곡을 "워낙 듣고 싶어하는 사람이 많아서 음반을 구하려고 세운상가에 갔는데 마침 단속반이 뜬 날"이어서 "첩보영화처럼 유통업자와 접촉해 간신히 구했던 기억"이 난다는 한 DJ(63세)의 회고는 금지곡을 듣기 위해 빽판을 구매하던 청소년들의 상황을 잘 보여 준다(《동아일보》, 2017. 3. 3: 28).

1970년대의 '빽판 키드'들은 더 이상 음악감상실에 가지 않고도, 또한 라디오 팝송 DJ 프로그램을 듣지 않아도 자신이 원하는 팝송을 집에서 아무 때나 들을 수 있었다. 1973년 9월에 서울의 대학생을 대상으로 실시한 조사에서 '전축 또는 녹음기를 통해서' 팝송을 듣는다고 하는 비율이 하루 종일 평균은 20.1%였고, 저녁 시간대에는 29.4%로 나타났다(안춘옥, 1974: 53). 전축으로 팝송을 듣는 비율이 높아진 것은 전축 보급이 늘어났기 때문이었다. 1975년 조사에서는 전국 가구(4,732,081) 중에 18.6%(881,028)가, 도시 지역에서는 36.1%가 '전축 혹은 녹음기'를 가진 것으로 나타났다. 특히 서울에서는 전체 가구 중에 43.1%가 '전축 혹은 녹음기'를 가진 것으로 나타났다.[86]

1970년대에 전축 보급률이 높아지면서 서울의 많은 '빽판 키드'들이 청계천으로 팝송 빽판을 사러 다녔다. 1975년의 '대마초 파동'으로 젊은 층에게 인기 있던 가수들의 활동이 금지되며 팝 스타일 가요를 마음대로 들을 수 없게 되자 팝송에 대한 인기가 더 높아졌다.[87] 젊은이들은 팝송을 듣기 위해 주로 빽판을 구입했지만 형편에 따라 라이선스판이나 원판을 사서 팝송을 듣기도 했다(안성민, 1999: 26). 불법 복제 음반의 확산은 초국가적 음반 회사에게 손실을 안겨주기도 했지만, "영미계의 팝뮤직을 전 세계에 보급시키는 또 하나의 경로"가 되었다(이창현, 1988: 73).

경기도에서만 최신 복제 시설을 갖춘 20여 개의 비밀 공장에

86 https://kosis.kr/statHtml/statHtml.do?orgId=101&tblId=DT_1JU750C&vw_cd=MT_ZTITLE&list_id=H2172&seqNo=&lang_mode=ko&language=kor&obj_var_id=&itm_id=&conn_path=MT_ZTITLE. 2023. 4. 10. 접속.

87 1975년 12월에 대마초를 피웠다는 이유로 가수들을 구속하거나 입건한 사건으로, 젊은이들에게 인기 있던 록과 포크 계열 가수들이 '주요 타깃'이었다(신현준 · 최지선, 2022a: 264~272).

서 '해적 음반'을 생산했고, 이런 조직은 기업화되었다고 할 정도로 규모가 커졌다(《조선일보》, 1978. 12. 17: 5). 1970년대 내내 불법 복제 음반이 대량 유통되었던 것이다.[88] 또한 "서울 광화문 한복판에 있는 한 레코드점에 미군 계통으로부터 1주일에만도 2백 장의 새로운 팝송판이, 한 달에 1천여 장의 레코드판이 풀려나와 날개 돋친 듯 팔려 나간다"라고 할 정도로 원판이 불법 유통되기도 했다(《동아일보》, 1978. 10. 10: 5). 전축의 보급 확산과 빽판의 대중화는 젊은이들의 팝송 청취에 날개를 달아주었다.

4. 팝 취향 형성과 팝 문화 기획 공간, 음악감상실

한국 전쟁 직후 팝송을 듣는 음악감상실이 처음 생겼다. AFKN을 청취하며 팝송을 좋아하게 된 젊은이들이 좋은 음향 장비를 갖춘 음악감상실에서 원하는 팝송을 들을 수 있었다. 1950년대 중반에 생긴 세시봉, 은하수 등을 시작으로 명동과 충무로에 많은 음악감상실이 생겼다. 아직 전축과 음반이 보급되지 않아서 집에서 원하는 팝송을 마음대로 듣기 어려웠던 젊은이들에게 음악감상실은 큰

88 〈빌보드*Billboard*〉가 추정한 세계적인 불법 복제 음반의 생산량은 1967년에 100만 달러, 1970년 400만 달러, 1975년 1,000만 달러, 1979년 1,200만 달러였다(이창현, 1988: 92). 12년 사이에 12배나 늘어났을 정도로 불법 복제가 극성을 부렸다.

인기를 끌었다. 음악감상실 DJ였던 최동욱, 이종환, 피세영 등은 모두 1960년대 중반부터는 방송국 PD나 DJ로 활동했다. 1960년대 방송에서 미8군 쇼 출신 연행자들이 팝 스타일 음악을 들려주었다면, 음악감상실 DJ 출신 PD나 DJ들은 방송을 통해 팝송을 들려주거나 팝 스타일 가수들이 활동할 수 있도록 해 주었다.

1960년 중반 라디오에 팝송 프로그램이 편성되고, 전축과 불법 복제 음반이 보급되며 음악감상실의 인기가 떨어졌다. 음악감상실들은 음반을 틀어 음악을 들려주는 데서 벗어나 다양한 행사를 열고 음악 공연을 하기도 했다. 1960년대에 들어서서 음악감상실에서는 미8군 쇼에서 활동하던 가수들이 한국의 젊은이들을 상대로 공연하기도 했다. 음악감상실 DJ들은 미8군 쇼의 가수나 연주자들이 한국인 청중을 만나게 되는 데 큰 역할을 했다. 음악감상실에서 만났던 미8군 쇼 가수와 한국의 젊은 팝 음악 청중들은 이제 곧 방송을 통해 다시 만나게 되었다.

1960년대 중반부터 서서히 전축이 보급되기 시작해, 1970년대부터는 전축과 빽판의 보급이 급격히 증가했다. 미군을 상대로 유통되던 불법 복제 음반이 한국인에게까지 널리 팔리게 되었다. 일부 원판도 미군 부대에서 흘러나와 불법 유통되었다. 원판이나 라이선스판에 비해 가격이 훨씬 저렴했던 빽판의 대량 유통으로 많은 젊은이가 팝송을 가정에서 편하게 듣게 되었다. 정부의 규제 시도에도 불구하고 오히려 1970년대 내내 빽판은 계속 유통되었다. 단순히 가격이 싸다는 이유뿐만 아니라 삭제된 금지곡까지 들을 수 있어서 빽판은 인기가 있었다. 원판은 미군 부대에서 불법 유통되었고, 빽판도 미군 상대로 시작한 것이 확산되었다.

팝송을 음악감상실에서 듣거나 빽판을 통해 즐기며 젊은이들의 음악 취향이 형성되었다. 음악다방에서도 여전히 팝송을 들을 수 있었고, 방송국들은 라디오에 많은 팝송 프로그램을 편성했다. 곧 미8군 쇼 출신 가수와 연주자들이 변화된 청년 세대의 음악 취향을 충족시키기 위한 활동에 나섰다. 음악감상실 DJ 출신의 PD나 DJ들이 방송국에서 다양한 프로그램을 통해 팝 스타일 음악의 등장과 확산을 위해 노력하게 되었다.

6장

팝송 출판과 팝송 잡지

1. 팝송에 관한 정보 욕구

팝송에 대한 인기가 높아지면서 팝송에 관해 알고 싶은 욕구도 커졌다. 가장 먼저 팝송의 악보와 가사를 알고 싶어했던 집단은 계속해서 새로운 팝송을 익혀야만 했던 미8군 쇼의 가수와 연주자들이었다. 방송의 팝송 프로그램을 진행하거나 음악감상실에서 활동하던 DJ들은 팝송의 가사뿐만 아니라 가수와 노래에 관한 정보들도 알고 싶어했다. 팝송을 좋아하고 관심이 많았던 젊은이들도 팝송에 관해 알고 싶어했고 스스로 연주하기 위해 악보를 보고 싶어하기도 했다.

1960년대까지 팝송 악보나 정보는 미군 부대에서 흘러나오는 잡지를 통해 얻어야만 했다. 특히 '명동 달러 골목'은 팝송에 관해 관심이 있는 사람들이 잡지를 사러 가는 대표적인 곳이었다. 1950년대까지는 팝송에 관해 관심이 크고 영어 해독이 가능한 일부만이 영어 잡지를 통해 팝송 악보와 정보를 얻을 수 있었다. 1960년대부터 팝송 악보나 가사 해설집이 출판되었고, 1960년대 말부터는 팝송 잡지도 간행되었다. 이제 팝송에 관해 관심을 가진 사람들이 손쉽게 팝송 악보나 정보를 얻을 수 있게 되었다. 팝송에 관한 책과 잡지의 발간과 함께 팝 칼럼니스트들도 등장해 활동했다.

초기에는 미국의 대중음악을 가리키는 용어도 명확하지 않았다. 1960년대 이전까지 미국 대중음악을 총칭하는 용어로 '재즈'가 사용되었다.[89] 당시에 '재즈'가 아직 제 의미로 사용되지 못했다. '재즈'를 대신해 1960년대 초 한동안 미국 대중음악을 가리키는 용어로 '라이트 뮤직light music' 또는 '경음악'이라는 단어도 자주 사용되었다. '팝송'이라는 단어는 1960년대 중반부터 널리 사용되었다. 신문에서는 〈경향신문〉 1966년 1월 6일 기사에 나타나고, 책에서도 《밤과 그대와 팝송》이 1966년 1월에 발행되었다. '폽스' 또는 '팝스'라는 단어가 1960년대 중반에 잠깐 나타났지만, 본격적인 사용은 1970년대부터 이루어졌다. '팝뮤직' 또는 '팝 음악' 등의 단어는 1970년대에 들어서 쓰이기 시작했다. 미국 대중음악을 가리키는 용어 변화는 출판물에도 반영되어, 초기에는 출판물에 재즈라는 단어가 사용되었고 그 뒤 팝송이라는 단어가 오랫동안 사용되었다.

팝송에 관한 책이나 잡지의 발행이 팝송의 유입과 팝 스타일 가요의 활성화에 크게 기여했음에도 이에 관해 연구된 바가 전혀

89 1930년대에는 서양의 대중음악을 총칭하는 단어로 '쟈스ジャ～ズ'를 사용했다. 일본식 용어인 "'쟈스'는 반드시 '재즈'가 아니라 미국을 포함한 서양의 대중음악을 총칭하는 개념"이었다(신현준 · 최지선, 2022a: 21～22). 해방 이후 '쟈스,' '쨔스,' '짜스,' '째즈,' '재즈' 등이 혼용되며 이 단어는 점차 미국의 대중음악pop music을 가리키는 용어로 사용되었다.

없다. 그렇다 보니 기본적인 사실조차 잘못 정리한 경우가 많다.[90] 이 장에서는 먼저 팝송 악보나 가사 해설집의 출판을 먼저 정리하고, 다음으로 팝송 잡지의 간행과 팝 칼럼니스트의 활동에 대해 알아볼 것이다. 1960년대부터 시작된 팝송 책에 관해서는 1970년대 중반까지 정리하고, 1960년대 말에 처음 간행된 팝송 잡지에 대해서는 1970년대 말까지 살펴본다.

2. 팝송 책의 등장

1) 팝송 악보집

미8군 쇼에서 활동하던 가수나 연주자들에게 악보를 구하는 일은 생계를 위해 매우 중요했다. 악보를 구할 수 없을 때는 AFKN이나 음반을 듣고 채보해야만 했다. 가수 송영란은 '어느 미군 요리사'가 준 작은 라디오를 통해 "잠자는 시간 외에는 늘 주한미군방송을 들으며 곡을 따라 부르고 외웠다"라고 했다(송영란, 2010: 120). 채보의 한계 때문에 가수나 연주자들은 최대한 악보를 구하려고 했고, 미군 당국은 악보를 이들에게 제공해 주기도 했다.

황문평은 "주한 미군 부대만 순회하는 경음악 연주자들은 당

90 최초의 팝송 잡지 〈팝스 코리아나〉는 1968년 7월에 창간했다. 그러나 다양한 자료에서 1967년에 창간한 것으로 나온다.

그림 5 〈히트 키트〉와 〈송 폴리오〉

시 유행하던 미국의 경음악(주로 재즈 음악) 계통의 악보를 손쉽게 구할 수 있었고, 매달 신보로 출간되는 팝송 악보 〈힛 킷*Hit Kit*〉을 수시로 제공받아 해방 후 미국의 신흥음악을 익히는 데 지름길이 되기도 했다"라고 설명했다(황문평, 1989: 336). 이백천은 "매달 미 국방성에서 발간하는 〈뮤직 폴리오〉가 각 클럽으로 전송되었다. 그 안에는 《스톡 어레인지먼트*Stock Arrangement*》라는 것이 있었다. 여기에는 일류 편곡자의 손으로 매만져진 미국 본토 히트 연주곡들의 파트별 악보가 들어 있었다"라고 하며, "악단에게 그 악보는 보물 같은 존재였다"라고 평가했다(이백천, 2014: 48). 일본에서도 미군 쇼 연주자들이 위문용 《히트 키트*Hit Kit of Popular Song*》, 해적판 《1001》, 《스톡 어레인지먼트》 등 세 종류의 악보집을 활용했다(東谷護, 2005: 45~54; 東谷護, 2008: 368~369). 미8군 쇼단에게 1950년까지 〈히트 키트〉를 보급했고, 1951년 이후에는 〈송 폴리오*Song Folio*〉를 제공했다. 〈히트 키트〉는 1943년 3월부터 미군의 '휼병감실'에서 간행했는데, 매달 인기 있는 노래를 골라 실었다(Rosenberry, 1944: 18~19).

1950년대에는 제한된 사람들만 팝송 악보를 구할 수 있었지만, 팝송에 대한 인기가 높아지면서 국내 출판사가 팝송 악보를 출판하기 시작해 누구나 쉽게 볼 수 있게 되었다. 1960년대에 들어서 발행된 외국 대중음악에 관한 악보 책으로는 세광출판사가 간행한 《샹송과 탱고》(1960)를 들 수 있다. 실제로 이 책은 프랑스의 샹송과 아르헨티나의 탱고 음악의 악보와 가사를 실었고, 제목과 가사를 읽는 데 도움을 주기 위해 불어와 스페인어 발음법에 관한 내용도 실었다. 1953년에 설립된 세광출판사는 초기에는 사전이나 문학 서적을 발간하다가 1958년에 〈대중가요〉 1호를 간행하며 대중음악 출판을 시작했고,[91] 1960년대부터는 팝 음악에 관한 책도 간행하기 시작했던 것이다. 사람들이 "라디오 방송을 듣고 대중 가요를 따라 불렀는데 가사를 듣고 적으려니 쉽지 않"아서 창업자 박신준이 "따라 부르기 쉽게 가사를 적어서 공급을 해주면 좋지 않을까 싶어서 노래 가사집을 만들"었다고 했다(〈문예춘추〉, 2016. 5: 94~101). 팝송 악보 책도 같은 맥락에서 발행했을 것이다.

1961년에는 KBS PD 이호로(본명 이성우)가 편집한 《뮤직박스》가 간행되었다. 이 책은 미국의 팝송 악보와 가수에 관한 정보는 물론 세계 각국의 민속 음악과 민요도 실었다. 특히 미국 팝송 100곡의 가사를 부록으로 첨부했다. KBS 아나운서 강찬선은 "이 책 한 권이면은 방송이나 '뮤직홀'에서 흘러나오는 라이트 뮤직을 한결 더 정답게 즐길 수 있을 것으로 믿는 바이다"라고 평가했다(〈동아일보〉, 1961. 2. 17: 4). 이호로는 서문에서 "이제 여기에 외국 가요를 즐기는 팬들에게 좀 더 다정스럽게 디스크에 접할 수 있게끔 참고자료 정도로 편술編述해 보았다"라고 하며, 다만 "이곳에 자세하게 수록치 못한 '샹송'과 '라틴'계 음악, 그리고 '쎄미 클래식'에 속하는 것은 다시 후일을 약속"하고 "가요와 가수의 근황을 정리 못한 것도 제2집으로 미루게 된 것을 아쉽게 생각"한다고 밝혔다(이호로, 1961). 1961년에 KBS에 근무하던 정순일이 편집한 《음악의 세계일주》에도 '미국편'에 팝 음악 악보가 일부 실렸다.

91 https://www.sekwangmall.co.kr/_wg/import/sub/page_03.html#anchor, 2023. 4. 10. 접속. 세광출판사는 1979년에 세광음악출판사로 회사명을 변경했다.

1960년대에 간행된 영미 팝송 악보 책으로는 세광출판사의 《재즈 멜로디*Jazz Melody*》가 있다. 1961년까지 1집부터 4집까지 나왔는데,[92] 악보와 가사가 실렸고 기타 코드가 붙어 있었다. '국내 유일무이의 Jazz Book'으로서 'Jazz Singer의 대호평리 발매중'이라고 광고했다(〈동아일보〉, 1961. 9. 23[석간]: 1). 이후 1962년 5월에 5집(395곡), 1963년 5월에 6집(451곡), 1964년 1월에 7집(508곡), 1964년 6월에는 8집을(〈동아일보〉, 1964. 6. 13: 1), 1965년 1월에는 9집을 발행했고, 곧이어 10집까지 발행했다. 세광출판사는 《재즈 멜로디》 1집부터 10집까지 10권을 통해 50년대와 60년대의 주요 팝송을 망라하여 그 악보와 가사를 소개했다.

이외에도 음악 전문 출판사인 세광출판사는 다양한 팝송 책을 간행했다. 1961년부터 《재즈 멜로디》의 '자매편'인 《히트 퍼레이드*Hit Parade*》를 포켓판으로 발행했다(〈동아일보〉, 1961. 9. 23[석간]: 1; 1964. 6. 13: 1). 《올 히트 재즈 1001 송즈*All Hit Jazz 1001 Songs*》라는 이름으로 1001곡을 실은 책을 1962년 6월에 발행했고, 같은 이름의 책 1권과 2권을 1968년 7월에 다시 간행했다. 1962년의 《올 히트 재즈 1001 송즈》에는 '전문가 참고용For Professional Reference Only'이라고 써서 가수나 연주자들이 활용할 수 있는 책이라는 점을 강조했다.[93] 1965년

92 《재즈 멜로디》 1집부터 4집은 원본을 확인할 수 없고, 단지 그 내용을 광고에서 어느 정도 파악할 수 있을 뿐이다. 1집부터 3집까지는 나온 시기도 정확히 알 수 없다. 5집, 6집, 7집, 9집은 국립중앙도서관 데이터베이스에서 볼 수 있다.

93 일본의 미군 쇼에서 활동하던 연주자들이 만든 해적판 악보집의 이름이 〈All Hit 1001 Songs〉이었다(東谷護, 2005: 48~50). 이 책을 참

7월에는 《탑 송 퍼레이드*Top Song Parade*》, 1966년 2월에는 《골든 히트 멜로디*Golden Hit Melody*》를 간행했다. 《탑 송 퍼레이드》는 악보나 가사만 실었던 다른 책들과는 달리 가수에 관한 정보나 팝송의 변화 경향에 관한 글을 게재하기도 했다. 이렇듯 다양한 책들이 간행되었던 것은 그만큼 팝송의 인기가 높았다는 것을 보여 준다. "당시에 나온 책자들의 공통점은 책의 크기가 모두 작고(4×6판 이하의 크기) 내용이 부정확하다는 점이어서 팝 책자는 잡다한 것이라는 인상을 주었다"고 한다.[94] 그럼에도 당시 대학가 서점에서도 "엘비스 프레슬리의 빙그레 웃는 얼굴이 표지에 큼직하게 실린 재즈송도 꽤 잘 나간다"라고 했을 정도로 팝송 책이 인기를 끌었다(《경향신문》, 1964. 4. 13: 5).

1960년대 중반부터는 기타 코드를 붙인 팝송 악보들이 발간되었다. 1964년에 《알기 쉬운 애드립 주법 — 째즈 키타 교본》(유니온악보출판사)이 발간되었는데, 이 책에 실린 연습곡 중에는 팝송이 포함되어 있었다. 이후 '유니온악보출판사'는 《최신유행 TWIST · LIMBO · ROCK · CHA CHA CHA — 트위스트 선곡집》 이름으로 1편(유일 편, 1965), 2편(이인성 편, 1965), 3편(이인성 편, 1965), 4편(김현철 편, 1966), 5편(이인성 편, 1966) 등 5권을 간행했다. 1965년에 코

조해 만들었을 가능성이 크다.

94 〈월간 팝송〉에 근무하던 안연숙은 "1965년도부터 세광출판사와 아리랑출판사가 조그만 팝송 책을 내기 시작했다"라고 설명했다(안연숙, 1973: 40). 그러나 세광출판사는 이미 1960년대 초부터 팝송 책을 내기 시작했고, '아리랑출판사 가요부'는 1970년대 가서야 팝송 책을 내기 시작했다.

드 운지법까지 붙인 《(기타아 코오드 붙인) 포오크·팝송 전집》(서울음악출판사)을 발간했고, 1970년에 《(기타아 코드 붙인) 뉴팝송》(서울음악출판사)을 간행했다. 단순히 가사를 보고 따라 부르는 것을 넘어서서 직접 기타를 치며 팝송을 부를 수 있도록 해 주는 책들이 본격적으로 나오기 시작했다. '포크 가수'들의 대거 등장으로 기타를 치며 노래 부르는 문화가 확산했던 것이 영향을 주었다. 《(기타아 코오드 붙인) 뉴팝송》은 머리말에서 "우리는 그러한 좋은 노래들을 듣기보다 스스로 불러보고 기쁨과 즐거움을 얻어 우리의 생활을 더욱 풍부하게 하기 위해서, 최근에 유행하는 힛송을 비롯하여 다채로운 팝송을 폭넓게 다음과 같이 골라, 일일이 기타아 코오드를 붙여, 손쉽게 기타아로 연주할 수 있게 엮은 것이 이 팝송곡집의 특징입니다"라고 설명했다(서울경음악연구회, 1970). 세광출판사도 1971년에 《팝스 기타 앨범》과 《팝송 기타곡집》을 간행했고, 이후 코드 운지법까지 붙인 팝송 책을 계속 발행했다.

세광출판사가 1958년부터 발간한 〈대중가요〉는 정기적으로 발행되는 대중가요 악보집 성격의 잡지였는데, 주로 가요 악보를 실으면서 일부 팝송 악보도 실었다. 1973년 66집까지 발간되었는데, 각호마다 가요 악보 뒷부분에 최신 팝송 악보가 실려 있었고, 1967년의 27호부터는 악보 이외의 팝송에 관한 기사도 부분적으로 실었다.[95] 또한 세광출판사는 1971년부터 《팝송 앨범*Pop Song*

95 국립중앙도서관에는 27호(1966)부터 66호(1973)까지가 DB로 구축되어 있다. 〈대중가요〉는 격월간으로 발행한다고 밝혔고(〈동아일보〉, 1962. 3. 13[석간]: 1), 실제로도 1년에 6호 정도를 발행했다. 다만

Album》을 계속 발행했고, 최신 해외 팝송 화제 등을 앞에 붙인 《팝송》이라는 이름의 악보집을 시리즈로 발간했다.

서울음악출판사는 1970년에 《스탠다드 재즈 앨범》을 1권부터 3권까지 발행해서 1960년대의 팝송을 총정리했다. 아리랑사 가요출판부도 1971년부터 《뉴 팝송》과 《추억의 골든팝송》 등을 발간했고, 한국음악저작권협회도 1972년에 《틴 팝스》를 시리즈로 간행했다. 10대를 대상으로 하는 '틴팝'에 관한 책이 별도로 나올 정도로 팝송에 대한 대중들의 관심이 높아지면서 1970년대에는 팝송 악보집들이 여러 출판사에서 계속 발간되었다. 저작권 협정이 없어 외국 서적이나 잡지를 무단 복제해 저렴한 비용으로 책을 출간할 수 있었고, 청소년들의 팝송에 대한 수요는 높았기 때문에 많은 팝송 책들이 발행될 수 있었다.[96] 불법 복제한 '빽판'으로 음악을 들은 것과 마찬가지로 불법 복사한 책으로 팝송을 익혔다.

1958년에 1호가 발행되었는데 1961년에 가서야 "추석을 앞두고 제7호 당당 출간, 크리스마스를 앞두고 제8호 속간"이라고 했던 것을 보면, 초기에는 1년에 1~2호 정도를 출간했던 것으로 보인다(〈동아일보〉, 1961. 9. 23[석간]: 1).

96 1973년 "현재 세광출판사와 저작권협회, 월간팝송사, 서울음악사 등이 찍어내는 팝송 책이 매달 30권에서 50권에 달한다"라고 하는 주장도 있었다(안연숙, 1973: 41). 여기에서 언급된 저작권협회는 한국음악저작권협회를, 서울음악사는 서울음악출판사를 가리킨다. 한국음악저작권협회는 '음악서적출판국'을 두어 음악 서적을 출판했다(한국음악저작권협회, 2014: 117).

2) 팝송 가사집·해설서

라디오 팝송 프로그램의 인기가 높아지고 가사를 알고자 하는 청취자가 늘어나자 방송국들도 팝송 가사집을 발행해 청취자들에게 무료로 나누어 주었다. 〈탑튠쇼〉를 진행하던 DBS의 최동욱은 "이 무렵 시사영어사 민 사장의 제의에 의해서 〈탑튠쇼〉라는 4페이지짜리 소책자를 만들어 청취자들에게 무료로 배포"했고, 이 소책자는 "팝계 소식과 최근에 유행하고 있는 히트곡의 가사를 담고 있었다"라고 회고했다. 그 가사는 "미8군의 PX나 미국에 사는 친지가 보내 주는 가사 잡지를 보고 전재"하거나 "AFKN에 근무하는 미군 장교 친구나 사우스 포스트(용산 미군 가족 주택 지구)에 사는 백인 청년 몇 사람을 사귀면서 딕테이션Dictation(노래를 들어가면서 가사를 적음)으로 마련한 것도 상당히 포함"되어 있었다고 했다(최동욱, 1995: 67~68). 당시 〈탑튠쇼〉를 청취했던 한 청취자는 DBS가 "매주 한 번 발표하는 주간 팝송 순위 차트 용지"를 나누어 주었는데 여기에는 "노래 가사 한 개가 소개되어 있어 그 가사를 외어 매주 팝송 한 개를 배울 수가 있어 좋았다"라고 했다.[97] "동아방송에서 1964년에 낸 빌보드 챠트의 복사와 가사집은 그러한 팝 어디언스의 열렬한 환영"을 받았다(안연숙, 1973: 39). 그러나 "팬 클럽은 방송사 내의 거부 반응이 지배적이어서 중단해야" 했기 때문에 DBS의 가사집 배포도 오래 계속되지 못했다(최동욱, 1995: 68).

97 www.koreatimes.com/article/1445237. 2023. 1. 15. 접속.

DBS의 가사집 배포 이후 출판사들도 팝송 가사를 번역 및 해설하고, 가수에 관한 정보를 제공하는 책들을 발행하기 시작했다. 단순히 가사를 알려주던 것을 넘어서서 가사의 의미나 노래의 배경을 알려는 욕구를 지닌 팝송 애호가들이 늘어났기 때문이다. '베니Benny'라는 필명을 사용했던 서병후는 1966년 1월에 《밤과 그대와 팝송: A Date With Benny》를 발행했다. 이 책 서문에서 서병후는 다음과 같이 밝혔다.

> Hi, there!
>
> 여러분은 Benny와의 '데이트'에 초대되셨습니다. 우리는 지금부터 우리 귀에 익은 '팝송' 속에 얽힌 갖가지 사연의 페이지, 페이지를 넘겨 가며, 젊음의 여로를 함께 밟아보는 것입니다. 여러분이 갖추실 여장旅裝이라곤 sweet하고 tender하며 innocent하고 또 vital한 한 줌의 '젊음의 꿈'이면 족합니다.
>
> 잠깐만, 혹시 '팝송'은 저속하고 음란한 잡설과 소음에 불과하다고 굳게 믿고 계신 '신사 · 숙녀'님이 계시다면, 동행을 거부하오니 자리를 비워 주시기 바랍니다. 여기 이 여행길은 글자 그대로, 국적은 다를망정 대중들의 애호 속에서 피어난 "Pop" (popular) song의 가도街道를 달려 보기 위한 것이지 어설픈 "top hat"를 쓰고 '눈'이나 '감아보기 close' 위한 것은 결코 아니니까요.
>
> 이제 곧 시작될 '팝송'의 순례 중에 간간이 등장할 Pop singer들의 이야기와 면모, 그리고 소위 Pop song 영어의 구절구절들은 우리의 여정을 '한결' 지루치 않게 해드리리라 믿고 싶습니다. (서병후, 1966)

서병후는 "저속하고 음란한 잡설과 소음"이라고 팝송을 비판하는 사람들이 있지만, 팝송은 "국적은 다를망정 대중들의 애호 속에서 피어난" 음악이라고 주장했다. 서병후는 1966년 6월에 발간된 《팝쏭영어교실》 서문에서 이 책을 'Pop-Song Exhibition'이라고 표현하며, "진열된 수많은 pop-song 작품들의 내용은 물론 그 특징을 해설하고 감상을 위한 예비 지식까지 곁들였고, 또 singer들의 이력서도 전시해 놓았으니까 조금도 지루한 줄 모르고 재미있게 감상하다 보면 덤으로 어학 공부까지 할 수 있으니 이건 정말 일거오득一去五得"이라고 주장했다(대한문예출판사 편집부, 1966). 여러 잡지에 팝 칼럼을 게재하던 서병후는 그동안 써놓았던 글들을 포함해 두 권의 책을 발간했다.

MBC PD로서 DJ로도 활동하던 이종환은 "많은 청취자가 팝송의 가사를 원하고 있는 점에 착안해서 팝송의 상식과 가사가 담긴 책을 펴내기로 했다. 방송은 최동욱보다 늦게 출발했지만, 책은 먼저 펴내야 한다는 강박감이 마음만 분주하게 했다"라고 하며 《오늘의 팝송》 A권(1966. 3), B권(1966. 9), C권(1967. 7) 등 3권의 팝송 가사집을 발간했다. A권 서문에서 "긴 사연은 거두고, 가사가 있어야 노래를 배울 수 있지 않겠느냐는 청취자의 항의가 이 책을 만들게 했다"라고 밝혔다. 이종환은 인세로 집을 샀다고 했을 정도로 이 책이 많이 팔렸다고 한다(이종환, 1993: 159~163). 이종환은 우연히 미군 부대 주변에서 구한 월간 〈히트 퍼레이드*Hit Parade*〉, 주간 〈송 히트*Song Hit*〉, 〈송 폴리오〉를 구했는데, "세 권짜리 책을 낼 수 있었던 것은 순전히 미국 잡지 덕분"이었다고 밝혔다(이종환, 2004: 196).

방송국이 주도하는 팝송 가사집 발간은 계속되어 1970년대 초에 “삼일당에서 매주 열리는 이들 팬클럽 활동은 가사집도 발행하고 있어 각 방송국의 팝송 가사집 발행은 하나의 유행을 이루고 있으며 회원들의 매월 회비로 수익 면에서도 큰 성공을 거두고 있어 앞으로 계속 번질 기세”라는 평가를 들었다(《경향신문》, 1971. 9. 1: 7). 박원웅은 방송국 DJ들의 ‘필요 이상의 과열 경쟁’이 ‘팬클럽 조직,’ ‘유인물 배포’ 등으로 나타났다고 지적했다(박원웅, 1972: 113). 특히 TBC는 1972년 7월에 주간으로 AM · FM 라디오 “프로그램 소식과 팝송 가사 · TBC추천가요악보” 등을 실은 〈동양방송 프로그램 · 뉴스〉지를 발간해 서울 시내 〈중앙일보〉 보급소를 통해 배포하기도 했다(《중앙일보》, 1972. 7. 3: 8). 팝송 가사가 담긴 타블로이드판 2면의 주간지까지 만들어 무료로 나누어 주었던 것이다. CBS도 1970년에 편성한 〈영840〉에서 “음악의 가사를 한글로 해석해서 손바닥 만한 작은 책자를 만들어서 보내” 주었다.[98] 1970년대 초까지 대부분의 라디오 팝송 프로그램이 팝송 가사를 번역해 청취자에게 제공했다.

팝송을 활용한 영어 교육도 시도되었는데, MBC 라디오는 1969년 9월 15일부터 오후 6시에 〈팝송 교실〉을 편성하기도 했다(《매일경제》, 1969. 9. 13: 8). 1960년대 말에 대학 생활을 했던 한 인물은 보그스The Vogues(1968)의 〈턴 어라운드 룩 앳 미*Turn Around Look at Me*〉라는 노래를 언급하며, “이 곡과 연관되어 생각나는 것이 라디오 프로그램 〈나건석의 영어회화〉였다. 한때 이 곡의 가사를 주제

98 http://m.cbs.co.kr/FM939/board/?type=View&bcd=00390021&multi=4&num=294419&page=0&pgm= 113, 2023. 7. 6. 접속.

로 공부를 했다"라고 회고하기도 했다.[99] 〈팝송 교실〉을 나건석이 진행했는지는 확실하지 않지만, 1960년대 말에 방송국이 팝송 가사 해설집을 발행하고 팝송 가사로 영어 공부를 하는 프로그램을 편성했던 것은 확실하다. 1970년대 초에 발간된 팝송 가사 해설집 《팝송과 오늘의 청년문화》의 서문에는 다음과 같이 당시 팝송의 인기를 설명했다.

> 서울의 몇몇 유수한 대학 교정을 들어서면 스피커를 통해 맑은 음질의 팝송이 들려오고 그곳을 거니는 학생들은 몸짓으로 그것을 즐기는 모습을 볼 수 있다. 바로 몇 년 전까지도 볼 수 없던 광경이다. 아메리카에 기원을 둔 팝송은 이제 서울뿐 아니라 세계의 젊은이들이 열광하는 음악이 되었다. 어째서 팝송이 이렇게 젊은이들의 열정의 친구가 되었는가는 굳이 묻지 말자. 팝송에는 그들 나름의 철학이 있다. 팝송을 보면 안다. 오늘날의 젊은이가 어떤 얼굴을 하고 있는가를 알려면.
>
> 여기 인기 팝송 93편의 가사와 그 번역문을 모았다. 곁들여 팝송의 기원과 그 흐름을 살핀 해설, 그리고 팝 싱거 27인의 프로필을 싣고, 기타를 갖고 산과 바다를 찾는 이들을 위한 악보 20곡을 곁들였다. 사색하고 성장하는 이 땅의 젊은이들에게 잠시 휴식의 시간을 빌어 이 책을 바친다. (손미애, 1972)

99 http://serony.com/ken/2010/10/02. 2023. 1. 10. 접속.

1970년대 이후 팝송 악보집은 물론 가사 해설집도 계속 발행되었는데, 세광출판사와 서울음악출판사 외의 출판사들도 팝송 책을 출판했다. 방송국의 팝송 가사 해설책 발행도 이어져, 1974년에 MBC PD이자 DJ인 박원웅은 《밤의 디스크쇼*Disk Show at midnight*: 박원웅과 함께》를 펴냈다. 이 책에는 "그동안 전파를 통해 나간 애청자들의 엽서 사연, 노래 가사와 해설, 팝송에 관한 자료 등이 실려" 있었다(〈조선일보〉, 1974. 5. 14: 8). 박원웅은 1976년에도 "불건전 팝송이 된서리를 맞은 이후의 새로운 시도"로서 "올바른 가치관과 국가관을 갖고 팝송을 받아들일 수 있도록 젊은이들을 안내하는 입장에서 엮었다"라며 《팝스팝스》를 펴냈다. 이 책에는 악보 45곡, 가사 소개 87곡 등 다양한 내용이 실렸다(〈조선일보〉, 1976. 1. 11: 5).

팝송 가사 해설집들이 계속 나오고 있음에도 "60년대 중반에 신동운, 서병후, 나건석 씨 등이 들어오는 새 팝송을 번역, 해설해 주고 프로를 맡았으나 요즘에도 종종 오역 소동을 빚을 정도의 안이한 소개밖에 없는 형편이다"라는 지적이 나왔다(〈조선일보〉, 1973. 12. 8: 5). 신동운은 영어 학원 강사이자 〈가요생활〉 기자 출신 팝 칼럼니스트였다(〈조선일보〉, 1973. 10. 25: 8). 1970년대 초에 DBS 〈0시의 다이얼〉을 진행하던 윤형주는 이 프로그램에 영어 가사를 해설해 주는 '팝송 영어'란 코너가 있었는데, 신동운이 이 코너를 진행했다고 했다(윤형주, 2012: 220). 서병후는 최초의 팝 칼럼니스트로 평가되며 1968년에 〈팝스 코리아나〉라는 팝송 잡지 발간을 주도했다. 나건석은 연세대학교 영문학과 교수로서 《AFKN 청취 입문》(1962) 등을 통해 팝송으로 영어를 가르치는 시도를 했다.

월간팝송사는 1975년에 창간 5주년 기념으로 "팝송 팬과 DJ

들을 위한" 《로크 아티스트 대사전》을 발행했다. 이 책에는 "비틀즈, 애니멀즈, 무디블루스로부터 최근의 레드 채플린에 이르기까지 팝스계에 명멸한 4백여 아티스트들의 역사와 이야기와 히트 앨범이 사진과 함께 수록되어" 있다(《조선일보》, 1975. 7. 6: 5). 이 책은 그동안 단편적으로 소개되었던 팝송 가수들에 관한 체계적인 정보를 담고 있었고, 이후에 개정판과 재판을 통해 계속 인기를 끌었다. '대사전'이 나왔을 정도로 팝송 해설책에 관한 관심이 컸다.

3. 팝 칼럼니스트와 팝송 잡지

1) 신문 · 잡지의 팝 칼럼과 팝 칼럼니스트

1950년대 중반 무렵에도 신문이나 잡지에 외국 대중음악에 관한 글이 실렸다. 그 필자 중 한 명인 이진섭은 이미 해방 직후 주한 미군 방송인 WVTP를 통해 팝송을 들으며 한국 방송에서도 DJ의 역할이 필요하다고 인식했을 정도로 외국 대중음악에 관해 큰 관심을 가졌다(《동아일보》, 1978. 4. 26: 5). 이진섭은 KBS 아나운서로 근무한 적이 있고, 다양한 신문사에서 문화부, 조사부 기자로도 활동했다. 그는 1956년부터 KBS 라디오의 '샹송의 밤'의 해설을 맡았다(《경향신문》, 1956. 7. 22: 4; 《동아일보》, 1957. 2. 2: 4). 그는 1959년에 쓴 "1월의 포퓰러 뮤직–'샹송'과 '째즈' 선일選–"이라는 글에서 "포퓰러 뮤직이라 하면 대개 유행가라고 생각해도 좋지만, 그 분류에 있어선 나라마다 풍습과 국민성, 그리고 음악적인 전통에 따라서 그저 경박한 뜻으로 표현될 수는 없다"라고 주장했다(《동아일보》, 1959. 1. 14: 4). 그는 "2월의 디스크"라는 글에서 "작년 말에서 금년에 이르기까지 장안에는 '폴 앙카,' '팻트 분,' '빌리 본 오크,' '프랑크 씨나트라'의 '아메리카 히트 파레이드'가 대인기이며 유행되고 있고 KA(남산)방송국 〈희망음악회〉 시간에 청취자의 소리가 높다"라고 팝송에 대한 높은 인기를 설명했다(《동아일보》, 1959. 2. 14: 4). 그는 1959년 10월 22일 미공보원 소극장에서 열린 '샹송감상회'에서도 해설을 맡았다(《동아일보》, 1959. 10. 21: 4). 이진섭은 1961년에 "포퓰러 음악만 추린" 음악 프로그램인 〈라이트 뮤직쌀롱〉의 해설을 맡았다(《조선일보》, 1961. 2. 1: 4). 이진섭은 초기 외국 대중음악 평론가이자 DJ이기도 했다.

1960년대 들어서서 신문이나 잡지에 팝송에 관한 칼럼이 자주 실리기 시작했다. 1960년부터 KBS에서 음악 프로그램 연출을 맡고 있던 이호로가 《동아일보》에 칼럼을 연재하기 시작했다. '1월의 디스크'라는 이름으로 시작한 이 칼럼에서는 "이달에 힛트하고 있는 내외 포퓰러 뮤직들을 살펴보기로 한다"라고 칼럼의 내용을 설명했다(《동아일보》, 1960. 1. 22: 4). 즉 이 칼럼에서는 영미 팝을 주로 살펴보았지만, 프랑스의 샹송, 이탈리아의 칸초네나 국내의 가요도 부분적으로 다루었다. 이호로의 칼럼은 1962년 9월까지 계속 연재되었다.[100] 이호로는 잡지 《명랑》에도 팝송 칼럼을 기고했는데, '1961년을 장식할 외국의 가수'라는 기사에서 "외국의

100 이호로의 칼럼은 '○월의 디스크'라는 이름으로 연재되었는데, 1961년 2월에는 '금주의 히트 파레이드'라는 이름으로 실리기도 했다.

인기가수를 말함에 있어 우리는 언제나 그들 본고장에 있어서의 인기를 눈여겨 살피게 되는 것이 사실이나 언제나 우리 입가에 오르내리는 가수는 그들이 한국에서 차지한 위치가 문제되는데 그것은 곧 우리 귀에 정다운 외국가요와 그 가수가 정답이기 때문일 것"이라고 하며 외국 순위가 아니라 한국에서 인기 있는 가수와 노래에 주목할 필요가 있다는 점을 강조했다(《명랑》, 1961. 4: 228).

1962년 10월부터는[101] 최동욱이 〈동아일보〉에 '금주의 힡 파레이드'이라는 이름의 칼럼을 쓰기 시작했다(《동아일보》, 1962. 10. 25: 5). 첫 회에서 "경음악 팬들을 위하여 미국의 최근 유행 음악을 소개하기로 한다"라고 밝혔듯이 최동욱은 미국의 팝 음악을 중심으로 살펴보았다. 최동욱은 "최신 팝송계 소식을 곁들이면서 몇 곡의 미국 최신 유행곡과 국내 최신 가요를 소개하고 논평도 곁들였다"라고 회고했다(최동욱, 1995: 31).

이백천도 김영순(베니김)의 추천으로 1962년에 〈한국일보〉에 대중음악 칼럼을 쓰기 시작했는데, 대체로 가요에 관한 내용의 비중이 더 컸던 듯하다(이백천, 2014: 56~57). 1963년 12월에 서경술이 〈경향신문〉에 '폽스 코너'라는 칼럼을 연재하기 시작했는데, 서경술은 "'폽스Pops'란 용어를 알아보면, '포퓰러' 또는 '포퓰러송,' '포퓰러튠' 그리고 '포퓰러뮤직'의 약어이다. 우리말로는 유행가라든

101 최동욱은 "1962년 봄부터 〈동아일보〉 문화면에 매주 한 차례씩 '금주의 힛 퍼레이드'라는 박스 칼럼을 집필하기 시작했다"라고 회고했다(최동욱, 1995: 31). 그러나 실제 〈동아일보〉 지면을 보면 1962년 10월부터 쓴 것으로 확인된다.

지 대중음악이라든지 경음악을 말하는 것이다"라고 하며 국내외의 대중음악을 모두 '팝스'라고 정의했다(《경향신문》, 1963. 12. 14: 8). 실제로 이 칼럼은 국내외의 대중음악을 폭넓게 다루었는데, 오래 지속되지는 못했다. 작사가 전우도 〈아리랑 실버 스크린〉이라는 영화 잡지의 창간호인 1964년 8월호부터 '뮤직 코너'를 집필했는데, 이 코너는 팝송과 가요에 관한 다양한 내용을 다루었다.

1960년대 중반에는 '팝 칼럼니스트'보다는 주로 '경음악평론가'라는 용어가 사용되었다. 서경술, 이백천 등이 '경음악평론가'라는 이름으로 활동했다(《경향신문》, 1963. 8. 14: 8; 《동아일보》, 1965. 8. 3: 6). 이미 각종 매체에 대중음악 칼럼을 쓰고 있던 이호로, 최동욱, 서경술, 이백천은 1964년 12월에 '경음악평론동인회를 결성했다(《동아일보》, 1964. 12. 22: 7). 이들은 팝 음악은 물론 샹송, 칸초네 등의 외국 음악이나 국내 가요에 대해서도 칼럼을 썼다. 이 동인회는 이호로와 이백천이 빠지고 서경술, 최동욱에다 주로 가요에 관해 평론을 쓰던 황문평, 정홍택, 전우, 하중희 등이 참여하는 모임으로 확대되었다(《중앙일보》, 1966. 8. 20: 5). 1965년 10월에 창간된 〈내외 영화〉에는 '경음악평론동인회' 소속 서경술, 전승우(전우의 본명), 정홍택, 황문평 등 4인이 '토픽 저널-가요'를 담당했는데, 이 난은 가요뿐만 아니라 팝송에 관해서도 언급했다.

1960년대부터는 팝송만을 다루는 칼럼이 늘어났다. 서병후는 1963년부터 팝 칼럼을 쓰기 시작했고,[102] "주간지 〈잉글리시 위

102 https://lsk.pe.kr/2170, 2023. 8. 6. 접속.

클리*English Weekly*〉의 칼럼 '디스크자키'에 '팝송으로 배우는 영어'를 연재했다고 회고했다(신현준 · 최지선, 2022a: 259). 서병후는 최초로 팝 칼럼니스트라는 명칭을 사용했고, 다양한 잡지에 팝송에 관한 글을 게재했다. 그는 1964년 4월에 시사영어사(현재의 YBM)에서 창간한 〈영어세계〉 에디터로서 "팝송 코너를 통해 매달 새로운 노래와 가수를 소개"했다(YBM, 2011: 111). 서병후는 1966년에 간행된 팝송 가사 해설서의 '책머리에'에서 "본서는 그동안 〈시사영어연구〉, 〈영어세계〉 및 전날의 〈잉글리시 위클리*English Weekly*〉 등을 편집하는 동안 소개하던 졸고를 얼마간 토대로 삼았음을 밝혀" 둔다고 하며, 영어 학습 잡지에 팝송 가사를 소개하는 글을 기고했었다는 사실을 밝혔다(서병후, 1966).

1960년대에는 고전 음악 잡지나 가요 잡지에도 외국 대중음악에 관한 글이 실렸다. 1965년 12월에 〈음악생활〉은 이진섭의 "샹송을 찾아서"라는 글을 실었다(《음악생활》, 1965. 12: 190~192). 1966년 6월에 창간된 〈가요생활〉에는[103] '지상을 누비는 힛트 송 파레드'라는 제목으로 팝 칼럼을 실었는데 조용호가 집필했다. TBC PD였던 조용호는 이 글에서 "외국에서 어떤 가수가 그리고 어떤 노래들이 인기 있었나를 살펴보는 것도 질서 없이 흘러 들어오는 외국 유행

103 한국음악저작권협회는 〈가요생활〉이 '초기 음악 저작권의 확장지'로서 "초기 음악 저작권을 홍보하고 확장하는 데 더 없는 향도 역할을 해 주었다"라고 하며, 그래서 "당시 회원들 간에 다른 노래책과 달리 이 〈가요생활〉은 의무적으로 구독해야 한다는 호의적인 여론까지 있을 정도였다"라고 했다(한국음악저작권협회, 2014: 315).

음악의 조류를 짐작하는 데 도움이 되지 않을까 생각된다"라는 입장을 밝혔다(〈가요생활〉, 1966. 6: 130). 〈가요생활〉은 이후에도 DJ이자 작사가인 지명길 등의 필자가 쓴 팝송에 관한 글을 계속 게재했다.

대중적인 주간 잡지에도 팝송 코너가 있었다. 〈주간경향〉에는 2호부터 '팝스'라는 코너를 만들어 팝송에 관한 다양한 소식을 실었다(《주간경향》, 1968. 11. 24: 34). 이 글에는 필자 이름이 나와 있지 않은데, 〈주간경향〉에 입사했던 서병후였을 가능성이 크다. 〈선데이서울〉에도 '팝송 코너'라는 제목으로 팝 칼럼이 실렸다. 22호에 '팝송 코너'가 신설되었는데, 처음에는 작곡가 길옥윤이 집필했다(《선데이서울》, 1969. 2. 23: 36). 34호부터는 당시 MBC PD였던 이종환이 담당했다(《선데이서울》, 1969. 7. 6: 34). 1971년부터는 '팝스 에세이'로 이름을 바꾸어 신동운이 집필하기 시작했다(《선데이서울》, 1971. 1. 10: 67).

1970년 9월에는 "팝송을 애호하는 회원들 간의 친목을 도모하는 '팝자키'회가 회원 1백 87명으로 발족"했다. "각 방송국의 음악 PD를 비롯하여 팝송을 애호하는 회원들로 구성된" '팝자키'회는 "회지 팝스를 발간, 팝송 보급과 회원들 간의 친목을 도모하고 지식을 교류"하는 것을 목적으로 한다고 밝혔다(《경향신문》, 1970. 9. 15: 5). 1971년에는 "방송국 프로듀서와 경음악평론가 10여 명"이 모인 '경음악평론가협회'가 발족했고, "포크·록 뮤직 계통의 쇼 프로듀서와 경음악평론가 10명 명의 그룹인 PPK(팝 프로젝트 코리아)"도 결성되었다(《경향신문》, 1971. 9. 11: 7). 서병후를 제외한 팝 칼럼니스트들은 대부분이 방송사의 PD나 DJ들이었다. DBS의 최동욱과 이해성, MBC의 이종환과 박원웅, TBC의 이백천과 조용호, CBS의 최경식과 김진성 등을 예로 들 수 있다.

서병후는 "팝에 대한 소개 글을 쓰다 보니 자연스럽게 조용호(TBC PD), 이해성(DBS PD), 이호범(초창기 PD) 씨 등과 어울려 '한국(경)음악동호회'를 만들었어요. 나중에 1970년대로 접어들어서는 TV, 라디오, 신문 등 각계의 대중음악 관련 매체에서 활동하는 이들을 모아 목요회라는 모임을 만들기도 했죠"라고 하며 '목요회' 결성에 대해 설명했다(신현준·최지선, 2022a: 259). 서병후에 따르면 목요회의 회원으로는 "명동 OB's 케빈, 코스모스 살롱의 경영자 이종범, 〈주간경향〉의 서병후, TBC의 조용호, 김동만, MBC의 김정호, DBS의 신태성, 이해성" 등이 있었다(《서울히트라인》, 1호(1994. 5. 1): 48~49).

이해성은 "KBS의 오영환, 문화방송의 김정호, 동양방송의 조용호와 동아에서 동기생이며 가요 PD였던 신태성과 나, 그리고 일간스포츠 김유생 기자와 음악을 전공한 명동의 '오비스 캐빈' 주인 이종범이 매주 목요일 만나 트로트 가요뿐인 한국 가요에 새롭게 등장하기 시작한 자작곡 가수들의 작품을 방송 프로그램과 신문 지면을 통해 적극 알릴 필요가 있다는 데 뜻을 모아 목요회를 만들었다"라고 주장했다(이해성, 2001: 271). 조용호는 "당시에는 몰랐는데 지나고 보니 목요회 사람들이 대중음악 판도를 좌우했던 것 같습니다. 서병후 씨는 기자이자 평론가로서, 이해성 씨는 라디오 PD로서, 김정호 씨는 작곡가로서, 저는 저대로 TV의 쇼PD로 나름대로 잘 나갔고요"라고 '목요회'의 영향력을 설명했다(신현준·최지선, 2022a: 375).

방송국 음악 프로그램 PD나 신문사 문화부 기자들은 팝 칼럼니스트로도 활동하며, 팝 스타일 가요의 등장과 확산에 영향을 주었다. 한대수는 "김진성은 자기 입장이 확고한 지식인이었고, 우리

시대의 대중음악을 진보시킨 불굴의 투사"였다고 하며, "음악이 메말랐던 시절, 그와 이백천은 젊은이의 음악을 옹호한 가장 영향력 있는 사람이었다"라고 평가했다(한대수, 2005: 97~98). CBS의 PD이자 DJ였던 최경식은 김민기를 만나 그의 음반을 제작하기도 했다(최경식, 2003: 79~83). 이백천을 "통기타군단의 담임선생님"(《신동아》, 2003. 3: 454), 김진성을 "통기타 가수의 대부"(CBS, 2004: 185)라고 불렀을 정도로 PD이자 팝 칼럼니스트인 주요 인물들은 새로운 음악의 창조를 지원하기 위해 노력했다.

1970년대에는 팝 칼럼을 실어주는 매체도 늘고, 팝 칼럼니스트들도 증가했다. 1971년에 〈월간팝송〉이 창간되면서 선성원, 나영욱, 전영혁 등 팝 전문 기자도 등장했다(선성원, 1993: 132). 특히 〈월간팝송〉 이후 다양한 팝송 전문 잡지가 발간되면서 팝 칼럼니스트들도 늘어났다. 1970년대 중반에는 신문에도 팝 칼럼니스트라는 단어가 나타나서 서병후, 김제건 등이 팝 칼럼니스트로 불리기 시작했다(《중앙일보》, 1975. 7. 24: 8; 《조선일보》, 1975. 12. 17: 4).

김유생은 '봉봉 4중창단' 일원이자 작사가로도 활동하다 〈일간스포츠〉 연예부 기자가 되었다. 그는 "월간·주간지에 팝뮤직 관계 전문기사나 평론을 기재한 스탭의 공로도 대단한 편"이라고 하며, "경음악평론가란 재래적 호칭을 사양하고 60년대 중반 서병후 씨가 (《시사영어》·〈주간경향〉·〈주간시민〉 등) 팝 칼럼니스트란 이름을 사용한 이래 이해성(〈주간경향〉·〈여성동아〉), 임강호(〈여성중앙〉), 신동운(〈선데이서울〉·〈주간중앙〉), 최경식(〈월간팝송〉·〈서울평론〉), 안연숙(〈월간팝송〉), 서남준(〈월간 스테레오〉), 김제건(〈월간팝송〉·〈월간 스테레오〉) 등 그 숫자가 격증해왔다"라고 설명했다(《일간스포츠》, 1975. 7. 28: 6). 황문평도 이제

"일반 대중가요와는 관계없이 팝송 해설자들은 모두 팝 칼럼니스트로 통칭하게 되었다"라고 주장했다(황문평, 1983: 396~397).

2) 최초 팝송 잡지 〈팝스 코리아나〉의 창간

1950년 이후 한동안 명동 '달러 골목'에서 구하던 외국 서적과 잡지는 다양한 지식의 중요한 유입 경로였다. "1951년 7월경 동화백화점(현재 신세계백화점) 본관 건물에 미군 PX가 들어서고 1954년까지 미군이 상주하면서 동시에 여러 경로로 빠져나온 미제 물품들이 충무로와 명동으로 유출"되었다. 특히 "외국 서적이 다량 유출되었는데, 외국 서적은 의상, 신발, 양복 등 미국에서 유행하는 패션을 명동에 바로 소개하는 역할을 했고, 유행을 발생시키는 요인이 되었다"라고 할 수 있다(서울역사박물관, 2011: 82). "양서 고서적방이 명동 뒷골목 충무로 입구 소공동호텔 어귀에 늘어"섰고, "미군 부대에서 휴지로 버린 듯 흘러나오는 책을 관으로 달아서 정리해 놓으면 돈을 벌 수 있었던 시절"이었다(《경향신문》, 1971. 8. 19: 7). 서병후는 달러 골목에서의 잡지 구입에 대해 다음과 같이 회고했다.

> 자주 가던 곳이 명동의 이른바 '달러 골목'이었는데 말하자면 이곳이 그 당시 한국 석학들의 도서관이었어요. 거기서 책을 구하지 않으면 해외의 책을 구할 수 없었으니까. 당시 해외에서 나오던 〈히트 퍼레이더 *Hit Parader*〉 〈송 히트〉, 〈빌보드*Billboard*〉, 〈캐벌리어*Cavalier*〉, 〈코스모폴리탄*Cosmopolitan*〉, 〈에스콰이어*Esquire*〉 등의 잡지들은 다 그곳에서 찾아 공부할 수가 있었죠. 〈플레이보이*Playboy*〉 같은 경우도 여자 핀업 사진을

빼놓고는 음악에 관한 기사가 상당히 좋았어요. 영어 공부는 중·고등 학교 시절에 팝송을 들으며 했고요. (신현준·최지선, 2022a: 260)

가수 서수남도 "고등학교 때부터 통기타를 배우고 팝송을 부르고 싶은데 가사를 알 길이 없어 명동 뒷골목에 가서 미국 음악 잡지를 구해 봤어요"라고 회고했다(《월간 산》, 2017. 6: 123). 가수 윤형주도 "현재 서울 명동 중국대사관 옆에 잡지 골목이 있었다. 문화 예술 분야의 외국 잡지가 많았다. 〈송 폴리오〉라는 팝송 악보를 사러 자주 갔던 곳"이라고 했다(윤형주, 2012: 183). 가수 김준(1940~)도 "미8군에서 흘러나오는 〈송 폴리오〉라는 오리지널 팝송 악보가 있었는데 거기에 스탠다드 재즈 멜로디와 가사, 코드가 실려 있어서 그걸 보고 밤새 연습하곤 했지요"라고 했다.[104] DJ 김광한은 "팝송 DJ들은 정말 열심히 공부했다. 명동 '딸라 골목'에서 팝송 잡지를 구입해 사전을 펴놓고 밤새워 해석을 했다. 신촌과 이대 앞에 가서 여대생에게 커피 사주며 번역을 부탁하는 열성파도 있었다"라고 밝혔다.[105] 팝 칼럼니스트, 가수, DJ 모두 명동 '달러 골목'에서 구한 잡지로 팝송에 관한 지식을 쌓아갔다. 한편 재즈 피아니스트인 손수길(1947~)은 "〈다운 비트*Down Beat*〉 같은 잡지를 보기 위해 미

104 https://www.incheonilbo.com/news/articleView.html?idxno=791613, 2020. 8. 25. 접속.

105 https://newsis.com/view/?id=NISX20131021_0012449372, 2020. 8. 25. 접속.

문화원에 찾아가야" 했다고 밝히기도 했다.[106] 미공보원에서는 일부 팝송 잡지의 최신호를 볼 수 있었던 것이다.

가수나 팝 칼럼니스트가 아닌 일반 팝송 애호가 중에도 서울 명동 '달러 골목'에서 팝송 잡지를 구매할 정도로 큰 관심을 가진 사람이 있었다. 중학교 교사라고 밝힌 한 필자는 '달러 골목'의 단골 서점에서 "〈라이프〉, 〈새터디 리뷰〉, 그리고 팝송을 좋아해서 그런 잡지 또는 좋아하는 작가의 소설"을 산다고 했다(《매일경제》, 1969. 12. 9: 8). 한 대기업 임원은 "중·고등학교 시절 난 팝송에 푹 빠져 있었다. 밤을 새워 AFKN 라디오에서 흘러나오는 팝송을 녹음하여 몇 번씩 다시 들었고, 노래 가사를 구하러 명동의 외국 서적 책방에서 헌 잡지를 뒤지곤 했다"라고 회고했다(《중앙일보》, 1994. 8. 6: 27).

팝송에 관한 대중의 지적 욕구가 커지면서 드디어 팝송 전문 잡지가 창간되었다. 가사집이 아니고 어느 정도 잡지 형식을 갖춘 최초의 매체는 1968년 2월에 창간된 〈더 파퓰라*The Popular*〉였다. MBC DJ였던 이종환이 "문화방송 팬클럽을 발족시켜 동인지처럼 만들어 낸 월간지"로서 "내용은 사진 화보와 가사 등"으로 구성되었고 창간호의 분량은 66쪽으로 얇은 편이었다. 1968년 말부터는 〈뮤직 다이얼*Music Dial*〉로 제호를 바꾸어 발행하다가 1970년 말 '운영난'으로 자진 폐간했다(안연숙, 1973: 40). 1969년 2월호에는 '최

106 https://music.bugs.co.kr/album/395567., 2022. 11. 3. 접속. "우리나라에서 구할 수 있는 잡지" 중의 하나로 "경음악에 관한 잡지로 격주로 나오는 〈다운비트〉가 있다"라고 보도되었다(《동아일보》, 1960. 3. 15: 4).

신 유행 음악의 가사·악보'를 담고 있었지만, 6월호에 '외국 가요의 새로운 지식·새로운 소식·새로운 가사'를 표방하며 좀 더 폭넓은 내용을 다루었다.[107] 〈뮤직 다이얼〉은 명륜출판사에서 발행했지만, 문화공보부에 등록하고 정식으로 발행한 잡지는 아니었다.

정식으로 등록하고 발행한 최초의 팝송 전문 잡지는 1968년 7월에 창간된 〈팝스 코리아나〉다. 창간을 알리는 기사에서 이 잡지를 "젊은 싱어와 방송국 음악 담당 PD들의 손으로 만들어지는 연예·오락 잡지"라고 하며, "이 잡지의 주역 멤버는 4중창단 '봉봉'의 지웅, DBS의 이해성, TBC의 조용호 등"이었고, "이들은 영리 문제는 생각조차 않고 있으며 외국의 새로운 것을 우리 것으로 소화시키는 데 노력하겠다"라고 했다고 보도했다. "창간호의 편집 내용은 팝송·대중가요 등이 30%, 나머지는 오락·교양 관계로 메워진다"라고도 설명했다(《경향신문》, 1968. 6. 8: 5). 〈팝스 코리아나〉는 "영화·팝송·방송·패션·오락 등 대중문화의 건전한 소화, 보급을 목표"로 한다고 했고, 발행 겸 편집인은 신길수, 주간은 서병후였다(《동아일보》, 1968. 6. 18: 7). 창간호 표지에 "지친 지성에게 활력을 주는 엔터테인먼트 매거진"이라고 했을 만큼 〈팝스 코리아나〉는 다양한 분야를 포괄한 대중문화 잡지에 가까웠지만, 팝송에 관한 내용을 소울, 포크, 컨트리, 뮤지컬 등으로 나누어 다루어서 나름의 전문성을 보여 주기는 했다(《팝스 코리아나》, 1968 7: 8~9).

107 온라인 고서점에서 1969년 2월호, 4월호, 6월호 세 권을 확인할 수 있었다.

〈팝스 코리아나〉는 사실상 '목요회' 회원들이 창간한 '동인지'였다. 서병후, 지웅(본명 김유생), 이해성, 조용호는 모두 나중에 '목요회' 회원이 되었기 때문이다. 〈팝스 코리아나〉는 1969년 1월까지 발행하다가 중단되었지만, 창간 동인들은 1970년대에 '목요회'를 결성해 본격적으로 활동했다. 비록 팝송 전문 잡지의 운영은 실패했지만, 이들은 목요회를 결성해 팝뮤직의 확산과 팝 스타일 가요의 활성화에 기여했다(《서울히트라인》, 1호[1994. 5. 1]: 48～49).

〈팝스 코리아나〉 폐간 직후에 다른 팝송 전문 잡지들이 계속 창간되었다. 1970년 9월에는 "대중음악에 대한 청소년층의 기호에 크게 힘입을 것으로 보이는"(《조선일보》, 1970. 9. 18: 5), 팝송 전문지인 〈뮤직 다이얼〉이 창간되었다(《동아일보》, 1970. 9. 14, 5). 1970년에 창간된 〈뮤직 다이얼〉은 1969년의 〈Music Dial〉과는 다른 잡지였는데, 오래 발행되지는 못했던 듯하다.

1970년 말에 음악 전문 출판사인 세광출판사에서 〈뉴 팝스 *New Pops*〉라는 제호로 격월간 팝송 잡지를 발간했다.[108] "〈뉴 팝스〉는 지성인의 벗입니다," "〈뉴 팝스〉는 세계 팝스계의 흐름을 파

108 현재 1971년 2월에 발간된 3호만 국립중앙도서관 DB에서 볼 수 있다. 격월간이었으니 창간호는 1970년 10월에 발간되었을 것이다. 3호에 "팝스계의 흐름과 화보, 최신곡과 가사를 엮어 격월로 발행하는 팝송책의 결정판"이라는 표현과 "New Pops는 매월 시리즈로 발간됩니다"라는 내용이 함께 있어서 격월간인지 월간인지 판단하기 어렵다. 1971년 2월 15일에 발간된 3호의 편집 후기에 1970년 말에 편집을 끝냈다는 내용이 있는 것을 감안할 때 격월간이라고 보는 것이 타당할 것이다.

악할 수 있습니다"를 내세운 〈뉴 팝스〉는 미국 대중음악계의 사건이나 가수들에 관한 기사와 함께 최신 팝송의 악보를 게재했다. 〈가요생활〉 1970년 12월호에 "절찬 판매중"이라고 하며 〈뉴 팝스〉 광고가 실렸는데, 특징을 "최신 히트 가사, 최신 히트 멜로디 및 해설, 팝송 랭킹 게재"라고 설명했다(《가요생활》, 1970. 12: 40). 〈뉴 팝스〉는 정기간행물로 등록하고 발행한 잡지는 아니었고, 1973년 13집을 내고 폐간했다. 당시 한 독자는 "잡지가 아닌 〈뉴 팝쓰〉를 사러 서점에 갔는데 그 책은 이제 나오지 않는다"라고 해서, "할 수 없이 별로 들어보지도 못한 〈월간팝송〉이라는 책을" 사왔는데, 그 잡지는 "73년 4월호였으며 매월 정기적으로 발간되는 유일한 잡지"였다고 했다(《월간팝송》, 1973. 11: 31). 이런 내용은 당시에 〈뉴 팝스〉가 나름대로 인기가 있었다는 사실을 잘 보여 준다.

1971년 10월에 아리랑사 가요출판부가 창간한 〈톱 뮤직*Top Music*〉은 "국내외 팝계 소식과 악보를 실었으나 곧 폐간"했다(안연숙, 1973: 40~41).[109] 〈가요생활〉의 판권을 인수한 작사가 전승우와 작곡가 황우루는 〈가요생활〉의 복간을 추진하는 동시에 팝송 잡지 〈팝스 코리아나〉도 출판할 예정이라고 밝혔다(《조선일보》, 1971. 10. 9: 8). 그러나 〈가요생활〉은 복간하지 못했고, 〈팝송 코리아나〉도 창간하지 않았다.

109 온라인 고서점에서 창간호(1971년 10월호)를 확인할 수 있었다.

3) 〈월간팝송〉 창간과 팝 음악의 대중화

〈팝스 코리아나〉 이후 몇몇 팝송 잡지들이 창간되었지만 오래 발행되지는 못했다. 팝송에 관한 지적 욕구를 충족시켜 줄 만한 수준의 잡지를 만들지 못했기 때문이다. 여전히 팝송에 관해 깊이 알고 싶은 사람은 명동 달러 골목에 가서 미국 잡지를 사 보아야 했다. 선성원은 "팝을 모르면 어디 가서 행세를 할 수 없을 정도로 팝 음악이 판을 치던 시대였다. 그러나 정보를 얻을 소스가 없었다. 고작해야 명동 뒷골목을 뒤져 구할 수 있던 미군 부대에서 흘러나온 〈히트 퍼레이드〉나 〈송히트〉, 〈송폴리오〉가 전부로 팝을 올바르게 선도해 줄 인쇄 매체는 진공 상태였다"라고 했다. "이런 와중에 1971년 11월, 국내 최초의 팝 전문잡지 〈월간팝송〉이 창간됐다. 판형은 지금은 거의 볼 수 없는 4·6판으로 정가는 1,000원이었다. 지금 보면 아주 형편없는 지질에 치졸한 편집이지만 그 시절 음악 애호가는 이를 탐독하였고 그것이 유일한 창구였다"라고 평가했다(선성원, 1996: 55).

〈월간팝송〉을 창간한 사람은 〈가요생활〉 편집장이었던 이문세였다.[110] 그는 폐간 위기에 놓인 〈가요생활〉 판권을 인수해 잠시 발

110 이문세는 2016년 잡지의 날에 "1971년 11월에 팝 전문지 〈월간팝송〉을 창간, 발행해 오며 팝문화 보급에 앞장서" 왔고, "이를 기반으로 국내 대중가요와 음악 산업 발전의 초석을 다졌으며, 오디오 전문지 〈월간 오디오〉 발행을 통해 국내 오디오 산업의 기술 발전과 선진화에도 크게 기여했다"라며 '화관문화훈장'을 받았다(https://www.korea.kr/news/pressReleaseView.do?newsId=156164104, 2022. 10. 30. 접속).

행하다가 판권을 매각해 자금을 마련해서 1971년 11월 〈월간팝송〉을 창간했다.[111] 〈가요생활〉은 1970년 12월까지 발행되었는데, 〈월간팝송〉 초대 편집장 박상윤이 "1년여에 걸친 창간의 전초작업"을 했다고 하니(〈월간팝송〉, 1973. 11: 27), 〈가요생활〉 폐간 후에 이문세가 박상윤 등과 〈월간팝송〉의 창간 준비 작업을 했던 듯하다.[112] 〈월간팝송〉은 이전과는 달리 잡지인이 발행했고 정기간행물로 정식 등록한 잡지였다. 팝송의 인기가 높아지자 〈가요생활〉을 매각한 자금으로 〈월간팝송〉을 발행했던 것으로 보인다. 〈월간팝송〉은 창간호 표지에 "젊은 지성을 위한 팝 매거진"을 표방했다. 〈월간팝송〉은 이전의 팝송 잡지들에 비해 상당히 다양한 내용을 담았다. 〈월간팝송〉 창간 당시 편집장을 맡았던 박상윤은 창간 10주년을 맞이해서 다음과 같이 창간 당시를 회고했다.

> 그 당시 가장 힘들었던 것은 자료의 수집이었다. 미국 본토에서의 곡의 인기 변화는 지금과 진배없이 빨랐다. 그 당시 국내 방송국의 유명 DJ였었던 최동욱 씨와 이종환 씨 또 피세영 씨 모두 누구에게 뒤질세라 신곡을 소개했다. 그 빠른 유행의 물결을 따라가기에 내가 탄 배는 너무나 작았다. 어쩌다 미군 부대에서 흘러나오는 〈Hit

(〈월간팝송〉 발행인 이문세는 가수 이문세와 동명이인이다.)

111 https://blog.daum.net/huskysun46/159, 2020. 12. 15. 접속.

112 〈월간팝송〉 편집장이던 안연숙은 "세광에서 내던 〈가요생활〉지가 독립하여" 〈뮤직 라이프*Music Life*〉라는 이름의 팝송 잡지를 창간했다가 2호 만에 〈월간팝송〉으로 제호를 바꾸어 발행했다고 주장했다(안연숙, 1973: 40～41).

Parade〉나 〈Song Hits〉 아니면 몇 달 지난 일본의 〈Music Life〉, 그리고 TBC나 MBC방송국에서 구걸하다시피 하여 억지로 빌어보았던 〈Billboard〉가 기사 자료의 전부였다. 곡은 몇 달 또는 몇 년 지난 일본 책(이것도 구하기가 그리 용이했던 것은 아니었다.) 또는 미군들을 위해 발행되었던 〈Song Folio〉에서 골라 실어야만 했다. (《월간팝송》, 1981. 11: 100～101)

〈월간팝송〉은 초기에 주로 미국 팝송 잡지에서 가사나 악보를 찾아내 번역했는데, 이 잡지가 명동에 있던 '달러 골목'에까지 가야 했던 팝송 애호가들의 수고를 덜어주는 역할을 했던 것만은 분명하다. 〈월간팝송〉의 편집장은 박상윤, 안연숙, 김회동, 나영욱, 전영혁, 허진으로 이어졌고, 박원웅, 김진성, 김광한 등이 외부 필자로 참여했다. 안연숙에 대해 김광한은 "73년부터 약 2년 가까이 〈월간팝송〉 편집장으로 일하며 프리랜서 DJ로서 선곡의 묘를 들려주었다"라고 하며, "MBC-FM에서 숨겨진 귀한 락음악을 소개했던" DJ로서의 안연숙을 언급했다.[113] 나영욱도 편집장을 맡고 있을 때 DBS에서 "유행 팝송을 소개"하는 〈팝스 792, 4시에 만납시다〉의 DJ를 맡았었다(《동아일보》, 1979. 9. 28: 5). 〈월간팝송〉은 이전에 발행되었던 팝송 잡지보다는 전문적인 내용을 담았고, 이런 내용의 집필을 새로운 세대 팝송 전문가들이 담당했다. 점차 미국 잡지를 번역

113 http://www.kns.tv/news/articleView.html?idxno=126905, 2022. 10. 30. 접속.

하던 것에서 벗어나 국내 취재나 해외 통신원 등을 활용한 기사가 늘어났다.

〈월간팝송〉은 창간 초기 "국내외의 건전한 노래 보급과 이에 종사하는 연예인들의 자질 향상을 위하여 인기가수 스테이지"를 열었고, 팝 페스티벌 등을 개최했다. 또 창간한 1971년부터 '한국 팝스 그랑프리 시상식'을 주최해 남녀 가수, 중창, 그룹사운드, 작곡, 작사, 편곡, 악단, 신인 남녀, 제작, 녹음, 공로, DJ 등 13개 부분에서 시상식을 거행했다(〈조선일보〉, 1971. 11. 28: 7). 이 시상식은 1976년의 6회까지 계속되었다(〈조선일보〉, 1976. 11. 18: 8). 〈월간팝송〉은 1972년에 '포크 콘테스트'를 개최하기도 했는데, 1등 이주원, 2등 김준세, 3등 양병집이 입상했다(양병집, 2012: 57~59). 〈월간팝송〉은 1973년 5월부터 '인기가수 스페셜 스테이지'를 개최했는데, 1회에는 "서유석, 이연실, 4월과 5월, 템페스트" 등 '통기타 가수'나 '그룹사운드'가 무대에 섰다(〈월간팝송〉, 1973. 7). 이런 행사들을 통해 〈월간팝송〉이 단순히 팝송 잡지에 그친 것이 아니라 팝 스타일 음악의 발전을 위해서도 노력했다는 사실을 알 수 있다.

창간 3주년 기념호에서 한 독자는 "최신 음악들은 무수히 흘러나오는 디스크로 들을 수 있지만 그에 따른 배경은 〈월간팝송〉이 아니고서는 이해할 수가 없기 때문에 필연적으로 구독을 한다고 말할 수 있을 것"이라고 했다(〈월간팝송〉, 1973. 11: 31). 창간 5주년 기념호에서 한 독자는 "〈월간팝송〉은 우리들에게 팝 지식을 비롯해 외국의 풍물이나 실정 그리고 젊은이가 가야 할 방향 등 실로 많은 것들을 가르쳐 왔다"라고 하며 "이제껏 정성들여 모은 〈월간팝송〉과 〈록 대사전〉은 나의 가난한 유산에 한 부분이며 두고두고 나의 인생을 같이 하는 동행자가 될 것이다"라고 〈월간팝송〉을 높게 평가했다(《월간팝송》, 1976. 11: 170). 한 독자는 팝송에 대한 관심으로 중학교 3학년 때부터 〈월간팝송〉을 구독했다고 하며 "눈에 뜨이는 빌보드 챠트와 핀업 포스터, 그리고 오리지널 최신 악보는 귀지의 독보적인 특징"이라고 설명했다(《월간팝송》, 1974.11: 140). 또 다른 독자도 "1973년 중학교 2학년 때부터 학교앞 서점에서 다달이 나오는 〈월간팝송〉을 아마 고1 끝날 때까지 한 달도 빼먹지 않고 사서 본 것 같다"라고 하며, "서점 문을 열고 들어서면 주인아저씨, 아줌마가 '팝쏭책' 학생이라고 소리를 질렀었다"라고 회고했다.[114] 〈월간팝송〉의 독자들은 팝송에 관심이 있는 젊은 사람들이 대부분이었고, 그중에는 중학생도 많았다.

〈월간팝송〉은 팝 음악의 대중화에 크게 기여한 매체였다. 음악평론가 임진모(1959~)는 〈월간팝송〉에 대해 '나의 법전'이라고 말하기도 했다(《국민일보》, 1999. 8. 7). 사회학자 김호기(1960~)는 "내가 팝송을 듣기 시작한 때는 1970년대였다. 중학생이 돼서 매일 심야 라디오 방송을 듣고, 잡지 〈월간팝송〉을 읽고, 빌보드 차트를 눈여겨보곤 했다"라고 회고했다(《경향신문》, 2018. 11. 27). 영화제작자 김현우(1969~)는 중학교 1학년 때 〈월간팝송〉을 처음 만나 "중·고교 6년간 그 잡지를 끼고 살며, 보고 또 보다, 아예 외워버렸습니다. 아 아, 저는 그때 음악을 '글'로 배웠습니다"라고 고백했다(《경향신

114 https://blog.naver.com/martinymartin/222256563279, 2023. 1. 20. 접속.

문〉, 2019. 8. 21). 1990년 11월에 창간된 〈핫 뮤직〉에서는 음악 잡지의 역사를 정리하며 〈월간팝송〉에 대해 다음과 같이 평가했다.

> 지금까지도 그 이름을 알고 있는 팝 매니아들이 많은 것을 보면, 〈월간팝송〉은 정말 대단한 잡지이다. 초창기 비록 번역 위주의 기사들이 많았지만, 팝 음악의 전도사로서 〈월간팝송〉의 업적은 우리의 상상 그 이상이다. (중략) 1970년대 〈월간팝송〉의 아성에는 감히 상대할 다른 팝 전문지가 없었다. 빌보드 차트에서부터 팝 야사까지를 두루 섭렵한 〈월간팝송〉은 말 그대로 타의 추종을 불허하는 위치로 올라섰다. 그 아성에 도전한 것은 그를 압도할 만한 규모의 화려한 책자가 아니라, 방송국에서 발간하던 무가의 정보지였다. (〈핫 뮤직〉, 2004. 11: 64)

1970년대를 지내 온 팝 마니아들에게 〈월간팝송〉은 거의 팝송에 관한 경전 같은 의미를 지닐 만큼 중요했다. 한 블로거는 "팝송에 눈을 뜨기 시작한 중학생 시절, 팝 음악에 대한 정보와 지식의 보고는 〈월간팝송〉이었다. 작은 판형의 외형은 볼품 없었지만 인터넷이 없었던 당시엔 팝 음악에 대한 갈증을 해소하는데 이보다 더 나은 교재가 없었다"라고 회고했다.[115] 다른 블로거는 "〈월간팝송〉은 나를 비롯해 '글로 음악을 배운' 사람들에겐 하나의 바이블과 같았다"라고 평가했다.[116] 또 다른 블로거도 "그 시절 록 음악

115 https://blog.naver.com/jang9235/221608042782, 2022. 10. 30. 접속.

116 https://blog.naver.com/planet_tra/222183591422, 2022. 10. 30. 접속.

을 좋아하던 사람들에겐 바이블과도 같은 잡지였다고 생각한다. 그 당시 이러한 음악 잡지는 유일무이했고 그 내용의 전문성은 지금 보아도 타의 추종을 불허한다"라고 주장했다.[117] 다른 블로거도 "매월 용돈을 타서 교보문고까지 가서 샀던 〈월간팝송〉은 나에겐 성경보다 더 중요한 거"였다고 회고했다.[118]

4) 다양한 팝송 잡지 창간과 〈월간팝송〉의 폐간

세광출판사와 함께 대중음악 전문 출판사로 유명했던 서울음악출판사도 팝송 전문 잡지를 발행했다. 1973년 7월에 창간한 〈월드 팝송〉은 창간사에 해당하는 '〈월드 팝송〉 전집을 내면서'에서 "이 〈월드 팝송〉은 매월 1권씩 발간하여 전 20권으로 완성, 집대성"하고자 한다고 밝혔다(〈월드 팝송〉, 1973. 7: 17). '〈월드 팝송〉에 기대를 걸며'에는 최동욱과 이종환을 포함해 박원웅(MBC), 이해성(DBS), 임강호(TBC), 김진성(CBS), 최경식(CBS), 원형걸(선데이서울), 박상윤(세광출판사) 등의 축하 메시지가 실렸다.

〈월드 팝송〉은 '팝 전문 전집'으로서 많은 악보를 실으면서 팝 음악계에 관한 다양한 기사도 실었다. 특히 최신곡을 소개하는 것을 중요하게 여겨서 "국내 팬에게 한 번도 소개된 적이 없는 곡을 추려 국내에서 가장 빠르게 정확한 악보를 게재함과 동시에 본란

117 https://blog.naver.com/reficul119/222616325405, 2022. 11. 12. 접속.

118 https://blog.naver.com/punk4die/222774821352, 2022. 11. 12. 접속.

에서는 노래의 내용을 곁들여 독자 여러분에게 소개"한다고 밝혔다(《월드 팝송》, 1973. 8: 38). "이 팝송지는 계속 발간하여 여러분들의 생활 음악이 되도록 편집하고" 있다고 밝혔지만(《월드 팝송》, 1973. 10: 166), 오래 발행하지는 못했다.[119]

1974년 2월에 "늘어나는 팝송 팬을 위하여 팝송 잡지 〈월간 스테레오〉"가 창간되었다. 〈월간 음악〉의 자매지로 "팝뮤직, 세미 클래식을 주로 다루며 대학생 문화의 적극 보도, 신간 레코드 소개, 오디오 기기의 소개로 내용을 짤 예정"이라고 보도되었다(《조선일보》, 1973. 12. 28: 8). 창간호인 1974년 2월호에는 "좌담 '팝 뮤직'을 말한다. 젊은이들에게 들려주고 싶은 음악, '자니 케디'의 세계 등을 특집"으로 엮었다(《중앙일보》, 1974. 1. 10: 8). 당시 〈월간팝송〉의 독자는 "몇 번인가 나오기 시작한 모 잡지마저 마치 과거의 〈월간팝송〉 편집 내용을 축소하여 발간하는 성싶었는데 그것도 어려웠던지 지난 달에는 합병호를 내놓았고, 그다음 호에는 나오지조차 않았으니 역시 내 자신이 〈월간팝송〉을 선택하기를 잘하였다는 자위감이" 생겼다고 평가했다(《월간팝송》, 1974. 11: 141). 여기에서 언급한 '모 잡지'는 〈월간 스테레오〉였을 것이다.

1974년 3월에는 "국악, 순수음악, 대중음악, 팝송을 망라하는 〈월간 FM〉"도 창간되었다(《동아일보》, 1974. 2. 27: 5). 그러나 실제로 〈월간 FM〉은 '순수음악' 잡지로 발행되다가 1982년 5월호부터 제호

119 국립중앙도서관(www.nl.go.kr) DB에서 1집(1973. 7), 2집(1973. 8), 4집(1973. 10), 5집(1973. 11) 등 네 권을 볼 수 있다.

를 〈음악세계〉로 바꾸었다. 1975년 11월에는 "팝송의 연구 및 소개를 위한 잡지"를 표방한 월간 〈팝 월드〉가 창간되었다. 창간호에는 특집으로 '록그룹의 흥행 결산'을 실을 예정이라고 보도되었다(《경향신문》, 1975. 9. 26: 5). 고전 음악 중심의 〈월간 FM〉을 제외하고 나머지 팝송 잡지들은 오랫동안 발행하지 못했고, 1970년대에 〈월간 팝송〉만이 꾸준히 발행되었다. 1980년대 초까지는 김기덕, 김광한, 박원웅, 이종환 등이 진행하는 프로그램에서 청취자에게 배포했던 '무가의 음악 정보 책자'만이 사실상 〈월간팝송〉의 경쟁자였을 뿐이다(〈핫 뮤직〉, 2004. 11: 64~65).

1984년 8월에 중앙일보사가 "최신 팝송과 가요를 즐기는 젊은 음악팬들을 겨냥한 새로운 음악잡지"인 〈음악세계〉를 창간했다(《중앙일보》, 1984. 7. 25: 11). 1984년 8월에 창간된 〈음악세계〉는 1968년에 최초의 팝 매거진 〈팝스 코리아나〉를 탄생시켰던 서병후가 발행에 관여했고, 필자로도 참여했다. 중앙일보사는 〈음악세계〉의 판권을 인수해 호수와 제호를 이어받아 팝송 전문 잡지로 새로 출발했다. 중앙일보사의 〈음악세계〉 창간에 대해 〈월간팝송〉 발행인 이문세는 "당국의 시정 엄포에도 아랑곳없이 문어발 기업군을 형성하는 데 신들린 재벌 회사란 곳은 군소업체를 잠식하는 작태를 이곳저곳에서 감행하고 있으니 이를 지켜보는 어린 눈길들은 무엇을 생각하게 될까"라고 비판했다(〈월간팝송〉, 1984. 8). 재벌 소유 일간신문사의 팝송 전문 잡지 발행에 대해 비판했지만 결국 〈음악세계〉는 창간되었다.

"중앙일보에서 발간한 〈음악세계〉가 〈월간팝송〉과 차별화된 부분은 과감한 컬러 페이지의 도입, 책의 반 정도의 기사를 가요에 할애한 점 등을 들 수" 있지만, "후발 주자였던 〈음악세계〉가 〈월간팝송〉을 가장 크게 위협했던 것은 〈빌보드〉와의 특약"이었다(《핫뮤직》, 2004. 11: 65). 〈음악세계〉는 창간호에 "〈음악세계〉는 미국의 음악지 〈빌보드〉와 독점계약"을 맺었다고 하며, "〈빌보드〉지의 무단 게재를 하거나 하고자 하는 경우는 이 점을 주지하여 법적인 제재 조치를 받지 않도록 유의"하라고 경고했다(《음악세계》, 1984. 8). 그동안 〈월간팝송〉이 아무런 계약 없이 빌보드 차트를 무단으로 사용했었기 때문에 이를 막기 위한 것이었다.

〈월간팝송〉은 빌보드 차트를 이용하지 못하게 되었고, 자본력에 밀려 많은 어려움을 겪다가 1987년 2월에 폐간했다. 〈월간팝송〉은 "최근 국내 대중음악이 크게 활성화됨에 따라 [1987년 — 인용자] 3월호부터 가요 전문지로 편집 방향을 바꾸고 제호도 〈월간 가요〉로 개칭했다. 통권 185호부터 성격을 바꾼 〈월간 가요〉는 3월호부터 최신 인기가요, 가수와 가요계 소식 등이 폭넓게 엮어졌다"라고 보도되었다(《경향신문》, 1987. 3. 9: 7). 〈월간 가요〉는 〈월간팝송〉의 호수를 계승하여 1987년 3월호를 통권 185호로 발행했다. 〈가요생활〉에서 〈월간팝송〉으로 변신했다가 다시 〈월간 가요〉로 돌아갔던 것이다. 〈월간 가요〉는 1987년 9월호(통권 191호)를 마지막으로 휴간했다가 다시 〈월간 오디오〉로 제호를 바꾸어 1988년 1월호(통권 192호)부터 지금까지 계속 발행하고 있다. 〈음악세계〉도 〈뮤직씨티〉(1989. 4)로 제호를 바꾸고 서병후를 주간으로 해서 새롭게 출발했지만 얼마 못가 폐간했다.

4. 팝 마니아 등장과 팝 전문가의 활동

해방 이후 미군이 진주하면서 쇼 무대가 마련되자 가수와 연주자들은 팝송을 익혀야 했다. 《히트 키트》, 《스톡 어레인지먼트》, 〈송 폴리오〉 등의 미군 쇼를 위한 악보가 있었지만, 모두가 이런 악보를 받지는 못했다. 미군 쇼의 가수나 연주자들은 미군 잡지를 구해서 악보를 보거나, AFKN으로 음악을 듣고 채보하기도 했다. 팝송 연행자뿐만 아니라 DJ와 팝송 팬도 악보와 가사를 보고 싶어했기 때문에 1960년대 들어서면서 팝송 악보 책과 가사 해설집이 출판되었다. 세광출판사와 서울음악출판사 등의 음악 전문 출판사들이 다양한 팝송 책 출판에 적극적으로 나섰다. 1970년대 들어서서는 팝송 책 출판사는 더 늘어났고, 발행하는 책도 더욱 다양해졌다.

팝송 악보나 가사는 물론 가수의 신상이나 노래의 배경까지 알려면 팝송 잡지를 읽어야 했다. 미군 부대에서 흘러나온 잡지들은 팝송에 관한 정보와 지식을 알려주는 가장 중요한 수단이었다. 다만 다양한 잡지를 구하기 쉽지 않고, 영어를 할 줄 알아야 했기 때문에 많은 사람이 미군 부대에서 흘러나온 팝송 잡지를 읽을 수는 없었다. 팝송에 관한 관심이 높아지면서 1968년 7월 최초의 팝송 잡지 〈팝스 코리아나〉가 창간되었다. 다만 이 잡지는 창간하고 얼마 되지 않아 사라지고 말았다. 1971년 11월에 창간된 〈월간팝송〉은 무려 16년이나 계속 발행되며 팝송 팬들에게 '경전'과 같다는 평가까지 들었다. 1970년대에 창간된 다른 팝송 잡지들은 오래 발행되지 못했지만, 방송국들이 팝송 프로그램 홍보용으로 발행한 팝송 잡지는 비교적 오래 지속되었다.

팝송에 관한 책이나 잡지는 대부분이 미군 부대에서 흘러나온 잡지를 활용한 것들이었다. 저작권에 관한 관념이 없었기 때문에 그대로 미국 잡지를 활용해 책과 잡지를 만들었다. 다양한 미국 잡지들에 실린 팝송 악보나 정보에서 한국인이 좋아할 만한 노래나 내용을 찾아 번역해 실었다. 이런 팝송에 관한 책이나 잡지는 한국인의 팝 음악에 관한 정보 욕구를 충족시키는 데 큰 역할을 했다.

신문이나 잡지에 팝송에 관한 글이 게재되면서 이런 글을 집필하는 팝 칼럼니스트들이 등장했다. DJ, PD, 작곡가, 작사가 등 다양한 직군의 사람들이 팝송에 관한 글을 썼다. 이들은 팝송에 관해 소개하는 것을 넘어서서 '목요회'처럼 모임을 만들어 조직적으로 방송국과 신문사에서 팝 스타일 음악의 활성화를 위해 노력하기도 했다. 팝송 서적이나 잡지 발행에 관여했던 인물들이 팝송 전문가로서 다양한 역할을 했던 것이다.

Ⅲ부

한국의 방송과 팝송

한국의 방송과 팝송

대중음악을 매개하는 방송의 역할은 매우 크다. 팝송을 전달하고 팝 스타일 가요를 확산하는 데도 방송은 매우 큰 공헌을 했다. 라디오의 DJ 프로그램이나 TV의 음악 쇼는 AFKN의 영향을 받았고, 미8군 쇼에서 활동했던 가수들의 활동 공간이 되기도 했다. AFKN을 통해 듣기 시작해 음악감상실에서나 불법 복제 음반으로 팝송을 즐기던 젊은 층들은 이제 한국 라디오를 통해 팝송을 듣고 TV에서 팝 스타일 가요를 즐기게 되었다. 방송이 팝송의 유입과 확산에 결정적 영향을 주었다.

한국의 라디오에 팝송 프로그램이 편성되기 시작한 것은 1960년대였다. 1950년대까지 라디오 방송국으로 KBS와 CBS만 있었지만, 1960년대는 MBC, TBC, DBS가 차례로 개국해 방송국 사이에 치열한 경쟁이 벌어졌다. 이런 경쟁 과정에서 방송국들은 AFKN을 통해 팝송을 듣고 음악감상실에 다니던 젊은 층을 대상으로 하는 팝송 프로그램을 편성했다. 1960년대를 '라디오 시기'라고 부르기도 하는데, 특히 〈탑튠쇼〉가 시작된 1963년부터 1970년 무렵까지가 '한국 팝 방송의 르네상스'였다고 했을 정도로 팝송 DJ 프로그램이 인기를 끌었다.[120] 라디오는 오후 3시와 6시 무렵 팝송을 틀어주는 DJ 프로그램들을 편성해 치열한 경쟁을 벌였다. 이제 젊은이들은 AFKN을 청취하지 않아도 한국 라디오 프로그램을 통해 팝송을 들을 수 있었다.

1970년대 들어 텔레비전 3개국이 경쟁하고 라디오 FM 방송국이 성장하면서 라디오는 새로운 전략을 모색해야 했다. 라디오가 주목한 시간이 바로 심야 시간대였다. KBS를 제외한 MBC, TBC, DBS, CBS 등 4개국은 모두 1970년에 심야 방송을 편성했다. 팝송을 주로 들려주던 심야 DJ 프로그램은 청소년들에게 큰 인기를 끌었다. 심야 방송의 인기가 높아지면서 기성세대의 비판과 정부 규제가 나타나기도 했다. 그럼에도 심야 방송에서 팝송을 없애거나 줄이려는 시도는 번번이 성공하지 못했다.

1956년 HLKZ-TV가 개국할 때 음악 쇼가 편성되었고, 이후 1961년 KBS-TV, 1964년 TBC-TV, 1969년 MBC-TV가 개국할 때도 당연히 음악 쇼가 방송되었다. 라디오의 음악 프로그램에 비해 음악 매개의 역할은 상대적으로 작았지만, 텔레비전의 음악 쇼도 꽤 중요한 기여를 했다. 음악 쇼는 1970년대 내내 TV 방송국 사이 치열한 경쟁의 중요한 수단 중 하나였다. 주말에 가족 모두가 시청하는 음악 쇼를 편성하고, 주중에는 청소년 대상의 음악 쇼가

120 http://m.koreatimes.com/article/20170810/1070402, 2020. 3. 30. 접속.

편성되기도 했다. TV의 음악 쇼는 팝 스타일 가요의 확산에 큰 역할을 했다.

이렇듯 방송에서 음악 프로그램이 중요한 의미를 지니고 있었음에도, 한국에서 방송과 대중음악 사이의 관계에 관한 연구는 활발하지 못했다. 그나마 텔레비전의 대중음악 프로그램에 관해서는 어느 정도 연구가 이루어져, 특정 시기 텔레비전의 대중음악 프로그램을 다룬 몇몇 연구들이 있다(김설아, 2011; 김종진, 2010; 박용규, 2007, 2014a; 이홍주, 1990; 조의진, 2005). 또 텔레비전 예능·오락 프로그램을 정리하며 대중음악 프로그램의 역사까지 간략히 다룬 연구가 있고(강태영·윤태진, 2002), 50년 동안의 텔레비전과 대중음악 사이의 관계를 간략히 살펴본 연구도 있다(원용진, 2011).

텔레비전과 달리 라디오의 대중음악 프로그램에 관한 연구는 더 부진했다. 라디오는 방송 초기 대중음악에 큰 영향을 주었고, 지금도 여전히 상당히 큰 역할을 하고 있음에도 연구가 별로 없다. 라디오의 음악 프로그램에 관한 연구는 대부분이 일제 강점기에 집중되어 있다(박용규, 2010; 송방송, 2000; 장유정, 2007; Robinson, 2001). 텔레비전이 등장한 이후인 1960년대 이후 라디오 음악 프로그램의 역사에 관한 연구는 드물었다. 일부 연구들이 1980년대 이후 청소년 청취자들의 심야 방송 수용 행태에 관해 관심을 두었을 뿐이다(송은주, 1999; 이영경, 1990; 정우식, 2012; 한영예, 1981). 최현철과 한진만(2004)이 라디오 프로그램의 역사를 정리하며 음악 프로그램에 관해 언급하기도 했다.

방송의 대중음악 프로그램에 관한 연구가 부진했던 이유는, 방송 연구가 주로 '진지한 주제들'을 중심으로 이루어졌고(Negus &

Street, 2002; Lee, 2005), 대중음악 연구에서는 방송이 중요하기는 하지만 결정적인 요인이라고 여기지 않았기 때문이다. 그나마 얼마 안 되는 방송 프로그램의 역사에 관한 연구도 대부분이 드라마를 대상으로 한 것이었다. 따라서 방송의 대중음악 프로그램에 관한 연구는 일종의 '사각지대'였다. 특히 라디오 자체가 연구의 대상이 되는 경우가 드물어서 라디오의 대중음악 프로그램에 대해서는 당연히 연구가 더 부진할 수밖에 없었다.

라디오 음악 프로그램 중에서도 매우 중요한 의미를 지니는 팝송 DJ 프로그램에 관해서는 거의 연구하지 않았다. 팝 스타일 가요의 확산에 큰 역할을 했던 TV 음악 쇼에 관해서도 큰 관심을 두지 않았다. 라디오 DJ 프로그램이나 TV 음악 쇼에 관해서는 방송 연구보다 대중음악 연구가 상대적으로 더 큰 관심을 보였다. 대중음악을 다룬 연구(김영주, 2006; 김형찬, 2015; 박기영, 2003; 신현준 · 최지선, 2022a, 2022b)들은 팝송의 유입과 팝 스타일 가요의 확산을 논의하며 방송의 역할에 관해 언급했다. 그러나 이런 연구들은 대중음악 매개 수단으로서 방송을 간략히 살펴보았을 뿐이다. 따라서 라디오의 DJ 프로그램이 팝송의 유입과 전파에서 수행했던 역할이나 TV 음악 쇼의 팝 스타일 가요의 정착과 확산에 관한 심층적인 연구가 필요하다.

그동안 본격적인 연구는 거의 없었지만 1960년대나 1970년대에 DJ나 PD로 활동했던 인물들이 쓴 책들은 여러 권 나왔다. 1960년대 1세대 DJ인 이종환(1993), 최동욱(1995), 최경식(2003)의 회고록이 출간되었고, 이들보다 약간 뒤에 활동했던 DJ들인 박원웅 · 김기덕(1991), 김광한(2018)의 책도 나왔다. 1970년대에 가수이자 DJ로 활동한 양희은(1993), 서유석(2004), 조영남(1994, 2022), 조영남·이나리(2011), 윤형주(2012) 등의 책도 출간되었다. TV 음악 쇼의 PD로 활동했던 황정태(2001), 이백천(2014)의 책도 간행되었다. 이와 같은 자료들은 그동안 방송이나 대중음악의 역사 연구에서 사각지대로 남아 있던 라디오 DJ 프로그램이나 TV 음악 쇼의 역사를 연구하는 데 도움이 될 것이다.

Ⅲ부에서는 먼저 1960년대에 처음 편성된 팝송 DJ 프로그램과 1970년대 새로 시작한 심야 음악 프로그램을 정리하고, 1960년대와 1970년대의 TV 음악 쇼를 살펴본다. 즉 먼저 라디오 음악 프로그램이 팝송을 매개하는 데 어떤 역할을 했는지를 중심으로 살펴보고, 다음으로 TV 음악 쇼가 팝 스타일 가요의 정착에 기여한 과정을 돌아본다.

이를 위해 당시 신문·잡지 기사와 연감 등을 활용할 것이고, 관련 인물들의 회고록·구술 자료나 방송사의 사사社史 및 편성자료집 등도 이용하려고 한다. 특히 주요 DJ 프로그램이나 음악 쇼의 편성 시기나 편성 시간에 관한 기존 연구들의 잘못된 정보들을 바로잡는 데는 신문 기사는 물론 사사나 자료집의 편성표가 매우 유용했다.

라디오 DJ 프로그램과 TV 음악 쇼

음악 프로그램은 라디오 방송 초기부터 높은 편성 비율을 보였다. '라디오 뮤직 박스Radio Music Box'라고 불렸던 것처럼 초기 라디오는 사실상 음악을 들려주기 위해 방송을 했다고 할 수 있을 정도였다(Benjamin, 1993). 고전 음악과 대중음악 등 다양한 음악들이 라디오를 통해 방송되며 청취자를 둘러싸고 경쟁했다(Hilmes, 1997: 54~57; Smulyan, 1994: 96~98). 라디오의 음악 프로그램은 '새로운 음악 문화'를 구축하여 대중들의 일상을 지배하고, 각 세대나 집단의 정체성을 형성하는 데 큰 영향을 주었다(Douglas, 1999: 83~99).

라디오 방송은 초기에는 '라이브 음악live music performance'을 들려주다가 1930년대 초반부터는 DJ가 음반을 틀어주는 형식deejay-and-records format으로 변화했다(Rothenbuhler & McCourt, 2002: 369~370). 라디오가 대중음악을 전달하는 방식이 DJ가 음반을 틀어주는 형식으로 변화했던 것은 "라디오는 청중을 끌기 위해 음악을 필요로 했고 가장 저렴한 음악 공급 출처가 음반"이었으며, "음반사는 시장에 도달하기 위해 라디오 전파를 필요"로 했기 때문이었다(Frith, 2001/2005: 89). 음악을 실연하던 것에서 음반으로 들려주는 것으로 바뀌면서, 음악을 들려주는 사이에 뉴스를 전달하거나 초대 손님과 대담하는 등의 다양한 시도가 나타났다(Rothenbuhler & McCourt, 2002: 368~371).

1930년대 중반에 음반을 통해 음악을 들려주는 역할을 하던 사람을 '레코드자키record jockey'라고 부르다가 1940년대 초부터 주로 '디스크자키disc jockey'라고 부르기 시작했다(Brewster & Broughton, 2006: 36~37). '디스크자키'란 음반Disc과 기수Jockey를 합쳐놓은 말로, 결국 DJ는 음반을 선택하는 데 필요한 지식과 음악을 설명할 수 있는 뛰어난 언변을 지녀야 했다. 누군가가 골라준 음반을 그대로 틀거나 다른 사람이 써준 원고를 읽기만 하는 사람을 진정한 DJ라고 부르기는 어렵다. 스스로 음악을 선곡하고 해설하는 것은 물론 방송 기기를 다루는 등 프로그램을 전체적으로 운용할 줄 알아야만 DJ라고 할 수 있었다. 라디오 DJ는 청취자와 음악을 연결해 주는 역할을 함으로써(Salsberry, 2014), '음악의 게이트키퍼music gatekeepers'이자 '문화적 아이콘cultural icons' 등으로 평가되기도 했다(Cooper, 2007).

청소년이 '진정으로 의미가 있는 청중'으로 받아들여지면서(Frith, 2001/2005: 92) 방송들은 이들을 수용자로 끌어들이기 위한 음악 프로그램을 편성했다(Creeber, Miller, & Tuiloch, 2001/2004: 73). 1950년대까지도 청소년은 대체로 그들의 부모보다 '덜 텔레비전 지향적'이었고, 라디오를 더 많이 들었다(Frith, 1983/1995: 157). 텔레비전의 청소년 대상 대중음악 프로그램이 인기를 끌던 상황에서도 라디오가 청소년의 대중음악 수용 수단으로 여전히 인기를 누렸던 것은 '개인용' 수신기인 트랜지스터라디오가 등장했기 때문이었다(Ganzert, 1993). 10대와 그 부모가 모두 수용할 수 있는 내용을 보여주고자 했기 때문에(Hill, 1996) 텔레비전의 청소년 대상 음악 프로그램은 '가족적 서사family narrative'에 의해 틀지어진 것일 수밖에 없었던(Frith, 2002: 283) 반면에 개인용 매체가 된 라디오는 청소년이 선호하는 음악만을 들려주는 프로그램을 내보낼 수 있었다.

DJ 프로그램은 라디오가 텔레비전과의 경쟁을 의식해 새로 개발하고 발전시킨 포맷이었다. 1950년대 들어서서 텔레비전이 널리 보급되자 라디오는 이에 맞서 경쟁하기 위한 수단의 하나로서 '진정한 의미의 DJ'를 앞세운 프로그램을 편성했다(Ramsey, 1981/1984: 6). 개인용 라디오의 등장은 대중음악 '게이트키퍼'로서의 DJ의 역할에도 큰 영향을 주었다. DJ는 방송사의 압력과 음반 산업의 요구 속에 대중의 취향을 고려하면서도 자신만의 독특한 개성을 살리며 프로그램을 진행하려고 노력했다(Killmeier, 2001). DJ 프로그램은 청소년의 음악적 취향을 반영하는 것이며 동시에 음악의 수용방식을 획기적으로 변화시키는 계기가 되었다. 청소년에게 음악은 "지위와 정체성의 복잡한 관계에서 타인과의 차이를 구별 짓는 중요한 징표"를 제공했는데(Straw, 2001/2005: 126) DJ 프로그램은 청소년의 정체성을 형성하는 데 중요한 의미를 지녔다.

이렇듯 DJ 프로그램의 등장에는 텔레비전의 개국이나 청소년의 음악적 취향의 변화 등이 작용했다. 한국에서도 상업 라디오 방송국들이 개국해 치열하게 경쟁하던 상황에서 텔레비전 방송국까지 새로 등장하자 라디오는 생존을 위해 다양한 변화를 시도했는데, 그런 시도 중 하나가 팝송 위주의 DJ 프로그램이었다. 젊은 층의 음악적 취향과 라디오 청취 습관의 변화가 DJ 프로그램의 등장과 변화에 영향을 주었다. 청소년들이 "그들의 아비투스habitus에 맞는 새로운 장르"로서 '미국으로부터 전해진 팝송'을 즐겨듣게 되면서(원용진, 2008: 184) 새로운 음악 전달 방식으로서 팝송 DJ 프로그램이 등장했다. 특히 AFKN을 통해 팝송을 들었던 젊은 층을 상대로 했기 때문에 초기 라디오의 DJ 프로그램은 당연히 AFKN의 영향을 받았다.

텔레비전의 음악 프로그램은 초기부터 시각적 측면을 강화해 '쇼show화'될 수밖에 없었다. 단순히 음악을 들려주기만 해서는 안 되고, 음악과 함께 무엇인가를 보여 주어야 했기 때문이다. 텔레비전 버라이어티 쇼의 두 가지 뿌리는 보드빌과 라디오였다(Scheurer, 1985: 307~308). 보드빌은 가수, 희극배우, 댄서, 곡예사, 마술사 등이 출연하는 쇼를 가리킨다. 라디오로부터 음악 쇼의 기본적 형식을 빌려왔다면, 보드빌로부터 다양한 시각적 요소들을 도입했다. 보드빌 무대에서 활동하던 많은 사람이 이제 텔레비전으로 옮겨 와 활동하게 되었다(Forman, 2002: 263). 1948년에 시작되어 1971년에 막을 내린 미국의 대표적인 버라이어티 쇼 중 하나였던 〈에드 설리번 쇼〉는 다양한 세대가 시청 가능한 프로그램을 지향했다(Inglis, 2006). AFKN을 통해 볼 수 있었던 〈에드 설리번 쇼〉는 한국의 TV 음악 쇼에 영향을 주었다. 한국의 TV 음악 쇼는 AFKN뿐만 아니라 미8군 쇼로부터도 영향을 받았다. 초기 음악 쇼에 출연한 가수나 악단은 대부분이 미8군 쇼 출신이었다.

텔레비전은 청소년들을 시청자로 끌어들이기 위해 이들을 주된 대상으로 하는 프로그램들을 만들기 시작했는데, 그 대표적인 것이 바로 대중음악 프로그램이었다(Creeber, Miller, & Tuiloch, 2001/2004: 73). 청소년을 위한 텔레비전의 편성은 곧 음악 프로그램 편성music programming을 의미했고, 이것은 텔레비전에 있어서 점증하는 음악 산업의 투자를 반영하는 것이기도 했다(Frith, 1993: 70~72). 즉 음악 시장에서 청소년들의 구매력이 다른 연령층보다 높다는 인식이 작용했다(Straw, 2001/2005: 120~126). 특히 텔레비전은 로큰롤같이 청소년이 좋아하는 음악을 위주로 하는 프로그램을 만들기 시작했다(Frith, 2002: 283). 미국에서 1957년 8월 ABC방송국이 도입한 〈아메리칸 밴드스탠드*American Bandstand*〉를 예로 들 수 있고(Matelski, 1991: 69~70), 1965년에 미국에서 시작한 〈소울 트레인〉은 청소년들의 '댄스 파티 쇼'였다(Allan, 2002: 223~224).

한국 라디오의 DJ 프로그램과 TV의 음악 쇼가 AFKN과 미8군 쇼의 영향을 받은 것은 사실이었고, 이것을 '종속성'의 관점에서 비판하는 연구가 많았다. 그러나 한국 라디오의 DJ 프로그램과 TV의 음악 쇼는 초기 미국의 영향을 받았던 포맷에서 벗어나 다양한 시도를 통해 변화하는 '혼종성'을 보여 주었다. 라디오 DJ 프로그램은 팝송을 들려주던 것에 그치지 않고 가수들이 출연해 팝송이나 팝 스타일 노래를 부르고 대담을 나누기도 했다. TV 음악 쇼는 구성과 영상에서 새로운 시도를 했고, 스탠더드 팝·록·포크 등 다양한 장르의 팝 스타일 가수들이 출연했다. 라디오의 DJ 프로그램과 TV의 음악 쇼가 AFKN과 미8군 쇼의 영향을 받다가 새롭게 변화해 가는 과정을 '혼종성'의 관점에서 살펴본다. 미국 팝 음악의 영향을 받았지만, 한국 방송의 음악 프로그램을 통해 새로운 팝 계열 음악이 탄생하는 과정을 설명한다. 특히 음악감상실이나 팝 칼럼니스트 출신 DJ나 PD들이 팝 음악의 '주체적 수용과 창조'를 위해 노력했던 것에 관해 구체적으로 알아본다.

7장

라디오 팝송 DJ 프로그램의 등장과 변화

1. 팝송 프로그램의 편성과 DJ의 등장

1950년대에 AFKN을 통해 팝송을 듣고 음악감상실을 찾기도 했던 세대들을 위해 한국의 라디오도 팝송을 틀어 주는 방송을 시작했다. 라디오에 팝송 프로그램이 본격적으로 편성된 1960년대는 "라디오가 급속히 보급되어 대중화되어 가던 시기"로서 '라디오 시기'라고 불리기도 했다. 라디오 수신기 가구당 보급률이 1960년의 9.64%에서 1971년에는 64.36%로 늘어났다(김영희, 2003). 1950년대까지 서울의 라디오 방송국이 KBS(한국방송)와 CBS(기독교방송) 등 2개였지만,[121] 1960년대에 3개가 추가로 개국해 총 5개가 되었

121 부산MBC(HLKU)가 최초의 상업방송으로 1959년 4월 15일에 개국했다. 부산MBC는 1961년에 개국한 서울의 MBC(HLKV)보다 먼저 개국했던 것이다.

● 이 장은 박용규 (2020). "라디오 디스크자키 프로그램의 등장과 변화: 1960년대 팝송프로그램을 중심으로,"〈언론정보연구〉, 57권 3호, pp.239~285의 내용을 토대로 수정 및 보완하였다.

다. 1961년 12월 2일 MBC(문화방송), 1963년 4월 25일 DBS(동아방송), 1964년 5월 9일 TBC(동양방송)가 개국하며[122] 라디오 사이에 청취율 경쟁이 치열해졌다. 1964년 12월 7일 TBC-TV가 개국하고, 1969년 8월 8일 MBC-TV가 개국해 기존의 KBS-TV를 포함해 TV방송국이 총 3개가 되면서 라디오는 1960년대 중반부터 이미 TV와의 경쟁을 의식하여 활동할 수밖에 없었다.[123]

5개 라디오 방송국 사이의 경쟁에서 대중음악 프로그램은 큰 비중을 차지했다. 이미 1950년대 중반부터 제목만 알려주며 음악을 들려주는 형식에서 벗어나서 다양한 이야기와 함께 음악을 틀어 주는 'DJ 프로그램'들이 등장했다(KBS연감편찬위원회, 1961: 191~193). 비슷한 시기에 이미 엽서로 신청곡을 받아서 들려주는 '리퀘스트 프로그램'도 등장했다(한국방송공사, 1977: 433). 이런 프로그램은 아나운서가 진행을 도맡았고, 고전 음악에서 영화음악에 이르기까지 다양한 음악을 들려주었다. 당시에는 누가 진행을 맡든 각종 '이야기와 함께 음악'을 들려주면 DJ 프로그램이라고 불렀는데, 1960년

122 TBC는 RSB(라디오서울, 1964. 5. 9) → JBS(중앙방송, 1965. 8. 1) → TBC(동양방송, 1966. 8. 15)로 방송국명이 변화했다. TBC-TV는 DTV(1964. 12. 7) → JBS-TV(1965. 8. 1) → TBC-TV(1966. 8. 15)로 명칭이 바뀌었다. 직접적인 인용이 아닌 한 RSB나 JBS를 TBC로, DTV나 JBS-TV는 TBC-TV로 통일해 표기하려고 한다.

123 아직 텔레비전 방송국이 2개뿐이고 수상기도 널리 보급되지 않았던 1966년의 여론 조사에서 이미 "TV를 가진 이후로 어떤 변화가 있었습니까"라는 질문에 '라디오를 덜 듣게 되었다'가 18.8%로 가장 큰 비율로 나타났다(《중앙일보》, 1966. 9. 22: 6). 텔레비전 수상기 보급의 확대가 가져올 결과를 예측하게 해 주는 기사였다.

대에 들어서면서 이런 DJ 프로그램의 편성이 더욱 활발해졌다.

1960년에 KBS가 최신 팝송을 소개하는 DJ 프로그램인 〈히트 퍼레이드〉를 편성했고, 1963년에는 DBS가 개국하며 〈탑튠쇼〉라는 프로그램을 편성했다. 〈히트 퍼레이드〉는 주1회 편성이었지만, 〈탑튠쇼〉는 매일 편성 프로그램이었다. 1964년에는 아나운서가 아닌 전문적인 DJ가 처음으로 팝송 프로그램의 진행을 맡았다. DBS, MBC, TBC 등 상업 방송국 사이의 경쟁 과정에서 전문적인 DJ가 진행하는 팝송 프로그램이 등장했다. 이런 프로그램은 AFKN을 통해 팝송을 즐겨 들었던 젊은이의 취향을 반영한 것이었고, 팝송의 유입에 큰 역할을 했다.

이 장에서는 1960년대 라디오의 팝송 DJ 프로그램에 대해 살펴보고자 한다. 먼저 1960년대 DJ 프로그램의 편성과 특성에 관해 정리한다. 해방 직후부터 1960년까지 방송이 미국 대중음악을 프로그램에 어떻게 반영했는지도 전사前史로서 알아본다. 다음으로 DJ 프로그램의 포맷과 음악에 대해 살펴본다. 특히 단순히 팝송을 들려주는 것을 넘어서기 위해 시도된 다양한 활동들도 들여다본다. 마지막으로 DJ 프로그램의 수용과 반응을 살펴봄으로써 젊은 세대의 팝송에 대한 높았던 인기를 밝히고자 한다.

2. 상업 방송의 등장과 DJ 프로그램의 편성

1) 팝송 위주 DJ 프로그램의 등장

해방 직후 미군 진주와 함께 이미 미국의 대중음악이 한국에 본격적으로 들어오기 시작했다. AFKN의 전신이라고 할 수 있는 WVTP 방송이 "쉴 새 없이 재즈 음악을 틀어댔"지만 이런 "음악은 너무 소란스럽고 생소해서 별로 공감을 불러일으키지 못"해서 KBS는 "경음악, 남미음악 등 부드러운 음악 순서를 마련해 레코드를 틀어"주는 방송을 했다(노정팔, 1995: 120~121). 미군정 시기에 "KBS는 낮 시간대에 하루에 한 차례씩 팝송을 소개"했다고 하는데, "방송국 직원들도 이 종류 음악에 생소했던 탓으로 곡목 소개나 해설 없이" 그냥 음반을 틀기만 했다(《일간스포츠》, 1975. 7. 16: 6). 1947년에 KBS 아나운서였던 이진섭은 WVTP를 들으며 DJ의 역할을 배워 음악 프로그램을 진행했고, 주로 '라틴뮤직, 탱고, 부기우기, 미퉁가, 삼바' 등의 '바다 건너 저쪽 사람들이 부르는 노래'들을 전달했다고 회고했다.[124] 실제로 당시에 "창극보다 '짜스' 악극단이 번창하고 클라시칼한 양곡보다 조선굿거리를 뜯어 고친듯한 '룸바,' '탱고,' '스윙' 같은 경음악을 많이 틀어달라는 라디오 청취

124 이진섭은 음악에 대해 해박한 지식을 가졌던 인물로 "디스크자키는 너하고 나하고 얘기를 주고받는 기분, 라디오는 방송국 것이 아니고 바로 '내것'을 갖게 청취자들에게 바싹 다가앉는 것"이라는 '철학'을 밝히기도 했다(《경향신문》, 1978. 4. 26: 5).

자들의 호소"가 있었다(《조선일보》, 1947. 8. 15: 4). 초기 음악 프로그램에도 주한 미군 방송인 WVTP의 영향이 어느 정도 있었던 것이다.

한국 전쟁 이후 미국의 팝송이 더욱 본격적으로 밀려 들어왔다. AFKN을 통해 팝송을 듣기 시작했고, 새로 출현한 음악감상실이 팝송을 확산시켰으며, DJ들이 주도적인 역할을 했다(선성원, 2005: 187~191). 한국 전쟁 이후 청소년 시기를 보낸 사람 중에 상당수가 AFKN을 통해 팝송을 들으며 열광했다.[125] 1950년대 중반에 청소년의 팝송에 대한 인기가 높아지면서 이미 방송에서도 이를 반영하기 시작했다. 1956년에 KBS에 입사한 이호로가 미국 대중음악도 들려주는 '경음악' 프로그램을 담당했다(노정팔, 1995: 314~315).[126] AFKN을 통해 팝송을 들은 세대에게 다가서기 위한 시도였겠지만, 방송국의 음반 부족과 전문 인력의 부재로 이런 프로그램들이 아직 큰 인기를 끌지는 못했다.

AFKN이나 음악감상실을 통해 팝송에 대한 인기가 더욱 높아지자 1950년대 말에 KBS에서도 팝송을 본격적으로 방송하기 시작했다. "작년 말에서 금년에 이르기까지 장안에는 '폴 앙카,' '팻

125 한국의 젊은이들은 1950년대 이후 주로 AFKN을 통해 팝송을 들었지만, VUNC나 VOA 한국어 방송을 통해 팝송을 듣기도 했다(김영희, 2014; 장영민, 2009; 장영민, 2014).

126 1956년 말에 KBS 제2방송은 오후 6시에 '경음악' 프로그램을 편성했다. 미국의 대중음악도 간혹 들려주었는데, '루이 암스트롱'의 음악을 들려주기도 했다(《경향신문》, 1956. 12. 28: 4). KBS 제2방송은 1957년부터는 아예 〈미국의 유행 음악〉이라는 프로그램을 방송하기도 했다(《경향신문》, 1957. 1. 12: 4).

트 분,' '빌리 본 오크,' '프랑크 씨나트라'의 〈아메리카 힛트 파레이드〉가 대인기이며 유행되고 있고, KA(남산)방송국 〈희망음악회〉 시간에 청취자의 소리가 높다"라고 할 정도로 1950년대 말에 이미 KBS에 팝송을 신청하는 사람들이 많았다(《동아일보》, 1959. 2. 14: 4). 연말에 한 해 동안 인기 있던 팝송을 들려주는 특집 프로그램을 편성했는데, "KA의 〈희망음악회〉 또는 뮤직 프로를 통해서 반영된 팬들의 기호 경향과 히트곡들이 이호로 구성으로 12월 29일 밤 화려하게 등장"한다고 했다(《동아일보》, 1959. 12. 11: 4). 이호로에 대해 "지난 번 〈추억의 멜로디〉, 〈흘러간 노래〉, 〈음악의 세계일주〉, 현재 방송되고 있는 〈금주의 힡 파레이드〉 또 2월부터 새로 등장하게 된 〈라이트 뮤직 쌀롱〉을 담당"하고 있다고 했던 것을 보면(《경향신문》, 1961. 2. 17: 4), 1950년대 말에 팝송도 들려주는 프로그램들이 이미 여러 개 있었다는 것을 알 수 있다. KBS가 "50년대 후반부터 각종 실험적인 팝 프로를 시도"했는데, 이 시기에 이호로는 '독보적인 존재'로 꼽혔다(《일간스포츠》, 1975. 7. 26: 6).

1960년에 KBS는 아예 팝송을 주로 들려주는 주간 프로그램 〈히트 퍼레이드〉[127](수, 하오 8:00～9:00)를 편성했다.

원래 KA 제일방송에서 1960년 4월 리퀘스트 프로그램으로 탄생, 미

127 같은 프로그램이라도 자료에 따라 다르게 표기된 경우가 많다. 예를 들어 같은 프로그램에 대해 〈힛트 퍼레이드〉, 〈힛 퍼레이드〉, 〈히트 퍼레이드〉가 모두 사용되었다. 당시 기사나 연감을 인용할 경우 나와 있는 그대로 표기했다.

국의 유행 음악을 비롯해서 갖가지 경음악, 영화주제가를 청취자의 요청수의 순위로 방송했다. 그러나 청취자들의 반응이 적어서 오랫동안 유지하지 못하고 방송국 자체에서 그 순위를 결정하게 되었다. 그 뒤 명칭조차 없어졌던 것이 1960년 10월 프로그램 개편과 함께 재등장, 현재는 디스크자키와 유사한 프로그램이 되었다. (방송문화연구실, 1961: 189)

〈히트 퍼레이드〉는 실제로는 4·19 직후인 1960년 5월 11일에 첫 방송을 했다.[128] 방송 원고를 집필하던 이호로는 "외국의 걸작가요로 엮어지는 금주의 〈힛 퍼레이드〉가 등장해서 노래를 즐기는 '팬'의 경향을 뚜렷하게 파악할 수 있게 되었다"라고 설명했다(《동아일보》, 1960.6.10: 4). 〈히트 퍼레이드〉가 "청취자들의 반응이 적어서 오랫동안 유지되지 못하고" 사라진 것은 아니었고, 7월부터 9월까지 특집 프로그램 편성 등으로 간혹 결방했을 뿐이다. 1960년 10월 12일부터는 일주일에 한 번씩 꾸준히 편성되어, 수요일 저녁 9시 30분부터 20분 동안 방송되었다(《동아일보》, 1960. 10. 12: 4). 〈히트 퍼레이드〉는 월요일 같은 시간대로 변경되었다가, 다시 KBS 제2채널인 국제방송으로 옮겨 편성되었다.

128 1960년 6월의 기사에서 '지난달부터' HLKA(제일방송)에 '금주의 〈힛 퍼레이드〉'가 등장했다는 내용이 나와 있다(《동아일보》, 1960. 6. 10: 4). 당시 신문에 실린 편성표를 살펴보면, 5월 11일(수) 저녁 10시 15분부터 30분 동안 편성된 것을 확인할 수 있다(《동아일보》, 1960. 5. 11: 4).

당시 자료는 〈히트 퍼레이드〉에 대해 "현재 미국에서 유행되고 있는 힛트쏭 등을 국내 레코오드의 판매 상황 등을 기준으로 고려해서 엮는 20분짜리 프로그램. 집필자 등이 여러 차례 바뀌어졌지만은 프로그램을 엮는 기준은 거의 일치되고 있다"라고 했다. 또 "시간의 위치와 길이 등도 여러 차례 변경된 끝에 현재로 돌아온 것"이라고 프로그램을 설명하고, 뒤에 '집필자 최동욱'이라고 적어 작가 이름을 밝혔다(방송문화연구실, 1962: 83). 1959년부터 팝송의 복사판이 이제 막 LP로 발행되기 시작한 상황에서(최규성, 2014: 17~18) 국내 음반 판매 상황을 기준의 하나로 삼아 선곡하겠다고 했던 것은 매우 특이한 일이었다. 그러나 "방송국 자체에서 순위를 결정"하게 되면서 자의적인 선곡에 그쳐서 "힛트의 기준이나 선곡의 겨냥이 나변那邊[어디 ― 인용자]에 있는지 통 알 수가 없으리만큼 줏대가 없다"라는 비판을 듣기도 했다(《조선일보》, 1961. 2. 4: 4). 〈히트 퍼레이드〉에 대해 'AFKN화'되었다는 내용의 다음과 같은 비판도 있었다.

> 14일, KA의 〈수요일 밤의 향연〉을 벌렸는데 이날은 10시 30분의 〈힛트 파레이드〉까지 합쳐서 완전히 AFKN화한 감이었다. '캬바레'의 무대를 그대로 스튜디오에 옮겨놓은 것 같은 생각이 드는 이날의 60분 프로에서 가수들은 발음이 정확치도 못한 영어 가사로만 시종했는데 일반 청취자를 대상으로 하려면 가사의 한국어화쯤은 해가지고 나오기를 바란다. (《경향신문》, 1960. 9. 18[석간]: 4)

위 기사를 통해 당시 일부 라디오 프로그램에서는 팝송을 음반으로 틀어 주었을 뿐만 아니라 가수들이 직접 나와 팝송을 원어로 부르기도 했다는 사실을 알 수 있다. 음반이 부족해 청취자들이 원하는 음악을 모두 들려줄 수 없었기 때문에 가수들이 출연해 노래를 불렀던 것이다. 당연히 미8군 쇼에서 활동하던 가수와 악단이 출연했을 것이다. "송민영과 그의 악단은 우리말 가사로 번역된 노래가 없는 탓인지 지나치게 난해(?)하여 외국어에 능통치 못한 대부분의 청취자는 무슨 뜻인지도 모른 채" 팝송을 들었다고 하며, "미군 위문쇼가 아닌 이상 한국어 역사譯詞의 노래로 들려주는 것"이 필요하다는 비판도 나왔다(《조선일보》, 1960. 9. 17: 4).

〈히트 퍼레이드〉의 진행은 최세훈 아나운서가 맡았고, 방송 원고는 이호로 음악계장이 썼으며, 담당 PD는 정봉화였다. 정봉화는 "가수나 노래에 대한 해설을 길게 늘어놓고 음악 한 곡을 트는 형식인데도 청취자들이 퍽 좋아했다"라고 회고했다(《일간스포츠》, 1975. 7. 26: 6). KBS 제2채널 월요일에 편성된 〈히트 퍼레이드〉가 인기를 끌자 1962년 9월에 팝송을 틀어주는 프로그램인 〈오색의 리듬〉을 제2채널 화요일에 추가로 편성했다. 오후 9시대에 20분씩 〈히트 퍼레이드〉와 같은 시간에 편성했는데,[129] 이 프로그램에

129 안연숙은 〈히트 퍼레이드〉가 "청년층의 호응을 얻자 매일 20분 방송의 〈오색의 리듬〉으로 변신, 서울의 팝 어디언스를 흥분시켰다"라고 주장했다(안연숙, 1973: 32~33). 최동욱은 자신이 KBS를 떠나며 방송 작가로 조용호를 추천했고, 이때 "KBS는 '금주의 〈힛 퍼레이드〉를 폐지하고 〈오색의 화원〉이란 타이틀로 바꾸어 방송했다"라고 했다(최동욱, 1995: 32). 그러나〈히트 퍼레이드〉가 폐지되고 〈오색의 리듬〉이 신설되었다는 주장은 사실이 아니다. 당시 신문에 실린 편성표를 보면, 〈히트 퍼레이드〉가 월요일에 편성되어 있고, 화요일 같은 시간에 〈오색

대해 “타이틀과 같이 여러 가지 색다른 리듬 등을 컴비네이션”해서 다양한 음악을 들려준다고 설명했다(방송문화연구실, 1962: 83). 이 프로그램은 “처음에는 라틴 음악, 샹송, 깐쪼네, 재즈, 컨츄리 앤 웨스턴 등 5가지의 빛깔의 음악을 다루었으나 곧 미국에서 나온 팝송이 그중 인기가 있음을 알고 영미의 팝만을 다루었다”라고 한다(안연숙, 1973: 33).

이호로가 MBC로 옮겨가면서 음악감상실에서 DJ로 활동하던 최동욱이 이어서 KBS 팝송 프로그램의 원고 집필과 함께 선곡까지 맡게 되었다(선성원, 1993: 47~48; 최동욱, 1995: 29~30). 1962년 말에 최동욱이 개국 준비 중이던 DBS의 PD로 옮겼고, KBS에 최동욱 후임으로 팝송 프로그램의 작가로 들어갔던 조용호도 얼마 뒤에 DBS로 이직했다가 다시 TBC로 옮겨갔다(이백천, 2014: 256~257; 최동욱, 1995: 32~36). 이호로에 이어 팝송 프로그램을 담당하던 정봉화도 MBC로 떠난 이후 1960년대 내내 KBS 라디오는 팝송을 다루는 DJ 프로그램 편성에 소극적인 태도를 보였다.

의 리듬〉이 편성된 것을 확인할 수 있다(《경향신문》, 1962. 9. 3: 8). 연감에도 〈힛트 퍼레이드〉는 월요일 21:30~21:50, 〈오색의 리듬〉은 화요일 21:30~21:50에 편성된 것으로 나와 있다(방송문화연구실, 1962: 83). 최동욱이 언급한 〈오색의 화원〉은 1962년에 MBC가 일요일 저녁 7시에 편성해 가수들이 출연했던 공개 방송 프로그램이었다.

2) 상업 방송 개국과 전문 DJ의 등장

1961년 MBC, 1963년 DBS, 1964년 TBC가 개국하면서 상업 라디오 방송국 사이의 청취율 경쟁이 치열해졌다. 기존의 KBS와 CBS가 각각 국영 방송과 종교 방송으로서 편성에 한계가 있던 것과는 달리 세 개의 상업 방송국은 청취율을 높이기 위해 적극적으로 다양한 프로그램 편성을 시도했다. 이런 편성에서 젊은 층을 대상으로 하는 팝송 프로그램은 처음부터 큰 비중을 차지했다.

DBS는 1963년 4월 28일에 개국하면서 〈탑튠쇼〉(월~토 오후 6:45~7:00)를 편성했는데, 초기에는 최동욱이 연출하고 전영우 아나운서가 진행을 맡았다. 최동욱은 음반이나 음악에 관한 자료를 얻기 위해 미공보원, UN군 공보처, AFKN의 도움을 받았다. 이런 노력을 통해 미국의 최신 음악을 AFKN과 거의 같은 시기에 방송할 수 있었고, 1963년 10월부터는 5분이 늘어나서 오후 6시 40분부터 7시까지 20분을 편성했다. 1960년대에 음악감상실에서 DJ로 활동했던 정태문은 1950년대에 AFKN을 "듣고 자라 온 세대들, 즉 AFKN 마니아가 미국의 최신 유행 음악을 한국의 젊은이들에게 전파하는 선구자가 되었다"라고 평가했다.[130] AFKN을 통해 팝송을 들었던 세대들이 이제 라디오의 DJ가 되어 팝송을 전달하는 역할을 하게 되었다는 것이다. DBS의 〈탑튠쇼〉 편성은 AFKN의 DJ

130 http://dc.koreatimes.com/article/20170810/1070402, 2020. 3. 30. 접속.

프로그램의 영향을 받은 것이었다(선성원, 2005: 190). 최동욱도 "프로그램의 신속한 정보를 얻기 위해서 밤새워, AFKN 팝송 방송을 녹음, 청취하면서 분석, 응용"했다고 밝혔다(동아일보사, 1990: 467).

PD 최동욱이 1964년 9월부터 직접 진행까지 맡았는데, "한국 방송에서 직업적 디스크자키가 처음으로 생겨난 것"이었다. 선곡과 원고 작성을 PD나 작가가 하고 아나운서들은 단순히 원고를 읽으며 진행하던 체제에서 벗어나 DJ가 모든 과정을 직접 수행하게 되었다(최동욱, 1995: 43~55). 팝송에 관한 지식이 부족했던 아나운서가 진행하다 문제가 생기면서 전문 DJ가 등장할 수 있었다.[131] 당시 담당 부장이던 최창봉은 "동아방송에서 최동욱 씨가 〈탑튠쇼〉를 담당하면서 마이크와 콘솔을 혼자서 조작하게 될 때 아나운서들의 반발은 상상외로 강했다. 마이크는 아나운서들만이, 콘솔은 엔지니어들만이 잡을 수 있는 성역이라고 여기고 있었기 때문이었다"라고 회고했다(최창봉, 2010: 360~361). 이런 과정을 통해 DJ가 된 최동욱에 대해 당시 한 매체는 "젊은이들에게서 파격적인 인기를 불러모으고 있는 우리나라 유일의 본격적인 디스크자키로 알려져 있다"라고 평가하기도 했다(《주간한국》, 1965. 1. 10: 21).

개국 당시부터 이런 DJ 프로그램의 편성을 주장했던 사람은 음악감상실에서 DJ로 활동했고, KBS의 〈히트 퍼레이드〉 작가로

131 음악감상실 DJ 출신 PD들에게 팝송에 관한 지식이 부족해 써준 원고의 영어로 된 팝송 제목조차 제대로 읽지 못하는 아나운서들의 프로그램 진행은 답답한 일이었다(최동욱, 1995: 51). 팝송 프로그램의 특성 때문에 결국 음악감상실 출신 PD들이 직접 DJ로 나서게 되었다.

활동했던 최동욱이었다. 최동욱은 "〈탑튠쇼〉의 기획은 미국 팝송에 대한 열기가 고조되어 있음에도 한국 방송들이 대중(청취층)의 팝송 취향에 대한 욕구를 전혀 수용하지 못하고 있는 점에 착안"한 것이었다고 주장했다(최동욱, 1995: 44). 최동욱이 전문 DJ로서 〈탑튠쇼〉의 진행을 맡을 수 있었던 것은, DBS 개국 당시 방송부장을 맡았던 최창봉의 결단 덕택이었다. 최창봉은 미국 연수를 통해 "한국 라디오 방송에서 디스크자키의 도입이 필수적이라는 생각을 해 오고" 있었기 때문에 DBS 개국 당시부터 "전문 디스크자키 전용 스튜디오를 2개나 설계하도록" 했었다고 주장했다.[132] 최동욱의 기획과 최창봉의 결정 덕택에 한국 최초의 전문적인 DJ의 등장이 가능했다.

그리고 DBS가 서울에만 방송국이 있었기 때문에 팝송을 선호하는 서울 청취자의 요구에 더 민감했다는 점도 작용했다. 당시 '좋아하는 음악'에 대한 조사에서 전국적으로 '가요'가 1위로 나타났지만, 다음 순위로 서울에서는 '경음악'이나 '고전 음악'으로 나타났던 반면 농촌 지역에서는 '판소리'나 '국악'으로 나타났다. 또 젊을수록 '가요' 다음으로 '세미클라식'이나 '경음악'을 좋아하는 것으로 나타났다(공보부, 1962: 155~156; 공보부 조사국, 1963: 39~41). 이런 조사들에서 '경음악'은 팝송을 포함하는 것으로, 이런 조사를 통해 서울의 젊은 세대에게는 팝송이 인기를 끌었다는 사실을 알 수 있다.

132 http://blog.daum.net/jc21th/17782808, 2020. 4. 5. 접속.

DBS의 DJ 프로그램의 인기를 보며, 다른 방송사들도 유사한 프로그램을 편성하기 시작했다. MBC는 1963년 11월 11일에 〈팝송 퍼레이드〉(월~토 6:35~6:50)를 편성했고, 1964년 4월 13일부터 프로그램명을 〈탑튠쇼〉와 비슷하게 〈탑튠 퍼레이드〉로 바꾸었다(문화방송, 1988: 30~32). 최동욱처럼 음악감상실에서 DJ로 활동했던 이종환은 1965년 2월에 MBC에 PD로 입사했다. 이종환은 입사하고 1년 정도 지난 뒤에 아나운서 대신 직접 〈탑튠 퍼레이드〉의 진행을 맡아 최동욱에 이어 두 번째 DJ라는 평을 들었다.[133] 이종환은 미군 부대를 통해 팝송 음반이나 잡지를 구하고, 일본에 나가 있는 MBC 특파원을 활용해 일본에서 유행하는 최신 팝송을 방송으로 전하기도 했다(이종환, 1993: 156~159). 이종환이 〈탑튠 퍼레이드〉의 진행을 맡자, 이를 두고 당시에 "담당 프로듀서에 의해 진행하는 PD 쟈키"라고 부르기도 했다(한국방송연감편찬위원회, 1966: 172). DBS에서 PD 최동욱에게 〈탑튠쇼〉의 진행을 맡긴 것을 따라서 MBC에서도 〈탑튠 퍼레이드〉의 진행을 PD 이종환에게 맡긴 것이었다. 그러나

133 정순일은 1966년 2월에 편성국장이 되고 나서 얼마 뒤에 이종환이 자신에게 찾아와 "아나운서가 진행하는 〈탑튠 퍼레이드〉의 뒤치다꺼리만 할 것이 아니라 직접 디스크자키를 하고 싶다"라고 해서 "두 말 않고 승낙을" 했다고 밝혔다(정순일, 1991: 122). 반면 에 이종환은 '임택근 최고 실권자'의 결단으로 DJ가 되었다고 회고했다(이종환, 1993: 157~158). 최동욱은 1964년 9월에 자신이 DJ가 되고 '1년이 좀 지나' 최세훈 아나운서 실장의 배려로 이종환이 DJ가 되었다고 했다(최동욱, 1995: 62). 세 사람 기억의 차이 때문에 이종환이 누구의 결정으로 언제 DJ가 되었는지 확실하지는 않지만, 대략 1965년 말에서 1966년 초에 DJ가 되었던 것만은 확실해 보인다.

〈탑튠 퍼레이드〉는 오래가지 못하고 1967년 4월 3일에 〈뮤직 다이얼〉이 신설되며 폐지되었다(문화방송, 1988: 58).

DBS와 MBC가 DJ 프로그램을 편성해 높은 청취율을 보이자, TBC도 1965년 5월 3일부터 〈뮤직 텔스타〉(월~토 오후 6:35~6:50)를 편성했다(《한국일보》, 1965. 5. 2: 4). 〈뮤직 텔스타〉는 "젊음의 낭만이 넘쳐흐르는 최신 외국가요"를 들려준다고 소개되었고, 성우 피세영과 아나운서 이성화가 '더블 자키'로 진행을 맡았고 조승환이 연출을 했다(《조선일보》, 1965. 5. 6: 8; 《중앙일보》, 1965. 11. 5: 4). 성우로서 DJ로도 활동했던 피세영은 최동욱이나 이종환처럼 선곡, 원고 작성, 콘솔 조정의 모든 과정을 직접 맡지는 못했다(이백천, 2014: 275; 최동욱, 1995: 63). 그럼에도 피세영은 DJ로서 최동욱, 이종환과 '삼파전'을 벌였다는 평가를 들었다(이백천, 2014: 277). 〈뮤직 텔스타〉는 "화제의 팝송을 소개해 오던 매일 프로였는데 한때 자취를 감추었다가 69년 10월부터 재생"되어(중앙일보·동양방송, 1975: 193) 방송(월~토 오후 5시 40분)되었지만 오래 계속되지는 못했다.

1965년에 VUNC 방송에서는 매일 오후 5시부터 1시간 동안 〈퍼스트쇼〉를 편성해 방송했다. DBS에서 근무하며 〈3시의 다이얼〉을 진행하기도 했던(최동욱, 1995: 80) 아나운서 유영옥이 1965년에 VUNC로 옮겨 진행을 맡았다. 〈퍼스트쇼〉는 '로큰롤조의 음악이 대부분'으로 "1시간에 22곡의 음악을 보내는데 리듬을 타고 가수의 이력과 인기 순위 또는 미국 가요계 소식"을 전했다(《경향신문》, 1967. 5. 27: 8). AFKN을 통해 빠르게 음반을 구해 다른 방송사에 비해 더욱 최신 음악을 들려줄 수 있어서 인기가 높았고(《가요생활》, 1969. 10: 77) 저녁 7시와 새벽 1시에 반복해서 방송을 내보냈다(김영희,

2014: 205~207). 다만 아나운서 출신인 유영옥은 진정한 의미의 DJ라고 보기는 어려웠고, 프로그램도 오래 지속되지는 못했다.[134]

1965년 6월 26일에 개국한 서울FM에서도 〈FM 퍼레이드〉를 편성해 김광한이 DJ를 맡았었다고 하는데, FM 수신기가 별로 없었고 서울FM이 오래가지 못해 큰 인기를 끌지는 못했다(김광한, 2018: 73~75). 뒤에 DBS와 TBC의 PD로 활동하는 박광희도 서울FM에서 잠시 DJ로 활동했다(선성원, 1993: 51~52). 서울FM을 이어받아 1966년 8월에 개국한 TBC-FM은 1969년 4월 1일에 〈팝스 온 퍼레이드〉(월~토 오후 6:30~7:00)를 편성했다. 이 프로그램에 대해 "히트된 팝송을 중심으로 곡해설과 함께 엮음, 토요일은 그 주의 '팝송 베스트 10'으로 엮음(DJ 이영호)"이라고 설명했다(《중앙일보》, 1969. 4. 1: 8). 이 프로그램은 "초기의 팝송 DJ 프로그램으로 청소년들의 인기가 높았으며 FM 방송 최초의 본격 DJ 프로"였고(중앙일보·동양방송, 1975: 211), 'PD · DJ 이영호'가 진행을 맡는다고 소개되었다(방송연감편찬위원회, 1973: 445). 이영호는 1967년에 TBC가 실시한 'DJ 콘테스트'에서 1등을 차지했었다(《중앙일보》, 1967. 3. 11: 5). 개국 초기 FM 방송에서는 클래식 음악의 비중이 높은 편이었지만 FM

134 VUNC는 1969년 10월경부터 방송 시간을 6시간으로 대폭 줄였는데(김영희, 2014: 196~197), 이때 프로그램이 폐지되었을 가능성이 크다. 1971년의 기사에서도 "수년 전만 해도 해질 무렵에 시작하는 [VUNC의 — 인용자] 팝송 프로는 대학생들 청취자가 상당히 많았"다고 나와 있다(《경향신문》, 1971. 6. 16: 7). VUNC는 1971년 6월 30일에 문을 닫았는데, 유영옥은 그전에 이미 CBS로 옮겨가 심야 프로그램의 진행을 맡고 있었다(《동아일보》, 1971. 6. 18: 5).

방송에서도 점차 전문적인 DJ가 진행하는 팝송 프로그램의 편성이 시도되었다.

3) 상업 방송의 경쟁과 리퀘스트 프로그램의 편성

1960년대 중반에 MBC, DBS, TBC 등 상업 라디오 방송국 사이의 광고 영업 경쟁이 치열하게 전개되었고(동아일보사, 1990: 191~196), 이런 광고 경쟁은 당연히 청취율 경쟁으로 이어졌다(한국방송 70년사 편찬위원회, 1997: 401~402). 또 1964년에 DTV(TBC-TV 전신)가 개국한 이후 라디오 방송국들의 위기의식이 생겼다. 이원희는 "TV 시대의 라디오는 점차 그 청취율이 저하된다는 대전제가 있기 때문에, 민간 상업 방송에서는 수입고에 차질을 가지고 오므로 한정된 시장 안에서의 청취율 쟁취를 위한 경쟁은 필연적"이라며 다양한 편성 전략이 중요하다고 주장했다(이원희, 1968: 52).

최신 팝송을 들려주는 DJ 프로그램의 성공을 경험한 방송사들은 새로운 형식의 DJ 프로그램의 편성을 시도했다. 1960년대 중반에 오후 6시 전후의 시간대는 광고 단가가 상대적으로 비싸고 잘 팔리는 시간대였다(동아일보사, 1990: 168~169). 상업 방송사들은 〈탑튠쇼〉 등 오후 6시 전후에 편성되었던 DJ 프로그램들의 시간을 늘리기보다는 새로운 시도로서 광고 단가가 싼 오후 3시나 4시 또는 심야 시간대에 새로운 형식의 DJ 프로그램을 편성했다. 최동욱은 '오후 2시부터 5시까지'의 오후 시간대를 '데드 타임'이라고 해서 방송을 잘 듣지 않는 시간대로 여겨왔다고 주장했다(최동욱, 1995: 79~80).

표 15 1960년대 중반 라디오의 광고 시간 등급

시간 / 요일	오전						오후					
	5	6	7	8	9	12	1	6	7	10	11	12
평일	D	C	A	B	C	A	C	B	A	B	D	
휴일	D	C	A	A	B	A	B	B	A	B	D	

출처: 동아일보사, 1990: 169.

표 15 내용대로 평일 오후 3시대는 광고 시간 등급이 C로서 광고 단가가 싼 시간대였다. 최동욱은 오후 3시대에 전화와 엽서로 희망곡을 신청받아 생방송으로 진행하는 프로그램의 편성 기획서를 제출하고, 이것이 받아들여져 DBS는 1964년 10월에 〈3시의 다이얼〉(월~토 오후 3:20~4:00)을 편성했다. DBS는 청취자를 세분화해 분화된 취향에 맞춘 편성을 했는데, "팝송 프로그램은 특정 연령층(젊은 층)이나 직업 집단(학생)의 특별한 선호의 대상"이 되었다(동아일보사, 1990: 206~207). 〈3시의 다이얼〉도 초기에는 잠시 아나운서들이 진행을 맡았다가 1964년 12월부터는 최동욱이 DJ를 맡았다(최동욱, 1995: 80~91). 이종환은 "최동욱의 방송은 또 하나의 신무기를 개발했다. 이 또한 핵폭탄에 비유된다. 당시로서는 최초의 전화 리퀘스트를 시도한 것이다"라고 평가했다(이종환, 1993: 155).[135]

135 1961년에 주 1회 편성된 CBS의 〈다이얼 Y를 돌려라〉를 '텔레폰

방송사들이 보유한 음반이 많지 않던 현실에서 전화로 신청을 받아 바로 노래를 들려준다는 것이 쉽지 않았기 때문에 누구도 시도하지 못하던 일을 최동욱이 과감히 먼저 시작했다. 〈3시의 다이얼〉은 1967년 3월부터는 토요일에 '공개 생방송'도 하여 "밀려드는 방청객을 다 수용할 수 없을" 정도로 큰 인기를 끌었다(최동욱, 1995: 103~104).

JBS(TBC의 전신)도 〈3시의 다이얼〉을 따라서 오후 시간대에 리퀘스트를 위주로 하는 프로그램을 편성했는데, 이 프로그램은 상당히 오랫동안 지속되었다. "엽서와 전화 리퀘스트 프로인 〈TBC 교환대〉는 66년 3월에 신설되었던 〈JBS 교환대〉의 후신이며 73년 4월 1일 〈팝송 다이얼〉이 신설될 때까지 존속"되었다(중앙일보·동양방송, 1975: 193). 〈JBS 교환대〉(오후 4시~5시)는 DBS의 〈3시의 다이얼〉과 비슷한 것인데, '고정 DJ' 최동욱과 '게스트 스타'가 한 사람씩 붙는 DBS에 비하면, 아나운서들이 교대로 담당하는 〈JBS 교환대〉는 어딘지 어설프고 창의성이 모자라는 것 같다"는 비판을 듣기도 했다(《경향신문》, 1966. 3. 30: 7). 아나운서들에 이어서 얼마 뒤부터는 〈TBC 교환대〉의 진행을 피세영이 맡기도 했다(이백천, 2014: 275). 〈TBC 교환대〉는 1970년 4월 1일부터 'AM·FM의 동시링크 프로'가 되었는데(《중앙일보》, 1970. 4. 1: 4) "요즘은 스포츠 시즌이라 AM

리퀘스트의 효시'라고 평가하는 시각도 있었다(《주간한국》, 1965. 5. 2: 26). 그러나 최동욱은 이 프로그램이 "전화 퀴즈를 곁들인 음악 프로그램이지 본격 리퀘스트 프로그램은 아니었다"라고 주장했다(최동욱, 1995: 77).

그림 6　팝송 프로그램의 DJ, 최동욱과 박인희

● 음악감상실 DJ 출신으로 DBS의 PD이자 DJ였던 최동욱이 TBC로 옮겨 가면서 그가 맡던 DBS의 대표적인 팝송 프로그램 〈3시의 다이얼〉 DJ를 1971년 4월 5일부터 가수 박인희가 맡았다.

출처: 방송연감편찬위원회, 1973: 306; 방송연감편찬위원회, 1972: 230.

이 중계 때문에 못하고 FM이 단독으로 프로를 진행할 때가 많은데 예상보다 훨씬 신청이 많아서 FM 단독 전화 리퀘스트 프로의 가능성을 증명"했다고 평가받았다(《중앙일보》, 1970. 7. 30: 8). 즉 AM과 FM에서 동시에 방송했지만, 점차 사실상 FM에서만 방송하는 프로그램으로 변했던 것이다.

MBC도 1967년 4월 3일에 〈뮤직 다이얼〉(월~토 오후 1부 2:30~2:55, 2부 3:00~3:55)을 신설했다. 1967년 10월 2일에는 편성 시간을 오후 4시부터 55분 동안 방송하는 것으로 변경했다(문화방송, 1988: 57~60). 이종환은 "최동욱의 〈세시의 다이얼〉은 워낙 위세가 당당했으므로 문화방송은 그 시간대를 살짝 비켜서 네 시부터 〈MUSIC DIAL〉이란 타이틀로 다이얼 시대에 편승했다"라고 고백했다(이종환, 1993: 158~159). 처음에는 이종환이 진행하다가 1969년부터는 박원웅이 진행을 맡았다(박원웅, 1972: 113; 방송연감편찬위원회, 1972: 254; 《주간경향》, 1971. 4. 4: 76). 〈뮤직 다이얼〉은 최동욱과 마찬가지로 음악감상실 DJ 출신의 PD들인 이종환과 박원웅이 직접 DJ로도 활동했다. 〈뮤직 다이얼〉은 1972년 4월에 폐지되고 말았다.

CBS도 1970년부터 팝송 프로그램을 편성했다. 오재경이 사장이 되면서 CBS에 변화를 위한 시도가 있었고, 그런 시도의 일환으로 팝송 프로그램을 편성했다.[136] "오재경 사장이 히피들이나 미군

136 CBS는 명지대학교 부설 한국방송문화연구원의 음악 방송 조사(1970. 11. 28~1970. 12. 1)에서 "CBS가 18.8%라는 압도적인 비율로 단연 선두를 달리고" 있는 것으로 나타났다고 주장했다(《월간 기독교방송》, 1971. 1: 79). 실제로 1위였는지를 확인하기는 어렵지만, 오재경이

들이 자주 다니는 심지다방에 가서 직접 스카우트한 인물"이라는(CBS, 2004: 185) 김진성 PD가 연출을 맡았다. 1970년 5월 4일에 편성된 〈영840〉(월~토 오후 4시~5시)은 '팝송 DJ 시간'으로 아나운서 한윤수와 경음악평론가 최경식이 진행을 맡았다(《경향신문》, 1970. 5. 7: 8). 얼마 뒤에는 〈세븐틴〉(월~토 오후 6:40~55)도 편성했는데 진행은 가수 박인희가 맡았다(《조선일보》, 1971. 5. 29: 5).

TBC에서는 1971년 10월 4일에 〈뮤직 텔스타〉가 없어지면서 "와이드 팝송 프로인 〈최동욱쇼〉가 등장"했다(중앙일보·동양방송, 1975: 193). 오후 3시부터 1시간 동안 진행된 〈최동욱쇼〉는 "1부 탑튠쇼, 2부 팝싱어 코너, 3부 전화 희망곡"으로 구성되었다(방송연감편찬위원회, 1972: 521). 〈TBC 교환대〉(월~금 오후 6:05~6:45)는 DJ가 최동욱에서 박광희로 바뀌었는데, 이 프로그램은 "가요에서부터 팝송, 클래식에 이르기까지 다양하게 엽서 신청곡을 방송하며 생활 정보도 곁들인다"라는 평을 들었다(방송연감편찬위원회, 1973: 431). DBS에서 TBC로 옮긴 박광희도 PD로서 DJ로도 활동했다.

MBC는 1972년 4월 1일부터 〈이종환쇼〉(월~토 1부 오후 5:15~5:55, 2부 6:05~6:40)를 새로 편성했고, 〈뮤직 다이얼〉은 폐지했다(문화방송, 1988: 80). 이종환은 심야 음악 프로그램 〈별이 빛나는 밤에〉에서 물러나서 〈이종환쇼〉의 진행을 맡았다. 〈이종환쇼〉(월~토 오후 5:15~6:40)는 흥미를 끌 만한 다양한 요소로 구성하여 팝송 DJ 프로그램

사장이 된 후 음악 프로그램이 늘어나고 청취율이 어느 정도 올랐을 것이라는 점은 짐작할 수 있다.

이라고 보기는 어려웠다(방송연감편찬위원회, 1973: 338). 심야 음악 프로그램에서 밀려난 최동욱과 이종환이 다시 낮 시간대 음악 프로그램을 맡았지만, 이런 프로그램들은 과거의 전형적인 팝송 DJ 프로그램들과는 차이가 있었다.

팝송 프로그램을 개척했던 음악감상실 출신의 PD 겸 DJ인 최동욱, 이종환, 박원웅, 박광희 등이 1970년대 들어서도 계속 활동했다. 그러나 최동욱이나 이종환이 여러 프로그램을 맡고 있던 것에 변화가 나타났다. DBS에서 여러 프로그램을 맡고 있던 최동욱이 TBC로 옮기는 것을 계기로 "각국은 DJ 스카우트 열풍에 돌입"해서 "10여 명이 넘는 새 얼굴이 DJ로 등장"했다. "점차 인기를 얻어 온 각종 DJ 프로가 라디오 편성의 중요 부분으로 각광"받았고, 이런 프로그램에 젊은 가수들이 DJ로 기용되며 "팝 뮤직 토착화와 아울러 많은 포크 싱어, 록 그룹의 급속한 스타화"가 '부산물'로 나타났다(《월간방송》, 1971.12: 106). 최동욱은 "금년[1971년 — 인용자] 4월은 기성 DJ의 대이동, 급조된 신인 DJ의 등용 등 혼란과 변동을 가져왔다"라고 평가했다(《월간방송》, 1971.12: 108). 팝송 프로그램이 늘어나면서 전문 DJ가 아닌 젊은 가수나 개그맨이 진행을 맡는 일이 빈번해졌다.

3. DJ 프로그램의 포맷과 음악

1960년에 KBS에서 주간 편성되었던 〈히트 퍼레이드〉는 아나운서가 진행하는 일종의 팝송 순위 프로그램이었다. 〈히트 퍼레이드〉는 "청취자의 투표로 엮어진 순위로서 이달의 베스트" 7곡을 발표하기도 했다. "1위 〈돈 유 노오*Don't You Know*〉(푸치니의 라보엠 중에서), 2위 더 브라더 포The Brother Four의 〈푸른 들*Green Field*〉, 3위 프랭키 아발론Frankie Avalon의 〈와이*Why*〉, 4위 폴 앵카의 〈철없는 사랑*Puppy Love*〉, 5위 영화주제가인 〈교수목*The Hanging Tree*〉, 6위 더 플랫터즈의 〈그대뿐*Only You*〉, 7위 마틴 로빈스Martin Robbins의 〈엘 파소*El Paso*〉 등"이었다(《동아일보》, 1960. 6. 10: 4). 1위 곡만 빼고 나머지는 모두 미국의 팝 음악이었고, 특히 〈엘 파소〉는 1960년에 2주 동안 빌보드 차트 1위를 차지한 곡이었다. 이미 〈히트 퍼레이드〉부터 미국의 최신 팝송을 전달하는 데 중점을 두었던 것이다. AFKN에서 방송된 음악을 얼마 뒤 한국 방송에서 듣게 되는 일이 자주 생겼다 "타이즈 악단에 의해서 처음으로 연주된 이 '림보'는 주한 미군 방송을 통해 우리 KBS로 들어온 것인데, 며칠 전 HLKA 음악계의 정봉화 씨가 소개, 방송한 것이 한국 팬에겐 최초의 인사가 된 것"이라는 보도도 있었다(《조선일보》, 1962. 9. 25: 5).

DBS의 〈탑튠쇼〉, MBC의 〈탑튠 퍼레이드〉, TBC의 〈뮤직 텔스타〉 등은 모두 오후 6시를 전후한 시간대에 편성되었고, 미리 선곡한 최신 팝송들을 간단한 소개와 함께 들려주는 포맷이었다. 즉 편성 시간이 20분 내외로 짧았기 때문에 DJ가 방송할 노래를 미리 선곡하고, 간단히 해설하는 정도에 머물렀다. 이종환은 〈탑튠쇼〉가 '전대미문의 팝 프로'로서 '핵폭탄'과 같은 영향을 주었다고 하며, "적당히 미국말을 섞어가며 외국의 팝송을 소개하던 그 프로는 고작 방송 시간이 이십 분에 불과했지만 그야말로 장안의 화제였다"라고 평가했다(이종환, 1993: 153). 당시에 〈탑튠쇼〉를 "미국의 최신 유행 음악을 극동 지역에서 가장 신속히 소개하는 젊은이의 다정한 벗"이라고 소개하기도 했다(《동아일보》, 1965. 4. 30: 4). 후발 주자였던 〈탑튠 퍼레이드〉와 〈뮤직 텔스타〉가 이런 〈탑튠쇼〉와 비슷한 포맷을 보인 것은 당연한 일이었다.

다만 이런 프로그램들이 음악 선곡에서는 약간의 차이를 보였다. 최동욱은 〈탑튠쇼〉는 "빌보드에 랭크되고 있는 새 노래"를, 〈탑튠 퍼레이드〉는 "차트에 오른 히트곡보다는 유행이 좀 지났거나, 싱글의 뒤판 또는 앨범의 히트하지 않은 수록곡들 가운데서 청취자의 귀에 솔깃한 노래"들을, 〈뮤직 텔스타〉는 "유행 감각이 뒤지기는 했지만, 그런대로 자료를 갖추면서 프랑스의 팝이나 칸소네"를 주로 방송했다고 주장했다(최동욱, 1995: 63). 이종환은 "최동욱이 한국 실정에는 맞지 않은 미국의 차트에만 의존한다고 비판하며 차별화 전략을 구사했다. 엘비스를 집중적으로 소개한다든지, 여성 청취자가 좋아할 만한 달콤한 스탠더드 팝 종류를 선곡한다든지 하는 식으로 청취자들을 확보해 나갔다"라고 한다(김형찬, 2015: 243).

〈탑튠쇼〉에 대해서도 "그동안 미국의 세계적인 가요잡지 〈빌보드〉의 순위에 따라 이를 소개해 왔으나 [1965년 — 인용자] 10월 5일부터는 내용을 넓혀 미국의 최신 유행 음악으로부터 세계의 최신 유행 음악으로 포맷을 바꾸었다. 따라서 이태리의 '칸쏘네,' 독일의 '리드,' 불란서의 '샹송' 등도 이 시간에 소개되고 있다"는 평가가 나오기도 했다(한국방송연감편찬위원회, 1966: 213). 오후 6시대의 DJ 프로그램들은 미국의 최신 음악을 중심으로 하며, 일부 유럽 국가들의 음악도 방송했다. 미국 팝 음악만을 방송하는 것에 대한 일부의 비판을 의식한 결과였다.

세 방송사의 팝송 프로그램이 치열하게 경쟁하면서 각각의 특성에 대한 평가가 나왔다. 당시 한 잡지는 "외국가요를 국내 팬에게 선사하는 각 방송의 팝송 담당 프로듀서들은 각기 독자적인 개성을 살려 특징 있는 프로를 짜내고 있다"라고 하며 "DBS의 10대를 위한 프로가 그렇고, TBC의 '컨츄리 웨스턴 뮤직'을 바탕으로 한 폭넓은 외국 가요와 MBC의 다분히 여성 팬을 이끄는 감미로운 레퍼토리가 그것이다"라고 평가했다(《가요생활》, 1968. 12: 59). DBS가 10대, MBC가 여성들 취향에 맞추는 경향이 있었다면, TBC는 비교적 폭넓은 외국 가요를 방송했다는 것이다.

최동욱과 이종환은 최신 팝송의 가사나 관련 정보를 알고 싶어 하는 청취자들의 욕구를 충족시켜 주기 위해 책을 발행하기도 했다. 최동욱은 "팝계 소식과 최근에 유행하고 있는 히트곡의 가사를 담고" 있는 4페이지짜리 소책자를 〈탑튠쇼〉라는 이름으로 발행했고(최동욱, 1995: 67~68), 'Mr. DJ가 팬에게 보내드리는 〈탑튠쇼〉'라는 이름으로 14곡이 '곡목 해설과 함께 수록된 음반'을 발매하기도 했다(《동아일보》, 1966. 8. 9: 5). 이종환은 '팝송의 상식과 가사'가 담긴 책을 1966년과 1967년에 걸쳐 3권을 발간했는데,[137] 이 책 서문에서 "MBC가 방송하는 〈Top Tune Parade〉와 〈한밤의 음악편지〉를 위한 내용"이라고 하면서, "그동안 저희 방송을 통해 들으실

137 《오늘의 팝쏭》 1권과 2권은 '이종환 편'으로 3권은 '한국 문화방송 편'으로 발행되었다. 1966년에 서병후가 편찬한 《밤과 그대와 팝송》이라는 비슷한 형식의 책도 발행되었다. 이에 관해서는 이 책의 6장에서 자세히 살펴보았다.

수 있던 외국가요의 가사를 또 한 묶음 선사해 드리게" 되었다고 밝혔다(이종환, 1993: 159~163).

오후 3시나 4시대에 전화나 엽서로 신청을 받아 음악을 틀어 주는 리퀘스트 프로그램이 등장했던 것은, 많은 사람이 좋아하는 팝송을 원하는 대로 듣기 어려웠기 때문이었다. 또 1960년대 중반에 "많은 청취자를 참여시킬 수 있어 친밀감을 느끼는 계기를 만들 수 있다"라는 이유로 다양한 장르의 음악을 방송하는 온갖 리퀘스트 프로그램이 등장했던 사실과도 연관이 있었다(《경향신문》, 1964. 4. 4: 5). LP판이 본격적으로 나오기 시작했고, 방송사들이 음반 보유량을 늘려나갔던 것도 영향을 주었다.[138] 1960년 이후 팝송 LP판은 대부분이 미8군을 통해 흘러나왔거나 수입된 것들이었고, 이른바 '빽판'이라고 불리던 '외국곡의 복사판'도 있었다(최규성, 2014: 17~19). 이종환은 "팝 음악이 담긴 레코드를 구하기가 여간 어렵지 않았다"라고 하며 음반을 구할 수 있다면 "미군 부대와 기지촌이

138 1965년 MBC 음악 PD였던 최광민은 "MBC 레코드 보유량은 1천 2백 매 정도였는데, 라이벌 라디오국인 DBS가 5천 매, TBC가 6천 매 가량"이어서 음반 확보를 위해 노력했다고 회고했다(최광민, 2000: 75~76). "60년대 중반의 각 방송국 레코드 소장 매수를 살펴보면, KBS가 약 이삼만 장, 동아방송 일만 장, TBC 약 팔천오백 장, 기독교가 약 만이천 장이었다. 그런데 정작 상업 방송의 효시라는 MBC는 불과 오천 장 정도였다"라고 하며, 이후 MBC가 음반 확보를 위해 노력해 바로 "이천 구백 장을 더 구입"했다고 주장했다(박원웅 · 김기덕, 1991: 256). 두 기록 사이에 차이가 크지만, 1960년대 중반에 방송사 음반 보유량이 크게 늘었고 보유량이 가장 낮았던 MBC가 음반 구매에 매우 적극적이었다는 사실만큼은 확인할 수 있다.

있는 곳이면 어디라도 달려갔다"라고 했다. 최신 음반을 구하기 어려우면 심지어 "라디오 기술부 직원들이 AFKN에서 최신곡을 소개하는 시간을 알아내어서 그 프로그램을 통째로 녹음해 주면 앞뒤로 삽입된 멘트를 짤라내고 방송에 사용하기도 했다"라고 한다(이종환, 1993: 165~166). 또는 "미군부대 PX에 출입하는 상인들을 통해 LP를 사들"이거나 "음악감상실에서 LP를 빌려다가 녹음"하기도 했다(이종환, 2004: 134~135). 예산이 있으면 "60년대 초에 충무로에서 성업하던 레코드점"을 통해 미국이나 영국제 LP를 구매하기도 했다(최동욱, 1995: 25). 이런 LP 음반들은 미군 PX에서 흘러나온 것이거나 외국에서 들어온 것들이었다(신현준, 2007: 404~405). 방송국의 일본 특파원을 통해 라이선스판을 구매해 들여오기도 했다.[139]

DBS의 〈3시의 다이얼〉, TBC의 〈TBC 교환대〉, MBC의 〈뮤직 다이얼〉 등 오후 3시 또는 4시에 편성되었던 프로그램들의 공통적인 특징은 모두 전문적인 DJ들에 의해 진행되었다는 점이다. 최동욱이 "다른 진행은 몰라도 역시 즉석 전화 리퀘스트 뮤직 프로그램인 경우에는 음악적인 전문지식이 필수적이라는 점을 재확인하게 되었다"라고 했던 데서 그 이유를 찾을 수 있다(최동욱, 1995: 81). 전화로 신청을 받아서 노래를 틀어주고 바로 해설하기 위해서는 음악에 관한 폭넓은 지식이 필요했는데 때로는 외부의 팝송 전

139 DJ 이종환은 일본에서 특파원으로 근무하던 정순일이 최신 팝송 자료를 구해 보내 줘 방송에 활용했다고 회고했다(이종환, 1993: 157~158). 같은 시기 PD 최광민은 정순일의 후임 일본 특파원 서규석이 라이선스판을 구해 보내줬다고도 했다(최광민, 2000: 76~77).

문가가 참여해 질문에 대답하기도 했다.[140] 또 흥미를 끌 만한 다양한 분야의 저명인사를 초대해서 이야기를 나누었다는 점도 청취율에 영향을 주었다. 최동욱은 〈3시의 다이얼〉이 "리퀘스트를 기본으로 하면서 명사를 초대하는 세미 토크프로그램을 절충하여 성공한 셈"이라고 주장했다(최동욱, 1995: 92).

DJ 프로그램의 성공에는 진행 방식의 변화도 영향을 주었다. DBS 방송부장이었던 최창봉은 '라디오 방송에서의 퍼스낼리티의 역할과 활동'이 중요하다고 하며, DJ의 '개성 있는 음악 프로그램의 진행'이 필요하다고 주장했다. 아나운서의 공식적이고 딱딱한 진행 방식에서 벗어난 DJ의 친밀감 있고 부드러운 진행이 필요하다는 것이었다.[141] 1960년대 음악감상실 DJ로 활동했던 정태문은 "최동욱 씨는 정통 아나운서들의 멘트에서 벗어나 애청자들을 친구처럼 느끼게 하는 멘트를 사용, 엄청난 성공을 거두었다"라고 평가했다.[142] 김형찬도 "'전국에 계신 시청자 여러분'과 같은 불특정 다수가 아니라 '당신'이라는 호칭으로 일대일 상대"를 하는 진행 방식으로 '젊은이들의 호응'을 얻었다고 설명했다(김형찬, 2015: 240).

140 '팝 칼럼니스트' 서병후는 "1969년경 DBS에 청취자가 전화로 팝에 대한 질문을 하면 전문가가 즉석에서 답변해 주는 프로그램이 있었어요. 진행은 최동욱 씨가 했고, 답변은 라틴 음악은 이호로 씨, 유럽 음악은 황은헌 씨, 그리고 내가 함께했어요. 상당히 용감하게도 즉석에서 노래에 대해 설명했어요"라고 회고했다(신현준 · 최지선, 2022a: 262).

141 http://blog.daum.net/jc21th/17782808, 2020. 4. 5. 접속.

142 http://m.koreatimes.com/article/20170810/1070402, 2020. 3. 30. 접속.

DJ는 청취자들에게 '먼 곳에 있음에도 느낄 수 있는 친밀감intimacy at a distance'을 주는 존재였고(Duffett, 2013: 88~89), 'DJ 프로그램'은 어느 정도 '사적 친밀성'을 보여 주는 프로그램으로 자리잡았다(주창윤, 2011: 38).

〈탑튠쇼〉는 때로는 미8군 무대에 서던 밴드들의 일반 무대 공연의 장을 마련하기도 했다. 최동욱은 1964년의 〈탑튠쇼〉 500회 기념공연에 미8군 쇼에서 활동하던 밴드들을 불렀다. 이 공연에서 '키보이스,' '애드포,' '샤우터즈,' '코끼리' 등의 밴드들이 팝송을 부르는 공연을 했다(최동욱, 1995: 55~58). 〈3시의 다이얼〉은 팝송뿐만 아니라 때로는 팝 스타일 가요를 들려주기도 했다. 가수 정훈희는 1967년에 "〈세시의 다이얼〉이 유명한 프로였어요. 최동욱 씨가 하던. 그 프로에 [릴 테이프에 녹음했던 자신의 노래가 — 인용자] 한 번 나갔는데 전화통에 불이 났대요. 이거 누구냐"고, "한 번 나가고 대박 터뜨린 거죠"라고 하며 자신의 노래가 〈3시의 다이얼〉을 통해 방송되어 큰 인기를 끌었던 경험을 이야기했다.[143] '현경과 영애'도 김민기의 소개로 최동욱이 진행하던 〈3시의 다이얼〉에 출연해 노래를 불렀다(신현준·최지선, 2022b: 225). 오후 3~4시대의 리퀘스트 프로그램들은 좀 더 폭넓은 청취자의 확보를 위해 팝송을 위주로 음반을 틀어주면서도 가수를 초대 손님으로 불러 팝 스타일 가요를 들려주기도 했다.

143 http://www.pressian.com/news/article/?no=52746, 2020. 3. 30. 접속.

물론 여전히 최신 팝송을 들려주려는 치열한 경쟁은 계속되었다. 이종환은 "최동욱의 인기는 여전했지만 프로그램에 어떤 음악이 담기느냐의 싸움이 치열해지면서 문화방송도 다소 숨통이 트이기 시작했다"라고 하며, 최신 음반을 얻기 위한 노력으로 〈3시의 다이얼〉을 어느 정도 따라잡기 시작했다고 주장했다(이종환, 1993: 159). 〈TBC 교환대〉(월~토 오후 5시 5분~6시)는 "종전의 40분에서 55분간으로 시간을 연장. 이 시간에는 그동안 인기 속에 방송되던 〈뮤직 텔스타〉를 흡수, 최신 유행 '팝송'을 구미에 주재하는 특파원으로부터 신속하게 입수해서 '팝송팬'의 갈증을 풀어주게 되고 또 해외의 '연예 토픽'도 곁들이게 된다"라고 보도했다(《중앙일보》, 1971. 3. 31: 6). 1971년 10월에 TBC에서 〈최동욱쇼〉의 DJ 최동욱과 PD 임강호는 "미국 공보원과 UNC[유엔군 사령부 — 인용자] 등에서의 최신 미국 팝송 수집"을 위해 노력했다(최동욱, 1995: 140~141). AFKN을 통해 접한 최신 팝송을 한국 라디오에서도 듣기 원하는 청취자들의 요구를 충족시키려고 노력해야 했기 때문이었다.

4. DJ 프로그램의 수용과 반응

AFKN을 통해 최신 팝송을 들을 수 있었지만, 영어로 하는 방송이어서 청취에 한계가 있었다. 상업 방송국들의 DJ 프로그램들은 한국어 해설과 함께 팝송을 들을 수 있었기 때문에 더 큰 인기를 끌었다. 또 굳이 서울 시내 음악감상실까지 가지 않아도 라디오를 통해 편하게 팝송을 들을 수 있었기 때문에 젊은 세대들은 '자신만의 라디오'를 갖고 싶어했다.[144] 최동욱이 〈히트 퍼레이드〉에 대해 "유일한 팝 프로그램이라는 점에서 자연히 나름대로의 인기를 쌓아 갔다"라고 평가했을 정도로 1960년대 초에 이미 많은 젊은이가 팝송 프로그램을 청취했다(최동욱, 1995: 30). KBS에서 1960년대 초 팝송 프로그램을 연출했던 정봉화는 "그때는 PD를 찾아오는 열광적인 팝 팬들이 많았으며 그들은 보편화되지 않은 팝을 즐기는 데서 일종의 연대감을 가지고 있었다고 말"했다(안연숙, 1983: 33). CBS에 PD로 입사해 DJ로도 활동했던 최경식은 "1964~1965년 나는 당시 우리 젊은이들이 주로 미군 방송을 통하여 흘러나오는 팝송에 누구나가 열광하는 것을 지켜보았고, 또 미군 방송의 프로그램을 그대로 모방 답습하는 온갖 팝송 프로그램이 우리나라 민간 방송에서도 꽤나 인기가 높은 것을 알게 되었다"라고 했다(최경식, 1973: 106). '1964~1965년' 당시의 '인기가 높은' 팝송 프로그램을 대표하는 것이 바로 〈탑튠쇼〉와 〈3시의 다이얼〉이었다.

〈탑튠쇼〉는 처음부터 인기를 끌었지만, 특히 최동욱이 DJ로 직접 진행하면서는 "젊은이들 사이에서 폭발적인 인기를 끈다는 소문이 팽배"했다(최동욱, 1995: 61). 경쟁자였던 이종환조차 〈탑튠쇼〉에 대해 '장안의 화제'였다고 했던 것이 그 인기를 짐작하게 만

144 이종환이나 신중현은 1950년대에 팝송을 듣기 위해 가격이 아주 싼 광석 라디오를 구입했다고 한다(《주간동아》, 2008. 1. 23: 58~60; 〈중앙일보〉, 2006. 1. 11: 28). 1960년대 초에 광석 라디오는 라디오 수신기 가격의 10%에 불과해서 통계에 잡히는 것보다 훨씬 더 많이 보급되었을 것이다(장영민, 2019: 66). 트랜지스터라디오의 가격이 낮아지면서 광석 라디오는 서서히 사라졌다.

든다(이종환, 1993: 153). 최동욱이 진행하던 〈0시의 다이얼〉의 후임 DJ가 되었던 윤형주는 "최동욱 씨가 누구인가. 우리나라 방송 디제이 1호인 분으로, 해박한 음악 지식에서 나오는 생동감 있는 멘트로 청취자들에게 최고의 인기를 누리고 있었다. 나 역시 중학생 때부터 그가 진행하는 〈탑튠쇼〉의 열렬한 팬이었다"라고 회고했다(윤형주, 2012: 30). DJ 김광한도 DBS에서 최동욱이 진행하던 〈탑튠쇼〉나 VUNC에서 유영옥이 진행하던 〈퍼스트쇼〉를 들으면서 팝송만 찾아 듣게 되었고, "특히 최동욱씨의 〈탑튠쇼〉를 들으며 막연하게나마 DJ를 하고 싶다는 생각이 싹트기 시작했다"라고 고백했다(김광한, 2018: 68). 가수이자 DJ로 활동했던 양희은도 "그즈음 나는 임국희, 최동욱, 피세영, 이종환 같은 분들이 진행하던 라디오 팝송 프로그램에 반했다. 가사를 외워 애들 앞에서 '발표회'도 했다"라고 밝혔다(《조선일보》, 1999. 11. 25: 23). 기타리스트 이영재(1954~)도 중학교 때 "〈3시의 다이얼〉(DJ 최동욱) 같은 프로그램을 통해 음악"을 듣고, "특별히 마음에 드는 곡이 있으면 빽판을 사서 듣고, 카피해" 보았다고 했다(신현준 · 최지선, 2022b, 474).

DJ 프로그램의 인기는 비단 가수나 DJ를 꿈꾸었던 사람에 한정되는 것은 아니었다. 1960년대 초에 가족과 함께 상경해 서울에서 야간 중학을 다녔다는 김수영은 "내가 피세영 · 이종환 · 최동욱이 진행하는 〈두시의 데이트〉[145] · 〈세시의 다이얼〉 · 〈탑튠

145 〈2시의 데이트〉는 1973년 4월에 시작된 프로그램이다. 오랜 시간이 지난 뒤의 회고라서 착각이 있었던 것으로 보인다.

쇼〉 같은 팝송 프로를 들으면, "쏼라쏼라 하는 그거 듣기 싫으니께 안 치워? 망치로 뽀개 버릴겨!" 하며 [어머니가 — 인용자] 야단치셨다"라고 회고했다(김수영, 2011: 92). 이종환 팬카페 회원인 오태영은 "1965년 중학교 2학년 당시 〈탑튠 퍼레이드〉부터 들었다. 저녁 시간이면 밥 먹고 들으라는 어머니의 성화에도 라디오를 들었다"라고 추억했다(《중앙일보》, 2013. 8. 30: 4). 팝송을 들려주는 DJ 프로그램들이 최신 팝송에 대한 갈증을 해소해 주었기 때문에 청소년들에게 높은 인기를 끌었지만, 이런 프로그램의 청취가 기성세대들로부터는 비판을 듣기도 했다. 당시에 〈탑튠쇼〉에 대해 "극히 제한된 청취자를 대상으로 하는 방송인 듯"하다고 하며, 외국어 사용이 지나치니 "외국어 사용을 삼갔으면" 한다는 비판도 나왔다(《방송》, 18호(1964. 12. 21): 6).

리퀘스트 DJ 프로그램들은 다른 방법으로는 자신이 원하는 최신 팝송을 듣기 어려웠던 청소년들에게 더욱 큰 인기를 끌었다. 〈3시의 다이얼〉이 방송되는 "오후 3시대만 되면 당시 광화문 전화국에서는 일시에 많은 전화가 밀리는 통에 릴레이(전화 교환 장치)가 꽉 차 버려 트랜스가 나가거나 불통되는 사례가 잦다며 방송국에 전화 사용 자제를 협조를 요청하는 일이 자주 있었다"라고 했을 정도로 음악 신청 전화가 많이 걸려 왔다(최동욱, 1995: 87). 1965년에 전화의 가구 보급률이 3.78%에 불과했음에도(채백 · 강승화 · 허윤철, 2019: 115), 이렇듯 전화가 많이 걸려 왔다는 사실은 〈3시의 다이얼〉의 높은 인기를 잘 보여 준다. 당시 DBS 편성 과장이던 이윤하는 "당시 청취자들의 시간대별 청취율을 그래프로 표시해 보면 오후 3시대가 가장 낮은 죽음의 골짜기를 나타낸 시간대였으나 〈3시의 다이얼〉이 나타남으로써 낙타 등의 봉우리를 이루게 한 기적을 낳은 프로그램이었다"라고 평가했다(이윤하, 2001: 182).

팝송을 들려주는 DJ 프로그램의 높은 인기에는 트랜지스터 라디오의 보급이 늘어났던 점도 영향을 주었다. 1962년 7월의 라디오 수신기 보급대수는 157만 9,240대로 조사되었는데, 이 중에 유선 스피커가 52만 2,728대(33.1%)였고, 105만 6,512대가 무선 라디오로 나타났다. 무선 라디오 중에 트랜지스터라디오가 31만 4,269대(19.9%), 광석식 라디오 6만 7,907대(4.3%)가 포함되어 있었다. 이 자료는 도시 지역에 편중된 표본을 대상으로 조사해서 보급률이 높게 나타났지만, 1960년대 초반부터 "도시에서는 트랜지스터라디오가, 농어촌에서는 스피커가 주로 보급"되는(장영민, 2019: 63~65) '라디오 보급의 도농 간 분화' 경향만큼은 명확히 보여 주었다(윤상길, 2011: 221~223). 1963년에는 국내에서 생산되는 라디오의 75%가 트랜지스터였다고 할 정도로 생산량이 늘어났다(《경향신문》, 1963. 6. 6: 5). 1960년대 중반 이후 무선 라디오로는 주로 트랜지스터 라디오가 보급되면서, 1960년대 말에는 '트랜지스터 문화'가 형성되었다는 말까지 나올 정도가 되었다(《동아일보》, 1968. 8. 10: 5).

팝송에 대한 인기와 라디오 보급 확대의 결과로 1966년부터 3년 동안 문화공보부가 조사한 '라디오 프로그램 청취율 조사'에서 〈3시의 다이얼〉이 1위를 차지했다(최동욱, 1995: 102). 1967년 초에 서울대학교 사범대학 정범모 교수가 실시한 '방송 청취 실태 조사'에서도 〈3시의 다이얼〉이 방송되던 오후 3시대 청취율에서 DBS가 가장 높은 것으로 나타났다(《중앙일보》, 1967. 2. 12: 5). 그러나 공보부가 1967년에 조사한 자료에서 '앞으로 더 듣고 싶은 방송 프로그램'으로 '외국 가요'가 7위(4.5%)에 불과한 것으로 나타났다(김영희, 2003: 154). 이 조사 결과는 팝송을 들려주는 DJ 프로그램의 인기가 아직은 특정 프로그램에 집중된 것이었다는 사실을 보여 준다.

1968년 7월에 DBS 방송조사연구실에서 서울 일원을 대상으로 조사한 결과에서도 '인기 있는 라디오 프로그램' 1위로 〈3시의 다이얼〉(DBS), 2위 〈한밤의 음악편지〉(MBC), 11위 〈TBC 교환대〉(TBC), 12위 〈밤을 잊은 그대에게〉(TBC), 18위 〈퍼스트쇼〉(VUNC)로 나타났다(한국방송공사, 1987: 381). 오후 3시대의 프로그램 중에는 〈3시의 다이얼〉, 심야 프로그램 중에는 〈한밤의 음악편지〉가 높은 인기를 끌었다. 1968년 7월에 명지대 방송실 학생들이 서울 시내 고교생 360명을 대상으로 조사한 결과에서, 즐겨 듣는 프로그램에 대한 항목에서 〈3시의 다이얼〉이 2위, 〈한밤의 음악편지〉가 5위로 나타났다(문시형, 1968: 40). 이런 조사 결과들을 통해 서울 지역의 젊은이들에게는 DJ가 진행하는 팝송 프로그램이 인기가 매우 높았음을 알 수 있다.

팝송 프로그램의 인기는 DJ에 대한 인기로 이어졌다. 당시에 DBS PD였던 이해성은 "방송의 프로 진행자를 아나운서로만 알고 있던 당시 청취자들에게 음악 프로 전문진행자를 표방한 디스크자키란 명칭을 내걸고 등장한 최동욱, 이종환, 피세영은 신선한 이미지로 젊은 세대들에게 대단한 환영을 받았다"라고 했다(이해성, 1986: 168). MBC 아나운서로 1970년대에 심야 음악 프로그램의 DJ로도 활동했던 차인태도 "초기의 방송 DJ로는 최동욱·피세영·이종환 등이 있었는데, 지금까지 들어왔던 〈스무고개〉, 〈노래자랑〉, 〈재치문답〉, 〈퀴즈열차〉 같은 공개 방송이나 〈희망의 속삭임〉, 〈마음의 샘터〉 같은 스튜디오 프로그램과 같지 않은 파격적인 포맷과 종래 아나운서 스타일이 아닌 진행 방식으로, 청취자들의 호응은 적극적이었고 커다란 반응을 불러일으켰다"라고 평가했다(차인태, 1983: 159). 이 시기의 DJ들은 인기가 높아 연예인들처럼 주간지나 월간지에 등장하기도 했다(김형찬, 2015: 239~240; 〈주간한국〉, 1965. 1. 10: 21).

청취율이 낮아서 광고 시간에서 C등급이었던 오후 3~4시대나 D등급이었던 심야 시간대에 신설된 팝송 위주의 DJ 프로그램들이 이렇듯 청취율 상위권을 차지했던 것은 팝송에 대한 높은 인기 덕택이었다. 표 16처럼 음악 중에서 '외국 유행 음악'을 상대적으로 많이 편성했던 DBS, TBC, MBC의 DJ 프로그램들이 높은 순위에 포함된 것이 이를 잘 보여 준다. 기성세대가 '트로트'와 '스탠더드 팝' 계열 국내 가수 노래를 즐겼다면, 젊은 세대는 외국의

표 16 음악 편성에서 외국 유행 음악이 차지하는 비율

방송 \ 시기	1967. 4	1967. 10	1968. 4	1968. 10	1969. 4	1969 가을	1970 봄	평균
KBS1	10.8	9.0	19.2	22.5	0.9	4.4	13.1	11.4
MBC	32.9	25.5	29.5	31.4	33.1	38.5	26.9	31.1
DBS	45.0	34.6	28.5	38.9	41.2	31.5	36.3	36.6
TBC	36.3	35.9	29.2	30.4	35.7	32.1	38.5	34.0

출처: 한국방송공사, 1987: 379.

대중음악인 '팝송'을 선호했고, 라디오의 DJ 프로그램들이 이런 욕구를 충족시켜 주었다(박기영, 2003: 85~86).

1968년 말에 고려대학교 사회경제연구소가 서울에서 실시한 조사에서 '즐겨 듣는 라디오 프로그램' 중에도 〈3시의 다이얼〉은 3위로, 〈한밤의 음악편지〉는 7위로 나타났다(《중앙일보》, 1969. 1. 1: 10). 1970년 2월에 성균관대학교 사회과학연구원이 서울 시민을 대상으로 조사한 결과에서, '프로그램 베스트 10'의 '음악 부문'에도 〈3시의 다이얼〉과 〈한밤의 음악편지〉가 포함되었다(《중앙일보》, 1970. 3. 27: 5). 1970년 9월에 각 라디오 방송의 인기 프로그램으로 거론된 것 중에서도 음악 프로그램으로는 DBS의 〈3시의 다이얼〉과 MBC의 〈한밤의 음악편지〉만 있었다(《동아일보》, 1970. 9. 26: 5).

1970년대로 접어들면서 팝송 위주의 DJ 프로그램의 인기가 조금씩 떨어지기 시작해, 〈3시의 다이얼〉이나 〈한밤의 음악편지〉 정도가 어느 정도의 인기를 유지하고 있을 뿐이었다. 최신 팝송을 소개한다거나 음악 신청을 할 수 있다는 이유만으로 프로그램이 높은 인기를 끌던 시대는 지나갔다. 텔레비전 수상기 보급이 늘어났고, 음악을 들을 수 있는 수단도 증가했기 때문이었다. 최동욱도 스스로 "내가 맡고 있던 프로그램들이 청취율 조사에서 60년대 후반처럼 피크를 지속하지는 못하고" 있다고 했을 정도였다(최동욱, 1995: 136). 그럼에도 1970년대 초까지 팝송이 음악 프로그램에서 차지하는 비중이 줄어들지는 않았다. 표 17에서 보는 것처럼, DJ 프로그램에서 팝송이 차지하는 비중은 35%에서 50% 사이를 차지했다.

시간이 지나면서 DJ들에 대한 불만이 나오기도 했다. 22세의 한 청취자는 "젊은 층의 지지를 받는 동아방송의 〈3시의 다이

표 17 DJ 프로그램의 음악(1972)

	DBS	CBS	MBC	TBC
팝송	39.50	42.75	35.77	51.85
클래식	12.74	39.54	2.25	9.15
가요	38.58	17.71	61.98	39.00
기타	9.18	0	0	0

출처: 〈월간방송〉, 1972. 4: 89.

얼〉은 성공한 프로. 그래서 그런지 상냥하고 재치 있던 DJ가 불친절하고 무자비해졌으며 DJ의 기발한 재치를 청취자를 골려주고 무안 주는 데 사용하고 있는 듯한 느낌이 든다"라고 비판했다(〈경향신문〉, 1966. 12. 3: 7). 최동욱 자신도 〈3시의 다이얼〉을 진행하며 전화를 연결했는데 "단골 전화 손님의 전화에 냉담하게 대하자 한 번은 누군가 느닷없이 "야 이 XX야! 나잇값이나 해라, 이 X아!"하고는 전화를 끊은 일이 있었다"라고 하며 청취자와의 갈등을 토로하기도 했다(최동욱, 1995: 89). 인기가 높아지는 만큼 한편에서는 일부 청취자들로부터의 비판이 나오기도 했다. 특히 이런 불만은 30대의 전문적인 DJ들과 청소년 청취자 사이에 세대 갈등 양상을 보이기도 했다. 박원웅은 "DJ의 신분은 히트송 레코드를 틀어가며 잡담을 늘어놓는 일개 아나운서에서 세대 간의 전쟁의 기수로, 젊은 고뇌와 사랑의 동료 카운슬러로 어느 사이에 함께 비약했다"라고 평가했지만(박원웅, 1972: 113), 시간이 지나면서 이제 DJ와 청취자 사이의 세대 갈등이 나타나기도 했던 것이다.

한편 청소년들이 선호하는 프로그램에 대한 기성세대의 비판도 나왔다. 한 교수는 리퀘스트 프로그램에 대해 "한창 바쁜 대낮에 그 걸기 어려운 전화통을 붙들고 늘어지는 사람들이 적지 않다는 것은 멍하고 놀고 있는 자들이 많다는 고달픈 사회상의 반영"이라고 비판했다(《조선일보》, 1968. 1. 23: 5). 한 비평가도 "'영심이에요' '영민이라고 합니다' '신촌의 정열인데요' — 4월 30일(수) 낮 3시 5분, DBS '세시의 다이얼'(담당 최동욱)로 전화를 걸어온 젊은 팬들은 '성姓' 없는 사람들인지 자기소개를 이렇게 했다. 요새 팝송·재즈 팬들의 하나의 수준을 알 수 있어 흥미"로웠다고 비판했다(《조선일보》, 1969. 5. 6: 5). 청소년들의 말투를 빌미 삼아 DJ 프로그램에 대해 비판했던 것이다. 이런 주장들은 DJ 프로그램 청취자들에 대한 기성세대의 비판적 관점을 잘 보여 준다.

미국 최신 대중음악 위주의 방송에 대한 비판도 있었다. DBS PD로 〈3시의 다이얼〉 연출을 맡기도 했던 이해성은 "60년대는 상업 방송의 스타로 등장한 이들 DJ에 의해 팝송의 유행이 주도되었다. 청취율 제일주의의 상업 방송 생리 때문에 이들 DJ들은 누가 먼저 최신 팝송을 소개하느냐의 경쟁으로 치닫게 되었다"라고 지적하고, "문제는 이들이 〈빌보드〉와 〈캐시 박스*Cash Box*〉 싱글차트만을 맹신, 음악성이나 한국인의 취향, 관습, 윤리관 등을 전혀 고려에도 넣지 않고 차트에 랭크된 노래만을 집중적으로 소개함으로써 한국의 방송이 미국 레코드산업의 철저한 상업주의에 철저하게 놀아난 결과가 되었다"라고 비판했다(이해성, 1986: 168~169). 최신 팝송을 들려주어야 한다는 강박적 태도가 한국의 음악 프로그램이 미국 음반 산업의 영향력을 강화하는 수단이 되었다는 것이다. 당시 CBS에서 DJ로 활동했던 최경식은 이런 경향에 반발해 "빌보드 몇 위 운운하는 무분별한 서양 대중음악 소개"를 지양하고자 했다고 주장하기도 했다(최경식, 2003: 197~198).

상업 라디오 방송국 사이의 청취율 경쟁 과정에서 비슷한 형식의 DJ 프로그램의 편성이 계속 이루어지자 이에 대한 비판이 자주 나왔다. 1966년에 〈3시의 다이얼〉을 따라서 〈JBS교환대〉가 편성되자 "최근의 세 민간 상업 방송을 들어보면 너무도 유사한 프로그램들이 많아서 각 방송국대로의 개성을 찾아볼 수 없을 정도"라는 비판이 나왔다(《경향신문》, 1966. 3. 30: 7). 1970년에는 라디오 방송국들이 '아이디어의 빈곤'으로 "창의創意에의 역행과 무사안일 장사속으로 나날이 청취자를 잃어가고" 있다고 비판하며 DJ 프로그램을 예로 들기도 했다(《조선일보》, 1970. 10. 27: 6). '유사한 프로그램'이 많고, '아이디어의 빈곤'이 드러난 DJ 프로그램의 인기가 서서히 떨어진 것은 당연한 일이었다. "우리나라 민간 방송의 팝 프로그램엔 다양성이 없다"라고 하고, "우리 팝 방송은 미군 방송의 아류"에 불과하다는 비판까지 나왔다(《조선일보》, 1973. 11. 9: 5).

5. DJ 프로그램과 팝 문화 형성

1960년대에는 5개의 라디오 방송국이 3개의 텔레비전 방송국을 의식하며 치열한 경쟁을 벌였다. 특히 DBS, TBC, MBC 등 3개의 상업 라디오 방송국은 청취율을 둘러싸고 다양한 프로그램을 앞세운 경쟁을 해나갔다. 한국 전쟁 이후 젊은 세대는 AFKN을 통해 접한 미국의 최신 대중음악에 열광했다. 신세대들의 팝송에 대한 선호는 이전 세대와 자신들을 차별화하는 정체성을 구성하는 데 중요한 요소의 하나였다. 특히 팝송에 대한 선호도는 대도시 지역의 고교생이나 대학생에게서 더 높게 나타났다. 이런 상황에서 상업 라디오 방송국들이 젊은이들을 대상으로 팝송을 주로 들려주는 DJ 프로그램을 편성했던 것은 당연한 일이었다. 1950년대에 AFKN을 통하거나 음악감상실에 가서야 팝송을 들었다면, 1960년대에는 라디오 방송국의 DJ 프로그램을 통해 해설과 함께 팝송을 듣게 되었다.

1963년에 DBS에서 개국과 함께 〈탑튠쇼〉를 편성했던 것은 팝송에 대한 젊은이들의 인기를 정확히 간파한 선택이었다. 〈탑튠쇼〉는 저녁 6시 전후에 편성되어, 20분 내외의 짧은 시간에 해설과 함께 미리 선곡한 팝송을 들려주는 형식이었다. 〈탑튠쇼〉를 따라서 1964년에 MBC가 〈탑튠 퍼레이드〉를, 1965년에 TBC가 〈뮤직 텔스타〉를 편성했다. 특히 처음에 아나운서들이 진행하던 프로그램에 최동욱과 이종환이 PD로서 직접 DJ로도 나섰고, 성우 피세영도 DJ를 맡으면서 전문적인 DJ의 시대를 열었다. 우리말 해설과 함께 다양한 팝송을 들을 수 있었던 라디오의 DJ 프로그램은

AFKN을 통해 팝송을 듣던 젊은 세대에게 큰 인기를 끌었다.

전문적인 DJ가 팝송을 들려주는 음악 프로그램의 성공을 지켜본 방송사들의 다음 선택은 '리퀘스트 프로그램'이었다. 리퀘스트 프로그램도 역시 DBS가 제일 먼저 시작하여, 1964년에 〈3시의 다이얼〉이 첫 방송을 했다. 〈3시의 다이얼〉도 처음에는 잠깐 아나운서가 진행하다가 곧 최동욱이 DJ로 나섰다. 〈3시의 다이얼〉은 전화나 엽서로 신청을 받아 음악을 틀어주고, 초대 손님을 불러 대화하는 형식을 갖추었다. 〈3시의 다이얼〉의 성공도 역시 다른 방송사에 영향을 주어, 1966년에 JBS(TBC의 전신)는 〈JBS 교환대〉(〈TBC 교환대〉의 전신)를 편성했고, 1967년에 MBC는 〈뮤직 다이얼〉을 편성해 DBS의 〈3시의 다이얼〉과 경쟁하기 시작했다. 한때 〈3시의 다이얼〉의 최동욱, 〈TBC 교환대〉의 피세영, 〈뮤직 다이얼〉의 이종환이 저녁 6시대의 프로그램에 이어 다시 DJ로서 경쟁했다. 오후 3~4시대의 리퀘스트 프로그램은 원하는 음악을 신청해 들을 수 있었고, 초대 손님을 부르는 등 비교적 다양한 구성을 했기 때문에 저녁 6시대의 DJ 프로그램보다 더 높은 인기를 누렸다.

1960년대에 높은 인기를 누리던 AM 채널의 팝송 위주의 DJ 프로그램은 1970년대에 접어들면서 과거와 같은 인기를 누리지는 못했다. 이는 청취율 조사 결과나 프로그램의 폐지 사실을 통해서 확인할 수 있다. 라디오의 전성시대를 이끌었던 프로그램 중의 하나가 음악 프로그램이었고 그중에서도 팝송 위주의 DJ 프로그램은 매우 큰 역할을 했지만, AM 라디오의 음악 매체로서의 위상이 낮아지거나 역할이 변화하면서 기존의 DJ 프로그램도 함께 위축되었다. 전문적인 DJ로서 팝송 프로그램을 진행했던 최동욱, 이종환, 피세영 등이 모두 1970년대 초반에 자신들이 맡고 있던 프로그램으로부터 떠났던 것이 변화된 현실을 잘 보여 준다.

이런 변화에는 비슷한 프로그램들의 과도한 편성과 진부한 포맷의 반복이라는 요인과 청취자의 눈높이를 맞추지 못하고 친밀감 형성 노력이 부족했던 DJ의 진행이 작용했다. 여기에다가 텔레비전 방송국들과의 경쟁과 FM 방송의 본격적인 출발도 영향을 주었다. 1969년 8월 8일에 MBC-TV가 개국해서 3개의 텔레비전 방송국이 경쟁하고 1971년 9월 19일에 MBC-FM이 개국해 2개의 FM 라디오 방송국이 생기면서 기존의 라디오 방송국들은 영향을 받을 수밖에 없었다. 라디오 방송국들은 AM 채널에서는 가능하면 텔레비전과의 경쟁을 피하는 전략으로 심야 음악 프로그램을 편성했고, 주요 음악 프로그램은 FM 채널로 돌리는 선택을 하기도 했다.

AFKN은 팝송 청중을 크게 확대했을 뿐만 아니라 한국 방송의 DJ 프로그램 형식의 도입에도 영향을 주었다. 미국에서 DJ 프로그램이 '로큰롤' 음악을 통해 젊은 청취자를 끌어들였다면(Salsberry, 2014), 한국에서는 DJ 프로그램이 '미국의 팝 음악'을 들려주며 청소년들의 청취율을 높였다. 한국에서 팝송 위주의 'DJ 프로그램의 등장'은 "영미 팝이 지역 음악인과 청중에게 선망, 모방, 추종, 참조의 대상이 되고, 그 지역의 고유한 대중음악이 형성되는 데 표준의 구실"을 하게 되는 데 큰 영향을 주었다(김필호, 2005: 213). 다만 한국 방송의 팝송 프로그램들이 PD나 DJ들의 노력으로 한국 나름의 팝 문화 형성에 기여했던 것만은 분명하다.

8장

라디오 심야 음악 프로그램의 등장과 변화

1. 심야 방송의 높은 인기와 팝송의 확산

1960년대에 인기 있던 낮 시간대 팝송 프로그램의 청취율이 1960년대 말로 갈수록 급격히 떨어졌다. 1970년대 들어서서 라디오는 TV 시대의 본격적인 도래 속에 생존 전략을 모색하며 새로운 편성을 시도했다. 라디오는 심야 시간대를 주목하고, 낮 시간대에 주로 편성하던 DJ 프로그램을 자정 전후한 시간대에도 편성했다. 1970년에 KBS를 제외한 MBC, TBC, DBS, CBS 등 4개 방송 모두 심야 시간대에 DJ 프로그램을 신설해서 "젊은 청취자를 붙잡기 위한 총력전을 벌이게" 되었다(박기영, 2003: 87). 심야 방송은 밤새 방송하던 AFKN의 프로그램과 새롭게 시작했던 일본 심야 방송의 영향을 받았다.

1970년대에 심야 방송은 젊은 층의 팝송에 대한 욕구를 충족시키는 가장 중요한 수단이 되었다. 팝송에 대한 인기가 높았기 때문에 당연히 심야 음악 프로그램의 청취율도 매우 높았다. 1970년대에 청소년기를 보낸 사람치고 심야 방송을 듣지 않은 사람이 거의 없을 정도로 큰 인기를 끌었다. 전문 DJ가 아닌 젊은 연예인이 진행을 맡으며 청소년과 소통했던 것도 심야 방송 인기의 중요한 요인이었다. 심야 음악 프로그램은 청소년들에게 인기가 높았던 반면에 기성세대로부터는 비난을 들었고 정부는 심야 방송을 규제하려고 했다.

1970년대에 심야 방송은 팝송의 유입과 확산에 큰 역할을 했다. 라디오 방송국 사이의 치열한 경쟁 속에 심야 방송은 다양한 팝송을 신속하게 전달하려고 노력했다. 1970년대의 심야 DJ 프로그램은 청소년들의 팝송에 대한 갈증을 해소해 주는 가장 대표적인 프로그램이었다. 또 포크 가수들이 출연하여 팝 스타일 음악을 직접 들려주기도 했다. 1970년대에 심야 음악 프로그램이 팝송의 유입과 팝 스타일 가요의 확산에 큰 역할을 했음에도 그동안 역사적 접근을 한 연구가 거의 없었다. 단지 1980년대 이후 심야 방송에 대한 청소년들의 청취 행태에 관한 연구가 있을 뿐이다.

이 장에서는 1970년의 심야 음악 프로그램의 등장과 변화 과정을 다룰 것이다. 먼저 심야 음악 프로그램이 상업 라디오 방송의 경쟁 속에 등장하고 정부의 규제 속에 변화했던 과정을 살펴보려고 한다. 다음으로 심야 음악 프로그램의 포맷과 음악의 특성에 관해 정리할 것이다. 특히 음반으로 팝송만 들려주다가 포크 가수들이 출연해 노래를 부르기도 했던 변화를 설명할 것이다. 마지막으로 심야 방송에 대한 인기와 비판에 대해 분석해 보고자 한다. 청소년들의 높은 인기와 기성세대의 비판에 대해 정리하고자 한다.

2. 상업 방송의 경쟁과 심야 음악 프로그램

1) 심야 음악 프로그램의 등장

낮 시간대에 팝송 프로그램이 방송되었던 1960년대 중반 심야 시간대에도 팝송 등 다양한 음악을 들려주는 리퀘스트 프로그램이 편성되었다. MBC는 1964년 4월 13일부터 〈한밤의 리퀘스트〉(월~토 오후 11:30~11:50)를 편성했다가 두 달 뒤인 1964년 6월 1일부터 10분 늘리며 〈한밤의 음악편지〉로 이름을 바꾸었다(MBC, 1988: 32~34). 〈한밤의 음악편지〉는 아나운서 임국희가 진행했고, 이종환이 연출했다(이종환, 1993: 160). TBC도 1964년에 5월 8일 개국할 때 엽서로 음악을 신청받아 방송하는 〈밤을 잊은 그대에게〉를 편성했다(TBC, 1967: 3). 〈밤을 잊은 그대에게〉도 초기에는 이성화 등 여성 아나운서들이 주로 진행을 맡았다.[146] 이외에도 DBS의 〈한밤의 희망 음악〉, KBS의 〈한밤의 속삭임〉 등 심야 음악 프로그램들이 있었는데(《여성동아》, 1970. 7: 50~51), 이런 프로그램들은 모두 여자 아나운서들이 진행하며 녹음 방송을 했고(최동욱, 1995: 122), 엽서로 신청받아 다양한 장르의 음악을 들려주었다. 이런 프로그램들은 부드러운 목소리의 여성 DJ가 진행하던 AFKN의 심야 프로그램 〈다이앤과의 데이트〉를(*Stars & Stripes*, 1963. 2. 19: 20)[147] 모방한 것이었다(《국민

146 http://blog.daum.net/jc21th/17782608, 2020. 4. 20. 접속.

147 〈다이앤과의 데이트〉에 관해서는 2장을 참조하라.

일보〉, 2015. 4. 8: 14; 선성원, 2005: 190).

다만 〈한밤의 음악편지〉에도 조용한 음악만 나간 것은 아니었다. 〈한밤의 음악편지〉를 연출했던 정봉화 PD는 '한밤의 시끄러운 음악 편지'라는 제목의 글에서 심야 음악 방송에 대한 초기의 거부 반응에 대해 다음과 같이 회고했다.

> "아니 심야에 그렇게 시끄러운 음악을 내서 어쩌자는 겁니까?" 최초의 젊은이 대상 심야 팝송 프로그램인 〈심야의 음악 편지〉의 그 첫 방송이 나간 다음 날 아침 당시의 편성 과장이었던 박종민 선배가 인사동 사옥 3층에 있던 그 움막 같은 음악과 사무실 문을 밀고 들어서면서 늘 하는 버릇대로 뒷통수를 긁으며 나에게 한 말이다. 당시 밤 10시가 넘으면 팝송 따위는 말할 것도 없고 클래식 음악도 요란한 것은 내보내서는 안 되는 것으로 되어 있었다. 모두가 깊이 잠든 고요한 밤에 라디오에서 시끄러운 음악이 나오면 잠자던 사람이 모두 깰 것이 아니냐 하는 것이 그 이유였다. (중략) 그렇긴 하지만 그래도 명색이 젊은이 대상의 음악 프로그램인데 젊은이들이 좋아하는 두들겨 부수는 노래 한두 곡쯤 안 내보낼 수야 없지 않겠는가. (중략) 나는 박과장과 숨바꼭질을 하면서 계속 열심히 두들겨 부수는 노래를 냈는데 그것이 젊은이들 사이에 폭발적인 반응을 불러일으켜 뒷날 심야 팝송 프로그램의 전성기를 맞이하는 계기가 되었다. (문화방송, 1992: 328~329)

여러 방송국에서 1964년부터 심야 음악 프로그램이 편성되었지만, 이런 프로그램이 처음부터 미국 대중음악 위주로 방송했던 것은 아니었다.[148] 1969년 8월 8일에 MBC-TV가 개국해 KBS, TBC, MBC 텔레비전 3사가 경쟁을 시작한 1960년대 말부터 라디오 방송은 심야 음악 프로그램의 변화를 모색했다. 차인태는 "60년대 후반에 들어서면서 TV의 막강한 영향권으로부터의 자구책으로, 또 음악과 정보의 속보성을 무기로 쉽게 접할 수 있는 매체로서, 각 라디오국 간의 청취율 경쟁의 산물로서 DJ 프로그램도 다양"해지기 시작했다고 했다(차인태, 1983: 159). 한국 방송사들이 팝송 중심의 심야 음악 프로그램을 편성했던 것은, 많은 청취자가 팝송을 듣기 위해 〈이스트 오브 미드나이트〉 같은 AFKN의 심야 방송을 듣고 있던 현실을 고려한 결정이었다. 다만 심야 음악 프로그램이 주로 청소년 대상 방송을 지향했던 데는 일본의 영향도 있었다. 일본 상업 방송사의 심야 방송은 1960년대 중반 젊은이를 대상으로 하는 DJ 프로그램으로 변화했는데, 한국 라디오도 그 영향을 받아 심야 음악 프로그램의 주 청취자층을 청소년으로 설정했다(서유석, 2004: 127; 최동욱, 1995: 147).

특히 서울을 중심으로 방송사 사이의 치열한 경쟁이 벌어지던 상황에서 "1970년대에 들어서면서 서울의 라디오 보급 대수가 100만 대에도 미치지 못하는 형편에서 TV 수상기가 50만 대에 육박하고 있었다는 사실은 TV 시대를 의식하기에 충분한 것"

148 MBC의 〈한밤의 음악편지〉와 TBC의 〈밤을 잊은 그대에게〉는 각각 1966년과 1967년에 사연과 신청곡을 담은 엽서 중의 일부를 모아서 책을 발행했는데, 여기에 나온 신청곡은 팝송·영화음악·샹송·클래식 등으로 대단히 다양하다(동양방송, 1967; 문화방송, 1966).

이었다(한국방송 70년사 편찬위원회, 1997: 410). 1970년을 전후해 라디오의 광고 판매도 줄어들어, '방송 시간 전체에 대한 판매 시간의 비율'이 1968년 12월에 82%, 1969년 4월에 76%, 1970년 6월에 74.8%로 감소했다. TBC의 경우 1970년의 전년도 대비 광고 영업 신장률이 22%였으나, 1971년에는 10%로 감소했다(한국방송공사, 1987: 376). 라디오로서는 1970년을 고비로 광고가 "급강하를 보이기 시작"한 현실을 타개할 필요성이 커졌다(중앙일보·동양방송, 1975: 391~392).

텔레비전 시대에 살아남기 위한 전략을 모색하던 라디오가 주목했던 것이 바로 심야 방송이었다. 광고 시간 등급이 낮은 시간대였지만, 적은 제작비로 청취율을 올리면서 광고 수익도 늘릴 수 있다고 보았기 때문이다. "TV의 영향에다가 일반적인 경기의 후퇴는 라디오를 고경苦境에 몰아넣고 있고, 이에 따라 제작비가 오히려 줄어들고 있어 라디오는 양면으로 고전하고" 있는데, "TV와의 정면 대결을 피하고 TV가 잠식할 수 없는 시간"을 활용하는 전략의 일환으로 "심야에 디스크자키 프로의 강화"가 이루어졌다(《동아일보》, 1971. 4. 5: 5). 당시 DBS 〈0시의 다이얼〉 담당 PD였던 김병우는 당시 상황을 다음과 같이 설명했다.

> 청소년들이 구름처럼 몰려드는 심야 방송 시간대는 (새로 금맥을 찾은 광산처럼) 갑자기 활기를 띠었고, 졸지에 라디오 광고의 황금시장으로 부상하게 됩니다. 입시지옥 시대의 청소년들을 유치하기 위해 학원들이 심야 방송 광고에 너나없이 먼저 뛰어들었고, 미래의 숙녀들을 미리 고객으로 확보하기 위해 화장품 회사들도 뒤질세라 줄줄이 광고에 나섰고(아모레, 한국화장품, 쥬리아화장품) "스타킹은 반달표"로 시

작되는 여자 스타킹 제품 등 청소년을 대상으로 하는 상품 광고가 줄을 이었습니다. 이렇게 되자 DBS, MBC, TBC 등 방송 3사들은 심야 방송 청취율 경쟁에 각기 회사의 명운을 걸고 총력전을 펼쳤습니다.[149]

TBC는 1970년 4월 1일의 개편을 앞두고 "청소년층 대상 프로그램의 폭을 넓히고, 심야 방송의 와이드 생방송화"를 추진하겠다고 하며, 〈밤을 잊은 그대에게〉를 "지금까지는 녹음방송을 해왔으나 좀 더 생동적인 프로그램으로 만들기 위해 엽서 희망곡 외에 전화 리퀘스트에 의한 밤의 대화시간으로 진행하고, 방송 시간도 종래 1시간에서 1시간 30분으로 연장했다"라고 밝혔다(《중앙일보》, 1970. 3. 30: 5). 또한 〈밤을 잊은 그대에게〉를 TBC-FM과 동시에 방송하기로 했다(《경향신문》, 1970. 4. 1: 8). 〈밤을 잊은 그대에게〉는 처음으로 생방송을 하기로 했는데, "박광희 DJ 및 피세영, 서기원, 이영호, 박병학, 김동숙 등 여러 DJ와 아나운서들이 교체 출연"했다(《주간경향》, 1970. 8. 5: 51). 박광희나 피세영 같은 음악감상실 출신 DJ들이 잠시 진행을 맡기도 했지만, 이 시기까지는 아직 전문 DJ가 전담해 진행을 맡지는 못했다.

CBS도 1970년 9월 28일부터 심야 음악 프로그램인 〈꿈과 음악 사이에〉(월~토 오후 11:30~12:25)를 새로 편성했는데 담당 PD는 최

149 http://www.donga.com/e~county/sssboard/board.php?tcode=90027&_work=view&no=12&p_page=3&p_choice=..., 2010. 7. 25. 접속.

경식이었다(《조선일보》, 1970. 9. 27: 8). 초기 진행자로는 김여일과 아나운서 조나옥이 기용되었다(CBS, 2004: 184). 〈꿈과 음악 사이에〉에 대해 "매일 밤 생방송으로 엮어지는 팝송 프로그램으로서 젊은이들의 이야기를 곁들여 듣는다"라고 설명했다(방송연감편찬위원회, 1972: 240). CBS의 심야 음악 프로그램 편성 등 새로운 시도에 대해 "종교 방송으로서보다 타 민방과 같은 상업 방송으로서의 변모를 갖추기 시작했다"는 평가도 나왔다(방송연감편찬위원회, 1970: 70).

MBC는 1969년 3월 17일에 〈별이 빛나는 밤에〉(월~토 오후 11:00~11:15)를 편성했다(문화방송, 1988: 66). 처음에 〈별이 빛나는 밤에〉는 '사회 저명인사'를 초대해 그들과 대담하는 10분짜리 프로그램이었다. 1970년 10월 5일부터 방송 시간을 자정부터 오전 1시 30분까지 90분으로 늘려 편성하면서 음악 프로그램으로 변신했다(문화방송, 1988: 74). 〈별이 빛나는 밤에〉는 이종환이 진행을 맡았고, "팝송, 세미클래식, 가곡, 가요 등을 청취자의 엽서와 전화로 신청을 받는다"라고 밝혔다(《경향신문》, 1970. 10. 8: 8). 이에 대해 "10분짜리 〈별이 빛나는 밤에〉를 1시간 30분으로 연장, 팝송 프로그램화" 했다는 평가가 나왔다(방송연감편찬위원회, 1972: 33). 〈별이 빛나는 밤에〉에 대해 "DJ 이종환에 의한 심야 청취자를 위한 디스크자키. 청취자의 희망곡을 전화와 엽서를 통해서 받으며 게스트를 출연시켜 그들과 얘기를 나눈다"라고 설명했다(방송연감편찬위원회, 1972: 254).

DBS도 1970년 10월 5일부터 심야 생방송 음악 프로그램인 〈0시의 다이얼〉을 편성했다. 공교롭게도 MBC가 〈별이 빛나는 밤에〉를 심야 생방송 음악 프로그램으로 바꾸어 새로 출발한 날과 같은 1970년 10월 5일에 DBS의 〈0시의 다이얼〉도 첫 방송을 했다. 최동욱은 1968년에 DBS에서 퇴사하고 프리랜서가 되면서 토요일에 〈심야의 다이얼〉이라는 이름으로 심야 생방송을 진행했다. 그 뒤 "70년 봄부터 본격 심야 방송을 개발"해 보겠다고 기획했고, 그 결과로 〈0시의 다이얼〉이 편성되었다고 주장했다(최동욱, 1995: 122~123). 성공을 거두었던 〈3시의 다이얼〉의 '심야 버전'이었던 것이다. 당시 잡지는 〈0시의 다이얼〉에 대해 최동욱이 "67년도에 개발했던 〈심야의 다이얼〉 최동욱쇼를 보강한 심야 버라이어티 쇼"라고 보도하기도 했다(《주간 경향》, 1970. 10. 14: 66). 다른 방송사와는 달리 DBS에서는 최동욱 한 사람이 오후 3시대의 〈3시의 다이얼〉, 저녁 6시 무렵의 〈탑튠쇼〉에 이어 심야의 〈0시의 다이얼〉까지 진행을 도맡았다.

심야 방송 DJ로서 박광희(TBC DJ), 이종환(MBC DJ), 피세영(TBC DJ) 등을 불러 진행한 토론회에서 세 사람은 다음과 같이 주장했다.

> 이종환　우리 희망 음악 프로가 한밤으로 돌려진 건 우선 제작비가 싸다는 점도 있겠지만 외국의 경향을 본따 시도된 게 아닙니까. 지난 4월부터인가요.
>
> 박광희　그렇습니다. 봄 프로 개편에 따라 밤시간으로 돌려졌는데 이게 어떻게 반응이 좋았던지 이젠 각 방송국이 거의 다 그렇게 하고 있지요.
>
> 피세영　청취자와 직접 얘기를 나누며 희망하는 곡을 전화에 띄워 보내기는 오래전부터 있었지만 이번 심야 방송으로 바뀌면서 이 프로는 본 궤도에 올라섰다고 볼 수 있지요.
>
> 이종환　그런데 비슷한 내용의 우리 프로를 거의 비슷한 시간에 마

> 치 경쟁이나 하듯 내보낸다는 건 한 번 생각해 볼 필요가 있다고 봐요. 이건 무모한 짓입니다. (《선데이서울》, 1970. 10. 25: 32)

1970년 10월 5일에 MBC가 이종환을 DJ로 내세워 〈별이 빛나는 밤에〉를, CBS가 최동욱을 DJ로 해서 〈0시의 다이얼〉을 시작하자, 주로 아나운서가 진행하던 TBC의 〈밤을 잊은 그대에게〉와 CBS의 〈꿈과 음악 사이에〉도 각각 피세영과 최경식에게 DJ를 맡겨 본격적인 경쟁을 시작했다(《일간스포츠》, 1971. 3. 31: 4). DBS의 최동욱, MBC의 이종환, TBC의 피세영은 각각 오후 6시 전후의 〈탑튠쇼〉, 〈탑튠 퍼레이드〉, 〈뮤직 텔스타〉, 오후 3~4시대의 〈3시의 다이얼〉, 〈뮤직 다이얼〉, 〈TBC 교환대〉에 이어 심야에도 다시 경쟁하게 되었다. 이에 대해 "최동욱은 능숙한 디스크 플레이어 및 유창한 구술로, 이종환은 허스키의 화술과 소녀 취향의 선곡으로, 피세영은 팝송 PD의 스크립트에 의해, 성우 생활에서 얻은 균형 잡힌 멘트로써 각각 DJ 삼파전을 이뤄 왔었다"는 평가가 나왔다(《주간경향》, 1971. 4. 14: 76). 심야 음악 프로그램에서 주로 팝송을 들려주었기 때문에 자연스럽게 초기에는 음악감상실 출신인 최동욱, 이종환, 피세영이나 음악 전문 PD였던 최경식 등 전문적인 DJ가 진행을 맡았다.

2) 심야 방송의 경쟁과 정부의 규제 시도

1971년에 들어서면서 DJ들의 대이동이 나타났다. 피세영이 1971년 3월 28일에 방송을 그만두고 미국으로 떠나자 TBC는 DBS에서 8년이나 활동하던 최동욱을 불러들여 〈밤을 잊은 그대에게〉 등의 프로그램을 맡겼다.[150] MBC 이종환의 〈별이 빛나는 밤에〉의 추격 속에 '슬럼프'에 빠져 있던 최동욱이 TBC로 옮겨 가자 DBS는 가수 윤형주를 영입해 〈0시의 다이얼〉 진행을 맡겼다. DBS측은 스스로 "팝송 전문 프로라기보다는 어차피 잡담 프로로 변질, 타락된 다이얼 프로에서 최동욱을 대적할 좋은 선수로서는 10대층에 인기를 모으는 윤형주가 적격이며, 36세의 최동욱보다는 24세의 인기 포크싱거가 더욱 좋을 것"이라는 입장을 밝혔다. 과거에 최동욱, 이종환, 피세영의 삼파전에서, 피세영 대신 윤형주가 끼어들고, 여기에 MBC 〈뮤직 다이얼〉의 박원웅과 CBS의 최경식을 합쳐 5파전으로 변모했다는 평가도 나왔다(《주간경향》, 1971. 4. 14: 76). 다만 라디오 AM 방송의 심야 음악 프로그램만 놓고 보면, 한동안 최동욱(TBC), 이종

150 당시 잡지에는 피세영의 공백을 최동욱이 메웠다고 나오는데(《주간 경향》, 1971. 4. 14: 76), 최동욱은 TBC로 옮겨 왔을 때 곽규석이 〈밤을 잊은 그대에게〉를 진행하고 있었다고 했다(최동욱, 1995: 139). 당시 신문에는 〈밤을 잊은 그대에게〉의 "담당 DJ는 후라이 보이 곽규석(월 · 수 · 금), 최동욱(화 · 목 · 토)"라는 내용이 실리기도 했다(《중앙일보》, 1971. 3. 31: 6). 피세영이 갑자기 그만두자 곽규석이 잠시 진행을 맡았다가 최동욱이 옮겨와 한동안 공동으로 진행하다가 얼마 뒤에 최동욱이 단독으로 진행하게 되었던 것이다.

환(MBC), 윤형주(DBS), 최경식(CBS)의 4파전이었다고 할 수 있다.

최동욱은 자신이 DBS를 떠나며 〈0시의 다이얼〉은 윤형주가, 〈3시의 다이얼〉은 박인희가 진행을 맡게 되자, 자신이 TBC로 옮긴 것이 "가수 디스크자키 붐을 열어 준 계기가 되었다"라고 설명했다(최동욱, 1995: 126). DBS가 처음부터 윤형주 같은 젊은 가수를 DJ로 내세우려고 했던 것은 아니었다. 당시에 최동욱의 후임이 TBC-FM의 이영호나 MBC의 박원웅이라는 추측이 나돌았던 것을 보면(《일간스포츠》, 1971. 3. 31: 4), 처음에는 기존 DJ 중에서 후임자를 구하려고 시도했다가, 적임자를 구하기 어렵게 되자 차라리 젊은 세대 중에서 구하자고 판단했던 것으로 보인다.

당시 DBS PD였던 이해성은 "최동욱보다 가수 DJ가 인기를 모은 가장 큰 이유는 이들이 젊은 청취자들과 같은 정서 공감대를 형성하고 있으면서 팝 일변도의 권위적인 최동욱 진행에 비해 자신들의 자작곡을 생방송 진행 중 직접 기타의 반주에 맞춰 들려주고 게스트들과 듀엣 등 즉흥 라이브 이벤트"를 한다는 점을 들면서, "전문 DJ 시대가 마감되고 인기 연예인 DJ 시대가 시작된 것에 대해 지금도 아쉬움이 남는"다고 했다(이해성, 2001: 270). DBS PD였던 김병우는 윤형주가 〈0시의 다이얼〉 진행자가 된 것은, 최동욱, 이종환, 피세영 등 "목에 힘이 들어간 아저씨의 음성을 오래 들어오던 청소년"들에게 '신선한 충격'이었고 '대한민국 방송계에 새로운 지각변동'을 일으키는 사건이었다고 주장했다.[151] 이런 변화 속에 "청소년

151 http://www.donga.com/e~county/sssboard/board.php?tcode=

의 기호 변화에 따라 왕년에 인기 있던 DJ 붐이 서서히 가셔지고 신예의 진출이 뚜렷해진 것도 특색 중의 하나"라는 평가도 나왔다(《동아일보》, 1971. 6. 18: 5). 새로운 젊은 DJ의 등장이 필요하다는 인식이 확산되며 CBS 〈꿈과 음악 사이에〉도 1971년 중반 대학생 MC로 활동하던 20대 초반 임문일을 새로운 DJ로 기용했다.[152]

TBC의 〈밤을 잊은 그대에게〉(DJ 최동욱), MBC의 〈별이 빛나는 밤에〉(DJ 이종환), DBS의 〈0시의 다이얼〉(DJ 윤형주), CBS의 〈꿈과 음악 사이에〉(DJ 임문일) 등 4개의 심야 음악 프로그램 사이의 경쟁은 1971년 중반 이후 더욱 과열되었다. 과거의 오후 3~4시대 또는 오후 6시 전후의 음악 프로그램 사이의 경쟁에서는 DBS의 〈탑튠쇼〉나 〈3시의 다이얼〉이 압도적으로 높은 인기를 누렸다고 평가되었지만, 심야 DJ 프로그램들은 1971년 후반에 우열을 가리기 힘들 만큼 치열한 경쟁을 벌였고 편성 시간도 2시간 정도로 늘어났다.

1971년 12월 6일에 '국가비상사태 선언'이 나오고, 11일에 문화공보부는 '국가비상사태에 따른 연예 시책'을 발표하면서 심야 방송에도 변화를 요구했다. 정권의 강압적 요구에 따라 방송사들

90027&_work=view&no=12&p_page=3&p_choice=..., 20010. 7. 25. 접속.

152 임문일은 당시 대학생으로 주로 학생 행사 진행을 맡았는데, 1971년 9월에 양희은이 진행하던 CBS의 〈해프닝 코너〉라는 프로그램에 출연했다가 눈에 띄어 DJ의 길로 들어서게 되었다(양희은, 1993: 31). 1971년 상반기에는 임문일에 앞서 DJ 최경식이 〈꿈과 음악 사이에〉의 진행을 맡았던 것으로 보인다(《일간스포츠》, 1971. 3. 31: 4; 〈주간경향〉, 1971. 4. 4: 76).

표 18 당시 각 방송국의 심야 음악 방송의 DJ

국명	프로그램명	비상사태 전	비상사태 후	최근
MBC	별이 빛나는 밤에	이종환	이종환	차인태
TBC	밤을 잊은 그대에게	최동욱	김양일	이보길, 박태웅, 김양일, 맹관영
CBS	꿈과 음악 사이에	임문일	임문일	임문일
DBS	영시의 다이얼	윤형주	윤형주	윤형주

출처: 〈월간방송〉, 1972. 3 · 4: 116.

은 진행자를 아나운서로 바꾸고, 전화 신청을 없애며, 팝송 대신 클래식이나 '건전한 가요'를 방송하려는 변화를 시도했다(《경향신문》, 1971. 12. 15: 5). 정부의 규제에 따라 MBC의 〈별이 빛나는 밤에〉는 방송 시간이 "30분 줄어들면서 내용도 교양화"하는 등의 변화를 시도했다(문화방송, 1982: 299). TBC의 〈밤을 잊은 그대에게〉도 30분을 단축하며 "최동욱을 후퇴시키고 아나운서로" 진행자를 바꾸었다(《선데이서울》, 1971. 12. 26: 28). 다른 방송국도 1972년 초에는 진행자를 바꾸었는데, 그 변화는 표 18과 같다.

1971년 말 문공부의 통제는 결과적으로 최동욱과 이종환 같은 전문 DJ의 퇴출을 가져왔다. 최동욱이 가장 먼저 아나운서로 교체되었던 데는, 1971년 10월 9일에 〈밤을 잊은 그대에게〉를 진행하다가 청취자와 설전을 벌였던 일이 영향을 주었다. 당시 신문은, 최동욱이 "전화 리퀘스트를 해 온 을지로의 윤이라는 청년과

격돌, 흥분에 흥분을 거듭한 나머지 전화를 끊고도 생방송을 듣는 애꿎은 청취자에게 3~4분의 교양 강좌를 하는 등 프로그램을 완전히 잡치고 만 기분을 주었다”라고 비판했다(《일간스포츠》, 1971. 10. 11: 4). 다른 신문은 “일부 DJ에 대해 반감을 품은 청취자들이 전화 노선을 독점, DJ와 욕설을 주고받는 추태까지 연출했다”라고 지적했다(《경향신문》, 1971. 12. 15: 5).

3) 반복되는 정부 규제와 방송국의 대응

TBC의 〈밤을 잊은 그대에게〉는 최동욱이 물러난 이후 한동안 아나운서들이 계속 진행했다. “TBC 라디오는 금년 초부터 중지됐던 심야 음악 프로 〈밤을 잊은 그대에게〉를 [1972년 — 인용자] 10월 1일부터 부활, 디스크자키에 가수 양희은을 기용했다”는 기사가 나왔다(《경향신문》, 1972. 9. 29: 8). 그러나 당시 편성표를 보면 〈밤을 잊은 그대에게〉는 중지된 적이 없었고 아나운서들이 계속 진행해 왔을 뿐이다. TBC도 이제 DBS처럼 젊은 가수를 DJ로 기용하며 청취율 경쟁에 나섰다.

MBC의 〈별이 빛나는 밤에〉도 이종환이 퇴진한 후 한동안 아나운서들이 진행했다. 1972년 말경에는 〈별이 빛나는 밤에〉(월~토 오전 00:15~1:00)에 대해 “프로듀서의 선곡에 의해 팝송·샹송·칸소네 등의 외국 경음악으로 DJ의 진행으로 방송한다. PD 최양묵, 아나운서 길안자, 고정 출연 정희경, 정연희, 박목월”이라고 나와 있다(방송연감편찬위원회, 1973: 339). “인기가수 조영남이 MBC 라디오의 9월 임시 개편으로 신설된 심야프로 〈별이 빛나는 밤에〉의 DJ로 등장했다"라는 기사도 있었다(《주간경향》, 1973. 9. 9: 73). 그러나 당시 편성표를 보면 다른 방송국과 달리 방송 시간을 45분으로 대폭 줄여 아나운서들의 진행으로 계속 방송하다가 1973년 9월 조영남이 DJ를 맡으면서 다시 전처럼 오후 11시 15분부터 편성했던 것이다.

TBC와 MBC는 AM 라디오 심야 방송의 진행을 젊은 가수에게 맡겼지만, FM 심야 방송의 진행만큼은 전문 DJ가 담당하도록 했다. MBC-FM은 1971년 9월에 개국하면서 〈밤의 디스크쇼〉(월~일 오후 10:00~11:00)를 편성했는데, 이 프로그램에 대해 "제1부 파퓰러 뮤직, 2부 클래식 소품, 청취자 희망곡도 받는 밤의 DJ 프로그램 PD 박원웅"이라고 설명했다(방송연감편찬위원회, 1973: 356). 〈뮤직 다이얼〉이 폐지되면서 박원웅은 FM으로 옮겨 1971년 〈밤의 디스크쇼〉를 맡았던 것인데, 이때부터 서서히 팝송의 중심 무대가 FM으로 옮겨가기 시작했다.[153] 박원웅에 대해 "60년대 우리나라에 디스크자키 시대를 개막한 최동욱, 이종환에 이어 70년대 FM 시대의 기수"로 등장했다는 평가도 나왔다(《경향신문》, 1979. 9. 15: 5). 〈밤의 디스크쇼〉는 1974년 4월부터 〈박원웅과 함께〉로 이름을 바꾸어 오랫동안 계속되었다.

TBC-FM도 1973년 8월 6일부터 〈FM 버라이어티 쇼〉(월~토 저녁 9시~11시)를 편성해서 DJ를 최동욱에게 맡겼다(《중앙일보》, 1973. 8. 3: 8). MBC-FM의 〈밤의 디스크쇼〉에 맞서기 위해 편성된 것이었

153 박원웅은 1971년 9월에 "FM부에 발령나던 날 과연 이 방송을 몇 사람이 들어줄까 하는 마음"에 위축되었었지만, 2~3년이 지나서는 FM이 "대중화되는 단계에 이르렀다"라고 주장했다(박원웅, 1974).

는데, 이제 FM 방송에서도 심야에 팝송 프로그램 사이의 경쟁이 벌어졌다. 최동욱은 "이미 심야 방송[〈밤을 잊은 그대에게〉 ― 인용자]에서 배제당한 뒤부터 동양방송에 대한 열정이 식어 버린 뒤였고, 뒤늦게 이러한 출연료 보상 방식으로 제의된 FM 프로그램 진행이 못내 탐탁치 않았다"라고 토로했다(최동욱, 1995: 143). 최동욱이 물러나면서 〈FM 버라이어티 쇼〉는 프로그램 이름을 〈밤의 리퀘스트〉로 바꾸고 배우 장용을 DJ로 기용했다(《조선일보》, 1974. 4. 7: 5). 장용도 6개월 만에 물러나고 가수 하남석이 1974년 10월부터 DJ를 맡았다(《중앙일보》, 1974. 10. 11: 8).

DBS는 정부의 강압적 정책으로 프로그램 구성을 변경하고 방송 시간을 단축하면서도 진행자는 바꾸지 않았다. 〈0시의 다이얼〉(월~토 오후 11:25~12:00)은 계속 윤형주가 진행을 맡았는데, "젊은 청취자를 위한 팝 뮤직 프로그램. 비전문적인 DJ를 기용하여 각 방송국에 아마추어 DJ 출연의 붐을 일으키기도 했다"라는 평가도 나왔다(방송연감편찬위원회, 1973: 418). CBS의 〈꿈과 음악 사이에〉도 임문일이 계속 진행했고, 김진성 PD가 연출을 맡았다(방송연감편찬위원회, 1973: 321). 정부의 심야 방송 규제 속에서도 CBS는 1971년에 〈올나잇 팝스〉(오전 2:00~4:00)를 신설했고(《동아일보》, 1971. 6. 18: 5), 1972년에도 '철야로 보내는 방송'이라는 이름으로 무려 4시간(자정~오전 4시)에 걸쳐 〈올나잇 팝스〉를 방송했다(《조선일보》, 1972. 7. 15: 8).

TBC와 MBC는 국가비상사태 선언 직후에 심야 방송의 진행자를 전문 DJ에서 아나운서로 바꾸었다. 또 프로그램 포맷도 서둘러 변경했고, 심야 방송 외의 팝송 프로그램 일부를 축소하거나 폐지했다. 반면에 DBS와 CBS는 심야 방송의 DJ를 바꾸지 않았고, 팝송을 다루는 프로그램에도 큰 변화를 시도하지 않았다. 다만 DBS와 CBS도 심야 음악 프로그램의 포맷을 부분적으로 수정하기는 했다. TBC와 MBC가 정권의 통제에 순응했던 것은, 이미 텔레비전 방송도 하고 있던 상황에서 굳이 라디오에 대한 정부의 규제에 맞설 필요가 없다고 보았기 때문이다. 반면에 텔레비전 방송국을 갖지 못했던 DBS[154]와 CBS로서는 광고 수입 감소로 어려움을 겪던 상황에서 청취율 하락이 뻔히 보이는 선택을 할 수는 없었기 때문에 심야 음악 프로그램의 DJ나 기존 포맷을 최대한 그대로 유지하려고 했다. 특히 DBS는 서울에만 방송국이 있었기 때문에[155] 상대적으로 팝송을 더 선호하는 서울 청취자들의 특성을 고려해 팝송을 주로 들려주던 심야 방송을 축소하지 않으려고 했다.

AFKN을 듣고 자라나 1세대 DJ들인 최동욱, 이종환 등이 진행하던 심야 음악 프로그램을 즐겨 듣던 세대들이 이제 2세대 DJ로 등장했다. 정부의 규제 시도에도 심야 DJ 프로그램이 큰 변화를 보이지 않자 방송윤리위원회는 1973년 8월에 소위원회를 열어 규제를 위한 논의를 했으나 결론을 내지는 못했다(《매일경제》, 1973. 8.

154 DBS는 1970년대에 들어서서 "라디오 매체만을 갖고 있는 DBS의 한계성"에 대해 고민했고, 1971년 7월 31일에 텔레비전 방송국 허가 신청서를 제출했었다(동아일보사, 1990: 255).

155 1971년 당시 MBC는 19개의 '지방가맹사'가 있었고, TBC는 2개의 '지방 제휴국'이 있었으며, CBS도 4개의 지방방송국이 있었다(한국방송공사, 1977: 748~749, 886~892, 847~848). 반면에 DBS는 단 한 개의 지역국도 없이 서울만을 대상으로 하는 방송이었다.

30: 8). 결국 1973년 9월에는 CBS 〈꿈과 음악 사이에〉의 임문일(1971. 9), DBS 〈0시의 다이얼〉의 이장희(1973. 1), TBC 〈밤을 잊은 그대에게〉의 서유석(1973. 4), MBC 〈별이 빛나는 밤에〉의 조영남(1973. 9) 등 4개 민방의 DJ를 모두 20대 가수나 연예인이 맡았다(《동아일보》, 1973. 9. 12: 5). 이런 현실에 대해 다음과 같은 평가가 나오기도 했다.

> 팝 프로그램의 인기 비중이 심야 시간대로 옮겨가는 현상이 나타난 가운데 초기의 전문 DJ 시대에서 개그맨이나 가수로 바뀌면서 신변잡담이나 늘어놓는 등 백해무익한 프로로 전락, 마침내 1972년 관계 기관으로부터 심야 방송에서 전화 리퀘스트에 대한 제재 조처가 취해지는 등, 별로 명예롭지 못한 결과를 낳기도 했다. 이런 결과는 방송에서 전문 DJ가 아닌 개그맨, 가수, 코미디언 등 자질 부족의 연예인들을 인기도만 믿고 마이크 앞에 내세운 급조된 졸속 DJ의 출연 결과로 이런 폐습은 아직껏 고쳐지지 못하고 있는 실정이다. (선성원, 1993: 49～50)

한국방송협회는 1974년 6월 15일부터 '심야 DJ 프로그램' 내용을 개선하기로 했다고 밝혔다. 전화 신청을 줄이고, 팝송 위주에서 벗어나 다양한 음악을 선택하고, 교양적인 내용으로 구성한다는 것이었다(《매일경제》, 1974. 6. 12: 8). 방송윤리위원회도 같은 시기에 심야 방송이 청소년들의 정서를 해치고 있다고 하며 개선할 필요가 있다고 지적했다(《경향신문》, 1974. 6. 15: 5). "방송윤리위원회의 지적과 방송협회의 결의 등에도 불구하고 전화 리퀘스트를 통한 해외 팝송 프로가 대부분을 차지하고 있는 것은 아직도 심야 프로가 근본적으로 개선되고 있지 않음을 말해 주고 있다"는 지적을 들었다(《동아일보》, 1974. 8. 3: 5). 급기야 '저질로 흐르는 심야 방송'이라는 이름의 기사에서는 "각국은 고정 청취자를 잃을지도 모른다는 두려움에서 벗어나 참신한 신인 DJ 발굴로 이미지를 새로이 하고, 보다 건강하고 양식 있는 프로그램을 만들기 위해 교양적인 내용으로의 편성을 꾀할 때가 된 것 같다"라는 지적까지 나왔다. 실제로 이 시기에 DBS 〈0시의 다이얼〉은 이장희, TBC 〈밤의 다이얼〉은 석찬, CBS 〈꿈과 음악 사이에〉는 이성애 등 모두 20대 가수가 DJ였고, MBC 〈별이 빛나는 밤에〉만 아나운서 차인태가 DJ를 맡았다(《조선일보》, 1974. 12. 10: 5).

1975년 8월에 심야 음악 프로그램에 대한 규제가 다시 강화되면서 방송 시간도 단축되었다. DBS는 1975년에 밤 11시 20분부터 새벽 1시 20분까지 2시간 방송하던 것을 오후 11시 25분부터 새벽 1시까지 방송하는 것으로 변경했다(동아일보사, 1990: 566~569). 정부의 심야 방송에 대한 규제가 이루어지면서 한동안 방송 시간이 줄어들고 내용의 '교양화'가 추진되었다. 문공부는 1975년 8월에 방송윤리위원회의 분석에서 심야 음악 프로그램이 "지나친 시청률 경쟁으로 팝송 일변도의 선곡, 쓸모없는 신변잡담의 진행 등 지나친 오락 위주와 청취자에의 영합만을 노린 저질 내용"을 방송하는 것으로 나타났다고 하며 "긴급 관계 각국 라디오 국장 회의를 소집하고 심야 프로그램 전반에 대한 개선 지침을 밝히고 8월 18일까지 이를 바로 잡도록 요청"했다. 문공부 요청 사항의 핵심 내용은 담당 DJ를 '자국 아나운서'로 바꾸고, 전화 리퀘스트를 없애며, 팝송을 줄이라는 것이었다. 이미 DJ로 아나운서 차인태를 기용했던 MBC의 〈별이 빛나는 밤에〉 이외의 심야 음악 프로그램은 모두 DJ를 아나운서로 교체해야만 했다. DBS 〈0시의 다이얼〉의 이장희, TBC 〈밤의 다이얼〉의 임성훈과 최미나, CBS 〈꿈과 음악 사이에〉의 장제훈 등은 모두 DJ 자리를 떠나야 했다(《조선일보》, 1975. 8. 8: 5).[156]

1975년 12월에 문공부는 '긴급조치 9호' 선포 이후 시달한 "국가안보적 차원에서의 방송 내용 정화 지침을 재확인하여 현행 심야 방송의 저속–퇴폐성을 없애고 모든 심야 방송을 '교양화, 반공화'할 것을 각 방송국에 강력히 요청"했다. 1975년 8월에 팝송을 줄이고 전화 신청을 없애라고 내렸던 개선 지침을 지키라고 더욱 강력하게 요구했던 것이다(《조선일보》, 1975. 12. 14: 5). 박정희 정권의 팝송에 대한 규제는 "민족문화라는 이름으로 본질화된 보수적 문화관이 소위 '정통성' 확보와 국민 동원이라는 정치적 목적을 갖고 수입 문화를 기존의 틀에 강제로 짜맞추"려는 것이었다(김필호, 2005: 216). 예술문화윤리위원회는 팝송에 대한 규제를 강화해, 1975년 12월 15일에 135곡, 22일에 126곡 등 총 261곡을 금지곡으로 선정했다. 261곡 중에 54.4%(142곡)가 '사회저항·불온·반전사상' 등의 사유로 금지되었다(《조선일보》, 1975. 12. 17: 5; 1975. 12. 23: 8).

1978년 8월에 3년 만에 문공부는 다시 심야 방송에 대한 규제에 나섰다. 1975년의 "1차 개선 이후 3년이 지나면서 심야 방송은

156 임성훈(1950~)은 코미디언과 가수로, 장제훈(1948~2024)은 배우와 가수로 활동하기도 했으나 당시에 전문 진행자에 가까웠고, 최미나(1954~)도 처음부터 진행자로 활동했다.

다시 팝송 일변도로 치달았고 신변잡담도 다시 등장했으며 아나운서 중심에서 최근에는 전문 DJ가 모 방송에 다시 등장하는 등 75년 이전의 상태로 되돌아"갔다고 보았다(《조선일보》, 1978. 8. 26: 5). 1978년 7월 1일부터 〈0시의 다이얼〉 제1부를 '매혹의 팝송 30년'으로 꾸미며 최동욱이 진행을 맡은 것을 두고 심야 방송에 전문 DJ가 등장했다고 보았던 것이다(《동아일보》, 1978. 6. 30: 8). 1978년 8월 규제 조치의 핵심은 심야 방송에서 팝송을 없애라는 것이었다(《조선일보》, 1978. 8. 26: 7).

MBC가 가장 먼저 〈별이 빛나는 밤에〉에서 "젊은이들이 무분별한 외래 풍조 모방을 막기 위해 25일 밤부터 심야 음악 방송을 크게 개선, 우리 고유의 가락을 찾는 생산적인 프로"로 바꾸겠다고 나섰다(《경향신문》, 1978. 8. 25: 7). "당국의 이 같은 조치는 '우리의 것'을 찾는 작업의 일환으로 알려지고 있는데 지금 젊은이들이 즐겨듣는 이들 프로가 너무 외국 것에 기울어져 있고 생산적이지 못하다"다는 이유 때문이라고 했다(《동아일보》, 1978. 8. 25: 7). "심야 방송의 청취 대상인 젊은이들이 너무 외국 취향에 젖어 있다는 여론에 따라 방송 관계자들이 자율적으로 취한 것"이라고 했지만, 실제로는 문공부의 지시를 방송국이 수용한 것에 불과했다(《매일경제》, 1978. 8. 26: 7).

3. 심야 방송의 구성과 음악

심야 음악 프로그램들은 앞서 방송을 시작했던 오후 3~4시대의 프로그램들처럼 엽서와 전화로 신청을 받아 음악을 들려주고, 초대 손님을 불러서 이야기를 나누는 형식을 갖추었다. 신청곡은 여전히 최신 팝송이 대부분이었다. "매일 밤 11시 25분에 심야 음악 프로의 청취자가 예상외로 많은 데다 이들의 유행 음악에 대한 반응이 보통 이상으로 민감하여 각 방송국은 최신 유행 음악 '디스크' 선정에 열을 올리고" 있는데, 〈밤을 잊은 그대에게〉 제작진은 항공편으로 외국에서 최신 음반을 '급송'하는 등의 시도까지 했다(《중앙일보》, 1971. 5. 24: 8). 〈밤을 잊은 그대에게〉를 방송하던 "동양 라디오는 심야 방송을 위한 스튜디오를 마련하여 신청곡을 1분 안에 즉석에서 보내줄 수 있도록 꾸몄다"라고 했는데(《중앙일보》, 1971. 5. 14: 8), 이는 신청곡을 신속하게 전달하려는 방송사의 노력을 잘 보여주었다. 1971년 8월에 서울대학교 사회학과의 '청취 순위' 조사 결과에서 '팝송' 프로그램이 전국적으로 3위를 차지할 만큼 인기가 높았기 때문에(방송연감편찬위원회, 1972: 445) 심야 음악 프로그램들은 여전히 주로 팝송을 방송했다.

심야 음악 프로그램들은 오후 3~4시대의 프로그램들보다 방송 시간이 길었던 만큼 초대 가수를 불러서 라이브로 노래를 불러주는 방식을 도입하는 등의 변화를 시도했다. 오후 3~4시대 리퀘스트 프로그램의 초대 손님이 다양한 분야의 '저명인사'들이었다면, 심야 음악 프로그램의 경우에는 '가수'들이 더 많이 초대되었다. 특히 초대 가수들로는 기타를 연주하며 노래할 수 있는 포크 가수들이 선호되었다. 이런 변화로 인해 1970년대 들어서서 심야 방송에 대해 "그때까지도 레코드에 의존하던 것에서 가수들을 직접 방송국에 출연시키는 생방송 프로그램으로 전화된 것이 특징"이었다는 평가가 나왔다(CBS, 2004: 181).

최동욱은 〈0시의 다이얼〉에 대해 "화제의 인물이나 가수들을 초대하여 이야기와 노래를 곁들였다. 가수인 경우에는 스스로 기타 반주를 할 수 있는, 당시 표현으로 포크 가수 또는 통기타 가수가 많지 초대되었지만 경우에 따라서는 트리오나 캄보 밴드도 등장시켰다"라고 설명했다(최동욱, 1995: 124). 이종환도 "심야 방송은 통기타잡이들의 전성시대를 열었다. 가요계에서 사생아에 불과했던 통기타 가수들이 물 만난 고기의 형세를 이루었다"라고 했다(이종환, 1993: 167). 본인이 '통기타 가수'였던 윤형주는 자신이 〈0시의 다이얼〉을 통해 '통기타의 전성시대'를 열었다고 하며, "나는 '매일 밤이 콘서트다'라는 모토를 걸고" 당시의 유명한 포크 가수들을 불러서 즉석 공연을 했다고 주장했다(윤형주, 2012: 39). 양희은은 〈꿈과 음악 사이에〉를 연출했던 김진성에 대해 "그는 사람을 알아보는 놀라운 재주를 가진 사람으로, 한국 통기타 가수의 대부라고 불릴 만큼 대중문화를 이끌어 냈던 사람"이라고 평가하며 포크 가수들이 심야 방송에 자주 출연했다고 설명했다(CBS, 2004: 185). 1970년대 초에 '포크 싱어'들이 인기를 끌 수 있었던 데는(신현준 · 최지선, 2022b: 25~30) 심야 방송의 영향이 있었고, 그 영향은 뒤에 DJ들이 거의 모두 '포크 싱어'들로 바뀌면서 훨씬 더 커졌다.

젊은 포크 가수들이 심야 방송의 DJ로 나서면서 음악이 중심이 되었던 과거와는 다른 여러 가지 변화가 나타났다. "청취자들의 벗으로 장수해" 온 〈밤을 잊은 그대에게〉는 "90분간이던 방송 시간을 125분으로 대폭 늘려 초 와이드 생방송을 단행한다. 1부에서는 '보컬 팀' 등 인기인을 게스트로 초대, 즐거운 얘기와 함께 전화 희망곡을 배달하게 된다. 2부에서는 밤을 잊은 그대 회원들의 생일 축하, 이 주일의 팝송, 아름다운 엽서 뽑기. 3부에서는 엽서 희망곡을 60분간 배달한다"라고 했던 것에서도 그 변화의 내용이 잘 드러난다(《중앙일보》, 1971. 3. 31: 6). 이에 대해 "위세를 누리던 팝송 프로가 음악만의 편집 진행을 지양하고 코미디류와 문예물적인 내용을 간간이 삽입하여 청취 구미를 돋워 주던 일과 개개의 음악곡이 단위 프로그램 전체에 유기적으로 작용하여 청취자에게 강력한 정서 심상을 심어 주기 위한 선곡의 치밀성 같은 현상은 모두가 70년대 초두에 나타난 음악 프로의 특징이었다"라는 평가까지 나왔다(중앙일보 · 동양방송, 1975: 188).

최동욱은 이런 변화를 심야 방송이 청소년 대상 프로그램으로 변화되었기 때문이라고 하며 다음과 같이 주장했다.

> 70년을 전후로 한국의 일부 라디오 방송들은 일본의 라디오들이 지향하고 있는 '젊은이 취향' 편성을 답습하는 경향이 짙었다. 그 가운데서도 TBC가 가장 두드러진 일본 방송 모방 성향을 보이고 있었다. TBC의 편성권자들은 라디오의 청취 대상 기준을 중학교 2학년에 맞추라는 방침을 강요하고 있었다. (중략) 이러한 풍토로 한국의 라디오는 차츰 기존 라디오 청취층을 배격하면서 점점 유치하고 소란스러운 포맷과 진행으로 일관하기 시작했다. (중략) 라디오 심야 생방송 프로그램들이 젊은이 중심의 진행 방식을 표방하고 전환을 모색하

면서, 진행자들이 품격 없는 대화로 게스트 또는 전화 청취자 사이에서 신변잡담을 낄낄대는 소란스러운 분위기로 바뀐 것이다. (최동욱, 1995: 147~148)

초기에 진행을 맡은 바 있었던 아나운서 이성화는 〈밤을 잊은 그대에게〉가 "일반인 대상 프로그램으로 출발했는데, 프리랜서 DJ 최동욱 씨가 맡으면서부터 청년 문화 성격이 부각된 것 같아요"라고 회고했다.[157] 그러나 최동욱은 오히려 지나치게 '젊은이 중심'의 취향만을 고려한다고 심야 방송을 비판했다. 실제로 심야 음악 프로그램의 성격 변화는 방송사의 결정에 따른 것이었고, 이런 변화를 앞서서 실천한 사람들은 바로 연예인 출신 젊은 DJ들이었다. 〈0시의 다이얼〉의 DJ가 최동욱에서 윤형주로 바뀐 것에 대해 "DBS의 주장인즉, 팝송 전문 프로라기보다는 어차피 잡담 프로로 변질, 타락된 다이얼 프로"라는 표현을 쓰며, 이제는 전문적인 DJ보다 '10대층에 인기'를 모으고 "위트에 능한 24세의 인기 포크싱어가 더욱 좋을 것"이라고 주장했을 정도로(《주간경향》, 1971. 4. 4: 76), DJ에게 음악에 관한 전문 지식보다는 젊은 청취자나 초대 손님과 친근하게 대화하는 능력이 더 중요해졌다.

방송사들은 심야 방송의 팬클럽을 조직해 다양한 활동을 전개하기도 했다. 팬클럽 결성에 앞장섰던 것은 MBC였다. "MBC가 팝송 다이얼 프로 〈한밤의 음악편지〉 및 〈별이 빛나는 밤에〉(DJ 이

157 http://blog.daum.net/jc21th/17782608, 2020. 1. 30. 접속.

종환)로 시작된 팬클럽 조직 및 행사가 최근 DBS 및 TBC에까지 전파, 유행되어 3파전의 징조가 보이고 있다"라고 보도되었다(《주간경향》, 1971. 5. 19: 85). 방송사의 팬클럽 활동이 과열되어, "DBS의 '팝패밀리'는 〈0시의 다이얼〉(PD 김병우), 〈3시의 다이얼〉(PD 이해성)의 팬 5천 명이 회원이며, MBC 라디오의 〈별이 빛나는 밤에〉(PD 이종환)와 〈뮤직 다이얼〉(PD 박원웅)은 회원 1만 명이 넘는 대규모의 클럽으로 성장했으며, TBC 라디오의 〈밤을 잊은 그대에게〉(PD 최동욱)도 회원 3천 명 이상을 가지고" 있다고 했다. 또한 "매주 열리는 이들 팬클럽 활동은 가사집도 발행하고 있어 각 방송국의 팝송 가사집 발행은 하나의 유행을 이루고 있으며 회원들의 매월 회비로 수익 면에서도 큰 성공을 거두고 있어 앞으로 계속 번질 기세"라는 비판도 나왔다(《경향신문》, 1971. 9. 11: 7). 심야 방송의 팬클럽은 청취자를 확대하려는 방법이자 수익을 올리기 위한 수단이기도 했다.

방송사들은 심야 음악 프로그램 이름을 내세운 공연을 통해 세를 과시하거나 청취자들을 조직하는 활동도 했다. 가장 큰 규모의 팬클럽을 갖고 있던 MBC의 〈별이 빛나는 밤에〉는 "500만 시민을 잠 못 들게 한 문화방송의 〈별이 빛나는 밤에〉"라는 이름으로 1971년 3월 12일부터 14일까지 3일 동안 시민회관에서 공연을 했다(《경향신문》, 1971. 3. 11: 8). 이 공연으로 이종환이 "실적을 올리자 인기 면에서 최동욱을 누를 듯한 기세"였다는 평가가 나왔다(《주간경향》, 1971. 4. 14: 76). 이종환은 〈별이 빛나는 밤에〉의 팬클럽인 '별밤 회원' 중에 500여 명을 선택해 매월 월례 축제를 열기로 했는데, 1971년 5월 11일에는 중앙선 기차 세 칸을 빌려 함께 타고 강원도 간현까지 가서 '대규모 야외 페스티벌'을 열었다(《주간경향》, 1971.

5. 19: 86). TBC도 〈밤을 잊은 그대에게〉 회원을 위한 '팝 페스티벌'을 1971년 6월 23일에 덕수궁 뜰에서 개최했는데 3만 명이 모였다(《중앙일보》, 1971. 6. 25: 8). DBS도 〈0시의 다이얼〉 300회 기념 '팝 페스티벌 공개방송'을 1971년 10월 9일에 '삼일당'에서 개최해 "성황을 이루었다"라고 한다(《동아일보》, 1971. 10. 11: 8). MBC는 "MBC 라디오의 DJ 프로를 쇼화한" 공연인 '쇼 별이 빛나는 밤에'를 1971년 12월 22일부터 26일까지 시민회관에서 다시 개최했다(《경향신문》, 1971. 12. 22: 5).

심야 DJ 프로그램의 경쟁이 과열되던 1971년 5월에 이미 방송윤리위원회는 다음과 같은 지적을 한 바 있었다.

> ① 청취자 리퀘스트(전화 또는 엽서), 외국 팝송 일변도와 사연의 전달로 되어 있어 유사한 내용의 방송이 거의 동일 시간에 일제히 방송되어 취향이 다른 청취층의 다이얼 선택권이 봉쇄당하며 전파의 낭비가 된다.
> ② 각 방송국 간의 지나친 경쟁이 방송의 저속화에 한 원인이 된다.
> ③ 건전한 민속 음악의 육성을 저해할 우려가 있다.
> ④ 청취층이 대부분 고교생으로 밤 1시까지 자지 않고 고교생의 학업과 건강에도 많은 영향을 주고 DJ와 청취자의 문답이 감상적이고 저속한 것이 있어 정서적, 교육적으로 큰 영향을 준다. (《경향신문》, 1971. 12. 15: 5)

1971년 12월 6일의 국가비상사태 선포 이후 박정희 정권이 방송 편성과 제작에 대한 통제를 강화하면서, 라디오의 심야 방송도 주요한 통제의 대상이 되었다. 그 결과 "심야의 공해로까지 지탄받던 각 방송국의 심야 DJ 프로"들은 12월 13일부터 전화 리퀘스트를 없애고, 팝송 대신 클래식이나 세미클래식을 방송하고, 방송 시간을 단축했고, 일부 방송사는 진행자를 아나운서로 바꾸기도 했다(《경향신문》, 1971. 12. 15: 5). 프로그램 중간에 정책을 홍보하는 내용이 들어가기도 했고, 당연히 청취자 대상의 팬클럽 활동이나 대규모 공연도 중단했다. 오후나 저녁 시간대의 DJ 프로그램에 대해서는 팝송을 크게 제한하지는 않았지만, 이런 프로그램의 경우에도 대체로 전화 신청에 대해서는 어느 정도의 규제를 가했다. 정권의 심야 방송 규제 이후 〈밤을 잊은 그대에게〉에서 물러났던 최동욱은 "아무리 군사정권하의 통제받는 사회라고는 하지만 계엄령이나 전시 체제도 아닌 평화시에 방송 프로그램의 포맷까지 행정 당국의 지침에 의해 변용되어야 하는 풍토라니, 해도 너무했다"라고 비판했다(최동욱, 1995: 149). 이에 따라 전화 대신 엽서로 음악 신청을 받았고, 팝송을 줄이고 클래식 등 다양한 음악을 방송하며, 사회 저명인사와의 대담을 방송하기도 했다. 다만 일부 방송국에서는 진행자를 아나운서로 교체하지 않고 가수가 계속 DJ로 활동했다.

1971년 12월의 심야 방송 규제 시도는 시간이 지나면서 다시 원점으로 돌아가는 듯한 변화가 나타났다. 한동안 방송 시간을 대폭 줄이고 아나운서가 진행하던 방송국들도 다시 가수를 DJ로 기용하며 전과 같은 방송을 내보내기 시작했다. TBC가 1972년 10월 1일에 〈밤을 잊은 그대에게〉의 진행을 양희은에게 맡겼다가 서유석으로 교체했고, MBC가 1973년 9월 1일부터 〈별이 빛나는 밤에〉의 DJ로 조영남을 기용한 것은 그런 변화를 잘 보여 준다. DBS

의 〈0시의 다이얼〉은 윤형주와 이장희, CBS의 〈꿈과 음악 사이에〉는 임문일이 계속 진행을 맡아 왔다. 1973년 말에는 다시 서유석, 조영남, 이장희, 임문일 등 젊은 연예인 DJ들이 모든 심야 음악 프로그램을 진행하며 치열한 경쟁을 했고,[158] 전화 신청으로 팝송을 들려주던 구성에도 별다른 변화가 없었다(《동아일보》, 1973. 9. 12: 5). 1974년 4월 1일부터 〈밤의 다이얼〉 진행을 맡은 가수 석찬은 "심야 프로를 갖고 있는 4개의 민방 포맷이 흡사 하나처럼 동일"하고 심지어는 "게스트로 나오는 대개의 가수들이 고정"되어 있다고 지적하기도 했다(《월간팝송》, 1974. 11: 53).

다만 "가요계에서 서자 취급을 받던 '포크 싱어'들이" 심야 방송의 DJ가 되면서 "팝송과 우리 노래의 비율"을 7 대 3에서 5 대 5로 바꾸어야 한다고 '선언'하는 일이 있었다(《선데이서울》, 1973. 4. 22: 20~21).[159] 훗날의 DJ 김광한이 당시 젊은 독자로서 투고했던 글에

158 MBC의 〈별이 빛나는 밤에〉는 아나운서들이 진행을 맡다가 1973년 9월에 가수 조영남이 DJ를 맡았다. 이렇듯 MBC도 다른 방송국처럼 20대 가수를 잠시 DJ로 기용했지만, 곧 작가 오혜령(1973. 11)으로 교체했다. 그 뒤 다시 개그맨 고영수(1974. 5), 가수 이필원(1974. 6) 등이 DJ를 맡다가 1974년 10월에 아나운서 차인태로 교체했다. TBC의 〈밤을 잊은 그대에게〉는 프로그램 이름을 〈밤의 다이얼〉로 바꾸며 DJ도 서유석에서 석찬(1974. 4)으로 바꾸었다. 〈밤의 다이얼〉은 1976년 6월에 다시 〈밤을 잊은 그대에게〉로 이름을 변경했다. CBS의 〈꿈과 음악 사이에〉도 DJ를 임문일에서 이성애(1974. 6)로 바꾸었다.

159 '총각·처녀 DJ들의 빈대떡 선언'이라는 제목의 기사에서 언급된 '빈대떡 클럽'은 서유석(TBC 〈밤을 잊은 그대에게〉), 이장희(DBS 〈0시의 다이얼〉), 임문일(CBS 〈꿈과 음악 사이에〉) 등 3인의 심야 방송 DJ를 포함해 박인희(DBS 〈3시의 다이얼〉), 고영수(CBS 〈세븐틴〉), 양희은

서 "물론 5 대 5가 아니라 전체를 우리 노래로 들을 수만 있다면 얼마나 기쁠까?"라고 하며, "하지만 5:5의 진행이 어떤 반응으로 나타날지 귀추가 주목되며 담당 DJ의 호응도가 궁금해진다"라고 문제를 제기했다. 그는 이어서 '5:5'와 같은 "청취자를 무시한 방송 운영은 곤란"할 것이라고 비판했다(《월간팝송》, 1973. 7: 44~45). 팝송에 대한 인기가 높은 현실에서 포크 가수들의 입지를 늘리려는 젊은 DJ들의 시도가 성공하기는 쉽지 않았지만, 포크를 포함한 팝 스타일 가요의 활성화를 주장했고 부분적으로 성공을 거두었다는 점에서 이들의 주장은 의미가 없지 않았다. 당시에 "각 방송국에 심야 팝송 프로가 만들어지면서 얻게 된 커다란 수확의 하나는 자작 작곡 작사의 수준 높은 싱거들이 가요계의 한 축을 이루게 된 사실"이라는 평가도 나왔다(《동아일보》, 1973. 9. 12: 5).

팝송을 주로 들려주던 라디오의 심야 방송은 AFKN 라디오와 이원 방송을 하기도 했다. 1973년에 DBS의 〈0시의 다이얼〉(DJ 이장희)은 AFKN의 〈올 데이 뮤직*All Day Music*〉(DJ 바비 직스)과 이원 방송을 했는데, 두 프로그램의 DJ들이 친하다는 점도 영향을 주었다(《월간팝송》, 1973. 9: 30~31). 반면 CBS는 방송협회의 '심야 방송 정화 계획'에 따라 서둘러 "전화 리퀘스트 등은 받지 않기로 했으며 팝송 위주였던 것을 세미나 클래식 위주로 바꾸면서 DJ도 가수 이성애"로

(DBS 〈팝송 다이얼〉) 등 6인으로 구성되었다. 이들의 선언에 대해 김광한이 독자 투고로 비판하고, 고영수가 이에 대해 해명했다(《월간팝송》, 1973. 7: 44~45). 〈선데이서울〉에 실린 기사에 대한 비판과 해명을 〈월간팝송〉에 게재했다는 것이 특이하다.

바꾸었다(《경향신문》, 1974. 6. 20: 8). TBC 윤재걸 PD는 1975년 초에 〈밤의 다이얼〉을 맡으며 청취율 경쟁을 위해 새로운 시도를 했다.

> 노승병 방송이사는 "심야 프로가 3위까지 위협받고 있다"면서 "윤재걸 씨에게 기대하는 바가 크다"라고 말씀했다. DJ 서유석 씨를 교체하고 몇 사람의 디제이를 거쳐 고속도로의 추월 논리를 적용키로 했다. 그것은 다름 아닌 차선 변경이었다. 나의 전략은 1인 중심의 DJ인 지금까지와는 달리 '더블 자키'라는 새로운 양식(차선)을 선택하면서, 내용(속도) 또한 새롭게 대처하자는 것이었다. 그래서 '임성훈 · 최미나 더블 자키'로 새로운 포맷을 형성했다. (중략) 청취자들의 인기도 제법 오르는 추세에 있었다. MBC는 그렇다손 치더라도 동아방송 정도는 따라잡을 기세였다.[160]

1975년 7월 28일에 '긴급 관계 각국 라디오국장 회의'를 소집하고 "심야 프로그램 전반에 대한 개선 지침"을 밝히고 8월 18일까지 이를 바로 잡도록 요청했다(《조선일보》, 1975. 8. 8: 5). '심야 방송을 교양화'한다는 명분으로 문공부는 DJ로 아나운서를 기용하고, 리퀘스트를 폐지하며, 팝송을 줄이도록 요구했다. 이런 요구에 따라 4개 민방은 다음과 같이 심야 음악 프로그램을 개편했다.

◇ TBC = 〈밤의 다이얼〉 DJ를 함영미 아나운서로 교체하고 내용

160 https://blog.naver.com/yjkseosil/221601131748, 2023. 5. 20. 접속.

도 클래식과 가곡 중심으로 엮고 있다.

◇ MBC = 〈별이 빛나는 밤에〉의 DJ는 계속 차인태 아나운서가 맡으며 게스트를 연예인이 아닌 사회 저명인사로 하되 연예인 주 1회 정도로 한정함. 클래식·가곡을 30% 정도 삽입함.

◇ DBS = 〈0시의 다이얼〉 DJ를 정철의 아나운서로 교체. 세계 각국의 음악을 소개하는 시간.

◇ CBS = 〈꿈과 음악 사이에〉의 DJ를 이종은 아나운서로 교체. 청취자나 명사들의 시와 수필 등을 소개. 가곡을 많이 소개함. (《중앙일보》, 1975. 8. 30: 5)

이후 DBS의 〈0시의 다이얼〉은 아나운서 정철의, 홍승애, 최윤락 등이 진행을 맡았고, TBC 〈밤의 다이얼〉은 아나운서 함영미, 황인용 등이 DJ로 활동했으며, CBS의 〈꿈과 음악 사이에〉도 아나운서 이종은, 장미영, 유동주 등이 DJ로 나섰다. MBC 〈별이 빛나는 밤에〉는 아나운서 차인태가 계속 DJ를 맡다가 1978년에 한때 김기덕이 DJ를 맡기도 했다. 이렇듯 1975년 8월 이후 DJ를 아나운서가 맡으라는 요구는 비교적 잘 지켜졌다. 1979년에 CBS의 아나운서 변춘애는 〈꿈과 음악 사이에〉의 진행을 맡았다(《월간팝송》, 1979. 1: 176). 변춘애는 "요즘은 K팝이 대세"이지만 "당시에 가요는 뭔가 싸구려 취급을 받았고, 저급한 문화라는 인식"이 있었고, "그래서 아나운서들이 맡고 싶어하는 프로그램도 대부분 팝이나 클래식"이었다고 설명했다(변춘애, 2020: 99). 아나운서들도 팝송 프로그램 진행을 선호했다는 것이다.

그러나 팝송을 줄이라는 요구는 그대로 수용되기 어려웠다.

경상북도 4개 도시(대구, 포항, 문경, 경산)의 20세 이상 500명 대상 조사에서도 라디오 음악 프로그램에서 좋아하는 음악으로 팝송을 응답한 비율이 19%나 나왔을 정도로 팝송의 인기가 전국적으로 매우 높았기 때문이다(《경향신문》, 1975. 10. 10: 8). 그럼에도 문공부는 음악 프로그램이 "대부분 젊은 층에의 영합과 그들 구미에만 맞추느라고 팝송 위주로 짜여져 있어 다이얼을 돌릴 때마다 어느 나라 방송인지 구분 못할 정도"라고 하며 심야 방송에서 팝송을 줄이라고 계속 요구했다(《조선일보》, 1975. 11. 9: 5). 1975년 12월의 '대마초 사건'을 계기로 "단계적으로 서서히 실시할 예정"이었던 "외국 유행 가요에 대한 선곡 제한 조치"도 앞당겨졌다(《경향신문》, 1975. 12. 9: 8).

심야 음악 프로그램에 변화가 나타나 음악 위주에서 벗어나 다양한 코너로 구성되었다. DBS의 〈0시의 다이얼〉은 "종전에 희망 음악을 내보내던 것을 최근엔 일선 교사들의 녹음을 딴 '학습 가이드,' 학생들의 과외 활동을 녹음한 '사운드 스케치,' 또 팝송·칸쪼네·샹송 가수들에 얽힌 화제와 노래를 소개하는 '스페셜 코오너,' 그리고 극작가 오혜령 씨의 '라디오 에세이' 등이 신설돼 다양하게 엮어지고 있다"라는 평가를 들었다(《동아일보》, 1977. 6. 4: 5). MBC의 〈별이 빛나는 밤에〉에서는 '특집'이라는 이름으로 '대학 예비고사 문제 해설'을 하기도 했다(《경향신문》, 1977. 11. 8: 8).

1975년 문공부의 개선 요구에도 "요란한 팝송 일변도의 선곡과 신변잡담 등 진행 방식은 달라지지 않아 청취자에의 영합만을 노린" 것이라는 비판을 들었다(《조선일보》, 1978. 8. 26: 7). 이에 따라 심야 방송의 '교양화'는 1978년 8월의 정부 규제 방침 발표 이후 더욱 강화되었다. 특히 정부의 규제 정책에 적극적으로 호응했던 MBC는 〈별이 빛나는 밤에〉에 "세미클래식, 국내외 가곡, 외국 경음악, 국내 가요와 함께 동서의 금언과 명언 및 진학 안내, 건강, 젊은이의 발언 등 젊은이들을 위한 교양물을 방송"한다는 방침을 밝혔다(《경향신문》, 1978. 8. 25: 7). 문공부는 심야 음악 프로그램에 대해 "외국 팝송 중심에서 국악과 가곡 중심으로 바꿀 것을 요청"하면서도 "이 요청이 일체의 외국 팝송을 금지시키는 것은 아니라고" 말하기도 했다(《매일경제》, 1978. 8. 26: 7). 정부의 팝송 금지에 대한 강요 속에서도 '젊은이 취향의 국내가요'는 아무 제약 없이 그대로 계속 방송되었다(《동아일보》, 1978. 8. 26: 7).

1978년 8월 26일의 '심야 방송에서의 팝송 전면 금지' 조치로 팝송 방송 비율이 줄어들었다. 1978년 8월 26일의 문공부에서의 라디오 편성국장 회의 하루 전인 25일에 이미 MBC는 자체적으로 〈별이 빛나는 밤에〉와 〈한밤의 음악편지〉의 팝송 방송을 전면 중지했다가 29일부터 다시 조금씩 내보냈다. TBC의 〈밤을 잊은 그대에게〉와 〈밤하늘의 멜로디〉는 30~40% 정도로 팝송을 방송하고 있고, DBS의 〈0시의 다이얼〉은 26일 이후 팝송을 반 이하로 줄였으며, CBS의 〈꿈과 음악 사이에〉는 팝송 방송을 전면 금지했다. 모든 방송이 심야 음악 프로그램에서 종전에 80% 정도의 팝송을 방송하던 것에서 줄이거나 금지하는 방향으로 변경했다(《대학신문》, 1978. 9. 4: 8). 다만 심야 방송에서 클래식이나 영화음악 등 다양한 음악을 들려주면서도 끝내 팝송을 완전히 없앨 수는 없었다(《동아일보》, 1979. 3. 24: 5).

4. 심야 방송에 대한 인기와 비판

〈밤을 잊은 그대에게〉가 심야 방송으로 등장하자 “경음악으로, 그것도 시끄러운 경음악이어서 ‘잠 방해하는 소음방송’ 같아 질색이다”(《경향신문》, 1964. 7. 27: 5)라거나 “고요한 한밤중에 흘러나오는 고요한 음악은 잠 못 이루는 밤을 잊은 사람에게 큰 기쁨을 줄 것이다”(《경향신문》, 1964. 8. 12: 5)라는 상반된 반응이 나타났다. 심야 방송의 음악에 대해서는 세대나 취향에 따라 선호도에서 큰 차이를 보였다. 27세의 한 회사원은 “나같이 밤잠이 없는 사람에겐 중앙라디오[TBC의 전신 — 인용자]의 〈밤을 잊은 그대에게〉는 더없이 고맙기만 한 프로다. 그러나 베개맡에서 흘러나오는 곡들은 소란하고 격렬한 가락들이어서 나대로 상념의 세계를 거닐며 청취하기엔 부담을 느끼게 한다”라고 지적했다(《동아일보》, 1965. 9. 14: 6). 초기 심야 방송의 청취자들에게 팝송이 반드시 선호되지는 않았던 듯하다.

심야 방송의 인기는 점차 높아져, 1968년 7월 DBS 방송조사연구소의 조사에서는 많이 듣는 프로그램으로 MBC의 〈한밤의 음악편지〉가 2위, TBC의 〈밤을 잊은 그대에게〉가 12위를 차지했다(한국방송공사, 1987: 381). 1968년 말에 고려대학교 사회경제연구소가 서울에서 실시한 조사에서 ‘즐겨 듣는 라디오 프로그램’ 중에 〈한밤의 음악편지〉는 7위로 나타났다(《중앙일보》, 1969. 1. 1: 10). 1970년 2월에 성균관대 사회과학연구원이 서울 시민을 대상으로 실시한 조사에서, ‘프로그램 베스트 10’에 ‘음악 부문’으로는 〈한밤의 음악편지〉와 〈3시의 다이얼〉이 포함되었다(《중앙일보》, 1970. 3. 27: 5). 〈밤을 잊은 그대에게〉는 1970년 4월에 본격적인 DJ 프로그램으로 포맷을 바꾸고 난 후 청취율 순위가 약간 올라, 1968년 7월의 조사에서 12위였던 것이 1970년 8월의 조사에서는 10위로 나타났다. 반면에 〈한밤의 음악편지〉는 같은 기간에 2위에서 13위로 떨어졌다(한국방송공사, 1987: 381).

팝송 위주의 음악 프로그램으로 변화한 이후에 모든 심야 방송 프로그램들이 큰 인기를 끌었다. "평균 80개에 이르는 민방 프로 중에서 청취율 10위 이내에 랭크되고 있는 이들 심야 프로는 DBS의 〈0시의 다이얼〉을 비롯, MBC의 〈한밤의 음악편지〉와 〈별이 빛나는 밤에〉 TBC의 〈밤을 잊은 그대에게〉, 그리고 CBS의 〈꿈과 음악 사이에〉 등" 5개라고 설명했다(《동아일보》, 1971. 6. 18: 5). 서라벌예술대학 방송학회가 서울 시내 11개 대학, 3개 고교 학생을 대상으로 조사한 결과에서, "72.9%가 팝송을 좋아하며, 이들의 69.4%가 주로 라디오의 심야 방송을 통해 팝송을 듣고 있다고 응답"했다. 또한 "매일 심야 방송을 듣는 사람이 23.3%, 가끔 듣는 측은 69.1%"로 92.1%가 심야 방송을 듣는 것으로 나타났다(《조선일보》, 1971. 12. 2: 5).

다만 팝송 위주 심야 방송은 주로 대도시에서 더 큰 인기를 얻었다. 실제로 1971년 8월 서울대학교 사회학과의 조사에서 라디오 청취 프로그램 순위에서 팝송은 서울에서는 뉴스에 이어 2위였지만, 서울 이외 도시에서는 뉴스, 연속극에 이어 3위, 농촌에서는 뉴스, 연속극, 대중가요에 이어 4위로 나타났다(방송연감편찬위원회, 1972: 445). 윤형주는 "책상에 앉아 밤늦도록 공부하다가. 혹은 공부하는 척하다가, 방송 시간에 맞춰 주파수를 돌리고 기다리면 듣는 순간 가슴이 애잔해지는 시그널 음악이 흘러나온다. 이어서, 차분

하면서도 경쾌하게 문을 여는 디제이들의 목소리는 얼마나 감미롭던가"라고 하며 심야 방송의 매력을 얘기했다(윤형주, 2012: 31). 양희은도 "그 당시만 해도 라디오의 심야 방송은 내 또래 아이들에겐 필수 과목이었다"라고 주장했다(양희은, 1993: 18).

심야 음악 프로그램의 인기가 높았다는 것은, 전화나 엽서로 희망곡을 신청하는 청취자들이 많았다는 것을 통해서도 확인된다. "1만여 명의 '밤을 잊은 그대에게' 회원은 물론, 밤마다 엽서와 전화로 희망곡을 청하는 애청자가 수백 명에 이른다. 자정만 되면 희망 음악을 듣기 위한 안타까운 마음에서 전화번호부를 보고 무작정 돌리는 전화 '다이얼'은 〈중앙일보〉와 보도국으로 잘못 걸려서 운행담당자는 진땀을 뺀다"라고 보도했다(《중앙일보》, 1971. 3. 19: 8). "매일 이백여 통의 편지가 쏟아져 들어오고 리퀘스트 전화 때문에 방송국 전화는 불날 지경"이라고도 했다(《동아일보》, 1971. 6. 18: 5). 심야 방송에 대한 열광은 다음과 같이 1970년대 초에 청소년기를 보낸 남성의 회고를 통해서도 잘 드러난다.

> 70년대 초, 통행금지가 있을 때 이야기죠. 밤 10시가 되면 MBC-FM 라디오 진행자 고 이종환 씨가 진행하는 〈별이 빛나는 밤에〉, 동아방송의 최동욱 씨 그다음 바통을 이어받은 이장희 씨의 〈영시의 다이얼〉, 그리고 동양방송의 피세영 씬가?…… 의 〈밤을 잊은 그대에게〉는 그 시절의 잠 못 이루는 밤엔 외로움 내지는 적막감을, 전파를 통해 나누는 공감대를 통해 말끔히 지우면서 이성에 대한 막연한 그리움, 또 시골에서 막 올라온 나에게는 미래에 대한 꿈을 꾸게 하는 행복한 밤들이었지요. (중략) 내가 보낸 관제엽서에 신청곡과 사연을

보내고 혹시나…… 하면서 콩닥콩닥 이불 속에서 가슴 졸이며 설렘으로 기다리다가 마침내 엽서가 읽혀지던 날, 기쁘다 못해 눈물까지 난 기억들이 선연합니다.[161]

1970년대 초에 "몸통마다 더 큰 '빳데리'를 고무줄로 친친 감아 뒤에 매단 낡은 트래지스터 라디오"를 가지고 "사춘기 아이들은 임국희·최동욱·피세영·이종환 씨 같은 디스크자키가 진행하는 심야 방송을 즐겨 들었다"(《경향신문》, 2001. 5. 4: 16)거나 "심야 방송은 영원한 단골을 확보한 프로그램으로 절정의 인기를 구가"했고 "지금의 50～60대는 트랜지스터에서 흘러나오는 음악을 들으며 사춘기의 고독, 이성에 대한 막연한 그리움, 미래에 대한 불안을 달래곤"(《한국경제》, 2012. 1. 4: 16) 했다는 기사들은 1970년대 초 심야 방송이 청소년들에게 어떤 의미를 지녔었던가를 잘 보여 준다. 특히 청소년의 심야 방송 청취가 늘어났던 것이 개인용인 '트랜지스터라디오' 등장 덕택이었음을 알 수 있다. 서라벌예술대학 방송학회가 1971년 12월에 실시한 대학생 330명과 고교생 90명 대상 조사에서 학생들이 라디오를 통해 즐겨 듣는 프로그램으로는 '팝송'(54.2%)이 1위이고, 팝송을 듣는 프로그램 중에서도 심야 방송

161 50년 전의 회고라서 잘못된 내용도 일부 포함되어 있다. 이종환의 〈별이 빛나는 밤에〉는 MBC-FM이 아니라 MBC-AM에서 방송되었고, 최동욱의 후임은 이장희가 아니라 윤형주였다. 인터넷을 통해서 확인할 수 있는 블로그 등에는 이 글처럼 1970년대 초의 심야 방송을 회고하며 그리워하는 글들이 상당히 많다. http://m.blog.daum.net/juyajosa/12469300, 2020. 1. 30. 접속.

표 19 심야 방송 청취 실태

	고교생		대학생		소계		총계		순위
	남	여	남	여	남	여	실수	%	
CBS	13.1	21.4	16.3	23.8	15.3	24.5	66	19.2	④
MBC	21.3	21.4	16.3	22.2	17.9	23.1	69	20.1	③
DBS	29.5	42.9	25.2	23.8	26.5	29.9	96	28.0	①
TBC	36.1	14.3	25.9	19.0	29.2	19.0	85	24.8	②
음악 따라	3.3	3.6	8.9	14.2	7.1	12.9	33	9.6	

출처: 〈월간방송〉, 1972. 1: 50.

(50.7%)이 1위를 차지했다. 그런 심야 방송에 대한 청취 실태는 표 19와 같다.

윤형주가 진행하던 DBS의 〈0시의 다이얼〉이 28%로 1위고, 최동욱이 DJ인 TBC의 〈밤을 잊은 그대에게〉(24.8%)와 이종환이 진행하는 MBC의 〈별이 빛나는 밤에〉(20.1%)가 뒤를 이었다. 가수이자 DJ인 배철수(1953~)는 중고등학교 시절에 "당시 최동욱 씨가 진행한 동아방송의 〈3시의 다이얼〉, 윤형주 씨가 진행한 〈0시의 다이얼〉 등을 통해 팝 음악에 대한 허기를 채웠다"라고 회고했다(《경향신문》, 2015. 12. 17: 16). 교수인 김경(1955~)은 "고등학교에 입학했던 1971년부터 3년 동안은 본격적으로 음악에 빠져들어 거의 하루도 빠짐없이 심야 라디오 방송에 귀를 기울이는 생활이 반복되었으며, 이를 통해 해외 팝 및 국내 포크 음악 등의 대중음악들을 즐겨 듣게 되었다"라고 회고했다(김경, 2020: 8~9). 가수 조하문(1959~)도 "가요는 절대 듣지 않았다"라고 하며, 〈0시의 다이얼〉이나 〈밤을 잊은 그대에게〉 같은 심야 방송이나 빽판을 통해 팝송을 들었다고 했다(안성민, 1999: 26). 언론학자인 김영찬(1959~)도 "이장희가 진행하던 〈0시의 다이얼〉을 제일 즐겨 들었다"라며, "〈밤을 잊은 그대에게〉 같은 프로그램은 나중에 아나운서인 황인용으로 DJ가 바뀌었기 때문에 한심하다고 생각해 안 들었던 기억이 난다"라고 했다(김영찬, 2011: 365).

그러나 심야 방송의 인기가 높아질수록 비판의 목소리도 커졌다. 그중에는 팝송이 지나치게 많이 방송된다는 내용도 있었다. 충남 당진에 사는 한 청취자도 "저 방대한 영향력을 지닌 라디오 방송을 들어보라. 팝 프로그램에 지나치리만큼 열을 올리고 있고 이제 팝뮤직의 물결은 거센 파도로 변모되어 막을 길 없는 팝뮤직 왕국으로 지향하고 있다"라고 지적하며, "팝뮤직의 과잉 범람은 어느 의미에서 볼 때 우리 사회에 불안감마저 던져주고 있다"라고 비판했다(《경향신문》, 1971. 4. 21: 7). 같은 맥락에서 심야의 라디오 DJ 프로그램에서 "팝송 일변도에서 벗어나 우리 스타일의 팝송을 개발할 필요가" 있다는 주장도 있었다(《동아일보》, 1971. 6. 18: 5).

특히 "폭력을 조장하거나 퇴폐적 또는 애욕을 촉진하는 가사"가 담긴 팝송이 "심야 프로로 전파를 타기까지"까지 한다며 심야 DJ 프로그램이 대중문화의 저속성을 조장한다는 비판도 나왔다(《중앙일보》, 1970. 12. 18: 4). 심지어는 "라디오의 심야(밤 12시 이후) 방송이 외국 흉내 내기로 등장, '대뇌반구전두엽大腦半球前頭葉 부전급不全級'[162] 젊은이들의 호응을 얻어 개점 성업을 구가"했다고 하는 비판까지 나왔다(《조선일보》, 1970. 12. 18: 5). "각 가정에서 밤 11시가 되면 라디오를 회수"하고 "전화통도 떼야" 한다고 하며, "이것만이 자녀들을 '저능화'에서 보호할 수 있는 길"이라는 주장까지 나왔다(이근삼, 1971: 336).

한 고등학생은 '심야 음악 방송 프로그램'에 대해 "그 프로들을 들은 사람이라면 누구나 DJ나 초대 손님으로 나오는 가수들의 양식을 의심하지 않을 수 없을 것"이라고 하며, "저질의 잡담 그 속에 섞여 나오는 은어, 비어를 들을 때 청취자의 한 사람으로 분노를 느끼지 않을 수 없다"라고 비판했다(《동아일보》, 1971. 12. 6: 3). 당시 잡지에도 "안일한 잡담 프로로 팝송 프로의 저속화를 고집하는 방송국측의 기획 부재는 한심할 정도"라고 비판했다(《주간경향》, 1971. 4. 4: 76). 음악의 비중이 줄어들고, 불필요한 대화가 많아진 것에 대한 비판이었다. 최동욱은 "기본적인 자질 요건이 필요함에도 현역 가수나 코미디언이란 이름만으로 '얼치기 DJ'를 급조시켜 프로를 만들어 놓으니 자연 방송윤리 규정에 저촉되어 '품위 없고 망발적인 저질 방송프로'라는 오명을 쓰게 되는 것이다"라고 하여, 연예인 DJ의 등장이 '잡담 프로'라는 오명을 듣게 만들었다고 주장했

162 〈조선일보〉 문화부 차장 정영일의 〈방송 주평〉에 나온 이 표현은 이성적 판단을 관장하는 전두엽이 제대로 발달하지 않은 젊은이들이나 심야 방송을 좋아한다는 뜻으로 심야 방송에 대해 대단히 부정적 관점을 보여 준다.

다(최동욱, 1971: 111).

당시에 여론 조사 결과를 정리하며 "결과적으로 젊은이들은 팝송을 무턱대고 좋아하고 심야 방송을 무턱대고 좋아하며 엽서와 전화로 신청곡을 청하고 열렬히 자신의 신청곡이 방송되길 기다리지만, 심야 방송은 젊은이들에게 조금도 이롭지 못하고 공부에 지장이 있으며 수면에도 지장이 있어 '얻는 것보다 잃는 것이 많다'는 결론이 나왔다"라는 비판도 있었다(《조선일보》, 1971. 12. 2: 5). 이런 현실에서 PD이자 DJ였던 박원웅도 "일차적으로 시도한 것은 하이틴의 우상화 기도로 각국의 프로그램별 팬클럽 조직, 그리고 유인물 배포, 팬클럽별 이색적인 모임, 거기엔 많은 연예인들까지 합세시켜 각자 프로그램에 가담시켜 새로운 유행어, 은어, 잡담 등 많은 청소년의 불면증까지 유발시키는 사회문제로까지 클로즈업되어 전파낭비라는 일부 여론까지 대두됐을 정도로 극에 달하기도 했었다"라고 비판했다(박원웅, 1972: 113). 차인태도 "그 물결이 오래 지속되지 못한 이유는 일부 DJ들의 DJ로서의 능력보다는 인기도에 따른 발탁, 방송국간의 무모한 청취율 경쟁에 따른 내용의 저질화, 무비판적으로 받아들인 팝송들이 젊은 층에게 미칠 해독을 염려한 당국의 제재, 스테레오 시스템을 갖춘 FM 전파의 발사 등을 들 수 있다"라고 비판했다(차인태, 1983: 159~160).

그 결과가 바로 1971년 12월 6일의 국가비상사태 선언 이후의 변화였다. 국가비상사태 선언 이전의 심야 방송에 대한 청취자들의 의견은 대체로 '조잡한 언어와 지나친 농담'처럼 잡담에 대한 지적과 특정 게스트 홍보에 대한 비판 같은 것들이 많았다. DJ에 대한 의견을 살펴보면, 최동욱과 이종환에 대해서는 고압적 태도를 지적했고, 윤형주나 임문일은 잡담이 많다는 것을 주로 비판했다. 다만 청취자들의 의견 중에 전화 신청 방식이나 팝송이 많다는 점에 대한 지적은 아예 없었다. 반면 국가비상사태 선언 이후의 변화에 관한 의견은 한마디로 재미가 없어졌고, 정부의 정책 홍보 내용이 많아졌다는 것이었다(《월간방송》, 1972. 3/4: 118).

그럼에도 심야 방송의 인기가 크게 떨어진 것은 아니었다. 명지대학교 부설 방송문화연구소가 1972년 11월 초에 실시한 서울 시내 고등학교 2학년 남녀 재학생 504명 대상 조사에서 가정의 라디오 보급률은 98.7%, 이 중 58.7%가 개인 전용 라디오를 갖고 있다는 결과가 나왔다. 고등학생들이 "가장 많이 듣게 되는 라디오 방송을 부문별로 보면" 보도 방송이 49.2%, 스포츠 중계 44.6%, '희망 음악 전화 리퀘스트 프로'가 42.5%로 나타났다(《경향신문》, 1972. 11. 21: 8). 같은 연구소가 1973년 7월에 실시한 서울, 부산, 강원, 경남 등 4개 지역 고교생들 대상 조사에서도 즐겨듣는 음악은 '팝송'(38.4%)이 1위로 나타났고, 음악을 즐기는 매체로는 '라디오'(44.9%)가 1위로 나타났다(《매일경제》, 1973. 8. 24: 8). 1973년 9월 서울의 대학생 640명 대상의 조사에서 '음악 방송 프로그램 희망 음악'으로 '외국 Pop music'이 45.9%인데 비해 '우리나라 대중가요'는 5.38%에 불과했다(안춘옥, 1974: 47). 또 '음악을 즐겨 듣는 매개체'로는 '라디오·TV'가 40.6%로, 특히 저녁 시간대에는 52.7%로 나타났다(안춘옥, 1974: 53). 저녁에 라디오로 음악을 청취하는 사람의 비율이 높다는 것은 그만큼 심야 방송을 통해 팝송을 듣는 사람이 많다는 것을 의미했다. 1975년 4월 서울의 '직업 청소년' 대상 조사에서 좋아하는 음악으로 팝송을 선택한 비율이 28.4%였는데,

학력 수준에 따라 차이가 커서 초등학교(5.2%), 중학교(8.6%), 고등학교(37.5%), 대학교(54.5%) 순으로 팝송을 선호하는 것으로 나타났다. 음악을 듣는 방법으로는 TV나 라디오가 60.6%로 나타났다(채혜영, 1975: 26~29).

이렇듯 청소년들이 라디오로 팝송을 즐겨 듣는 현실에서 가장 대표적인 팝송 프로그램인 심야 방송에 대한 비판이 계속되었다. 심야 방송이 "고교생들을 중심으로 한 청소년층의 학업과 취침에 중대한 영향을 미치고 있으며 '록 뮤직'과 같은 요란한 음악을 밤중에 선정함으로써 여러 사람들에게 심리적인 혼란을 끼치는 등 비판의 소리"가 높고, "전화 리퀘스트나 엽서를 받아 오밤중에 청소년들을 출연시키고 있고 엽서의 내용도 감상적인 것이 많아 청소년의 정신건강을 해치고 있다"는 비판이 나왔다(《매일경제》, 1973. 8. 30: 8). "팝 음악이 가장 많이 방송되고 있는 심야 방송은 파괴적이며 퇴폐적인 내용의 음악에 곁들이는 신변잡담과 천편일률에 가까운 대화(전화를 통한)로 젊은 청취자들에게 팝 방송이 지닌 오락적인 면만 들려주고 생산적, 창조적 측면을 도외시할 우려"가 있다는 비판도 나왔다(《조선일보》, 1973. 11. 9: 5). 또한 "라디오 TV 등 민방의 안이한 편성 태도와 다방 뮤직홀의 지나친 상업성은 외국 포퓰러 뮤직의 맹목적이고 습관적인 애청을 더욱 유혹하거나 정착시키는 결과를 낳고 있다"라는 비판도 나왔다(《경향신문》, 1973. 11. 13: 5).

1975년 8월 이후 심야 방송에서 팝송을 규제하자 "청취자들은 팝송 대신 귀에 익은 우리 가곡이 나오자 처음엔 의아하게 생각했으나 '오히려 잘된' 일이라고 긍정적인 반응을 보이고 있는 편이 많다"라거나 "팝송 아니면 들을 게 없다던 청소년들도 차츰 클래식의 참맛을 알 것 같다는 이야기도 있다"라고도 했다(《조선일보》, 1975. 12. 14: 5). 그러나 심야 음악 프로그램의 청취율이 떨어진 것을 보면 팝송이 사라진 심야 음악 프로그램에 대한 젊은 세대의 불만을 짐작할 수 있다. 1977년의 젊은 층 대상 조사에서 라디오를 가장 많이 듣는 시간이 밤 6~9시(33.7%)로 나타났고, 심야 방송이 편성되는 밤 10시~새벽 1시는 10%나 낮은 23.8%로 나타났다(《경향신문》, 1977. 4. 25: 5).

1976년에 한 청취자는 "많은 부분에서 고도의 성장을 이룩해 온 대한민국 팝이 기성세대의 퇴폐 요인이 되어서는 안 되겠지만 대중을 인식치 않아서도 안 되리라 믿는다"라고 하며 "각 방송국 관계자들이 디제이다운 디제이를 발굴, 육성해 심혈을 기울여 보다 발전된 팝을 청취자에게 돌려줘야" 한다고 주장하기도 했다(《월간팝송》, 1976. 10: 172). 1978년 8월에 다시 규제가 강화되어 심야 방송에서 팝송 편성이 급격히 줄어들자 젊은 청취자들은 반발했다. "팝송을 들으며 공부하는 것이 습관이 되었다는 한 고교생은 "성장기 한때에 팝송을 즐겨듣는 것이 왜 나쁘냐"면서 "클래식은 아직 감각에 안 맞고 국내 가요는 수준이 낮아 팝송을 듣는데, 팝송을 없앤다면 AFKN을 들을 수밖에 없"다며 강한 반발"을 보였다(《조선일보》, 1978. 8. 26: 5). 반면 "모처럼의 (꼭 필요한) 반성이 하나의 과시적이고 급조된 명분으로서, 단지 명분으로만 그치는 것이 아닐까 우려가 된다"라고 하며, 팝송 위주 심야 방송에 대한 규제가 필요하다는 점을 인정하면서도 그 목적과 방법에 대해 신중하게 접근해야 한다는 주장도 있었다(《대학신문》, 1978. 9. 4: 8),

〈월간팝송〉 독자 대상의 조사에서 1970년대 내내 AFKN은 팝송 청취 매체로 1위를 차지했다. AFKN을 제외하고 국내 라디오 프로그램만을 대상으로 조사하기 시작한 1978년 4월 이후의 결과를 보면, 〈박원웅과 함께〉(MBC-FM), 〈별이 빛나는 밤에〉(MBC, 차인태), 〈밤을 잊은 그대에게(TBC, 황인용), 〈밤의 다이얼〉(TBC-FM, 김제건) 등이 '팝 프로 청취 순위'에서 거의 대부분 1~4위를 차지했다(《월간팝송》, 1978. 6: 168). 낮 시간대의 프로그램보다는 여전히 심야 방송을 통해 주로 팝송을 듣는다는 것을 알 수 있다. 그러나 팝송에 대한 규제가 더 강화되며 "70년대 초반 라디오 청취율 1, 2위를 다투던 심야 방송은 그동안 청소년들의 학습에 지장을 주고 퇴폐풍조를 확산시키는 등 나쁜 영향을 끼친다는 비난과 함께 당국의 규제를 받고 청취율 10위 밖으로 밀려나는 부진을" 보였다. "심야 방송의 인기가 누그러진 것은 전보다 중고등학생들의 여가 활용 방법이 다양해진 탓도 있지만 FM방송이나 미군 방송인 AFKN 청취쪽으로 많은 학생들이 돌아선 때문이기도" 했다(《동아일보》, 1980. 3. 12: 5).

5. 팝송에 대한 갈증을 해소해 준 심야 방송

1970년대 본격적인 TV 시대의 개막을 보며 라디오는 생존 전략을 고민했고, 텔레비전 방송과의 직접적인 경쟁을 피하는 편성 전략의 일환으로 심야 방송을 주목했다. 이미 1960년대에도 일부 방송사에는 여자 아나운서가 진행하며 다양한 장르의 음악을 들려주는 심야 음악 프로그램이 있었다. 녹음 방송을 했던 이런 프로그램들로는 TBC의 〈밤을 잊은 그대에게〉와 MBC의 〈한밤의 음악편지〉가 있었다. 1969년에 MBC는 심야 프로그램으로 명사와의 대담 방송인 10분짜리 〈별이 빛나는 밤에〉를 편성했다. 1970년에 TBC의 〈밤을 잊은 그대에게〉와 MBC의 〈별이 빛나는 밤에〉가 생방송을 하는 음악 프로그램으로 변모했고, CBS의 〈꿈과 음악 사이에〉, DBS의 〈0시의 다이얼〉이 새로 편성되면서 심야 방송 사이에 치열한 경쟁이 벌어졌다. 1971년에는 윤형주나 임문일처럼 청취자와 별로 나이 차이가 없는 20대 진행자가 등장했고, 이들과 가까운 '포크 가수'들이 주로 초대되어 노래를 불렀다.

심야 음악 프로그램들은 중고생은 물론 대학생에게까지 큰 인기를 끌어 높은 청취율을 보였다. 한국 전쟁 이후 AFKN을 통해 팝송을 들으며 자란 신세대들은 갈수록 미국의 최신 대중음악에 열광했다. 물론 팝송에 대한 높은 선호도는 대도시 지역의 고교생이나 대학생들에게서 나타났고, 서울의 젊은 청취자를 주로 의식하며 편성했던 방송사들이 팝송을 들려주는 심야 음악 프로그램의 편성에 더욱 적극적이었던 것은 당연했다. 특히 TV 방송도 하던 MBC나 TBC보다 라디오 방송만 하던 DBS와 CBS가 더욱 적극성을 보였다.

청소년층에서 인기를 끄는 만큼 심야 방송에 대한 기성세대의 비판과 염려도 나왔다. 팝송에 대한 지나친 열광을 비판했고, 대화의 저급함이나 선정성을 염려했으며, 나아가 공부를 방해한다는 지적까지 했다. 1971년의 국가비상사태 선언 이후 매체에 대한 통제를 강화하던 정권의 눈에 띈 프로그램 중 하나가 심야 방송이었다. 정부는 심야 방송에 대해 진행자를 아나운서로 바꾸고, 전화 신청을 없애며, 팝송보다는 클래식이나 세미클래식을 방송할 것을 요구했다. 방송사들은 이런 요구를 대부분 받아들였지만, DBS와 CBS는 한동안 진행자를 바꾸지 않았고 형식도 크게 변경하지 않았다. 일부 비판 여론을 업고 심야 음악 프로그램을 규제하고자 했던 것은 새롭게 부상하던 청년 문화를 억누르고자 하는 의도에서 비롯된 것이었다.

박정희 정권의 심야 방송에 대한 규제는 실패하고, 1972년 말에 가서 팝송과 전화 신청은 다시 살아났다. 팝송을 선호하는 젊은 청취자들의 불만과 텔레비전과의 경쟁에서 심야 음악 프로그램이 꼭 필요했던 방송사들의 요구, 그리고 텔레비전에 비해 상대적으로 라디오에 대한 규제에 느슨했던 정권의 자세가 복합적으로 작용한 결과였다(권보드래 외, 2015: 56). 1972년 말 이후 모든 방송사가 심야 방송의 DJ를 20대로 바꾸어 치열한 경쟁을 벌였다. 전화나 엽서로 신청을 받아 팝송을 들려주고, 전화로 연결된 청취자나 초대 손님과 이야기를 나누고, 초대 가수의 노래를 듣는 형식을 거의 그대로 유지되었다. 1975년과 1978년에 다시 정부는 심야 방송에 대해 규제에 나섰지만, 진행자만 아나운서로 바뀌었을 뿐 팝송이 완전히 사라지지 않았다. 심야 방송의 팝송에 대한 규제는 번번이 실패하고 말았다.

1970년에 처음 편성되었던 심야 음악 프로그램은 낮 시간대의 팝송 프로그램보다 더 많은 청취자층을 형성했다. 심야 방송은 초기에 전문 DJ가 진행하며 팝송 프로그램으로서의 성격을 명확히 보여 주었지만, 젊은 '포크 가수'들이 DJ가 되며 음반으로 팝송을 들려주며 라이브로 '포크송'을 불러주는 형식으로 변화했다. 정부의 규제로 아나운서가 진행을 맡고 구성에도 변화가 있었지만, 끝내 팝송을 완전히 없앨 수는 없었다. 1970년대의 심야 음악 프로그램은 젊은이들의 팝송에 대한 욕구를 충족시켜 주며 동시에 팝 계열 가요의 등장에도 기여했다.

9장

TV 음악 쇼와 미국의 영향

1. TV의 음악 쇼와 미국의 영향

음악 쇼는 텔레비전 개국 때부터 중요한 프로그램 중 하나였다. 한국에서도 1956년에 최초의 TV 방송국인 HLKZ-TV가 개국할 때부터 음악 쇼가 편성되었다. 1961년에 KBS-TV, 1964년 TBC-TV, 1969년에 MBC-TV가 개국할 때도 당연히 음악 쇼가 편성되었다. 초기 TV 음악 쇼는 AFKN-TV와 미8군 쇼의 영향을 받았다. 특히 음반을 틀어주기도 했던 라디오와 달리 TV는 가수가 직접 출연해야 했는데, 음악 쇼에 적합한 가수들로 미8군 쇼 출신들이 선호되었다. TV 음악 쇼에서는 초기에 팝송을 원어로 부르기도 했지만, 정부의 규제로 번역이나 번안해 불러야만 했다. 점차 팝송을 부르기보다는 팝 스타일 가요가 더 많이 불리게 되었다. 1975년의 '대마초 파동' 이후에는 정부 규제 강화로 음악 쇼는 더 많은 제약을 받았다.

1960년대와 1970년대는 TV가 대중문화 영역에서 확실하게 패권을 구축한 기간이었고, 그 과정에서 음악 쇼는 매우 중요한 역할을 했다. 주말에는 가족이 모두 볼 수 있는 음악 쇼가 편성되었고, 주중에는 청소년을 대상으로 하는 음악 쇼가 방송되었다. TV의 주말 음악 쇼는 라디오의 DJ 프로그램에 비해 더 폭넓은 수용자를 대상으로 했다. 노래·무용·코미디·마술·서커스 등 다채로운 요소로 채워진 음악 쇼는 별다른 오락거리가 없던 시절 큰 인기를 끌며 텔레비전이 대중문화를 주도해 나가는 데 큰 역할을 했다. 산업화 과정을 통해 일주일 단위의 새로운 생활 양식이 등장하고 주말 개념이 생기면서, TV가 주말의 오락과 휴식의 중요한 수단이 되었는데, 특히 토요일 저녁 음악 쇼 시청은 주말의 대표적인 여가 활동이 될 정도였다.

1970년대에는 TV 수상기가 대량 보급되고, 다양한 대중음악 프로그램이 대거 편성되기 시작했다. 대중음악 프로그램이 비교적 제작비가 적게 들면서도 어느 정도 시청률을 올릴 수 있는 수단이었기 때문이다. 특히 청소년을 대상으로 하는 대중음악 프로그램들이 만들어진 것은 제작진의 '스탠더드 팝,' '록,' '포크' 음악에 대한 선호도 작용한 결과였다. 그러나 1970년대 전반기까지 청소년들이 서구 팝 음악을 선호하고, 주로 라디오로 음악을 들었기 때문에 청소년 대상 대중음악 프로그램이 성공할 가능성이 크지는 않았다. 1970년대 말에 가면 어려서부터 TV를 보아 왔던 청소년 인구가 대거 늘어나면서, 청소년 대상 대중음악 프로그램이 인기를 끌었다. 라디오의 DJ 프로그램이 팝송의 확산에 큰 역할을 했다면, TV의 음악 쇼는 팝 스타일 가요의 발전에 결정적인 기여를 했다.

이 장에서는 1960년대부터 1970년대까지의 TV 음악 쇼의 등장과 변화에 대해 살펴보려고 한다. 먼저 1956년 HLKZ-TV 개국 때부터 1970년대 말까지 주요 음악 쇼의 편성과 특성에 대해 알아본다. 다음으로 TV 음악 쇼의 포맷과 음악에 관해 다루려고 하는데, 특히 원어 가창에 대한 규제에 대해서도 살펴본다. 마지막으로 TV 음악 쇼의 인기와 비판에 관한 내용을 다룬다.

2. TV 음악 쇼의 편성 경향

1) TV 개국과 음악 쇼의 등장

1956년 5월에 HLKZ-TV가 개국하면서 다양한 음악 쇼 프로그램이 편성되었다. HLKZ-TV의 편성과장과 음악과장을 지낸 황문평은 "TV국의 가요 프로 중 하이라이트는 매주 토요일 오후 8시에 방송되는 〈OB쇼〉"였고, "매주 수요일 저녁의 TV쇼 시간에는 미 8군 소속 쇼단을 초청, 교대로 춤과 노래, 악단 연주 프로를 방송" 했다고도 했다(황문평, 1981: 50~51). 토요일에 다양한 연령층을 대상으로 하는 음악 쇼가 편성되고, 주중에는 젊은 층을 대상으로 하는 음악 프로그램이 편성되는 관행이 TV 방송 초기부터 나타났다.

HLKZ-TV에서는 "매주 토요일 저녁 8시에 〈OB쇼〉라는 가요프로가 가장 긴 장수프로"였다(황문평, 1983: 286). OB맥주가 후원했던 이 프로그램의 공식 명칭은 〈OB 노래파티〉였지만, 편성표에는 〈노래파티〉, 〈OB파티〉 등 다양한 이름으로 나타나 있다. 〈OB 노래파티〉는 HLKZ-TV 개국 때 편성되어 마지막까지 계속되었다. 주중의 음악 쇼를 처음부터 정규 편성하지는 않았다. 1957년 6월 25일(수)에 처음 방송된 〈TV쇼〉는 정규 편성되어 있지 않았고,

편성 시간이나 프로그램 이름도 조금씩 바뀌었다.[163] 1958년 12월에 대중음악 프로그램 편성 시간이 일주일에 80분(6.7%)으로 전체 프로그램에서 차지하는 비중이 크지는 않았다(백미숙, 2011b: 169).

1961년 12월에 KBS-TV가 개국하면서 역시 저녁 시간에 〈TV 그랜드쇼〉라는 이름의 음악 쇼가 편성되었다. 다만 주말이 아닌 수요일 저녁 오후 8시에 편성되었다는 점에서 차이가 있었다. 1962년 8월부터는 같은 시간에 〈TV 그랜드쇼〉가 "라디오와의 합동 동시방송 프로그램으로 대치"되면서 〈KBS 그랜드쇼〉로 프로그램명을 바꾸었다(방송문화연구실, 1962: 195). 라디오로도 송출하면서 쇼 이름에 TV를 붙일 수 없었기 때문이다. 〈KBS 그랜드쇼〉는 1963년에 토요일 오후 8시로 옮겼고, 그 뒤 잠시 프로그램이 중단되기도 했으며 일요일 오후 8시에 편성되기도 하는 등 편성 요일도 여러 번 변경되었다(강태영 · 윤태진, 2002: 162~172).

TBC-TV의 개국 첫 주 토요일인 1964년 12월 12일에 〈쇼쇼쇼〉 첫 방송을 했다. TBC가 KBS에게 통폐합되었던 1980년까지 16년 동안 〈쇼쇼쇼〉는 토요일 저녁 오후 7시에서 9시 사이의 시간대에 50~60분 정도씩 계속 방송했다. 즉 시간에는 다소 변동이 있었지만, 항상 토요일에 편성되었다는 점에서는 큰 변화가 없었

163 수요일에 편성된 쇼의 이름은 〈미군쇼오〉(오후 7시 10분)(《동아일보》, 1958. 3. 26: 4), 〈TV쇼오〉(오후 9시)(《동아일보》, 1958. 9. 10: 4), 〈TV쏘오〉(오후 7시)(《동아일보》, 1958. 11. 26: 4)로 변화했다. 1958년 말에는 〈백화쇼오〉(오후 7시)라는 이름으로도 방송되었다(《동아일보》, 1958. 12. 3: 4).

다.[164] 〈쇼쇼쇼〉의 진행자로는 공군 군악대 출신으로 '세시봉' 사회자로도 활동했던 곽규석이 기용되었다(조영남 · 이나리, 2011: 40).

TBC-TV는 1964년에 개국하면서 10대를 대상으로 하는 〈세븐 디럭스 쇼〉를 월요일 오후 9시 15분에 편성했다.[165] "DTV[TBC-TV의 전신 — 인용자]의 채널이 7번인 이유로 〈세븐 디럭스 쇼〉로 이름을" 지었다(김종진, 2010: 63). 〈세븐 디럭스 쇼〉는 1965년 4월 5일(월)부터 〈가요 스테이지〉로 이름을 바꾸어 계속 방송되었다. 〈가요 스테이지〉는 7월 12일(월)을 마지막으로 폐지되었다. 1965년 12월 6일(월) 오후 9시 15분에 다시 〈OB쇼〉라는 이름으로 젊은 층 대상의 프로그램이 편성되어(《경향신문》, 1965. 12. 6: 4) 다음 주인 12월 13일(월)부터는 〈OB 카니발〉로 이름을 바꾸어 계속 방송되었다(《경향신문》, 1965. 12. 13: 4). 1966년 5월 31일(화)에는 화요일 오후 8시로 시간을 옮겼다(《경향신문》, 1966. 5. 31: 4). 〈OB 카니발〉은 1969년 8월 5일까지 방송되고, 그 뒤 〈쇼 퍼레이드〉, 〈백화가요쇼〉 등으로 바뀌면서 프로그램의 성격도 변화했다. "〈그랜드쇼〉를 후원한 OB는 1969년 이전에 TBC에서 〈OB 카니발쇼〉를 후원하고 있었는데 MBC-TV 개국과 함께 방송사를 바꾸어 후원"하면서 TBC-TV의 〈OB 카니발쇼〉는 1969년에 폐지되었다(김종진, 2010: 91).

TBC-TV는 1966년 8월에 전우중 연출의 '심야 Disc Jockey

164 〈쇼쇼쇼〉는 TBC가 KBS에 통폐합되면서 심야 시간대로 밀려나 편성되다가 1983년 7월 17일에 종영되고 말았다(박용규, 2014).

165 개국일인 1964년 12월 7일(월)에는 특집 프로그램 때문에 방송되지 않았고, 12월 14일(월) 오후 9시 15분에 처음 방송되었다.

프로'인 〈그림에 노래 싣고〉를 주 1회 편성했다. 연출자는 전우중으로 시작해 몇 사람을 거쳐 세시봉에서 DJ로 활동하던 조용호, 이선권으로 이어졌다. 진행자 중에도 피세영, 최동욱 등 음악감상실 DJ 출신들이 포함되었고, 출연자 중에도 역시 '세시봉'에서 활동하던 이백천이 있었다(《월간방송》, 1971. 11: 108~111). 1970년에는 월요일 오후 11시 10분부터 30분 동안 편성되었는데, "최근 유행하는 외국의 팝송을 만화가 신동우씨를 통해 그림에 실어 보는 디스크자키 프로"라고 소개했다(《경향신문》, 1970. 5. 11: 8). 라디오 '심야 DJ 프로그램의 TV판'으로 1971년 말 라디오 심야 방송에서 팝송을 규제할 무렵에 폐지되었다. 개국 초부터 TBC-TV에 젊은이 대상의 프로그램들이 많이 편성되었던 것은 음악감상실 출신들인 이백천, 조용호, 이선권 등이 PD로 있었던 영향이 컸다(이백천, 2014: 256~257). 또 TBC-TV가 방송되는 서울과 부산 같은 대도시 시청자들의 특성을 고려했기 때문이기도 했다.

MBC-TV는 1969년 8월에 개국하면서 토요일 저녁 8시 20분에 〈OB 그랜드쇼〉를 편성했다. 1972년 2월에 프로그램 이름에 스폰서 이름을 사용하지 않기로 하면서 〈OB 그랜드쇼〉에서 OB를 빼고 〈MBC 그랜드쇼〉로 바꾸었다(《동아일보》, 1972. 1. 5: 8). 1974년 2월에 다시 〈MBC 그랜드쇼〉의 명칭을 〈토요일 토요일 밤에〉로 변경했다(《조선일보》, 1974. 2. 21: 8). MBC가 "방송 프로그램과 연예인의 이름에서 외래어를 추방"한다고 결정하면서, 〈토요일 토요일 밤에〉로 변경했다(정순일, 1991: 228). MBC-TV의 주말 음악 쇼는 개국 이후 계속 토요일에 편성되어 1970년대 내내 TBC-TV의 〈쇼쇼쇼〉와 경쟁했다.

MBC-TV는 1970년 10월 5일부터 오후 9시 20분부터 10분 동안 '코미디를 곁들인 팝송 쇼'인 〈미니 스테이지〉를 편성했다(《경향신문》, 1970. 10. 5: 8). 공교롭게도 1970년 10월 5일은 MBC 라디오의 〈별이 빛나는 밤에〉가 팝송을 주로 들려주는 심야 DJ 프로그램으로 새로운 출발을 했던 날이었다. 같은 날 TV에도 '팝송 음악 쇼'가 편성되었다. 〈미니 스테이지〉는 다양한 형식을 시도했지만, 1년을 채 못 가고 사라졌다.

2) 음악 쇼의 경쟁과 분화

TBC-TV는 1969년 11월 5일부터 청소년 대상의 〈원투쓰리고〉라는 프로그램을 수요일 오후 6시 30분부터 30분 동안 편성하였다(《한국일보》, 1969. 11. 5: 4). MBC-TV의 개국에 대비해 TBC-TV가 신설 또는 개편한 오락 프로그램 중 하나가 바로 〈원투쓰리고〉였다(중앙일보사, 1985: 827). 조용호에게 "황정태 PD가 어느 날 내가 하고 싶은 대로 기획해서 만들어 보라"고 해서 "6개월 만에 만든 프로그램이 〈원투쓰리고〉였다"라고 한다(김종진, 2010: 73). "〈원투쓰리고〉는 리드미컬한 소리로 젊은이를 대상한 프로"라는 평을 들었다(《경향신문》, 1969. 11. 17: 5). 그러나 〈원투쓰리고〉는 당국의 압력으로 인해 오랫동안 방송되지 못하고 1970년 3월 18일에 종영되었다(박용규, 2007). TBC-TV는 1970년 8월에 "세계 팝송을 소개하는 사이키델릭 사운드 퍼레이드"라고 하는 〈짧은 멜로디〉(금요일 오후 6:25)를 편성하기도 했다(《경향신문》, 1970. 8. 29: 5). 이 프로그램도 오랫동안 방송되지는 못했다.

TBC-TV가 10대를 대상으로 하는 〈원투쓰리고〉를 편성하자 MBC-TV도 뒤질세라 1969년 11월 21일부터 〈젊음의 리듬-그룹사운드쇼〉를 금요일 오후 6시 25분부터 35분 동안 편성했다. 〈젊음의 리듬〉은 TBC-TV의 프로그램 개편에 맞서기 위해 MBC-TV가 대대적인 개편을 하면서 등장했다.[166] 〈젊음의 리듬〉은 1970년 2월 1일부터는 일요일 오후 6시 25분으로 시간을 옮겼다가, 3월 7일부터는 다시 토요일 오후 6시 30분으로 바뀌면서 방송 시간도 50분으로 늘렸다. 평일에 방영하다가 주말로 옮긴 것은 그만큼 시청률이 높았다는 것을 보여 준다. 그럼에도 〈젊음의 리듬〉은 1970년 3월 21일에 사실상 마지막 방송을 했다.[167] 1970년 3월 18일에 종영된 〈원투쓰리고〉와 비슷한 시기에 〈젊음의 리듬〉도 폐지된 것이다.

TBC-TV의 〈쇼쇼쇼〉와 MBC-TV의 〈토요일 토요일 밤

166 당시 MBC에 근무하던 정순일은 1969년 8월 개국 이후 시청률이 높지 않자 얼마 뒤 "편성제작기획팀은 부산 해운대에 진을 치고 이곳에서 수신되는 일본의 NHK와 민방텔레비전의 1주일 치 프로그램을 하나도 놓치지 않고 모니터한 다음 서울에 돌아와, 괜찮다 싶은 아이디어는 모두 우리 것으로 바꿔보는 대담한 작업을 했었다"라고 하며, 그중 하나가 바로 〈젊음의 리듬〉이었다고 회고했다(정순일, 1991: 181).

167 MBC-TV는 〈젊음의 리듬〉이라는 이름을 유지하려고 했거나 또는 후속 프로그램을 준비하지 못했기 때문인지 사실상 종영한 지 2주 뒤인 4월 4일에 〈젊음의 리듬〉이라는 이름을 다시 사용했는데, 그 내용은 '문공부 장관기 민속무용대회 입선자 발표회'였다(《한국일보》, 1970. 4. 4: 8). 그러나 〈젊음의 리듬〉이라는 이름도 4월 4일 이후에는 사라졌다.

에〉에는 1970년대 말까지 계속 토요일에 편성되었다. KBS-TV는 1971년 10월 9일(토)에 〈KBS 그랜드쇼〉가 종영되면서 한동안 주말에 음악 쇼를 편성하지 않았다. 그러다가 1972년 11월 4일(토) 오후 7시 50분에 〈KBS 가요제〉라는 이름으로 다시 주말에 음악 쇼를 편성했다. 이에 대해 KBS-TV가 1972년 10월에 "잡다한 쇼들을 50분짜리 〈KBS 가요제〉로 묶은 것은 특이"했는데, 이것은 "KBS의 쇼가 사실상 전면적으로 폐지"된 것이었다는 지적까지 나왔다(《동아일보》, 1972. 10. 19: 5). 그후에도 〈KBS 가요제〉는 일요일, 수요일 등으로 편성 시간을 자주 바꾸었고, 1976년에는 프로그램 이름을 〈가요대행진〉으로 다시 바꾸었다. 〈가요대행진〉도 일요일, 금요일, 토요일 등 편성 시간을 자주 변경했다. KBS-TV는 토요일에 편성된 TBC-TV의 〈쇼쇼쇼〉나 MBC-TV의 〈토요일 토요일 밤에〉와의 경쟁에서 이기기 어렵다고 보았기 때문에 가능하면 음악 쇼의 토요일 편성을 피하려고 했다.

음악 쇼에서 계속 열세에 놓여 있던 KBS-TV는 1974년 2월 9일(토) 오후 8시 10분부터 30분 동안 〈젊음의 행진〉 첫 방송을 했다. TBC-TV가 〈쇼쇼쇼〉, MBC-TV가 〈MBC 그랜드쇼〉(1974년 2월 23일부터 〈토요일 토요일 밤에〉로 변경) 같은 음악 쇼를 방송하던 토요일 저녁 시간에 KBS-TV가 청소년 대상 프로그램인 〈젊음의 행진〉을 방송했던 데는 같은 음악 버라이어티 쇼로는 맞서기 어렵다는 판단도 작용했을 것이다.[168] 방송 시간은 몇 번의 변동 끝에 4월

168 KBS-TV는 〈젊음의 행진〉만으로는 한계가 있다고 판단했기

13일부터는 토요일 오후 6시 20분부터 40분 동안으로 편성되었다. 그러나 〈젊음의 행진〉은 오래가지 못해 1974년 8월 31일로 끝났고, 그 시간에는 '건전한 새노래'를 들려준다는 〈우리들의 새노래〉라는 프로그램이 자리를 옮겨왔다.

KBS-TV의 〈젊음의 행진〉이 시작된 지 두 달 뒤인 1974년 4월 1일(월)에 TBC-TV도 〈오라오라오라〉라는 청소년 대상 프로그램을 편성했다. 조용호는 〈원투쓰리고〉가 폐지되고 "그래도 미련이 남아 얼마 뒤 〈오라오라오라〉라는 프로그램을 다시 했"다고 했다(신현준 · 최지선, 2022a: 375). 〈오라오라오라〉는 마지막 방송 때까지 내내 월요일에 방송되었지만, 방송 시간만은 오후 7시부터 9시 사이를 자주 옮겨 다녔다. 과거의 〈원투쓰리고〉와 달리 〈오라오라오라〉는 비교적 긴 2년 동안 방송되다가 1976년 4월 5일에 결국 종영되고 말았다.[169]

TBC-TV는 1979년 2월 18일에 다시 젊은이들을 대상으로 하는 프로그램 〈청춘 대합창〉을 신설했다. 〈청춘 대합창〉은 처음

때문인지 1974년 4월 13일(토)부터 〈KBS 가요제〉를 일요일에서 토요일로 옮겨서 편성했다. 토요일에 〈KBS 가요제〉는 오후 7시 40분부터 40분 동안 방송되었고, 〈젊음의 행진〉은 그에 앞서서 오후 6시 20분부터 40분 동안 편성되었다(《서울신문》, 1974. 4. 13: 8).

169 조용호는 출연자인 김동길 교수의 발언이 문제가 되어 5개월 또는 6개월 만에 〈오라오라오라〉가 종영되었다고 회고했다(김종진, 2010: 98; 신현준 · 최지선, 2022a: 375). 그러나 당시 신문에 실린 편성표를 보면, 〈오라오라오라〉는 2년 동안 방송되었다는 사실을 알 수 있다. 연출은 초기에 조용호가 맡았다가, 이어서 이선권이 담당했다. 세시봉 DJ 출신 PD들이 계속 청소년 대상 프로그램의 연출을 맡았던 것이다.

에는 일요일 오전 10시 20분에 방송하다가, 4월 1일부터는 월요일 오후 7시 20분으로 편성 시간을 변경했고, 1980년 1월 17일에는 다시 목요일 오후 7시 20분으로 변경해 1980년 3월 20일에 폐지될 때까지 계속 방송되었다. 프로그램 명칭도 1979년 10월 8일에는 〈젊은이의 대행진〉으로 바꾸었다가 1980년 1월 17일에는 도로 〈청춘 대합창〉으로 변경했다(박용규, 2007: 22~23).

MBC-TV는 1970년대 말까지는 주중의 청소년 대상 음악 쇼를 따로 편성하지 않았고, 〈토요일 토요일 밤에〉가 TBC-TV의 〈쇼쇼쇼〉나 KBS-TV의 〈가요대행진〉에 비해 상대적으로 젊은 층 수용자까지 고려하는 프로그램 구성을 하는 방식으로 대응했다. MBC-TV는 1979년 4월 4일에 가서야 〈젊음이 있는 곳에〉를 편성했다. 처음에 수요일 오후 10시에 방송하다가 1980년 3월 4일에 화요일 오후 7시로 변경했고, 9월 9일에는 〈젊음의 광장〉으로 프로그램도 명칭을 바꾸었다(박용규, 2007: 23). 주말에 가족이 함께 볼 수 있는 음악 쇼를 편성하고, 주중에는 젊은이 대상의 음악 프로그램을 편성하는 관행이 1970년대까지 계속되었다.

3. TV 음악 쇼의 포맷과 음악

1) TV 음악 쇼의 포맷

HLKZ-TV의 주말 음악 쇼인 〈OB 노래파티〉는 버라이어티 쇼라고 하기는 어려웠다. 초기에는 가수와 배우가 함께 나와 대화하고 노래도 부르는 형식으로 구성되었는데, 영화배우 노경희가 사회를 맡았다. 편성표에 출연자 명단이 처음 나온 4회 방송에는 원방현과 주증녀가 나왔고, 5회 방송에는 송민도와 양미희가 나왔다(《동아일보》, 1956. 6. 30: 4; 1956. 7. 7: 4). 뒤에 '작곡가의 밤'(《조선일보》, 1956. 11. 3: 4), '추억의 앨범'(《동아일보》, 1957. 2. 23: 4), '음악극'(《경향신문》, 1957. 5. 25: 4), '희망음악회'(《조선일보》, 1957. 6. 15: 4) 등 다양한 포맷으로 계속 바꾸어 나갔다.

HLKZ-TV의 수요일 저녁의 음악 쇼 시간에는 미8군 쇼단을 초청해서 "교대로 춤과 노래, 악단 연주"를 하는 방송을 했다(황문평, 1981: 50~51). 수요일의 음악 쇼가 "미8군에 출연하는 한국 쇼 단체들을 3만 환씩 주고 교체 출연시켰다"라고 하니(황문평, 1983: 289) 이 프로그램이 〈OB 노래파티〉에 비해 상대적으로 버라이어티 쇼에 더 가까웠을 것이다. 미8군 쇼에서 하던 패키지 쇼를 TV로 옮겨와 한국인 시청자들에게 보여 주었던 것이다.

HLKZ-TV는 아직 AFKN도 TV 방송을 시작하지 않은 상황에서 단지 미국의 TV 제작 교재를 보거나,[170] 미국 상업 방송을 모방하며(백미숙, 2011b: 165~168) 열악한 제작 여건 속에서 프로그램을 만들어 나갔다. 당시 〈성조지〉는 HLKZ-TV가 〈왓츠 마이 라

170 HLKZ-TV의 밀러 사장은 루디 브레츠Rudy Bretz의 《TV 제작 기술*Techniques of Television Production*》(McGraw-Hill, 1953)과 조명, 무대 기술 등 TV 관련 서적 몇 권을 건네 주며 돌려가며 읽고 공부하라고 했다고 한다(최창봉, 2010: 256). 그 책은 국립중앙도서관에서 볼 수 있다.

인*What's My Line?*〉(CBS, 1950~1967)을 본뜬 퀴즈 쇼를 편성한 것을 "다가올 일들의 전조"라고 보도했다(*Stars & Stripes*, 1956. 7. 30: 13). 1956년 7월 1일에 처음 방송된 그 퀴즈 쇼 이름이 바로 〈벙어리 문답〉이었다(《동아일보》, 1956. 7. 1: 4). 〈성조지〉의 보도는 HLKZ-TV가 미국 TV 프로그램의 포맷을 따라갈 것이라는 점을 지적한 것이었다. HLKZ-TV는 "열악한 제작 현실"로 인해 "미국의 최신 기술과 제작 모델"을 "제대로 된 모방"을 하는 것조차 어려웠다(백미숙, 2011b: 146~147). 음악 쇼의 경우도 제작 여건이 열악해 미국 음악 프로그램의 포맷을 그대로 따라가기는 쉽지 않았을 것이다.

KBS-TV의 〈TV 그랜드쇼〉는 "개국 프로그램으로 방송 첫날인 1961년 12월 31일 개국과 함께 등장, 노래와 만담, 무용, 촌극 등 텔레비전의 기능을 백분 발휘한 버라이어티 쇼"라는 평가를 받았다. 그러나 1962년 8월에 라디오와 합동 방송이 되면서 〈KBS 그랜드쇼〉로 이름이 바뀌었고 "지금까지 지녀온 영상에 의하는 무용이나 촌극 등은 없애고 음악, 특히 대중가요 위주의 프로그램으로 성격이 변하"고 말았다. 연출은 황재목, 진행은 아나운서인 임택근, 최세훈, 박종세 등이 맡았다(방송문화연구실, 1962: 195). 비용 절감을 위한 TV·라디오 합동 방송을 하면서 시각적 측면이 경시되었고, 아나운서가 진행했기 때문에 코미디적 요소의 활용이 줄어들면서 버라이어티 쇼답게 프로그램을 만들기 어려웠다.

〈KBS 그랜드쇼〉의 조연출을 맡았던 황정태는 KBS 입사 후의 교육에 대해 "외국에서 발간된 전문 서적 중심으로 하였으며 그 외 1957년부터 방송을 개시한 AFKN의 프로그램을 모니터하고 토의하는 형식도 병행하였다"라고 설명했다(황정태, 2001b: 448). 황정태는 "완전 미국 것을 우리가 AFKN을 통해서 보기는 많이 봤지만은 그걸 그대로 옮기거나 그걸 그대로 따올 수는, 실상은 없어요. 그렇게 할 수도 없고, 그런 능력도 안 되고"라고 하며 AFKN-TV를 보며 TV 음악 쇼의 포맷을 연구했지만, 현실적 여건 때문에 그대로 만들 수는 없었다고 했다(황정태 · 백미숙, 2019: 130~131). 황정태는 "무용이나 아크로바틱한 움직임을 줄 수 있는 요소"가 많았기 때문에 미8군 쇼의 형식과 가수를 활용했지만 "그 쇼를 그대로 TV로 옮겨올 수는 없으니까 조금 어레인지를 했다"라고도 설명했다(김종진, 2010: 54).

1963년에 KBS가 광고를 도입하면서 〈KBS 그랜드쇼〉는 변화하기 시작했고, 10월에는 라디오와의 공동 방송을 중단하고 진행을 코미디언 곽규석이 맡았다.[171] 본격적인 TV쇼가 되면서 "토요일 밤 (HL)CK 〈그랜드쇼〉는 요즘 와서 퍽 세련돼 가고 있다. "노래 한 곡 하고 만담 하나 하고"의 따분한 도식을 지양하고 드라마타이즈한 대본과 노래도 제법 양풍洋風을 본뜨며 뮤지컬의 흉내를 내고" 있다는 평가를 듣기도 했다(《조선일보》, 1964. 5. 26: 5). 그럼에도 황정태는 "비록 그 구성과 내용에서 TV적인 요소를 제대로 발휘하지 못했으나 어려운 여건 속에서 진행된 와이드쇼였다"라고 평가했다

171 편성표를 보면 〈KBS 그랜드쇼〉가 1962년 말까지는 TV와 라디오 모두 토요일에 편성되어 있었는데, 1963년 이후에는 TV에는 토요일 오후 8시, 라디오에는 수요일 오후 8시에 편성되어 있었다. 라디오에는 1963년 10월 2일(수)까지만 편성되어 있어서 이 시기부터 온전히 TV쇼가 되었다고 할 수 있다.

(황정태, 2001a: 89).

〈쇼쇼쇼〉가 첫 방송을 했던 1964년 12월 12일자 신문에는 "노래하고 춤추고 웃고 즐기는 60분간의 버라이어티 쇼"라고 소개되었다(《한국일보》, 1964. 12. 12: 4). TBC-TV가 개국해 〈쇼쇼쇼〉가 등장하면서 무대 쇼를 그대로 텔레비전으로 가져와 방송하는 것에서 벗어나기 시작했다. 물론 새로 시작하는 음악 쇼로서 어쩔 수 없이 '버라이어티'를 살리기 위해 미8군 쇼를 참조할 수밖에 없었다. 황정태는 인터뷰에서 "어떻게 버라이어티를 줄 것이냐를 고민하다가 이것저것 여러 가지 내용을 넣어야 되겠다는 생각에 8군 쇼를 넣었다"라고 답변했다(최지호, 2005: 142). 미8군 무대에서 활동했던 이백천이 조연출로 황정태의 〈쇼쇼쇼〉 연출을 도왔다는 것도 영향을 주었을 것이다(황정태 · 백미숙, 2019: 104~105). AFKN을 통해 볼 수 있었던 〈에드 설리번 쇼〉의 영향도 없지 않았을 텐데,[172] 선성원은 "〈쇼쇼쇼〉는 〈에드 설리번 쇼〉를 모방한 프로그램이었다"라고 주장하기도 했다(선성원, 2005: 213).

연출자 황정태는 〈쇼쇼쇼〉를 처음 맡으면서 포맷에 대해 고민하다가 "뮤직 버라이어티를 원칙"으로 하기로 결정했고, "장면의 전환과 입체적인 화면 구성은 미술(세트)과 안무에서 찾았으며 조명과 카메라에서 영상화를 하도록 했다"라고 한다(황정태, 2001b: 454).

172 〈에드 설리번 쇼〉가 AFKN-TV에 언제부터 편성되었는지 정확히 확인하기 어렵다. 다만 이미 1960년대 초부터 〈에드 설리번 쇼〉가 AFKN-TV를 통해 방송되었던 것은 분명하다(*Stars & Stripes*, 1961. 3. 26: 39).

그림 7 〈쇼쇼쇼〉 400회 특집(1973. 1. 27), 곽규석, 펄시스터즈, 자니브라더즈

● 펄시스터즈는 미8군 쇼에서 노래했었고, 자니브라더즈의 김준은 뉴월드 음악감상실에서 DJ로 활동한 바 있다. '자니브라더즈'는 1968년에 해체했다가 '메아리진'이라는 이름으로 다시 잠시 활동했는데, 이 사진 속의 〈쇼쇼쇼〉 400회 특집이 고별무대였다(〈News Maker〉, 2013. 4: 40～45).

출처: 중앙일보사, 1985: 825.

위와 같이 다채로운 요소들을 이용해 동적인 화면을 구성할 수 있었던 일차적인 이유는 바로 최초로 녹화기를 사용했기 때문이었다.[173] 비록 편집은 불가능했지만, 그 덕택으로 편성에 유연성을 지닐 수 있었고 야외 녹화를 시도할 수도 있었다. 또한 전속 가수, 무용단, 악단 등을 두었다는 점도 도움이 되었다(황정태, 2001a: 24~25). 또한 사회를 보며 콩트를 이끌었던 곽규석, 안무를 맡았던 한익평, 무대 미술을 담당하던 장종선,[174] 악단장 이봉조 등의 합류도 버라이어티 쇼를 만드는 데 큰 힘이 되었다(황정태, 2001b: 455). 이렇듯 〈쇼쇼쇼〉는 상당히 좋은 여건에서 유능한 인력의 참여 속에 음악 쇼로서 훌륭한 출발을 보였다. 특히 악단장 이봉조와 안무 한익평은 모두 미8군 쇼단에서 활동했던 경험을 가져 새로운 감각의 음악 쇼를 만드는 데 큰 도움이 되었다.

황정태의 뒤를 이어 연출을 맡은 조용호는 "황정태 PD와 내가 한 〈쇼쇼쇼〉는 별로 차이가 없었다"라고 했다(김종진, 2010: 88). 조용호는 "그때까지 TV쇼는 악단이 뒤에서 연주하고 무대에는 가수만 번갈아 나오던 포맷이었잖아요. 하지만 전 그때 미국의 방송을 보

173 녹화기의 사용은 서울에서 방송한 내용을 녹화 테이프에 담아 부산으로 보내야만 했던 당시 TBC-TV가 처한 현실과 긴밀한 관계가 있었다(방송연감편찬위원회, 1966: 282). 물론 제작상의 필요도 없지는 않았겠지만, 지역국인 부산에 테이프로 방송 내용을 보내야 했던 요인이 더 크게 작용했다는 것이다.

174 조용호는 "움직이는 세트, 세련된 무용 등은 어느 쇼도 흉내 낼 수 없는 쇼쇼쇼의 자랑이었다"라고 회고했다(조용호, 1982: 144~145). 무대 미술을 담당했던 장종선과 안무를 맡았던 한익평 덕택이었다.

고 다채롭게 꾸미고 싶더군요. 그래서 '원씬 원송'이라는 원칙으로 노래마다 무대를 다르게 했어요"라고 연출 방향을 설명했다(신현준 · 최지선, 2022a: 373~374). TBC-TV가 1964년 12월에 개국해 〈쇼쇼쇼〉가 방송되면서 비로소 "TV적인 쇼, 한국형의 TV쇼 정립"을 위한 노력이 서서히 결실을 맺기 시작했던 것이다(황정태, 2001a: 89~90).

MBC-TV가 1969년 8월에 개국하며 편성했던 〈OB 그랜드쇼〉는 "노래와 무용, 연주 등을 위주로 구성된 본격적인 버라이어티 쇼. 국내외 인기 가수들의 최신 히트곡과 화려한 무용, 단막 코미디, 흥겨운 리듬의 연주를 풍부한 유머와 개그를 소유한 인기 MC와 함께 엮어 나간다"라고 설명했다(방송연감편찬위원회, 1970: 119). 〈OB 그랜드쇼〉를 연출했던 전우중은 "모든 프로그램이 구성을 통해서 나오는 것이지만 〈그랜드쇼〉는 조금 더 철저했다"라고 하며 〈쇼쇼쇼〉와의 차별화를 위해 노력했다고 했다(김종진, 2010: 91~92). 그러나 TBC-TV의 〈쇼쇼쇼〉, MBC-TV의 〈OB 그랜드쇼〉, KBS-TV의 〈KBS 그랜드쇼〉는 모두 음악과 춤이 나오고 사이사이에 코미디와 마술 등이 들어가서 포맷 면에서는 큰 차이가 없었다.

1965년 12월에 TBC-TV가 편성했던 〈OB 카니발〉은 주말에 편성되던 음악 쇼들과는 포맷 면에서 다소 차이가 있었다. 연출자였던 전우중은 "8군 연예인들이 모이는 사무실에서 가수들과 함께 트럭을 타고 들어가서 쇼를 봤다. 그러면서 내 프로그램과 공통분모를 찾았다"라고 했다(김종진, 2010: 96). 〈OB 카니발〉은 미8군 쇼의 형식과 음악에 큰 영향을 받았던 것이다. 〈OB 카니발〉의 전신인 〈세븐디럭스쇼〉를 기획했던 것이 미8군 쇼에서 활동했던 이백천이었기 때문에(김종진, 2010: 61) 청소년 대상 음악 프로그램에 미8군 쇼 출신 가수들을 적극적으로 활용할 수 있었다. "저조하던 JTV[TBC-TV의 전신 — 인용자]의 〈OB 카니발〉(월요일 밤 9시 15분~10시 15분) 금주의 프로는 근래에 보기 드문 수준이었다. 무엇보다도 별로 우습지도 않은 코미디를 없앤 것이 개운했고, 스피디한 전개로 쇼 프로다운 활기를 불어넣어 주어 좋았다"는 평가가 나왔다(《경향신문》, 1966. 4. 6: 7). 〈OB 카니발〉은 주말 음악 쇼와는 달리 코미디나 마술 같은 음악 외적인 요소의 활용을 줄였던 것이다.

1966년 8월부터 TBC-TV에 편성된 〈그림에 노래 싣고〉는 TV에서 방송하는 심야 DJ 프로그램으로서 가장 독특한 포맷을 보여 주었다. 이백천은 이 프로그램에 대해 "피세영이 여자 아나운서와 함께 DJ를 맡고, 만화가 신동우 씨와 내가 각각 이젤에 스케치북을 펼쳐놓은 후 음악이 나가는 동안 즉흥 그림과 즉흥 낙서를 하는" 형식이었다고 설명했다(이백천, 2014: 91). 당시 잡지는 이 프로그램에 대해 "DJ와 만화, 낙서와 트리오 레귤러 팀이 형성되어 시청자의 리퀘스트 음악을 입체 화면으로 수놓게 되었"다고 설명했다. DJ가 출연자와 대화를 나누다가 시청자로부터 신청받은 음악을 들려줄 때 그림을 그리거나 낙서하는 모습을 보여 주는 형식이었다. TV에서 신청곡을 음반으로 들려줄 때 영상으로는 무엇을 보여 줄까 하는 고민이 그림과 낙서를 보여 주는 것으로 결정되었다(《월간방송》, 1971. 11: 108~109).

1969년 11월에 처음 방송된 TBC-TV의 〈원투쓰리고〉와 MBC-TV의 〈젊음의 리듬〉은 주말에 편성되던 음악 쇼들과는 포맷 면에서 큰 차이가 있었다. 〈원투쓰리고〉를 연출했던 조용호는

"미국의 〈소울 트레인〉을 카피한 프로그램이었다"라고 설명했다(김종진, 2010: 95). 그는 "욕심이 생겨 완전히 젊은 사람들 중심의 프로그램으로 1969년에 〈원투쓰리고〉라는, 〈소울 트레인〉 같은 분위기의 프로그램을 연출했어요. 객석에서 일어나서 춤도 출 수 있게" 했다고 설명했다(신현준 · 최지선, 2022a: 375). 〈원투쓰리고〉 제작에는 이백천도 관여했다. 박인희와 이필원이 〈원투쓰리고〉에 출연해 함께 팝송인 〈서머 와인〉을 부르는 것을 보고, 이백천 PD가 권유해 듀엣을 구성해 활동하게 되었다고 한다(《조선일보》, 1970. 7. 1: 7). 미8군쇼와 음악감상실에서 활동했던 인물들이 〈원투쓰리고〉를 기획하고 제작했던 것이다.

〈원투쓰리고〉는 〈소울 트레인〉처럼 '그룹사운드'의 노래에 맞추어 무대 위의 가수들은 물론 관객들도 함께 춤을 추도록 했다. 당시 신문에 〈원투쓰리고〉에 대해 "틴에이저 가수들이 출연, 힛퍼레이드를 벌이는 30분짜리 짜릿한 노래와 춤의 프로"라는 평이 실렸을 정도였다(《경향신문》, 1970. 3. 18: 8). 물론 〈젊음의 리듬〉도 비슷한 프로그램 포맷을 보여 주어 "방청객들이 직접 춤을 추게 하"였다(《일간스포츠》, 1970. 1. 18: 8). 코미디나 마술 대신에 가수와 방청객의 춤이 더 큰 비중을 차지했다. 〈젊음의 리듬〉은 이재휘 PD가 연출했는데, 당시 조연출이던 유수열은 이 프로그램이 "쇼킹할 정도의 자유 분방한, 살아 있는 춤과 노래로 구성"되었다고 하며, "이재휘 PD의 기막힌 연출을 보고 '으악'했던" 기억이 있다고 회고했다(《MBC사우회보》, 35호[2016. 5. 15]: 7).

미국에서 1965년에 시작한 〈소울 트레인〉은 AFKN에서도 방송되어 한국의 텔레비전 프로그램이나 가수들에게 큰 영향을 주었다.[175] "70년대 AFKN의 〈소울 트레인〉은 첨단 대중문화의 쇼윈도 같은 프로그램으로서 우리가 알아야 할 쇼와 춤의 견본처럼 여겨졌다"라고 한다(《경향신문》, 1999. 11. 5: 33). 〈원투쓰리고〉를 편성한 TBC-TV나 〈젊음의 리듬〉을 방송한 MBC-TV만이 아니라 청소년 대상 프로그램이 없었던 KBS-TV도 AFKN의 영향을 받았다. 부산 TBC, 서울 MBC를 거쳐 KBS-TV에서 쇼를 연출했던 진필홍(1944~2015)은 1970년대에도 "새로운 것을 추구하려고 노력하고 AFKN의 프로그램도 보며 고민도" 했다고 하며 AFKN의 영향에 관해 언급했다(신현준 · 최지선, 2022c: 70).

1970년대에 들어서면서 음악 쇼에 대한 다양한 비판들이 나오기 시작했다. 3국 체제가 되면서 경쟁이 치열해졌지만, 실제 내용 면에서 발전한 것은 별로 없다는 지적들이었다. "한마디로 TV쇼 프로에 방송되고 있는 내용물은 TV쇼가 아니라는 것. 바꿔 말해 TV쇼를 위해 제작된 것이 아니고 다른 무대들 — 미8군 쇼나 극장 쇼 무대, 그밖에 디스크 취입 등 다른 용도로 만들어진 노래, 무용, 코미디 따위를 주워 모아 'TV쇼'라고 방송하는 것이 거의 대부분"이라는 지적이 나왔다(《일간스포츠》, 1971. 3. 22: 4). 또한 "우리나라 TV쇼 프로는 고작해야 춤추고 노래하고 코미디로 웃기는 형태를 벗어나지 못하고 있다. 외국의 경우처럼 서커스나 마술, 기계 체조처럼 보이는 특기, 이색적인 원맨쇼 등의 다양한 포메트가 결여

175 〈소울 트레인〉은 1965년에 시카고의 지역 방송에서 처음으로 편성되었고, 1971년 10월부터 신디케이션을 통해 미국 전역에서 방송되었다.

되어 있다. 말하자면 쇼적 요소가 부족하다는 것이다"라는 비판도 나왔다(한국연감사, 1971: 408). 이런 지적들은 음악 버라이어티 쇼가 '버라이어티'를 제대로 갖추지 못하고 있고, 다양한 시청자를 끌어들이기 위해 노력하는 데도 한계가 있다는 것이었다.[176]

1974년에 방송된 KBS-TV의 〈젊음의 행진〉과 TBC-TV의 〈오라오라오라〉는 주중에 편성된 프로그램으로 청소년을 대상으로 했다는 점에서는 1969년의 〈원투쓰리고〉나 〈젊음의 리듬〉과 유사한 점이 있었다. 〈젊음의 행진〉은 이백천이, 〈오라오라오라〉는 조용호가 기획했기 때문에 1969년의 주중 음악 쇼로부터 이어지는 면이 있었다. 그러나 〈젊음의 행진〉과 〈오라오라오라〉는 포맷 면에서는 〈원투쓰리고〉나 〈젊음의 리듬〉과는 상당히 달랐다. 〈젊음의 행진〉이나 〈오라오라오라〉는 모두 통기타 가수들이 출연해 노래하고, 노래 사이사이에 가벼운 대화를 나누는 형식으로 진행되었다(《주간경향》, 1974. 2. 17: 85). 특히 과거의 '코미디언'과는 다른 특성을 가진 이상룡 같은 젊은 '개그맨'들이 출연해 재미있는 주제로 대화를 이끌어나갔다(《경향신문》, 1974. 4. 20: 8; 김종진, 2010: 97~98). 정부의 통제를 의식하면서도 청소년들의 관심을 끌기 위한 고육지책이었다. 1979년에 시작한 TBC-TV의 〈청춘 대합창〉과 MBC-TV의 〈젊음이 있는 곳에〉도 1974년의 청소년 대상 프로그램과 매우 비

176 "성인층의 시청자에게는 여가수 몸 하나 흔드는 것이 볼품 있다는 소견이고, 어린 층들은 코미디언들이 출연해 웃기기 위해 병신노릇하는 것에 희희낙락"이라는 비판까지 나왔다(《일간스포츠》, 1970. 10. 29: 8). 당시 기성세대의 음악 쇼에 대한 편견이 그대로 드러난다.

슷한 포맷을 갖추고 있었다(박용규, 2007: 23~24).

2) TV 음악 쇼의 가수와 음악

HLKZ-TV의 주말과 주중 음악 쇼의 출연진은 다소 달랐다. 주말의 〈OB 노래파티〉에 기존에 활동하던 트로트 가수들이 상당수 출연했다면, 주중의 음악 쇼에는 미8군 쇼에서 활동하던 팝 스타일 가수들이 주로 출연했다. 예를 들어 주말의 음악 쇼인 〈OB 노래파티〉 10회 방송에는 신카나리아, 신세영, 송민도, 명국환이 출연했고(《동아일보》, 1956. 8. 11: 4), 1959년에도 현인, 김중건, 심연옥, 김백희 등이 출연했다(《동아일보》, 1959. 1. 22: 4). 주말의 〈OB 노래파티〉에 "자주 출연한 가수로는 박단마, 송민도, 금사향, 황금심, 황정자, 명국환, 원방현, 나애심, 현인, 박노식, 동방성애, 김정애, 박경원, 심연옥 등이" 있었다(황문평, 1981: 50~51). 이들 중 대부분이 과거부터 활동했고, 주로 트로트를 부르던 가수들이었다.

반면에 "매주 수요일 저녁의 TV쇼 시간에는 미8군 소속 쇼단을 초청"했기 때문에 당연히 8군 쇼 출신 가수들이 주로 출연했다(황문평, 1981: 50~51). "TV쇼 프로의 공급은 김영순(베니쇼)이 중심으로 매주 출연진을 다채롭게 교체하는데, 큰 문제는 김영순이 주로 서포트해 준 셈"이었고, "출연진은 악단, 가수, 무용팀의 인원이 많거나 적거나 한 프로 출연료는 3만 환으로 고정, 김영순이 때로는 돈을 보태면서까지 TV쇼 프로에 후원자 역할을 해" 주었다고 한다(황문평, 1998a: 250~251). 미8군 쇼에서 활동하던 이백천은 자신이 소속된 민들레악단도 HLKZ-TV에 출연했었다고 했다(이백천, 2014:

50~51). "초기의 TV쇼는 오히려 지금 것들보다도 더 다양-버라이어티 했었던 것이 그때는 쇼 탤런트들이 부족하고 가수들이 TV 출연을 꺼려하는 점도 있었기 때문에 미 8군의 연예인들과 특기자들을 많이 출연시켰던 것"이라는 주장도 나왔다(김종칠, 1971: 90).

KBS-TV가 개국하며 편성한 〈TV 그랜드쇼〉에도 패티김, 이춘희, 한명숙, 현미 등 미8군 쇼에서 활동하던 가수들이 대거 출연했다. 패티김은 미국 출국을 앞두고 KBS-TV에서 두 번의 고별 방송을 했다. 1962년 6월 13일의 〈TV 그랜드쇼〉에서 패티김은 〈오버 더 레인보우〉, 〈서머타임〉, 〈파드레〉 등을 불렀고, 이춘희, 현인, 박재란, 아리랑 시스터즈, 김치캣 등이 출연했다(《경향신문》, 1962. 6. 10: 4). 패티김은 팝송을 불렀고, 출연자들의 대부분이 미8군 쇼에서 활동하는 가수들이었다. 1962년 6월 25일에 KBS-TV에서는 출국을 앞둔 패티김의 고별쇼를 다시 편성했는데, 여기에도 이춘희, 한명숙, 현미 등 미8군 무대에서 활동하는 가수들이 함께 출연했다(《동아일보》, 1962. 6. 29[석간]: 4). TV와 라디오가 합동으로 방송하던 시절에 〈KBS 그랜드쇼〉에는 "송민도, 한명숙, 이춘희, 황인자, 최숙자" 등 여자 가수들만 등장하여 "〈프리 텐트〉, 〈페이퍼 로제〉, 〈이름 없는 꽃〉, 〈네버 온 선데이〉 등 국내외의 유행 음악"을 불렀다(《동아일보》, 1962. 9. 4: 5). 송민도, 최숙자 등 미8군 무대에 서지 않던 가수들이 〈KBS 그랜드쇼〉에 출연하기도 했다.

KBS-TV의 〈TV 그랜드쇼〉(1962년 8월 이후 〈KBS 그랜드쇼〉)는 초기부터 미8군 쇼에서 활동하던 가수들을 상당수 출연시켰다. "새로운 연행을 보여 주는 연주자, 가수가 필요했던 텔레비전으로서는 이미 인기를 끌고 있는 장르를 가져오는 방법 말고는" 없었고,

"또 미군 부대 이외의 연행 공간을 찾던 가수들로서도 텔레비전은 전혀 새로운 매력적인 공간이기도" 했기 때문이다(원용진, 2011: 280). KBS-TV의 〈KBS 그랜드쇼〉의 조연출을 거쳐 연출을 맡았던 황정태는 "특히 우리나라 가수들은 아주 부동자세로 거의 나오니까 화면도 그걸 어떻게 할 수가 없"었다고 하며, "그 영상을 어떻게 해서든지 지루하지 않게 만드는 작업을 해야" 했고 바로 그런 'TV화'를 위한 노력의 차원에서 가수를 선정할 수밖에 없었다고 했다(황정태 · 백미숙, 2019: 47~48). 미8군 쇼에서 활동하던 가수들이 TV 쇼에 적합한 가수들을 찾으려는 연출자들의 의도에 부응하며 대거 방송에 출연하기 시작했다. 미8군 쇼에서 활동하던 가수들이나 연주인들에게도 TV 출연은 새로운 기회였다.

한국 전쟁 직후부터 미8군 쇼에서 활동했던 한명숙은 1961년에 〈노란 샤쓰의 사나이〉가 실린 음반을 내고 국내 무대 활동을 시작했는데 "침체했던 우리나라 가요계에 혜성처럼 '데뷰'하여 1961년의 인기를 독차지하다시피 했다"는 평가까지 들었다. 1961년 12월 24일에 텔레비전 시험방송이 시작되었는데, 시험 방송 중인 12월 27일에 출연했다는 것이 한명숙의 높은 인기를 잘 보여 주었다(《조선일보》, 1961. 12. 26[석간]: 4). 한명숙은 "〈노란샤쓰의 사나이〉(손석우 작사 · 작곡, 1961년)로 혜성처럼 나타나 하루아침에 신데렐라가 된 가수"로서 1961년에 〈KBS 그랜드쇼〉에도 자주 출연해 미8군 쇼 출신 가수들이 일반 무대로 옮기는 '기폭제'가 되었다(선성원, 1993: 26). 1961년이 '한명숙의 해'였다면, 1962년은 '현미의 해'였다. 〈밤안개〉를 실은 디스크가 5만 장 가량 팔렸고, 방송 출연이나 무대 공연이 크게 늘어났다(현미, 1997: 142~146). 최희준도 〈우리 애인은 올드미스〉(손석우 작사·작곡)를 히트시키며 방송에 자주 출연했다(황문평, 1998a: 373~378).

미8군 쇼 출신 한명숙, 현미, 패티김, 최희준 등은 주로 스탠더드 팝을 불렀는데, 이들이 정장이나 드레스를 입고 출연해 노래 부르는 모습은 소수만이 수상기를 갖고 있던 현실에서 텔레비전의 위상을 보여 주는 듯했다. 특히 "텔레비전이 대중음악이나 가수들의 수준이 높아졌음을 홍보하며 수용자를 끌어들이는 전략일 수도" 있었다(원용진, 2011: 276). 1963년의 "가요계를 주름잡은 탑 송" 10곡을 정리했는데, 이중에 〈검은 상처의 블루스〉(김치캣츠), 〈밤안개〉(현미), 〈호반의 벤치〉(권혜경, 강수향), 〈서울의 애인들〉(박재란, 안다성), 〈그림자〉(최희준), 〈님〉(박재란), 〈그 눈을 뜨세요〉(한명숙) 등 7곡이 미8군 무대를 거친 가수들이 참여한 노래들이었다(《경향신문》, 1963. 12. 21: 5).[177]

방송문화연구실 연구원 장한성은 한국의 TV쇼가 지닌 문제점으로 "한국의 대중음악은 멜로디, 리듬, 음악에 있어서 거의 천편일률적인 작품들이고 외국가요는 생활, 관습, 언어 다른 한국 가수에게는 아무리 해도 생소하고 서툴기 마련"이라고 하며 활용할 수 있는 음악의 폭이 좁다는 점을 지적했다(《방송》, 1965. 5. 21: 5). 그래

177 한명숙, 현미, 최희준, 김치캣츠가 미8군 무대에서 비교적 오랫동안 활동했다면, 박재란과 권혜경은 1950년대에 잠시 활동했던 것으로 보인다. 강수향(본명 강춘희)은 미8군 무대에서의 활동 경험이 확인되지 않는다. 한때 4중창단 '블루벨즈'에서 활동하기도 했던 그는 1963년 5월 DBS에 입사해 음악 PD로 활동해 제작2부장까지 지냈다(동아일보사, 1990: 589).

서 〈쇼쇼쇼〉가 처음 출발하면서 본격적으로 미8군 쇼 출신 가수들이 텔레비전에 등장했던 것이다. 이 점은 개국 당시 TBC의 전속 가수들이 최희준, 남일해, 유주용, 현미, 한명숙, 박재란, 이금희 등이었다는 사실을[178] 통해서도 잘 알 수 있다(방송연감편찬위원회, 1966: 297). "TBC-TV 전속 가수들은 전속금과 월급을 받았고 프로그램에 출연할 때마다 출연료를 별도로 받았다"라고 한다(현미, 1997: 194). 이들 외에도 위키리, 박형준, 곽순옥, 김계자, 김상국, 이미자, 최숙자, 이명옥, 조애희, 모니카유, 김상희, 쟈니브라더스, 이씨스터즈, 마운틴씨스터즈, 봉봉 4중창단 등이 〈쇼쇼쇼〉에 자주 출연했다(방송연감편찬위원회, 1966: 282). 이들 중 이미자, 최숙자 등 극히 일부를 제외하고는 대부분이 미8군 무대를 거친 가수들이었다.

연출자 황정태는 "당시 8군 쇼 연예인들도 8군 쇼 이외에는 하는 일이 별로 없었다"라고 하며, 이들이 "출연료는 얼마 안 됐지만 어디든 활동하면 좋은 거니 TV에 출연하는 것을 흔쾌히 수락했다"라고 주장했다(김종진, 2010: 54). 이와 관련해 "이 시기의 쇼 경향은 시각적인 면을 고려해서 가수를 선택하게 되었고 외국 유행 음악의 가사를 우리말로 번역해서 부르기 시작하였으며 워커힐 등 무대 쇼를 중계하는 경향과 함께 미8군 가수들이 대거 안방극장 화면에 나타났다"는 평가가 나오기도 했다(한국신문연구소, 1977: 156).

178 〈쇼쇼쇼〉 연출자였던 황정태는 TBC 전속 가수로 이 7명 외에 위키리, 박형준, 곽순옥을 추가해 총 10명이었다고 회고했다(황정태·백미숙, 2019: 114~115). 남일해를 제외하고 모두 미8군 쇼 출신이었다.

〈쇼쇼쇼〉에서 미8군 무대를 거친 가수들을 대거 출연시킨 데는 두 가지 이유가 있었다. 하나는 위에서도 언급되었듯이 시각적 요소 때문이었다. 기존의 트로트 가수들보다는 미8군 무대에서 활동했던 스탠더드 팝 계열의 가수들이 상대적으로 "몸도 움직이고 표정도 지어 주고 방송에 어울렸다"는 것이다. 한명숙은 미8군 쇼단에서는 "안무가 한익평씨를 초청해서 요런 무용 하나 안무해달라고 그러면 우리가 거기서 배워서 미8군에 가서" 활용했다고 설명했다(김은경, 2017: 18). 미8군에서 활동하다가 TV에 출연하며 인기를 끌었던 '펄 시스터즈'는 "될 수 있는 한 스테이지에서 고정되는 것보다는 움직이는 자세를 취하려 했다"라고 하며 "AFKN TV 화면을 통해 쇼를 보며 자신들의 스타일에 맞게끔 연구를 한다는 것이 하나의 비결이라면 비결이 될 수도 있을 듯"하다고 말했다(《가요생활》, 1969. 4: 55).

또 다른 이유는 당시 'TV 수상기 수요 계층의 특성'과 관련이 있다. 즉 "당시 TV는 중산층 이상이 가지고 있었으니까 교육도 많이 받았을 거고 좀 세련된 취향도 가지고" 있다는 점도 감안되었다(최지호, 2005: 136~142). 경제적 수준이 높았던 당시 시청자들이 트로트보다는 팝 음악을 선호했을 것이라는 주장이다. 특히 TBC-TV가 서울과 부산 같은 대도시에서만 방송되었다는 점을 고려하면 타당성이 있었다. 〈쇼쇼쇼〉를 연출했던 조용호도 "당시 TBC는 서울과 부산밖에 나오지 않았다. 어차피 도회적인 스타일로 연출했다"라고 주장했다(김종진, 2010: 87).

〈쇼쇼쇼〉 연출자 황정태는 "TV쇼의 경우 시청이라는 점에 있어서 어떤 경우는 노래보다 가수의 인상이나 스테이지 매너가 더욱 큰 비중을 차지하고 있다는 점을 상기시켜 주었다"라고 하며 "트로트풍의 노래를 지양하고 외국 팝송 등의, 주로 스피디한 노래를 방송하고 있다는 점 역시 라디오 방송과는 구별되는 TV쇼의 특수성"이라고 주장했다(《가요생활》, 1968. 8: 75). 또한 황정태를 이은 〈쇼쇼쇼〉 연출자 조용호도 서울과 부산에서만 방송이 나오는 것을 감안해 "국내 가요 1/3, 팝송·샹송·칸소네 등을 2/3로 편성"했고, 그중에서도 "팝 스타일의 가요가 기본 컨셉"이었다고 밝혔다(《핫뮤직》, 2003. 6: 131). 조용호는 특히 "〈쇼쇼쇼〉는 통기타 가수나 그룹사운드보다는 팝 스타일의 가요가 기본 콘셉트"였고, "패티김, 조영남, 최영희, 정미조, 윤복희, 김추자, 어니언스 등처럼 노래도 잘하고 이미지도 괜찮은 가수들이 인기도 좋았고, 제 구상과도 잘 맞았어요"라고 하며, 포크나 록보다 스탠더드 팝 스타일의 가수들을 〈쇼쇼쇼〉 출연자로 선호했다고 밝혔다(신현준·최지선, 2022a: 374). 또한 "내가 〈쇼쇼쇼〉를 관계하면서부터는 트로트 가수를 거의 안 썼다. 약간 내 취향을 반영해서 팝 스타일 가수들을 많이 출연시켰다"라고도 했다(김종진, 2010: 88).

MBC-TV의 〈OB 그랜드쇼〉(뒤의 〈토요일 토요일 밤에〉)나 KBS-TV의 〈KBS 그랜드쇼〉(뒤의 〈가요대행진〉) 등 주말의 음악 쇼들도 음악 면에서 〈쇼쇼쇼〉와 크게 다르지 않은 경향을 보여 주었다. 〈OB 그랜드쇼〉를 연출했던 전우중도 "조미미, 김부자, 김세레나, 지다연 같은 트로트 가수들은 잘 섭외하지 않았다"라고 했다(김종진, 2010: 93~94). 〈토요일 토요일 밤에〉로 프로그램명이 바뀌던 시기에 "이른바 뽕작조의 레퍼터리로 편성된 다른 쇼 프로에 비해 이 프로의 노래들은 대개가 맛이 다르다"는 평가가 나오기도 했다(《경향신문〉, 1974. 10. 31: 8). 〈쇼쇼쇼〉보다 더 팝 친화적인 음악을 위주로 프로그램을 구성했다는 것이었다. 그러나 1969년 12월에 김세레나, 최숙자, 이미자, 이금희, 키보이즈 등이 출연했고(《경향신문》, 1969. 12. 30: 7), 1970년 5월에 이금희, 한명숙, 희돌즈, 이주랑 등이 출연했다는 것을 보면(《경향신문》, 1970. 5. 30: 8), 〈OB 그랜드쇼〉도 〈쇼쇼쇼〉와 마찬가지로 미8군 쇼 출신 가수가 중심이 되면서 트로트 가수도 일부 출연했다는 것을 알 수 있다.

주말의 음악 쇼와 달리 주중에 편성되는 음악 쇼는 처음부터 청소년을 대상으로 해서 그들의 취향에 맞는 가수들이 주로 출연했다. TBC-TV가 1965년 12월에 신설한 〈OB 카니발〉은 "10대 청소년을 대상으로 좀 더 유행이 가미된 재즈류와 팝송류를 내보내는 성격"을 지니고 있었다(김종진, 2010: 64). TBC-TV는 한동안 토요일의 〈쇼쇼쇼〉와 월요일의 〈OB 카니발〉을 방송했는데, 〈OB 카니발〉은 '팝송 위주'로서 다양한 장르의 음악을 다루던 〈쇼쇼쇼〉와 차별화되었다. 〈쇼쇼쇼〉 등의 주말 음악 쇼에는 미8군 쇼 출신 가수들이 다수 출연하며 과거부터 활동했던 트로트 가수들도 일부 나왔지만, 〈OB 카니발〉에는 주로 미8군 쇼 출신 가수들이 출연했다.

〈OB 카니발〉은 1966년에 "미국의 뮤지컬 무대 등에 출연했던 이노미양, 유럽의 연예계를 주름잡던 리마 김" 등을 한자리에 모아 방송을 하는 등 주로 미8군 무대와 외국에서 활동했던 연예인들이 출연했다(《중앙일보》, 1966. 3. 5: 5). 〈OB 카니발〉은 "최신 유행하는 외국 pop song(팝송) 위주로 노래와 '모던 댄싱'이 곁들여지는 뮤지컬쇼 프로"였는데, 1969년 6월 7일(화) 오후 7시 30분의 방송에는 "리타김, 정훈희, 키보이즈 등 톱 싱거와 점불 시스터즈, 코코 부라더즈, 봉봉 부라더즈 등 보컬 그룹이 출연하며 미국 유타대학의 그룹사운드를 특별 초청하여 출연"시켰다(《매일경제》, 1969. 6. 7: 8). 〈OB 카니발〉을 연출했던 전우중은 미8군 쇼를 직접 보며 가수들을 발굴해, 출연진은 "미8군 출신이 중심"이었고 "흑인 소울도 나오고 그랬다"라고 출연진을 설명했다(김종진, 2010: 96). 또한 미8군 쇼 출신이라 해도 〈쇼쇼쇼〉 등의 주말 음악 쇼에 나온 가수들이 '스탠더드 팝'을 주로 불렀다면 〈OB 카니발〉에 나온 가수들은 '소울, 사이키 음악'을 했다고 할 수 있다.

1969년에 편성된 TBC-TV의 〈원투쓰리고〉와 MBC-TV의 〈젊음의 리듬〉은 모두 〈OB 카니발〉과 비슷한 음악적 경향을 보여 주었다. 당시 프로그램 소개에 〈원투쓰리고〉는 "틴에이저 가수들이 출연, 힛 퍼레이드를 벌이는 30분짜리 짜릿한 노래와 춤의 프로"라고 소개되었다(《경향신문》, 1970. 3. 18: 8). 〈원투쓰리고〉에는 조용호 PD와의 인연으로 '히파이브'가 고정 출연했고(신현준·최지선, 2022a: 346). 〈젊음의 리듬〉에도 '비스' 같은 '그룹사운드'들이 많이 출연했다(신현준·최지선, 2022a: 368). "8군 무대 등에서 활약하고 있는 그룹사운드"들이 "일반 무대에 정착하면서부터 라디오·TV 등 전파를 타고 차츰 대중에 파고들어 붐을 이뤄가고 있다"라는 평가가 나왔다(《중앙일보》, 1970. 7. 11: 4). 이런 프로그램들을 통해 록 음악이 청소년들을 만날 수 있었다.

〈원투쓰리고〉를 연출한 조용호는 "외국인 고등학교에서 애들을 섭외해서 무대 뒤에 세워서 춤을 추게 만들"었다고 했다(김종진, 2010: 95). 당시 신문 기사에 〈젊음의 리듬 — 그룹사운드쇼〉도 "팝송 팬 대상 프로그램인 이 시간은 동계 개편 이후 전 방청객들이 직접 춤을 추게 하고" 있다고 했다(《일간스포츠》, 1970. 1. 18: 8). 두 프로그램에는 미8군 쇼에서 활동을 시작한 그룹사운드들이 주로 등장했고, 이들의 반주에 맞추어 청소년 방청객들이 춤을 추도록 하여 "모두 사이키델릭 그룹사운드에 의한 장발족의 춤이 등장"했다는 비난을 들었다(《경향신문》, 1970. 9. 1: 5).

두 프로그램이 1970년에 폐지되고 1974년에 다시 주중에 청소년 대상 음악 프로그램이 편성되었다. TBC-TV의 〈원투쓰리고〉에 이어 〈오라오라오라〉도 연출한 조용호는 미8군 쇼단 출신의 "안치행과 '영사운드'를 전속 밴드로 했다"라고 하며, "가수는 당시 인기 있던 포크 가수들이 나왔다"라고 했다(김종진, 2010: 97~98). '포크' 음악의 통기타 가수들이 주로 나오며, '소울, 사이키'의 그룹사운드도 일부 나오는 프로그램이었다. KBS-TV의 〈젊음의 행진〉도 비슷한 음악적 경향을 보여 주었지만 〈오라오라오라〉에 비해 상대적으로 포크 가수의 비중이 더 컸다. 〈젊음의 행진〉이 보여준 포크 가수 위주의 음악에 대해 "차분히 앉아서 목소리로만 젊음을 노래하게 하기보다는 생동감 있는 동작을 출연자에게 부여했으면 싶다"라는 지적이 나오기도 했다(《주간경향》, 1974. 4. 14: 83). 최희준이 "우리가 60년대 초 'GI(미군) 문화'를 통해 새로운 음악을 접했듯이, 70년대 청년문화도 미국 문화의 영향을 벗어나지는 못했다"라고 지적했던 것처럼(《중앙일보》, 2002. 10. 2: 18), 1970년대 포크 가수들도 미국의 영향을 받긴 했지만, 적어도 미8군 쇼의 영향으로부터는 어느 정도 벗어났다. 신중현으로 대표되는 록 밴드나 이장희 등의 포크 가수들의 창작 활동은 팝송의 모방과 번안을 넘어설

수 있는 새로운 가능성을 보여 주었다.

1975년 3월의 긴급조치 9호 공포 이후 대중음악에 대한 통제도 대폭 강화되었다. 예술문화윤리위원회는 1975년 6월 '공연활동의 정화대책'을 발표하고 3차에 걸쳐 222곡을 금지곡으로 선정했다(문옥배, 2004: 147). 방송윤리위원회도 1975년에만 178곡을 방송금지곡으로 선정했다(문옥배, 2004: 130). MBC 제정 10대 가수 가요제에서 최고인기상을 받은 송창식의 〈왜 불러〉도 방송윤리위원회의 방송금지곡으로 포함되었다(《조선일보》, 1975. 12. 11: 7). 1975년의 '대마초 파동'으로 포크나 록 계열 가수들이 상당수 활동을 금지당했다(권정구, 2015, 49~51). 1975년 7월에 이미 인기 높았던 신중현과 이장희 등의 노래들이 대거 금지곡이 되었고,[179] '대마초 파동'으로 많은 가수의 활동이 금지당하면서 〈쇼쇼쇼〉 등의 TV 음악 쇼를 제대로 만들기도 어려워졌다. 금지곡 선정과 가수 출연 규제로 "젊은

179 금지곡 선정에서 "록 계열에서 신중현이 주요 타깃이었다면 포크 계열에서는 이장희가 주요 타깃이었다"라는 주장이 있다. 이 둘은 대마초 파동으로 모두 구속되었다. 신중현은 "'대통령 찬가'를 만들어 달라는 부탁을 거절한 '괘씸죄'"가 원인이었다는 추측이 있다(신현준 · 최지선, 2022b: 264~272). 동아일보사의 자유언론실천운동이 좌절되고 1975년 3월에 언론인들이 대거 축출된 후 "동아방송의 각종 프로그램에 고정 출연해 오던 출연자들 중에서도 축출 사원의 전원 복귀를 통해 동아사태가 정상화될 때까지 출연을 보류하겠다고 통고한" 20명이 있었는데, 이장희는 그중 한 명이었다(동아자유언론수호투쟁위원회, 1987: 143). 이장희는 〈0시의 다이얼〉 DJ였는데, 얼마 뒤 복귀했다가 1975년 8월 심야 방송의 DJ가 모두 아나운서로 교체될 때 물러났다. '출연 보류'가 원인이었다고 단정할 수는 없지만, 영향을 주었을 가능성은 있다.

층 팬을 대상으로 기세를 올리던 소위 팝 계열 음악이 퇴폐적인 연예 형태의 대표적인 예로 몰려 뒷걸음"치면서 트로트의 방송 빈도가 높아졌다(《일간스포츠》, 1976. 2. 18: 8). 이런 상황을 극복하기 위해 쇼 프로그램 자체적으로 신인을 발굴하려고 노력했고, 새롭게 가요제를 개최하기도 했다(권정구, 2015: 60~70; 박용규, 2014: 57~58).

1979년에 새로 편성된 TBC-TV의 〈청춘 대합창〉과 MBC-TV의 〈젊음이 있는 곳에〉에는 포크 가수들과 함께 새롭게 등장한 대학생 그룹사운드가 출연했다(박용규, 2007: 23~24). 퇴폐로 비판받던 미8군 쇼 출신 밴드들을 대신해서 방송사 개최 대학생 가요제 출신 그룹사운드를 출연시켰다. MBC-TV의 〈대학가요제〉(1977), TBC-FM의 〈해변가요제〉(1978), MBC-FM의 〈강변가요제〉(1979), MBC-TV의 '대학가요경연대회'(1979) 등은 대학생 '그룹사운드'와 '통기타 가수'들이 TV 음악 쇼에 출연하는 경로가 되었다(신현준·최지선, 2022b: 433~437). 이들은 주중 청소년 대상 음악 쇼뿐만 아니라 주말의 음악 쇼로 무대를 넓혀 활동했다. 1975년에 비해 음악적 수준에서는 한계가 있었지만, 대학가요제 출신 그룹사운드나 포크 가수들의 활동으로 팝 스타일 음악의 명맥은 유지될 수 있었다.

3) TV 음악 쇼의 팝송 원어 가창

TV 초기 음악 쇼가 AFKN의 영향을 받고, 미8군 쇼 출신 가수들이 대거 등장하면서 음악 쇼에서 '팝송류'의 가요뿐만 아니라 직접 '팝송'을 부르는 일도 많았다. 실제로 〈KBS 그랜드쇼〉는 "외국 가요도 많이 취급"했다(김종칠, 1971: 90). 1963년에는 이미 "천한 춤과 코미디가 사라지자 이번에는 외국 가요가 범람한다"는 비판이 나오기도 했다(정순일·장한성, 2000: 72~73). 미8군 쇼 출신 가수들이 출연했지만, 정작 이들이 TV의 음악 쇼에서 부를 만한 노래가 별로 없었던 것도 팝송을 부르도록 만든 요인이었다.

이후 〈쇼쇼쇼〉 등의 주말 음악 쇼에서도 미8군 쇼 출신 가수들이 출연해 자주 팝송을 불렀다. 1970년 4월 11일의 〈쇼쇼쇼〉에서 "조영남, 장미리, 준시스터즈, 정훈희, 안성희 등의 가수들이 팝송을 들려준다"라고 했다(《경향신문》, 1970. 4. 11: 6). 1970년 6월 20일의 〈쇼쇼쇼〉에서는 김상국 정훈희, 준시스터즈 등이 "〈페인팅 블랙〉, 〈비치 파티〉, 〈서머 와인〉 등 힛 팝송"을 불렀다(《경향신문》, 1970. 6. 20: 8). 1970년대 초까지 〈쇼쇼쇼〉 같은 주말의 음악 쇼에서 팝송을 원어로 부르는 일이 있었다.

비슷한 시기 외국인 가수들의 공연을 녹화해 방송하거나 이들이 주말 음악 쇼에 출연해 팝송을 부르기도 했다. 1969년 10월의 '클리프 리처드' 공연을 MBC-TV가 독점 중계했는데, "시청률이 안 올라 답답하던 때라 편성국은 '시청자의 애틋한 청에 못 이겨서'라는 미명하에 보름에 한 번 정도 4~5회는 재방송을 해서 '인기'를 끌어나가기도 했다"라고 한다(정순일, 1991: 181~182). 〈OB 그랜드쇼〉는 "필리핀 여가수 에브린을 초청, 팝송 프로를 엮는다"라고도 했다(《경향신문》, 1970. 5. 22: 8). 1971년 1월의 〈KBS 그랜드쇼〉에는 미국의 흑인 여성 중창단인 '빅 스펜더즈'가 특별 출연했고, 〈OB 그랜드쇼〉에는 미8군과의 계약으로 내한한 혼성 듀엣 '듀오 어퀘리어스'의 노래와 무용을 선보였다(《동아일보》, 1971. 1. 16: 5). 미8군 쇼에 출연하던 외국인 가수가 한국 TV의 음악 쇼에 출연해 팝송을 부르기도 했던 것이다.

특히 청소년 대상 음악 프로그램의 경우에는 팝송의 비중이 더 컸다. TBC-TV의 〈OB 카니발〉은 "10대와 젊은이를 위해 주로 외국의 Pop Song만을 다루어" 왔다고 했다(《팝스 코리아나》, 1968. 7: 94). 또한 〈OB 카니발〉은 "최신 유행하는 외국 pop song(팝송) 위주로" 했다는 평을 들었다(《매일경제》, 1969. 6. 7: 8). 1969년에 편성된 〈원투쓰리고〉와 〈젊음의 리듬〉에서도 주로 팝송을 불렀다. 팝송을 좋아하는 젊은 세대를 끌어들이기 위해서는 TV 음악 쇼에서도 팝송을 부르는 것이 필요했다.

아예 팝송을 들려주기 위한 프로그램도 편성되었다. KBS-TV에서도 〈고요한 밤에〉라는 팝송 프로그램을 방송했다. 1970년 5월 6일(수) 오후 11시 15분의 방송에서는 "가수 이석 사회에 김희갑 악단이 출연하여 팝송을 보내 주는 음악 프로"였다(《경향신문》, 1970. 5. 6: 8). TBC-TV의 〈그림에 노래 싣고〉도 '최근 유행하는 외국의 팝송'을 들려주는 '디스크자키 프로'였다(《경향신문》, 1970. 5. 11: 8). 〈그림에 노래 싣고〉에서 "인기 리퀘스트 곡의 경향을 보면 가수로는 톰 존스Tom Jones가 단연 수위이고 깐쪼네풍의 노래도 퍽 많이 신청되는데 국내 가수로는 이용복의 인기가 크고 그의 노래 중에서도 〈난 당신을 너무 오랫동안 사랑했어요*I have been loving you too long*〉과 〈1943년 3월 4일〉의 신청이 많다"라고 했다(《월간팝송》, 1971. 11: 109). TBC-TV가 방송한 〈짧은 멜로디〉도 팝송 프로그램으로서 "세계 팝송을 소개하는 사이키델릭 사운드 퍼레이드"라고 소개되었다(《경향신문》, 1970. 8. 29: 5). MBC-TV의 〈미니 스테이지〉(오후 9시

20분)는 "코미디를 곁들인 팝송 쇼"라고 소개되었다(《경향신문》, 1970. 10. 12: 8). 이런 프로그램들이 모두 오래 방송되지는 못했지만, 팝송의 높은 인기를 보여 주는 것이기는 했다.

팝송을 원어로 부르기도 하는 TV 음악 쇼에 대해 "서투른 외국어로 '팝송'을 부르고 무희의 '흔드는 춤'을 보여 주는 것이 고작"이라는 비판도 나왔다(《매일경제》, 1969. 12. 27: 7). 1971년에 KBS-TV의 〈KBS 그랜드쇼〉, TBC-TV의 〈쇼쇼쇼〉, MBC-TV의 〈OB 그랜드쇼〉 등의 음악 쇼에서는 팝송을 '대략 1/4의 비율'로 넣었는데, "외국가요의 원어 사용 문제는 그 곡의 맛, 느낌 때문에 그대로 부르게 하는데 차라리 불완전하고 억지, 무리의 번역으로 불러대는 것보단 낫다"라는 주장도 있었으나 한편으로는 "외국곡을 원어로만 불러대는 등은 사대사상 내지 열등의식의 표출"이라는 비판도 있어서 방송국은 "원어 그대로 부르는 것을 피하고" 있었다(김종칠, 1971: 90~91).

윤주영 문공부 장관은 1971년 6월 16일에 기자회견을 통해 "저속 방송 프로를 지양"해야 한다고 하며 몇 가지 방안을 제시했는데, 그중 하나가 팝송을 원어로 부르는 것을 억제하겠다는 것이었다(《경향신문》, 1971. 6. 16: 1). 정순일은 "71년 6월 16일의 문공부 장관 담화만큼 방송이 집중적인 비난을 받은 적은 방송사상 일찍이 없었다"라고 비판했다(정순일, 1991: 192). 특히 "그 정화 대상으로 지적된 항목 가운데는 외국 가사로 부르는 팝송도 한목 끼여" 있어서, "외국어로 노래를 부르는 것이 어째서 퇴폐가 되는 것인지도 확실치 않다"는 비판이 나오기도 했다(《조선일보》, 1971. 6. 17: 1). "이런 비판 속에서도 외국 대중가요는 청년문화의 퇴폐, 저속을 상징하는 대중문화물로서 원어 가창 자체도 금지해야 하는 외래 사조로 간주되기에" 이르렀다(백미숙, 2011a: 244).

방송윤리규정 제65조에는 "외국가요를 다룰 때에는 민족주체성에 위배되지 않도록 유의한다," 제66조에는 "외국가요를 방송할 때에는 되도록 번역된 가사로 한다"라고 나와 있었다(방송연감편찬위원회, 1970: 357~358). 그럼에도 팝송을 원어로 부르는 경우가 많자 "지금까지 팝송 계열의 외국가요에 대한 규제는 각 방송의 자율적인 조처에 맡겼으나 극히 저속하고 주체성을 해칠 우려가 많은 곡을 규제하기로 함"이라고 결정했다(《방송윤리》, 81호[1972. 7. 22]: 3). 김상희가 자신은 "외국 무대나 8군에서 원어로, 우리 방송에서 우리 가사"로 부르지만, "새로운 곡이 나와 그걸 한 번 소개 겸 들려주고 싶을 땐 우리말로 부를 수가" 없는데 "대중은 새로운 것을 자꾸 원하는데 다 번역, 번안이 되길 기다려 부를 수도 없는 고충이" 있다고 토로했다(《조선일보》, 1972. 5. 4: 5). 새로운 팝송을 음반으로만 듣는 것에 만족하지 않고 직접 한국 가수가 부르는 것을 듣고자 하는 시청자들의 요구를 서둘러 충족시켜 주려면 원어로 부를 수밖에 없다는 것이었다. 다만 한국인을 상대로 하는 '음반'이나 '무대'에서도 팝송을 번안 또는 번역해 부르는 일이 일반적이기는 했다(백욱인, 2019: 98~99; 조영남, 1994: 266~267).

1973년 2월에 방송법이 개정되고 방송윤리위원회가 설치되면서 새로운 방송윤리규정이 제정되었다. 1973년 4월부터 시행된 방송윤리규정 제67조에는 "외국가요를 우리나라 가수가 부를 경우 그 가사를 번역하여 불러야 한다"라고 해서 팝송의 전체 원어 가창을 사실상 금지했다(방송연감편찬위원회, 1973: 674). 이와 관련된 세부적인 사항에 대한 방송윤리위의 결정은 다음과 같다.

> 번역가요에 대한 해석(제5차 소위(1973. 5. 7), 제4차 전체위(1973. 5. 25)
>
> 윤리규정 제67조 "외국가요를 우리나라 가수가 부를 경우 그 가사는 번역하여 불러야 한다"는 조항 해석에 관해 논의한 바 아래와 같이 의견을 모음.
>
> 1) 윤리규정 제67조의 "외국가요"란 개념은 유행가를 말하는 것으로 본다.
>
> 2) 번역가요 가사 내용에 삽입된 간단한 외국어 단어들은 전체적으로 번역이란 이메지를 주는 한 무방한 것으로 본다.
>
> 3) 1절은 우리말로 2절은 원어로 부를 경우, 이는 번역가요의 원뜻을 전달한다는 뜻으로 보아 무방할 것으로 본다. (《방송윤리》, 89호[1973. 12]: 47)

방송사도 자율 규제를 강화하겠다고 나섰다. 1972년 5월에 한국민간방송협회가 새마을운동에 적극적으로 협조하겠다고 하며 편성전문위원회를 구성해 '새마을운동 방송지침'을 성안했고, 8월 11일에 전국민간방송 간부회의에서 공동의 방침으로 채택된 방안 중에 "새마을운동과 상충될 우려가 있는" 사항으로 "출연자에 의한 외국가요 원어 사용"이 포함되었다(방송연감편찬위원회, 1973: 48～49). 정부의 규제와 방송사의 수용으로 1972년은 "장발, 화려한 의상, 비탄적 가요, 외국가요의 원어 사용 금지 등 제약과 출연자의 협소로 말미암아 쇼 부분은 위축당한 한해"였다는 평가를 받았다(방송연감편찬위원회, 1973: 235). 그러나 규제가 강화되어 '경고' 등의 조치가

계속 취해졌음에도 방송에서 팝송의 원어 가창이 완전히 사라지지는 않았다.[180]

규제를 피하며 음악 쇼에서 팝송을 부르기 위해서는 가사를 번역이나 번안해야만 했다. 1974년 연말 MBC-TV 〈토요일 토요일은 밤에〉는 '올해 히트 팝송 특집'이라고 했지만, 모든 노래를 원어가 아닌 번안한 가사로 불렀다(《경향신문》, 1974. 12. 21: 8). 1975년에 MBC-TV 〈토요일 토요일 밤에〉에서는 가수들이 '최신 팝송'인 "〈더티 올드 맨〉, 〈롱 트레인 러닝〉, 〈지저스 크라이스트 올라이트〉 등"을 번안해 불렀다(《조선일보》, 1975. 3. 15: 8). TBC TV의 〈쇼쇼쇼〉를 연출했던 조용호는 "매주 〈쇼쇼쇼〉에 12곡 정도 나가는데 그땐 가요가 별로 없으니까 3분의 2는 팝송을 불러야" 했는데 원어로 부를 수 없어 "매주 대여섯 곡씩은 한국말 가사를" 써서 방송하다 보니 팝송을 번안한 것이 '천여 곡'이나 되었다고 주장했다(이백천, 2014: 274). 음반 취입과 무대 공연에서도 팝송을 좋아하는 사람들이 좀 더 쉽게 즐길 수 있도록 가사를 번역 또는 번안해 부르기도 했지만, 방송에서는 원어 가창을 금지하는 제도 때문에 반드시 번역 또는 번안해 불러야만 했다.

180 〈나훈아쇼〉(1973. 4. 14)에서 나훈아가 "외국가요 〈아이 러브 유〉와 〈캔사스씨티〉를 원어로 불렀"다는 이유로 TBC-TV가 경고를 받았고, "패티김 스페샬 아워로 마련한 〈최동욱쇼〉 2부에서 패티김은 〈For Ma Ma〉를 전부 원어로" 불렀다는 이유로 DBS가 경고를 받았다(《방송윤리》, 89호(1973. 12): 6, 31). 한국인 가수가 방송에서 팝송을 부를 때 TV뿐만 아니라 라디오에서도 노래 전부를 원어로 부를 수는 없었다.

시청자들이 좋아할 만한 수준의 가요가 부족했고 팝송에 대한 선호가 높았던 상황에서 번안곡은 현실적인 선택이기도 했다. 1987년 이전까지 저작권료를 내지 않아도 되었고, 인기 있는 팝송의 번안은 일정 수준의 흥행을 보장했기 때문이다. TV 음악 쇼에서 부르는 팝송 가사의 번안은 PD나 가수가 하는 일이 적지 않았다. TBC의 조용호와 임강호, MBC의 이종환과 전우중 등 PD들이 번안을 많이 했고(정우성, 2021), 조영남처럼 번안곡을 많이 부르는 가수들은 자신이 직접 한국어 가사를 작사하기도 했다.[181] TV 음악 쇼에서의 팝송 전체 가사의 원어 가창은 비교적 철저히 규제되었다. 원어 가창 규제로 인한 번안 가요는 팝송의 인기에 편승하는 한계를 보여 주는 것이었지만, 결과적으로는 "한국식 표준가요가 자라날 묘판을 마련"해주었고 "창조적 모방으로 인도하는 역할"을 하기도 했다(백욱인, 2019: 96).

181 조영남은 톰 존스가 부른 〈딜라일라*Delilah*〉(1968)의 번안곡을 〈쇼쇼쇼〉에서 부르며 유명해졌다. 이 노래의 우리말 가사를 조영남 자신이 붙였다. 이후 그는 '고철'이라는 이름으로 많은 팝송의 가사를 번안했다고 밝혔다(조영남, 1994: 265~268). 1970년대에만 조영남이 직접 작사하고 부른 번안곡으로 15곡이 확인된다(권정구 2015: 82).

4. TV 음악 쇼의 수용과 비판

TV 음악 쇼는 방송 초기부터 인기가 있었다. TV 수상기 소유자 1,500명 대상 조사에서 좋아하는 프로그램으로 〈KBS시네마〉(14.3%)에 이어서 〈그랜드쇼〉(7.5%)가 2위로 나타났다(《경향신문》, 1962. 7. 3[석간]: 4). 주말의 음악 쇼는 다양한 연령층 시청자를 대상으로 했기 때문에 미8군 쇼 출신 가수들이 주축이 되기는 했지만, 과거부터 활동하던 트로트 가수들도 출연했다. 〈그랜드쇼〉에 대해 당시 숙명여자대학교 교수였던 곽종원은 "옛날식 노래가 나오면 아이들이 비웃고 '재즈'류가 나오면 내가 비웃어 준다. 이렇게 각기 자기 취미대로 '프로'를 요구하게 되니 방송 당국도 그 구미를 일일이 맞추기에 진땀을 뺄 노릇"일 것이라고 했다(《동아일보》, 1963. 5. 1: 7).

TBC 부산국에서 한성여자대학교에 의뢰해 부산 시민을 대상으로 1967년 7월에 실시한 조사에서 "TBC에서 방송되는 외화 필름 중에서는 〈도망자〉, 〈전투〉, 〈007 나폴레옹 솔로〉의 차례로 시청률이 높고 TBC 제작 프로그램 중에서는 〈힛게임쇼〉, 연속극 〈이성계〉, 〈쇼쇼쇼〉, 연속극 〈웨딩·드레스〉, 〈OB 카니발〉 등의 차례로 시청률이 높다"라고 나왔다(《중앙일보》, 1967. 8. 26: 5). 경희대학교 신문방송학과가 실시한 서울과 경기도 지역 주민 대상의 조사에서도 〈쇼쇼쇼〉와 〈OB 카니발〉은 모두 10위 안에 들어서 높은 인기를 보여 주었다(《중앙일보》, 1967. 9. 5: 5). 특히 〈OB 카니발〉의 시청률이 높은 것으로 나타난 것은, 서울과 부산이라는 대도시 지역 시청자들의 특성이 어느 정도 반영된 결과일 것이다.

1970년에 서울대학교 사회학과가 실시한 조사에서도 〈쇼쇼쇼〉가 '쇼·오락 부문' 1위를 차지한 것으로 나타났다(중앙일보사, 1985: 826). 특히 1970년의 조사 결과는 MBC-TV가 개국한 이후에도 〈쇼쇼쇼〉가 여전히 큰 인기를 누리고 있었음을 보여 준다. 1972년 2월의 KBS 조사에서도 "음악 위주의 쇼 프로는 장수 프로인 TBC의 〈쇼쇼쇼〉가 44.8%로 높은 시청률을 얻고" 있다고 나왔다(합동통신사, 1973: 226). 또한 초기에 〈쇼쇼쇼〉는 교육 수준이 높은 시청자들로부터도 매우 좋은 반응을 얻기도 했다.[182] 1970년대 초까지의 포맷이나 음악이 대도시의 비교적 교육 수준이 높은 시청자들에게까지 호응을 얻을 수 있었기 때문이었다.

그럼에도 AFKN을 통해 미국의 〈에드 설리번 쇼〉 등을 보았던 시청자들의 기대 수준이 높았던 만큼 TV 음악 쇼에 대한 비판도 나왔다.[183] "한마디로 TV쇼 프로에 방송되고 있는 내용물은 TV쇼가 아니라는 것. 바꿔 말해 TV쇼를 위해 제작된 것이 아니고 다

182 당시 이화여자대학교 법정대학 학장이자 변호사였던 이태영은 〈쇼쇼쇼〉를 보고 제작진에게 다음과 같은 내용의 편지를 보냈다. "마악 쇼를 보고 너무 감동한 나머지 글을 쓰게 되었습니다. 오늘 본 〈쇼쇼쇼〉는 음악에 있어서나 미술 창작에 있어서나 나무랄 데 없이 좋았습니다. 특히 저에게 큰 감격을 불러일으킨 것은 조영남씨가 부른 '주기도문'이었습니다. 우리나라 TV쇼 프로가 오늘과 같은 음악과 내용으로 보내진다면 얼마나 좋을지 모르겠습니다"라고 썼다(《주간경향》, 1970. 4. 24: 43).

183 대학생 때 그룹사운드 활동을 했던 백광우(1953~)는 "라디오는 AFKN이 거의 유일한 방송이었고, 텔레비전에서 재방송으로 해 주었던 〈에드 설리반 쇼〉를 즐겨보았던 기억"이 난다고 회고했다(신현준·최지선, 2022b: 374).

른 무대들 – 미8군 쇼나 극장 쇼 무대, 그밖에 디스크취입 등 다른 용도로 만들어진 노래, 무용, 코미디 따위를 주워 모아 'TV쇼'라고 방송하는 것이 거의 대부분"이라는 지적이 나오기도 했다(《일간스포츠》, 1971. 3. 22: 4). "삼류 극장 쇼 무대와 다를 바 없는 평판平板나열식 구성"을 한다고 비판하며, "담당 PD씨에게 권하노니 〈투나이트쇼〉의 조니 카슨이나 〈조이 비숍쇼〉, 〈딘마틴쇼〉 같은 것을 참고로 삼아 TV쇼의 진짜가 무엇인지 연구해 줬으면 좋겠다"라고 제안하기도 했다(《조선일보》, 1969. 5. 20: 5).

1969년에 편성된 〈원투쓰리고〉나 〈젊음의 리듬〉은 '소울, 사이키' 음악과 함께 방청객들까지 춤을 추는 등 포맷이나 음악 면에서 모두 미국의 영향을 받았다. 미국의 TV 음악 쇼 〈소울 트레인〉을 모방했고, 미8군 쇼에서 활동하던 그룹사운드들이 주로 출연했다. 당시 젊은이들에게 팝송의 인기가 높았던 만큼 당연히 이런 TV 음악 쇼도 큰 관심을 끌었다. 팝송에 대한 젊은이들의 인기를 비판하는 것처럼 이 두 프로그램에 대한 비판의 목소리도 높았다.

> TBC – TV의 30분짜리 와이드 프로의 경우 〈원투쓰리고〉의 템포가 빠르고 알아듣기 힘든 괴성(?)이 기타의 음률과 함께 펼쳐진다. 사이키델릭이나 소울 춤이 인간의 환상과 감각적인 면을 충동시켜 흥분을 고조시킨다지만 이것은 완전히 최음제의 구실을 하고 있다. 더욱이 선정적인 교태, 몸짓, 조명의 구사는 어두컴컴한 무대를 더욱 어지럽게 하고 허리와 하체 부분에 집중시킨 듯한 카메라 앵글은 음악과 함께 이 30분짜리 프로를 '광란의 도가니'로 몰고 있다. MBC – TV의 〈젊음의 리듬〉도 마찬가지. 출연한 보컬 팀의 난해(?)한 노래도 노

> 래지만 무희들의 소울 춤에 맞춰 방청석을 메운 10대 소년소녀들이 고함소리와 함께 괴상한 몸짓으로 전신을 뒤흔드는가 하면 초등학교 학생으로 보이는 어린이들까지 몸을 흔들며 괴성을 지르는 것을 카메라는 클로즈업시키고 있다. 또한 요즈음에 와서는 초미니의 외국 아가씨까지 동원, 선정적이고 최음제에 가까운 프로에 양념까지 하게 하고 있다. (《매일경제》, 1970. 2. 25: 8)

"〈젊음의 리듬〉(부제: 그룹사운드 쇼)이 점점 해괴해져 가고 있다는 중론. 팝송 팬 대상 프로그램인 이 시간은 동계 개편 이후 전 방청객들이 직접 춤을 추게 하고 있는데 평균 15~16세 정도의 미성년 방청객들이(중학교 교복 차림까지 포함) 소울도 고고도 아닌 종별 미상(?)의 춤을 추고 있어 이 방송이 나갈 때마다 시청자의 항의 전화가 끊이지 않고 있다"는 비판이 나오기도 했다(《일간스포츠》, 1970. 1. 18: 8). 〈젊음의 리듬〉에 대해 "약간 나이가 든 중학생 타입의 이름도 알 수 없는 그룹을 등장시켜 30분짜리 〈젊음의 리듬〉 프로를 종횡무진 활약을 하게 하는가 하면 그들이 가진 갖가지 춤 실력까지 동원해 해괴한 노래와 더불어 '광란의 도가니'로 몰고 있다"는 비판도 나왔다(《매일경제》, 1970. 3. 18: 4). 정순일은 "MBC 공개홀에서 〈젊음의 리듬〉을 녹화하고 있는데, 하학 길의 이웃 여자고등학교 학생들이 공개홀을 기웃거리다가 무대 위에 가방을 든 채 뛰어 올라와 신나게 고고를 춘 것이 그대로 방송되어 MBC가 혼이 나곤 했던 그런 시절이었다"라고 당시를 회고했다(정순일, 1991: 217).

당시 〈젊음의 리듬〉에 자주 출연했던 '비스'의 멤버인 이상만은 "이태원의 클럽에서 일하던 무용수들이 출연한 적이 있었는데

미니스커트를 입고 춤을 추었죠. 그 광경을 우연히 박정희 대통령이 보고 시정하라"고 해서 없어졌다고 주장했다(신현준·최지선, 2022a: 368). 당시 한 신문에도 "지난봄엔 당국의 권고로 TBC-TV는 〈원투드리고〉, MBC-TV는 〈젊음의 리듬〉이 한참 인기를 얻는 판에 도중하차 한 일이 있었다. 그 이유는 이 두 프로 모두 사이키달릭 그룹사운드에 의한 장발족의 고고 춤이 등장했기 때문"이라고 나와 있었다(《경향신문》, 1970. 9. 1: 5). 결국 청소년들이 춤을 추는 모습을 그대로 방송하고, 장발족인 그룹사운드와 미니스커트를 입은 무용수들이 등장한 것이 프로그램을 중단시킨 이유였다. 국가의 개입으로 인한 청소년 대상 음악 프로그램의 폐지는 "정치적 차원을 넘어 이 시기 텔레비전 대중전략의 근간까지 부인하는" 정책의 탓이었다(조항제, 2003: 277~284). 이상만은 자신들이 출연한 〈젊음의 리듬〉을 보고 당시 40~50대 어른들이 "혀를 차시면서 말세라고" 얘기하는 것을 보기도 했다고 한다(신현준·최지선, 2022a: 368). 기성세대의 비판을 등에 업고 국가가 방송 프로그램의 폐지까지 강요했던 것이다.

음악 쇼에 대한 선호는 대체로 여성과 젊은 층에서 높게 나타났다. 이미 1972년 2월의 조사에서 "남자보다는 여자가 많고, 남자 10대와 20대가 프로 시청자 전체의 70%를 차지한다"라고 나온 바 있다(합동통신사, 1973: 226). 1972년 8월의 여성 대상 조사에서도 TV 시청 프로그램으로 '음악프로'가 연속극에 이어 2위(21.2%)로 나타났다(김숙자, 1973: 22). 연합광고가 실시한 1976년 3월의 조사에서도 '가요·쇼 프로'는 남자의 경우 7위에 불과했지만, 여자의 경우 일일 연속극에 이어 2위로 나타났다(《일간스포츠》, 1976. 4. 4: 8). 이 조사에서도 연령별로는 '중간 연령층'이 주로 '가요·쇼 프로그램'을 즐겨보는 것으로 나타났다. 1977년의 조사에서도 '쇼'는 전체적으로 다섯 번째로, 여성의 경우에는 네 번째로 즐겨보는 프로그램으로 나타났다(《일간스포츠》, 1977. 6. 3: 8). 1979년 2월의 조사에서도 여자의 경우 '쇼 프로'가 3위로 나타났지만, 1, 2위가 모두 드라마라는 점을 고려하면 사실상 2위라고 할 수 있고, 남자의 경우에는 7위로 나타났다(원우현, 1979: 181).

1974년에 편성되었던 KBS-TV의 〈젊음의 행진〉과 TBC-TV의 〈오라오라오라〉도 인기를 끌었다. 명지대학교 방송문화연구소가 전화 인터뷰를 통해 서울 시내 텔레비전 시청자 213명을 상대로 조사한 결과에 따르면 〈젊음의 행진〉이 인기 프로그램 5위로 나타났다(《주간경향》, 1974. 4. 14: 83). 서울만을 대상으로 해서 나온 결과이기 때문인지, 아니면 포크 음악의 인기 때문인지는 알 수 없지만 〈젊음의 행진〉이나 〈오라오라오라〉도 초기에 꽤 높은 시청률을 올렸다.

한 비평가는 1974년 11월 30일의 방송평에서 "쇼는 방송사가 힘을 기울이는 분야인데 고색창연한 것이 아니면 난장판 무대가 태반이다. 후자의 대표적인 것이 TBC의 〈가요 올림픽〉, 〈오라오라〉인데 저희끼리 뒷방에서나 놀아제낄 장면을 왜 대중 앞에 공개하는 것인지 오히려 보는 쪽이 창피해서 얼굴이 화끈거린다. 자라는 청소년들에게 무엇을 보여 주자는 것일까?"라고 비판했다(오순정, 1994: 54). 이 비평가는 1975년 2월 9일의 방송평에서 "젊은이 프로랍시고 난장판을 연출하는 탈脫 쇼 등 얼마든지 불만을 손꼽아야 하겠지만 이 시점에서 과감히 전반적인 정리를 꾀해야 하지 않을까 한다"라고 지적하기도 했다(오순정, 1994: 58). 라디오 심야 방송에 대한 비판과 같은 맥락에서 텔레비전의 젊은이 대상 음악 쇼를 비판했던 것이다. 기성세대의 비판과는 다른 차원에서 대학가를 중심으로 포크 가수로 상징되는 '청년 문화'에 대해 비판 정신이 상실된 외래 문화의 무분별한 수용이라는 비판이 나오기도 했다(오제연, 2012: 92~93).

1970년대의 TV 드라마에 대한 비판이 "진보와 보수를 망라해 주로 남성층으로 이루어진 식자층·청년층·신문 등에 의해 이루어졌다"라는 주장은 거의 그대로 TV의 음악 쇼에도 적용될 수 있었다(조항제, 2011: 407). 다만 드라마 주 시청자가 여성이었던 것과 달리 음악 쇼 주 시청자는 청소년이었다는 점에서 다소 차이가 있었다. TV 드라마 비판이 주로 남성에 의한 것이었다면, 음악 쇼에 대한 비판은 주로 남녀를 가리지 않고 세대차를 드러내는 것이었다.

1970년대 말에 젊은이들은 강력한 통제로 재미가 없게 된 한국 TV를 외면하고 AFKN-TV를 즐겨 보았다. '대마초 파동' 이후 젊은이들이 좋아하던 팝계열 가수들이 TV에서 사라졌기 때문이다. 실제로 1979년 말의 기사에서는 "최근 각 TV국의 자체 시청자 조사나 객관적인 조사들을 보아도 TV쇼 프로는 가장 인기 없는 프로 중의 하나로 꼽히고 있는 실정"이라는 평가까지 나왔다(《동아일보》, 1979. 9. 24: 5). 한 젊은이는 "요즘 젊은 사람 중 국내 TV프로를 보는 사람이 누가 있습니까"라고 하며, AFKN-TV에 대해 "화면만 보아도 폭력물 드라마는 박진감이 있고 쇼 프로는 아찔하고 화려해서 좋다"라고 말했다(《중앙일보》, 1978. 8. 10: 3). 서울 시내 고교생과 대학생 중 65.9%가 AFKN-TV를 '가끔 시청한다'고 했고,

16.5%는 '매일 본다'고 했으며, 특히 11%는 AFKN-TV를 국내 TV 방송보다 더 많이 본다고 했다. 이들이 주로 보는 프로그램 중에는 〈미드나이트 스페셜〉, 〈소울 트레인〉, 〈아메리칸 톱 텐〉 등의 음악 프로그램이 포함되어 있었다(《조선일보》, 1981. 6. 17: 12). 한국 TV 음악 쇼에 대한 규제는 AFKN-TV 음악 쇼 시청으로 이어지고 말았다.

5. TV 음악 쇼와 팝 계열 가요의 창작

1956년 HLKZ-TV가 개국할 때부터 음악 쇼가 편성되었다. 주말에는 가족이 함께 볼 수 있는 음악 쇼가 편성되었고, 주중에는 청소년들이 좋아할 만한 음악 프로그램이 방송되었다. 1961년 KBS-TV, 1964년 TBC-TV, 1969년 MBC-TV가 개국할 때도 비슷한 편성 경향을 보였다. 음악 쇼는 1970년대 내내 세 방송국의 경쟁에서 중요한 수단이 되었다. 특히 토요일에 편성된 TBC-TV의 〈쇼쇼쇼〉와 MBC-TV의 〈(OB) 그랜드쇼〉(뒤의 〈토요일 토요일 밤에〉)는 치열한 경쟁을 했다. 청소년 대상 음악 프로그램은 주중에 편성되어 인기를 끌었지만, 정부의 규제로 오랫동안 방송되지는 못했다.

TV 음악 쇼는 AFKN이나 미8군 쇼로부터 많은 영향을 받았다. AFKN에 편성된 〈에드 설리번 쇼〉나 〈소울 트레인〉 같은 프로그램의 포맷을 참조했고, 미8군 쇼의 형식과 인력을 활용했다. 특히 음악 쇼 연출자들의 팝 스타일 가요 선호에 따라 선택된 가수들은 당연히 미8군 쇼 출신들일 수밖에 없었다. 미8군 쇼단이나 음악감상실에서 활동했던 이백천, 조용호, 이선권 등이 PD로 있었던 TBC-TV가 팝 스타일 가요의 확산에 가장 앞장섰다. 1960년대에는 스탠더드 팝 스타일의 노래가 인기를 끌었다면, 1970년대에는 포크 음악이나 록, 소울 음악도 TV 음악 쇼에서 많이 방송되었다.

라디오 DJ 프로그램이 팝송의 보급에 중요한 역할을 했다면 TV 음악 쇼는 팝 스타일 가요의 확산에 기여했다. 주로 음반을 틀어주던 라디오와 달리 TV는 가수가 직접 출연해 노래를 불러야 했다. 당시 젊은 청취자나 시청자가 팝송을 선호했지만, 방송에서 팝송을 원어로 부르지 못하게 규제했기 때문에 TV에서 가수들은 팝송 번안곡이나 팝 스타일 창작곡을 불러야만 했다. 1975년의 '대마초 파동'으로 포크나 록 음악을 하던 가수들의 출연이 어려워지며 TV 음악 쇼의 인기가 떨어지고 한때 트로트 계열 음악이 인기를 얻기도 했다.

TV 음악 쇼에 대한 정부의 규제는 역설적으로 한국 대중음악의 '혼종성'을 강화하는 요인으로 작용했다. 물론 TV 쇼에서만 팝송을 번역 또는 번안해 불렀던 것은 아니었다. 음반이나 무대에서도 팝송의 인기에 편승하며 동시에 한국인이 쉽게 듣도록 원어 가사 그대로 부르지 않는 일이 많았다. TV 쇼에서는 강제로 번역 또는 번안해 불러야 했음에도 이런 노래를 많은 사람이 들을 수 있어서 결과적으로 팝송의 유입에 영향을 주기도 했다. 그러나 TV 쇼에서 팝송을 서둘러 번안하는 데 한계가 있었고 외국곡에 지나치게 의존하는 것에 대한 비판도 나오면서 TV의 음악 쇼를 위해서도 팝송 청취자들이 좋아할 만한 다양한 팝 스타일 가요의 창작을 위해 노력해야만 했다. 1970년대의 TV의 음악 쇼는 번안을 넘어서서 다양한 팝 스타일 가요를 창작하도록 만들었다. TV의 음악 쇼는 '미국의 팝송'과 '팝 계열 가요' 사이의 차이를 줄여나가는 데 중요한 역할을 했다.

팝 음악과 한국 방송의 만남, 번안과 창조

주한 미군 방송(WVTP, AFKN)을 통해 미국의 대중음악이 한국에 밀려 들어오고, 한국의 젊은 세대는 기존 음악과는 차별화된 미국의 팝 음악에 열광했다. AFKN은 한국인이 언제 어디서나 쉽게 들을 수 있어서 한국의 방송이나 마찬가지였다. AFKN은 주된 수용자인 젊은 미군 병사들이 선호하는 최신 팝 음악을 들려주는 프로그램들을 많이 편성했고, 이런 프로그램들이 한국 젊은이들에게도 큰 인기를 끌었다. 한국은 미국의 최신 대중음악을 가장 빨리 들을 수 있는 몇몇 나라 중 하나였다.

미군이 주둔하며 팝송을 연주하거나 부르는 미8군 쇼가 생겼고, 미군 방송의 영향으로 음반으로 팝송을 들려주는 음악감상실이 등장했으며, 팝송에 관한 정보를 제공하는 다양한 매체가 간행되었다. 이들은 팝송을 좋아하고 즐기는 젊은이들의 욕구를 충족시키는 다양한 역할을 했다. 미8군 무대가 팝 계열 가요 연행자 양성의 중요한 공간이었다면, 미군 기지에서 흘러나온 음반과 잡지는 팝송에 매료된 젊은이들에게 음악과 정보를 제공하는 주된 수단이 되었다. 시간이 흘러 미8군 쇼의 가수와 연주자들은 방송으로 진출해 활동했고, 음악감상실 DJ들은 방송 PD가 되어 팝송의 확산과 팝 계열 가요의 발전에 기여했다.

1960년대에 본격적으로 성장한 한국의 방송은 매체의 특성과 수용자의 요구에 맞는 프로그램 개발에 주력했다. 1960년 이전까지 방송은 KBS와 CBS 라디오만 있었다. 라디오 방송으로는 1961년 MBC, 1963년 DBS, 1964년 TBC가 방송을 시작했고, TV 방송으로는 1961년 KBS, 1964년 TBC, 1969년 MBC가 개국했다. 방송은 초기부터 음악을 매개하는 매우 중요한 수단이었다. 청취율이나 시청률이 중요했기 때문에 방송의 대중음악 프로그램은 당시 대중들의 취향에 민감하게 반응했다. 라디오나 텔레비전은 중요한 청취자 또는 시청자였던 청소년이 좋아하는 음악을 들려주는 프로그램을 방송하려고 했다.

미군 방송을 손쉽게 접촉할 수 있던 한국에서 팝 음악과 한국 방송의 만남은 필연적이었다. AFKN을 통해 팝송을 들으며 열광한 젊은 세대들을 위해 한국의 라디오 방송이 팝송을 들려주는 프로그램을 편성했던 것은 당연했다. 라디오 방송국들은 낮과 저녁 시간대에 DJ가 진행하는 팝송 '디스크 쇼'를 방송했고, 이어서 심야에도 주로 팝송을 들려주는 DJ 프로그램을 편성했다. TV 방송국들은 초기부터 주말과 주중 저녁 시간대에 팝송과 팝 계열 가요를 들려주는 음악 쇼를 내보냈다. 라디오나 TV의 대중음악 프로그램들은 형식에서 AFKN의 영향을 받았고, 인력에서는 미군 쇼나 음악감상실 출신의 도움을 받았다. AFKN을 통해 유입된 팝송은 다양한 요인들을 매개로 한국 방송의 대중음악 프로그램에 큰 영향을 주었다.

팝송을 들려주던 라디오의 DJ 프로그램과 팝 계열 가수들이 주로 출연하던 TV의 음악 쇼는 '퇴폐적이고 향락적'이라거나 '무분별한 외래 문화 모방'이라는 이유로 비판을 들었다. 명확한 입장의 차이가 있기는 했지만, 국가권력과 기성세대뿐만 아니라 일부 학생들도 위와 같은 비판에 동참했다. 라디오의 DJ 프로그램이나 TV의 음악 쇼에 대한 국가의 개입은 소재와 포맷의 지정, 방송되는 음악에 대한 심의와 금지, 프로그램의 존폐 등 다양한 양상으로 나타났다. '국가의 개입'은 대체로 '자본의 논리'를 크게 해치지 않는 범위 내에서 이루어졌지만, 때로는 강력하게 프로그램 폐지를 강제했고 특정 음악의 방송 금지를 거듭 요구하기도 했다. 청소년을 대상으로 하는 시청률 경쟁에서 대중음악 프로그램이 중요했기 때문에 방송이 국가의 개입을 항상 수용했던 것은 아니었다.

라디오의 DJ 프로그램과 TV의 음악 쇼는 '국가주의적 통제'와 '민족주의적 비판' 속에 많은 어려움을 겪으면서도 팝 음악의 이식과 모방을 넘어서기 위한 다양한 시도를 했다. 라디오의 DJ 프로그램들은 주로 음반으로 팝송을 틀어주면서 때로는 포크 가수들이 직접 등장해 노래를 들려주었다. TV의 음악 쇼들은 초기에 스탠더드 팝 가수들을 출연시켰고, 점차 그룹사운드와 포크 가수들을 무대에 세웠다. 방송은 미8군 쇼 출신의 스탠더드 팝 가수와 그룹사운드, 음악감상실에서 노래하던 포크 가수들을 적극적으로 활용했다. 포크나 록 음악 창작자들의 노력으로 팝 계열 가요는 팝 음악의 모방과 번안을 거쳐 창조의 단계로 진입했다. '무대'는 물론 '음반'에 비해서도 상대적으로 영향력이 더 컸던 음악 매개 공간으로서 '방송'의 특성이 반영된 결과였다. 특히 라디오 DJ 프로그램의 PD와 DJ, TV 음악 쇼 PD들의 역할이 컸다. 이들은 단순한 프로그램 진행자나 연출자가 아니고 팝 계열 음악 발전의 기획자이기도 했다.

1975년의 금지곡 선정과 가수 출연 규제는 역사의 시계를 되돌리는 결과를 가져왔다. 포크와 록은 물론 팝송까지 겨냥한 유신 정권 말기의 탄압은 퇴폐풍조와 사대주의 청산을 명분으로 내세웠지만, 실제로는 일부 팝송과 포크·록 계열 가요에 내재된 불온과 저항의 싹을 자르려는 시도였다. 포크는 쇠퇴하고 록은 변질되면서 라디오에서 음반으로 들려줄 팝 계열 노래가 별로 없었고, TV에서 출연시킬 팝 스타일 가수가 드물었다. 방송사의 신인 발굴 프로그램이나 대학가요제 개최 등을 통해 등장한 가수들로 간신히 명맥을 이어갈 수는 있었지만, 이들의 음악은 건전성에 대한 강박과 음악적 완성도의 한계로 앞선 시대 록과 포크의 진정한 대체재가 될 수는 없었다.

1975년 이후 한동안 팝 계열 가요의 성장이 정체되고, 이 기간의 단절이 1970년대와 1980년대 팝 스타일 음악 사이에 차이를 낳았다. 그럼에도 1960년대와 1970년대 20년 동안 라디오와 TV를 통해 팝송이 유입되고 팝 계열 가요가 성장하며 축적한 역사는 새로운 한국적 팝 음악, 즉 K팝을 낳는 중요한 토대가 되었다. 장르의 부분적 변화에도 불구하고 팝 음악을 수용해 번안하거나 창조하려고 노력했던 흐름은 그대로 계속되었기 때문이다. 이 책에서는 AFKN의 영향이 일단락되는 1980년 이전까지의 대중음악과 방송과의 관계를 살펴보았다. K팝의 역사를 이해하기 위해서도 1980년까지 AFKN을 통해 유입된 팝송의 창조적 모방 과정에서 방송의 역할을 살펴보는 작업이 일차적으로 필요하다고 생각했기 때문이다.

1980년대 이후 매체 환경이 변화하고 규제 방식이 바뀌면서 새로운 음악들이 등장할 수 있었다. 1980년대 들어서서 팝송과 팝 계열 가요의 거리가 더욱 줄어들었고, 시간이 흐르면서 점차 팝송보다 가요를 더 좋아하는 경향까지 나타났다. AFKN을 통해 유입되었던 팝송의 영향이 다소 줄어들고, 이제 한국의 대중음악은 새로운 단계로 나아가기 시작했다. 1980년대 중반 이후 라디오와 TV의 음악 프로그램들이 10대 취향에 지나치게 영합한다는 비판들이 나오기 시작했다. 특히 대중음악을 매개하는 역할이 더욱 커진 TV가 비판의 주된 대상이었다.

물론 K팝의 부상에는 한국 대중음악의 글로벌화를 위한 노력과 한국 연예산업 특유의 연습생 훈련 시스템 등이 주된 요인으로 작용한 것은 사실이다. 그러나 TV 음악 쇼에서 주로 선곡되며 10대 취향이라고 비판받던 음악들이 '가요'를 'K팝'으로 변모시키는 선봉장이 되었다는 점을 부인하기는 어렵다. 1980년대를 지나고 1990년대에 이르러 '음반'과 '공연'을 통해 한국 대중음악의 저변이 확대되었음에도 '방송'에서는 유독 '10대 취향' 음악이 지배적이었다는 사실을 상기할 필요가 있다. 청소년들의 음악 소비자로서의 위상이 더욱 높아지자, 방송이 국가의 탄압을 초래하지 않으면서 청소년들의 욕구를 충족시킬 수 있는 댄스 음악 등에 주목했던 것은 당연했다. 따라서 K팝의 변모와 성장 과정에서 방송의 역할을 더 깊이 이해하는 것은 K팝의 현실을 진단하고 미래를 조망하는 데 반드시 필요한 작업일 것이다.

참고 문헌

가시 도시히코·쓰치야 유카 (2012). "문화냉전기 미국의 광보·선전활동과 아시아에 대한 영향," 《문화냉전과 아시아》. 소명출판, pp.15~38.

강명구·백미숙 (2007). 〈해방 이후 한국방송의 형성에 관한 구술자료 — 최덕수〉. 방송문화진흥회 연구보고서.

강명구·백미숙·최이숙 (2007). "문화적 냉전과 한국 최초의 텔레비전 HLKZ," 〈한국언론학보〉, 51권 5호, pp.5~33.

강인철 (2006). "한국전쟁과 사회의식 및 문화의 변화," 윤해동 외. 《근대를 다시 읽는다 1》. 역사비평사, pp.349~433.

강종근 (1985). "AFKN-TV의 문화적 영향," 〈방송연구〉, 4권 1호, pp.233~251.

강준만 (2020). 《한류의 역사》. 인물과사상사.

강태영·윤태진 (2002). 《한국 TV 예능 오락 프로그램의 변천과 발전》. 한울아카데미.

강현두 (1983). "AFKN과 문화적 영향," 〈방송연구〉, 2권 4호, pp.125~133.

강현두 (1994). "한국문화와 미국의 대중문화," 〈철학과 현실〉, 21집, pp.100~112.

강현두·원용진·전규찬 (1998). 《현대 대중문화의 형성》. 서울대학교 출판부.

고영복 (1967). "한국 매스콤 현황 분석," 〈세대〉, 1967년 1월호, pp.152~191.

공보부 방송관리국 방송문화연구실 (1961). 〈제2회 서울지국 청취자 여론조사 결과 보고서〉. 공보부.

공보부 조사국 (1963). 〈방송에 대한 전국청취자여론조사결과〉. 공보부.

공보부 (1962). 〈전국국민여론조사결과보고서〉. 공보부.

권보드래·김성환·김원·천정환·황병주 (2015). 《1970, 박정희 모더니즘》. 천년의상상.

권정구 (2015). 〈1975년 이후 한국 대중음악에 대한 제도적 규제의 변화 양상〉. 한국학중앙연구원 박사 학위 논문.

길옥윤 (1995). 《길옥윤 참회록: 이제는 색소폰을 불 수가 없다》. 조선일보사 출판국.

김경 (2020). 《베이비붐 세대 맏형의 6070 음악 감상기》. 지식과감성.

김광한 (2018). 《다시 듣는 김광한의 팝스 다이얼》. 북레시피.

김남석 (2022). "1950~60년대 미군 음악의 현황과 클럽 공연의 확산에 관한 연구," 〈한국 연구〉, 11집, pp.7~49.

김덕호·원용진 (2008). "미국화, 어떻게 볼 것인가," 김덕호·원용진 엮음. 《아메리카나이제이션》. 푸른역사, pp.11~48.

김설아 (2011). "1980년대 텔레비전 오락프로그램의 발전과 문화적 영향," 한국언론학회 편. 《한국방송의 사회문화사》. 한울, pp.411~466.

김성호 (2013). 《한국 아나운서 통사》. 나남.

김수영 (2011). "내 아버지를 죽인 라디오," 〈여성시대〉, 2011년 5월호, pp.88~93.

김숙자 (1973). 〈직업별로 본 여성의 여가활동 및 관심도 연구〉. 이화여자대학교 석사 학위 논문.

김승수 (2008). "문화제국주의 변동에 대한 고찰," 〈한국방송학보〉, 22권 3호, pp.51~85.

김승월 (2013). 《라디오 프로그램 포맷》. 커뮤니케이션북스.

김영선·이경규 (2021). "전후 한일 대중음악 비교 연구," 〈일본어문학〉, 제96집, pp.427~448.

김영주 (2006). 《한국의 청년 대중음악 문화》. 한국학술정보.

김영찬 (2002). "음악 케이블TV에 대한 문화사적 접근," 〈언론과 사회〉, 10권 2호, pp.144~183.

김영찬 (2011). "1970년대 텔레비전 외화시리즈 수용의 문화적 의미," 한국방송학회 엮음. 《한국 방송의 사회문화사》. 한울, pp.333~372.

김영철 (2019). "미8군 쇼와 대중가요," 〈문학바탕〉, 2019년 11월호, pp.28~35.

김영희 (2003). "한국의 라디오 시기의 라디오 수용현상," 〈한국언론학보〉, 47권 1호, pp.140~165.

김영희 (2009a). 《한국사회의 미디어 출현과 수용: 1880~1980》. 커뮤니케이션북스.

김영희 (2009b). "한국전쟁 기간 미국의 대한 방송활동: VOA 한국어 방송과

VUNC를 중심으로," 〈한국언론학보〉, 53권 2호, pp.140～160.

김영희 (2012). "1960년대 VUNC(유엔군총사령부방송)의 운영과 폐쇄," 〈한국언론학보〉, 56권 5호, pp.244～269.

김영희 (2014). "1960년대 VUNC(유엔군총사령부방송) 프로그램과 청취 양상," 〈언론정보연구〉, 51권 1호, pp.180～213.

김원용 · 강종근 (1990). "문화 제국주의: 한국에서의 미국 텔레비전의 역할," 〈사회과학〉, 제33집, 성균관대 사회과학연구소, pp.171～186.

김은경 (2017). "유희로서의 노동, 노동으로서의 유희: 미8군 쇼단 여가수의 경험을 중심으로," 〈아시아여성 연구〉, 56권 2호, pp.7～45.

김이호 (1999). 〈미군방송 네트워크 (AFN)에 관한 연구: 조직구조와 프로그램 유통분석을 중심으로〉. 연세대학교 석사 학위 논문.

김일영 · 조성렬 (2003). 《주한미군 — 역사, 쟁점, 전망》. 한울아카데미.

김재복 (1956). "기독교방송의 1년," 〈방송〉, 1956년 12월호, pp.10～11.

김정하 (2012). "미국 대중음악의 수용 과정에 대한 민족예술론적 시론-부산의 사례를 중심으로," 〈한국민속학〉, 56집, pp.67～96.

김종진 (2010). 〈한국 TV쇼 프로그램 연구〉. 한국외국어대학교 석사 학위 논문.

김종철 (2011). 《세시봉 이야기》. 21세기북스.

김종칠 (1971). "한국 버라이어티쇼의 어제와 오늘," 〈방송〉, 1971년 11월호, pp.89～93.

김진균 (1990). "해직교수협의회 이야기," 《발자국》. 녹두, pp.106～126.

김진웅 (2010). "역사적 관점에서 본 한국인의 대미 인식의 원천," 〈역사교육논집〉, 44집, pp.315～351.

김창남 (1991). 《삶의 문화, 희망의 노래》. 한울.

김필호 (2005). "1960～70년대 록음악 — 한국 팝의 고고학," 〈문화과학〉, 42호, pp.211～228.

김한상 (2011). "1945～1948년 주한미군정 및 주한미군사령부의 영화선전," 〈미국사 연구〉, 34집, pp.177～212.

김형찬 (2015). 《한국대중음악사산책》. 알마.

김희동 (1985). 〈우리나라 대학생의 AFKN-TV 이용과 충족에 관한 연구〉. 경희대학교 석사 학위 논문.

나건석 (1962). 《AFKN 청취입문》. 시사영어사.
나운영 (1967). "해방후 한국에 미친 미국음악의 영향과 그 반응," 〈아세아연구〉, 10권 2호, pp.1~9.
노정팔 (1995). 《한국방송과 50년》. 나남.
대한문예출판사 편집부 (1966). 《팝쏭영어교실》. 대한문예출판사.
동아일보사 (1990). 《동아방송사》. 동아일보사.
동아자유언론수호투쟁위원회 (1987). 《자료 — 동아투위 자유언론운동 13년사》. 동아자유언론수호투쟁위원회
동양방송 (1967). 《밤을 잊은 그대에게》. 진명출판사.
마동훈 (2011). "1960년대 초기 텔레비전과 국가-수용자 경험의 심층 인터뷰를 중심으로," 한국방송학회 엮음, 《한국방송의 사회문화사》. 한울, pp.178~205.
문대환 (2005). "미군장교 클럽에서 노래하다," 문제안 외. 《8·15의 기억》. 한길사, pp.128~135.
문성규 (1983). "위성방송의 현황과 문화적 영향," 〈방송연구〉, 2권 4호, pp.181~189.
문시형 (1968). "방송가요와 학생," 〈방송문화〉, 1968년 8월호, pp.38~41.
문옥배 (2004). 《한국 금지곡의 사회사》. 예솔출판사.
문화방송 (1966). 《한밤의 음악편지》. 문정출판사.
문화방송 (1982). 《문화방송사》. 문화방송.
문화방송 (1988). 《MBC-RADIO 편성자료집》. 문화방송.
문화방송 (1992). 《문화방송 30년사》. 문화방송.
박기성 (1979). 〈외래 텔레비전 프로그램에 대한 시청자의 선호성향〉. 고려대학교 석사 학위 논문.
박기성 (1985). 《한국 방송문화 연구》. 나남.
박기성 (1994). "태평양 전시하의 해외 독립운동 방송체제: VOA 한국어방송, 중경임시정부 방송 및 국내수신 실태를 중심으로," 〈한국방송학보〉, 5호, pp.5~46.
박기영 (2003). 〈이식 그리고 독립 : 한국 모던 포크 음악의 성립과정(1968~1975)〉. 단국대학교 석사 학위 논문.

박성건 (2016). 《한국 재즈 100년사》. 이리.
박성서 (2010). 《한국전쟁과 대중가요, 기록과 증언》. 책이 있는 풍경.
박용규 (2007). "1970년대의 텔레비전과 대중음악 — 청소년 대상 음악프로그램을 중심으로," 〈한국언론학보〉, 51권 2호, pp.5~29.
박용규 (2010). "일제하 라디오방송의 음악프로그램에 관한 연구," 〈언론정보연구〉, 47권 2호, pp.134~172.
박용규 (2014). "한국 텔레비전 음악버라이어티쇼의 성쇠-TBC-TV의 '쇼쇼쇼'를 중심으로," 〈한국콘텐츠학회논문지〉, 14권 10호, pp.51~63.
박원웅 (1972). "디스크쟈키론," 〈월간 방송〉, 1972년 6월호, pp.112~113.
박원웅 (1974). 《Disk Dhow at midnight: 박원웅과 함께》. 보문각.
박원웅 · 김기덕 (1991). 《끼에 살고, 큐에 살고》. 나남.
박진우 (2012). "방송과 영화의 재매개 과정 — 1970년대 라디오 영화음악 프로그램에 대한 탐색," 《관점이 있는 한국방송의 사회문화사》. 도서출판 한울, pp.273~316.
박찬호 (2009). 《한국가요사 2》. 미지북스
박태균 (2006). 《우방과 제국, 한미관계의 두 신화》. 창비.
방송문화연구실 (1961). 《KBS연감 1962》. 한국방송문화협회.
방송문화연구실 (1962). 《KBS연감 1963》. 한국방송문화협회.
방송연감편찬위원회 (1965). 《방송연감 65》. 한국방송사업협회.
방송연감편찬위원회 (1966). 《방송연감 66》. 한국방송인협회.
방송연감편찬위원회 (1970). 《한국방송연감 1971》. 사단법인 한국방송회관.
방송연감편찬위원회 (1972). 《한국방송연감 1972》. 한국방송회관.
방송연감편찬위원회 (1973). 《한국방송연감 1973》. 한국방송회관.
배인순 (2003). 《30년 만에 부르는 커피 한 잔》. 찬섬.
백미숙 (2007). "라디오의 사회문화사," 《한국의 미디어 사회문화사》. 한국언론재단, pp.305~380.
백미숙 (2011a). "한국 텔레비전 방송의 교육 · 계몽적 역할과 내용 규제의 역사, 1963~1987," 한국언론학회 엮음. 《한국 텔레비전 방송 50년》. 커뮤니케이션북스, pp.223~263.
백미숙 (2011b), "1950년대 생방송 텔레비전 HLKZ," 한국언론학회 엮음. 《한국방송의 사회문화사》. 한울, pp.131～177.
백설희 · 이준희 (2007). 《한국근현대사 구술채록연구 시리즈 98 백설희》. 한국문화예술위원회.
백욱인 (2019). "1960년대 번안가요의 근대성과 혼종성," 〈대중음악〉, 24호, pp.95～122.
변춘애 (2020). 《우먼 그레이》. 라온아시아.
브랜드스토리 (2012). 《K-POP의 고향 동두천》. 멋진 세상.
서병후 (1966). 《밤과 그대와 팝송: A Date With Benny》. 대한문예출판사.
서병후 (1982). "팝송프로그램의 현황," 〈방송심의〉, 17호(1982. 11), pp.13～14.
서울경음악연구회 (1970). 《(기타 코드 붙인) 뉴 팝송》. 서울음악출판사.
서울역사박물관 (2011). 《명동, 공간의 형성과 변화》. 서울역사박물관.
서유석 (2004). 《청개구리들이여 다시 날자구나》. 미디어집.
서철원 (2013). "해방기 단편소설에 나타난 미국 대중문화 양상 연구," 〈국어문학〉, 제55집, pp.99～126.
선성원 (1993). 《8군쇼에서 랩까지》. 아름출판사.
선성원 (1996). 《대중음악의 뿌리》. 꾼.
선성원 (2005). 《가십으로 읽는 한국 대중문화 101장면》. 미디어집.
선성원 (2008). 《우리가 정말 알아야 할 우리 대중가요》. 현안사.
손미애 (1972). 《음악과 함께 이 젊음을》. 범서출판사.
손석우 · 신현준 (2004). 《한국근현대사 구술채록연구 시리즈 10 손석우》. 한국문화예술위원회.
송방송 (2000). "1920년대 방송된 전통음악의 공연양상: 경성방송국의 라디오 프로그램을 중심으로," 〈한국학보〉, 100집, pp.160～210.
송영희 (2010). 《신디, 오 신디》. 진명출판사.
송은주 (1999). 〈청소년의 일상과 라디오 음악프로그램의 의미: 청소년의 정서적 공감대와 또래문화의 정체성〉. 이화여자대학교 석사 학위 논문.
송현민 (2017). "전축과 LP의 문화사," 〈객석〉, 2017년 1월호, pp.166～168.
신중현 (2003). 《록의 대부 신중현》. 한국일보사.
신현준 (2002). 《글로벌, 로컬, 한국의 음악산업》. 한나래.
신현준 (2007). "소리 미디어의 사회문화사," 《한국의 미디어 사회문화사》. 한국언론재단, pp.381~436.

신현준 (2013). 《가요, 케이팝, 그리고 그 너머》. 돌베개.

신현준 · 최지선 (2022a). 《한국 팝의 고고학 1960》. 을유문화사.

신현준 · 최지선 (2022b). 《한국 팝의 고고학 1970》. 을유문화사.

신현준 · 최지선 (2022c). 《한국 팝의 고고학 1980》. 을유문화사.

신현준 · 최지선 · 김학선 (2022). 《한국 팝의 고고학 1990: 상상과 우상》. 을유문화사.

신현준 · 허둥홍 (2008). "냉전 초기 남한과 타이완에서 대중연예의 국가화 및 미국 대중문화의 번역," 《냉전 아시아의 문화풍경 1》. 현실문화, pp.311~359.

안광식 (1968). "매스미디어에 관한 사회조사결과 보고," 〈신문평론〉, 1968년 9월 호, pp.1~34.

안성민 (1999). 〈캠퍼스 그룹사운드 붐〉. 서강대학교 석사 학위 논문.

안연숙 (1973). 〈매스미디어의 외래문화 전달기능에 대한 일고찰〉. 서울대학교 석사 학위 논문.

안정애 (1999). "주한 미군사고문단에 관한 연구," 〈한국정치외교사논총〉, 21집 1호, pp.187~228.

안정효 (1999). 《헐리우드 키드의 생애》. 오늘.

안준국 (1985). 〈AFKN 방송프로그램이 한국인 시청자에게 미치는 영향〉. 중앙대학교 석사 학위 논문.

안춘옥 (1974). 〈Popular music의 일반적인 성격과 한국적인 현상에 대한 연구〉. 서울대학교 석사 학위 논문.

야마모토 후미오 외 (2000). 《일본 매스커뮤니케이션사》. 커뮤니케이션북스.

양병집 (2012). 《두 바퀴로 가는 자동차》. 한울.

양희은 (1993). 《이루어질 수 없는 사람》. 우석.

엄앵란 (1998). 《엄앵란 에세이-그래도 세상은 살 만하다》. 형선.

오순정 외 (1978). 《제3회 전국 TV 라디오 시청자 여론조사 결과》. 한국방송보호협의회.

오순정 (1994). 《한국의 텔레비전 문화비평》. 나남출판.

오제연 (2012). "1970년대 대학문화의 형성과 학생운동," 〈역사문제연구〉, 28호, pp.77~110.

원용진 (2008). "한국 대중문화, 미국과 함께 혹은 따로," 김덕호 · 원용진 엮음. 《아메리카나이제이션》. 푸른역사, pp.159～217.
원용진 (2011). "한국 텔레비전 50년과 대중문화: 텔레비전과 대중음악 간 관계를 중심으로," 한국언론학회 엮음. 《한국 텔레비전 방송 50년》. 커뮤니케이션북스, pp.269～312.
원우현 (1980). "텔레비전과 전통문화에 관한 사회조사," 이환의 엮음. 《80년대의 도전: 한국 TV》. 주식회사 문화방송 · 경향신문, pp.145～242.
원우현 (1993). "문화기호의 변천과 방송의 역할," 〈방송연구〉, 2권 4호, pp.66～70.
위경혜 (2018). "문화냉전의 지역성-대전문화원을 중심으로," 〈한국학연구〉, 49집, pp.123～154.
유선영 (1997). "황색 식민지의 문화정체성-아메리카나이즈드 모더니티," 〈언론과 사회〉, 제18호, pp.81～122.
유재용 (2007). 《AFKN 키드의 미국 들여다보기》. 나남.
윤복희 (1997). 《딴따라: 윤복희 간증 자서전》. 문예당.
윤상길 (2011). "1960년대 한국 라디오 테크놀로지의 '부락화'," 《한국방송의 사회문화사》. 한울, pp.206～248.
윤상길 (2022). "1977년 AFKN-TV의 컬러방송 실시를 둘러싼 한미 교섭과정에 대한 연구," 〈한국컴퓨터정보학회논문지〉, 27권 8호, pp.111～121.
윤상길 (2023). "1983년 AFKN-TV의 위성중계방송 실시를 둘러싼 한미 교섭과정에 대한 연구," 〈한국컴퓨터정보학회논문지〉, 28권 5호, pp.39～47.
윤항기 (1993). 《네가 만약 외로울 때면》. 이레서원.
윤형주 (2012). 《나의 노래, 우리들의 이야기》. 삼인.
이강수 (1981). "미국 대중문화의 전파와 수용에 관한 고찰," 〈미국학 논집〉, 13집, pp.161～216.
이강수 (1987). 《한국대중문화론》. 법문사.
이건영 (1980). "TV 확산에 따른 라디오 편성의 방향," 〈방송대학〉, 10집, pp.18～21.
이경재 (2003). 《한양 이야기》. 가람기획.
이규일 외 (1994). "10년 이상 근속자의 좌담회-넘어야 했던 수많은 산 건너야 했던 수많은 강," 《한국방송사료집》 제4집 — 방송인 문록(文錄) Ⅱ. 한국방송사료보존회, pp.57～99.

이근삼 (1971). “심야방송과 미인대회,” 〈세대〉, 1971년 7월호, pp.332~337.
이동연 (2004). “대중음악 개혁운동과 수용자운동의 평가와 전망,” 김창남 엮음. 《대중음악과 노래운동 그리고 청년문화》. 한울, pp.193~221.
이동원 (2014). “1952~1955년, 한국후방관구사령부(KComZ)의 창설과 해체,” 〈군사〉, 제91호, pp.33~62.
이백천 (2014). 《이백천의 음악여행》. 나미북스.
이상희 · 추광영 (1985). 《텔레비전 시청행태 및 이용과 충족의 조사연구》. 서울대학교 사회과학연구소.
이선민 (2006). “‘미국’을 소비하는 대도시의 미국 영화,” 《1950년대 미디어와 미국 표상》. 깊은샘, pp.73~105.
이성욱 (2000). “한국전쟁과 대중문화,” 〈문화과학〉, 23호, pp.217~230.
이소영 (1991). “FM 음악방송과 미디어 제국주의,” 〈월간 말〉, 1991년 6월호, pp.208~211.
이영경 (1990). 〈청소년의 라디오 심야 음악프로그램 이용과 충족에 관한 일 연구〉. 서강대학교 석사 학위 논문.
이영미 (1998). 《한국 대중가요사》. 시공사.
이우용 (1996). 《우리 대중음악 읽기》. 창공사.
이원희 (1968). “TV시대의 라디오 편성 방향,” 〈방송문화〉, 1권 2호, pp.50~53.
이유정 (2019). “태평양전쟁 전후 캠프 쇼의 계보와 미군의 동아시아 인식,” 〈한국문화연구〉, 36집, pp.213~243.
이윤하 (2001). “동아방송 18년 편성의 뒤안길,” 한국TV방송50년위원회 편. 《한국의 방송인》. 커뮤니케이션북스, pp.179~188.
이종환 외 (1986). 《유리방 사람들》. 행림출판.
이종환 (1993). 《잊어버립시다. 꽃이 지듯이》. 모아.
이종환 (2004). 《팝송은 죽었다》. 리즈앤북.
이지연 (1986). 〈한국 방송언론인의 AFKN-TV에 관한 연구〉. 연세대학교 석사 학위 논문.
이진섭 (1982). “방송 교우록-음악에 묻혀 살던 정동 시절,” 〈월간 방송〉, 1982년 10월호, pp.88~91.
이창현 (1988). 〈초국가적 음반산업의 한국시장지배에 관한 연구〉. 서울대학교 석사 학위 논문.
이해성 (1986). "외국가요의 방송현황과 개선방향," 〈방송연구〉, 17호, pp.165~176.
이해성 (2001). "방송과 협송 사이," 한국TV방송50년위원회 엮음. 《한국의 방송인》. 커뮤니케이션북스, pp.267~274.
이호로 (1961). 《뮤직박스: 부록 Hit Numbers 100곡집》. 구문사.
이홍주 (1990). 〈TV 매체를 통한 대중가요의 실상과 허상〉. 서강대학교 석사 학위 논문.
이홍주 (1997). "음악프로그램의 개념, 종류 및 사회적 기능," 〈방송개발〉, 5권 2호, pp.193~204.
임동욱 (2009). "문화제국주의의 비판적 고찰," 〈한국언론정보학보〉, 45호, pp.151~186.
임은희 (2014). "1950년대 신문 소설에 나타난 취향의 재편과 젠더성," 〈한국문예비평연구〉, 45집, pp.247~270.
임종수 (2008). "1970년대 텔레비전, 문화와 비문화의 양가성," 〈언론과 사회〉, 16권 1호, pp.49~85.
장명수 (2009). 《전주의 8 15해방과 6 25전쟁 격동시대 구술실록(1945~1960)》 개정판. 전주문화재단.
장세진 (2012). 《상상된 아메리카》. 푸른역사.
장영민 (2004). "정부 수립 이후(1948~1950) 미국의 선전정책," 〈한국근현대사연구〉, 31집, pp.272~302.
장영민 (2007). "미국공보원의 5·10총선거 선전에 관한 고찰," 〈한국근현대사연구〉, 41집, pp.125~169.
장영민 (2009). "해방 후 '미국의 소리(Voice of America) 한국어 방송'에 관한 연구(1945~1950)," 〈한국근현대사연구〉, 50집, pp.200~240.
장영민 (2011). "1952년 '미국의 소리 한국어 방송'의 부산정치파동 보도와 KBS 중계방송의 중단," 〈역사와 경계〉, 80집, pp.59~109.
장영민 (2013). "코카드 텔레비전 방송국의 설립과 경영에 관한 연구," 〈한국언론학보〉, 57권 3호, pp.663~690.
장영민 (2014). "'미국의 소리(Voice of America) 한국어방송'의 변화와 그 원인(1953~1973)," 〈한국근현대사연구〉, 68집, pp.244~287.

장영민 (2020). 《한국 방송의 성장과 미국의 대한선전》. 선인.
장영민 (2022). "1950년대 미국 국제정보교육교환법(PL402)에 의한 한미 교육교환," 〈민족문화연구〉, 95호, pp.301~336.
장유정 (2007). "대중매체의 출현과 음악문화의 변모 양상 : 라디오와 유성기를 중심으로," 〈대중서사연구〉, 18호, pp.259~287.
전규찬 · 박근서 (2003). 《텔레비전 오락의 문화정치학》. 한울.
전상인 (1997). "1946년경 남한주민의 사회의식," 〈사회와 역사〉, 52집, pp.291~339.
전영우 (1979). "방송말의 현황과 문제점," 《제10회 방송윤리세미나 주제논문집-방송말의 정화》. 한국방송윤리위원회, pp.25~53.
정순일 (1961). 《음악의 세계일주》. 세광출판사.
정순일 (1991). 《한국방송의 어제와 오늘》. 나남.
정순일 · 장한성 (2000). 《한국TV 40년의 발자취》. 한울아카데미.
정연주 (2013). 〈1950년대 미8군 클럽 음악과 우리 대중가요의 서구화〉. 고려대학교 석사 학위 논문.
정순일 (1991). 《한국방송의 어제와 오늘》. 나남.
정우성 (2021). 《번안가요 읽어주던 남자》. 약업신문.
정우식 (2012). "FM방송의 음악 특성화를 통한 청취자 만족도에 관한 연구: CBS FM을 중심으로," 〈미디어와 공연예술연구〉, 7권 2호, pp.33~53.
정일서 (2013). "한국 대중음악의 해외진출 현황과 과제," 〈대중음악〉, 11호, pp.109~168.
정홍택 (2001). 《낭만은 살아 있다》. 소담출판사.
조강태 (1990). 〈한국 라디오 음악방송의 선곡과정에 관한 연구: 선곡 영향요인의 분석과 PD · DJ의 의식조사를 중심으로〉. 연세대학교 석사 학위 논문.
조영남 (1994). 《놀멘 놀멘 – 돌고 도는 물레방아 인생》 제1부. 고려원.
조영남 (2012). 《그녀, 패티김》. 돌베개.
조영남 (2022). 《예스터데이》. 문학세계사.
조영남 · 이나리 (2011). 《세시봉 시대》. 민음인.
조용호 (1982). "쇼쇼쇼 20년," 〈여성중앙〉, 1982년 9월호, pp.142~149.
조항제 (2003). 《한국 방송의 역사와 전망》. 한울 아카데미.

조항제 (2011). “1970년대 신문의 텔레비전 드라마 비판,” 한국언론학회 편. 《한국 방송의 사회문화사》. 한울, pp.373~410.

주창윤 (2011). “1960년 전후 라디오 문화의 형성 과정,” 〈미디어 경제와 문화〉, 9권 2호, pp.7~42.

중앙일보 · 동양방송 (1975). 《중앙일보 · 동양방송 10년사》. 중앙일보 · 동양방송.

중앙일보사 (1985). 《중앙일보 20년사 · 동양방송 17년사》. 중앙일보사.

진달용 (2011). 《문화제국주의의 재해석》. 커뮤니케이션북스.

진달용 (2017). 《신한류》. 한울엠플러스.

차인태 (1983). “방송진행자의 전문화를 위한 과제-토크쇼 · DJ프로그램을 중심으로,” 〈방송연구〉, 7호, pp.154~193.

차재영 (2014). “1950년대 미국무성의 한국 언론인 교육교류 사업 연구,” 〈한국언론학보〉, 58권 2호, pp.219~245.

채백 · 강승화 · 허윤철 (2019). “전화의 보급 확대와 대인 교류의 변화: 구술사를 중심으로,” 〈커뮤니케이션 이론〉, 15권 3호, pp.105~151.

채혜영 (1975). 〈비행청소년과 직업청소년의 음악기호에 관한 비교연구〉. 이화여자대학교 석사 학위 논문.

천학범 · 구영식 (2013). 《한 조각의 진실: 30년 NHK 기자 천학범의 한국 현대사 증언》. 책으로보는세상.

최경식 (1973). “프로그램 노우트: CBS 영! 840,” 〈월간방송〉, 1973년 3월호, pp.104~109.

최경식 (2003). 《영혼을 어루만지는 음악이야기》. 한울.

최광민 (2000). “라디오 팝 음악을 일으킨 장본인,” 《송재 서규석 고희 방송문집 — 하늘을 향해 화살을 날린 뜻은》. 한울, pp.75~79.

최규성 (2014). 《대중가요 LP가이드북: 음반으로 보는 대중가요의 역사》. 안나푸르나.

최규성 (2018). 《걸그룹의 조상들》. 안나푸르나.

최규성 (2020). 《빽판의 전성시대》. 스코어.

최덕수 · 고선희 (2014). 《한국근현대사 구술채록연구 시리즈 232 최덕수》. 한국문화예술위원회.

최동욱 (1971). “DJ 프로그램의 방법론적 고찰,” 〈월간 방송〉, 1971년 9월호, pp.154~163.

최동욱 (1995). 《세시의 다이얼》. 학일출판사.
최득룡 (1995). "AFKN 채널 전환 줄다리기 계속, 송신시설 인수·인계 조건 의견 차이로," 〈신문과 방송〉, 1995년 3월호, pp.56～59.
최재열 (1989). 〈AFKN-TV의 문화제국주의적 성격에 관한 연구〉. 연세대학교 석사 학위 논문.
최창봉 (2010). 《방송과 나》. 동아일보사.
최현철·한진만 (2004). 《한국 라디오프로그램에 대한 역사적 연구》. 한울아카데미.
최희숙 (1959). 《슬픔은 강물처럼》. 신태양사 출판국.
한국방송 70년사 편찬위원회 (1997). 《한국방송 70년사》. 한국방송협회·한국방송공사.
한국방송공사 (1977). 《한국방송사》. 한국방송공사.
한국방송공사 (1987). 《한국방송 60년사》. 한국방송공사.
한국신문연구소 (1977). 《한국신문연감》. 한국신문연구소.
한국연감사 (1971). 《한국연감》. 한국연감사.
한국음악저작권협회 (2014). 《한국음악저작권협회 50년사》. 한국음악저작권협회.
한국정신문화연구원 한민족문화연구소 (2001). 《내가 겪은 해방과 분단》. 선인.
한대수 (2005). 《나는 행복의 나라로 갈 테야》. 아침이슬.
한영예 (1981). 〈심야 음악방송이 청소년들에게 미치는 영향에 관한 조사연구〉. 연세대학교 석사 학위 논문.
한운사·이영미 (2004). 《한국근현대사 구술채록연구 시리즈 31 한운사》. 한국문화예술위원회.
한지수 (2009). "미8군쇼 무대를 통한 미국 대중음악의 국내유입 양상," 〈음악과 문화〉, 제20호, pp.131～149.
한진만 (2003). "AFKN 채널 활용에 대한 논의," 한국언론정보학회 AFKN 채널 활성화 방안 발표논문집, pp.3～22.
합동통신사 (1973). 〈합동연감 1973〉. 합동통신사.
허은 (2007). "미점령군 통치하 '문명과 야만'의 교차," 〈한국근현대사연구〉, 42집, pp.151～186.
허은 (2008). 《미국의 헤게모니와 한국 민족주의》. 고대민족문화연구원.
현미 (1997). 《오늘을 마지막 날처럼》. 문학마을.

호영진 (1966). “군납업계의 내막,” 〈세대〉, 1966년 12월호, pp.228~238.
황문평 (1977). 《노래따라 세월따라》. 오아시스 출판사.
황문평 (1981). 《가요백년사》. 예음사.
황문평 (1983). 《야화 가요 60년사》. 도서출판 전곡사.
황문평 (1989). 《한국 대중 연예사》. 부르칸모르.
황문평 (1994). 《이야기 가요사 — 돈도 명예도 사랑도》. 무수막.
황문평 (1998a). 《인물로 본 연예사: 삶의 발자국 1》. 선.
황문평 (1998b). 《인물로 본 연예사: 삶의 발자국 2》. 선.
황정태 (2001). “KBS, TBC-TV 개국, 그리고 쇼쇼쇼,” 한국TV방송 50년 위원회 편, 《한국의 방송인 — 체험적 현장기록 한국방송 1956~2001》. 커뮤니케이션북스, pp.446~457.
황정태 (2001a). 《디지털혁명 TV방송을 변화시킨다》. 중앙M&B.
황정태 (2001b). “KBS, TBC-TV, 그리고 쇼쇼쇼,” 한국TV방송50년위원회 편. 《한국의 방송인》. 커뮤니케이션북스, pp.446~457.
황정태 · 백미숙 (2019). 《한국근현대사 구술채록연구 시리즈 308 황정태》. 한국문화예술위원회.

CBS (2004). 《CBS 50년사》. 서울: CBS.
YBM (2011). 《영어사랑 50년, YBM 50년사》. YBM

東谷護 (2005). 《進駐軍クラブから歌謠曲へ》. 東京: みすず書房.
東谷護 (2008). “미국 점령기 일본의 팝음악 문화,” 성공회대학교 동아시아연구소 엮음. 《냉전 아시아의 문화풍경 1》. 현실문화, pp.361~383.

Allan, B. (2002). “Music television,” Butler, J.G.(Ed.). *Television: Critical methods and applications*. Manhwah, New Jersey: Lawrence Erlbaum Associates, Inc, pp.219~252
AFRTS (1993). *History of AFRTS, the first 50 years*. Reprinted from the Collection of the University of Michigan Library.

AFKN (1979). *American Forces Korea Network*.

Benjamin. L. M. (1993). "In search of the Sarnoff 'Radio Music Box' memo," *Journal of Broadcasting & Electronic Media*. 37(3), pp.325~336.

Brazinsky, G. (2007). *Nation building in South Korea: Koreans, Americans, and the making of a democracy*. [나종남 옮김. 《대한민국 만들기, 1945~1987》. 책과 함께, 2011].

Brewster, B. & Broughton, F. (2006). *Last Night a DJ Saved My Life: The history of the disc jockey*. Updated and Revised Edition. New York: Grove Press.

Butsch, R. (2000). *The Making of American Audience*. Cambridge: Cambridge Univ. Press.

Chadha, K. & Kavoori, A. (2000). Media Imperialism Revisited: Some findings from the Asian case. *Media, Culture and Society*, 22(4), pp.415~432.

Chester, G., Garrison, G. R. & Williams, E. E. (1978). *Television and Radio. 5th edition*. Englewood Cliffs, NJ: Prentice-Hall.

Christman, T. (1992). *The Brass Button Broadcasters*. Paducah, KY: Turner Publishing Company.

Cooper, B. L. (2007). "American disc Jockeys, 1945~1975: A Bibliographic and Discographic Survey," *Popular Music and Society*, 30(3), pp.401~423.

Cooper-Chen, A. (1994). *Games in the Global Village*. [이영음 옮김 (2002). 《텔레비전 오락 프로그램》. 커뮤니케이션북스, 2002].

Craig, R. S. (1988). "The American Forces Network in the Cold War: Military broadcasting in postwar Germany," *Journal of Broadcasting and Electronic Media*, 30(3), pp.307~321.

Creeber, G., Miller, T., & Tuiloch, J. (2001). *The Television Genre Book*. [박인규 옮김. 《텔레비전 장르의 이해》. 산해. 2004].

Culbert, D. (2002). "Erik Barnouw's War: An interview concerning the Armed Forces Radio Services' Education Unit, 1944~1945," *Historical Journal of Film, Radio and Television*, 22(4), pp.475~490.

DeLay, T. (1951). *An historical study of the Armed Forces Radio Service to 1946*. Unpublished Ph. D's thesis. University of South California.

DeLay, T. (1953). "The Armed Forces Radio Service," *Speech Monograph*, 20(4), pp.300~305.

Douglas, G. (2004). "Music on Radio," *Museum of Broadcast Communication Encyclopedia of Radio*. Vol. 2, pp.976~979.

Douglas, S. S. (1999). *Listening in: Radio and the American Imagination*. Minneapolis: University of Minnesota Press.

Duffett, M. (2013). *Understanding fandom: An introduction to the study of media fan culture*. NY: Bloomsbury Publishing.

Etling, L. W. (1999). Al Jarvis: Pioneer disc jockey. *Popular Music and Society*, 23(3), pp.41~52.

Fairchild, C. (2012). "Alan Freed still casts a long shadow: The persistence of payola and ambiguous value of music," *Media, Culture & Society*, 34(3), pp.328~342.

Forman, M. (2002). "One night on TV is worth weeks at the Paramount: Musicians and opportunity in early television, 1948~1955," *Popular Music*, 21(3), pp.249~276.

Forman, M. (2003). Television before television genre: The case of popular music. *Journal of Popular Film and Television*, 31(1), 5~16.

Frith, S. (2001). "The popular music industry," [장호연 옮김 (2005). 《케임브리지 대중음악의 이해》. 한나래, 2005, pp.67~106].

Frith, S. (2002). "Look! Hear! The uneasy relationship of music and television," *Popular Music*, 21(3), pp.277~290.

Ganzert, C. F. (1993). "Platter chatter and the doughnut disker: Developments in radio disk jockey programming in the United States, 1946~1960," *Journal of Radio Studies*, 2(1), pp.151~171.

Goulden, J. C. (1989). *Korea: The untold story of the war*. [김병조 옮김 (2002). 《한국전쟁비화》. 청문각. 2002].

Hadlow, M. (2004). "The Mosquito Network: American military radio in the Solomon Islands during World War Ⅱ," *Journal of Radio Studies*, 11(1), pp.73~86.

Hepinstall, L. G. (1975). The international relations of military rule: South Korea, 1961~1963. Unpublished Ph. D's thesis. University of Washington.

Hill, J. (1996). Television and pop: The case of the 1950s. In J. Corner & S. Harvey (Eds.), *Television Times, A Reader*. London: Arnold.(Original work published 1991). pp.55~65.

Hilmes, M. (1997). *Radio Voices*. Minneapolis: University of Minnesota Press.

Inglis, I. (2006). "The Ed Sullivan Show and the (censored) sounds of the sixties," *Journal of Popular Culture*. 39(4), pp.558~575.

Killmeier, M. A. (2001). "Voices between the tracks: Disk jockeys, radio, and popular Music, 1955~60," *Journal of Communication Inquiry*, 25(4), pp.353~374.

Kim P. & Shin, H. (2010). "The birth of "Rok": Cultural imperialism, nationalism, and the glocalization of rock music in South Korea, 1964~1975," *Positions*, 18(1), pp.199~230.

Klein, Christian (2012). "The AFKN nexus: US military broadcasting and New Korean Cinema," *Transnational Cinemas*, 3(1), pp.19~39.

Lee, Hee-Eun (2005). Othering ourselves: Identity and globalization in Korean popular music, 1992~2002. Unpublished Ph. D's thesis, The University of Iowa.

Lee, Y. J. (2020). "Creating a "Home Away from Home": Korean women's performances of the imaginary American Home at US military club in South Korea 1955~64," *Journal of Korean Studies*, 25(1), pp.203~236.

Maliangkay, R. (2006). "Supporting our boys: American military entertainment and Korean pop music in the 1950s and early 1960s," Howard, K. Ed. *Korean Pop Music: Riding the wave*. Folkestone, Kent: Global Oriental Ltd., pp.21~33.

Martinez, J. A. (2010). *A Young Soldier's Memoirs*. Bloomington, IN: Xlibris Corporation.

Matelski, M. J. (1991). *Daytime Television Programming*. Boston: Focal Press.

McIntosh, H. (2004). "Music video forerunners in early television programming: A look at WCPO-TV's innovation and contributions in the 1950s," *Popular*

Music and Society, 27(3), pp.259～272.

Mohr, P. J. (1960). *The radio and television listening habits and program preferences of Eighth U. S. army personnel in Korea*, Autumn, 1959. Unpublished Ph. D's thesis. The Ohio State University.

Morley, P. (2001). "This Is The American Forces Network," *The Anglo-American Battle of the Air Waves in World War II*, Westport, CT: Praeger Publishers.

Moss, L. (2006). "A Music Lover's Memoir," http://www.parentsleague.org/publications/selected_articles/a_music_lovers_memoir/index.aspx?view=revision, 2013. 3. 20. 접속.

Negus, K & Street, J. (2002). "Introduction to 'Music and Television' special issue," *Popular Music*, 21(3), pp.245～248.

Park, H. J. (2019). From World War to Cold War: Music in US～Korea Relations, 1941～1960. Unpublished Ph. D's thesis. The Ohio State University.

Ramsey, D. (1981). *How to be a Disc Jockey*. [임선희 옮김. 《디스크자키》. 한국방송사업단. 1984].

Robinson, M. (2001). Broadcasting, cultural hegemony, and colonial modernity. Shin, G. W & Robinson, M. (Eds.). *Colonial Modernity in Korea*. [도면회 옮김. 《한국의 식민지 근대성》. 삼인. 2006], pp.103～128.

Rosco, H. J. (1961). A Brief History of the Far East Network. http//jg3.com/fen/history.shtml. 2013. 3. 20. 접속.

Rosenberry, C. M. (1944). "The Army Music Program," *Music Educators Journal*. 30(3), 48～49.

Rothenbuhler, E. & McCourt T. (2002). Radio Redefines Itself, 1947～1962.. Hilmes, M. & Loviglio, J. (Eds.) *Radio Reader*. New York: Routledge, pp.367～387

Ryu, D. (2007). The Shaping of Korean Popular Music from 1945 to the 1960s. Conference Papers-International Communication Association, 2007 Annual Meeting, pp.1～29.

Salsberry, E. G. (2014). The rise and fall of the Rock'n Roll disc jockey: 1960～1970. Unpublished Ph. D's thesis. The University of Florida.

Scheurer, T. (1985). "The Variety Show," In B. G. Rose (Ed.) *TV Genres: A*

Handbook and Reference Guide. Westport, Connecticut: Greenwood Press, pp. 307～327

Shuker, R. (2001). *Understanding Popular Music*. 2nd Edition. London: Routledge.

Smulyan, S. (1994). *Selling radio*. Washington: Smithsonian Institution Press.

Tudor, D. (2012). *Korea: The Impossible Country*. [노정태 옮김 (2013). 《기적을 이룬 나라, 기쁨을 잃은 나라》. 서울: 문학동네].

United States Armed Forces in Korea(USAFIK으로 약칭, 1988), 《주한미군사》 2. 돌베개.

United States Department of State. Foreign relations of the United States, 1950, Vol. Ⅶ, Korea, part 1(FRUS, 1950으로 약칭)

RG 59. Department of State, Central File 1950～1954. Box 2541 (RG 59, Dept. of Sate, Box 2541로 약칭)

RG 59. Department of State, Decimal File 1945～1949. Box 4767 (RG 59, Dept. of Sate, Box 4767로 약칭)

RG 59. Department of State, Decimal File 1945～1949. Box 7407 (RG 59, Dept. of Sate, Box 7407로 약칭)

RG 306. Records of the U. S. Information Agency, Box 67.(RG 306, USIA, Box 67로 약칭)

RG 330. Records of the Office of the Secretary of Defense, Armed Forces Radio and Television Service. Histories, Reports, and Program Records Historical Materials. Box 1 (RG 330, AFRTS, Box 1로 약칭)

RG 330. Records of the Office of the Secretary of Defense, Armed Forces Radio and Television Service. Histories, Reports, and Program Records Historical Materials. Box 6 (RG 330, AFRTS, Box 6으로 약칭)

Record Group 330. Records of the Office of the Secretary of Defense, Armed Forces Radio and Television Service. Histories, Reports, and Program Records Historical Materials. Box 12(RG 330, AFRTS, Box 12).

RG 332. Unted States Army Forces In Korea, XXⅣ Corps, G～2, Historical Section,

Box 27 (RG 332, XXⅣ Corps, G-2, Box 27로 약칭, 국사편찬위원회 수집 자료).

RG 332. Unted States Army Forces In Korea, XXⅣ Corps, G~2, Historical Section, Box 27 (RG 332, XXⅣ Corps, G-2, Box 28로 약칭, 국사편찬위원회 수집 자료).

RG 332. Unted States Army Forces In Korea, XXⅣ Corps, G-2, Historical Section, Box 54 (RG 332, XXⅣ Corps, G-2, Box 54로 약칭, 국사편찬위원회 수집 자료).

RG 332, USAFIK, ⅩⅩⅣ Corps, G-2, Historical Section, Annex A: History of Special Service thru Quartermaster Corps Records, December(1 of 4), "E" Bands and Other Entertainment, Box 54. (RG 332, Special Service, Box 54-1로 약칭)

RG 332, USAFIK, ⅩⅩⅣ Corps, G-2, Historical Section, Annex A: History of Special Service thru Quartermaster Corps Records, December(1 of 4), History, Entertainment Section, ⅩⅩⅣ Corps Special Service, 1947, Box 54-2 (RG 332, Special Service,, Box 54-2로 약칭)

RG 334. 8th U. S. Army 1944~1956. Adjunct General Section, Security~Classified General Correspondence, 1951, Box 778(RG 334, Adjunct General Section, Box 778로 약칭)

RG 338, Records of U. S. Army, Operational, Tactical, and Support Organizations (World War Ⅱ and Thereafter), 1917~1993, Staff Section Files 1959, Controller Section, Progress Analysis Files, Quarterly Review, 4th Quaterly, Box 34.(RG 338, Staff Section Files, Box 34로 약칭)

RG 338, Records of U. S. Army, Operational, Tactical, and Support Organizations (World War Ⅱ and Thereafter), 1917~1993, Staff Section Files 1959, Inspector General, Investigative Files: 250/53, Report of Investigation into the 4th Ordnace BN, NCO open Mess, Box 36. (RG 338, Staff Section Files, Box 36으로 약칭)

RG 338. 8th Army Adjunct General Section, General Correspondence Files, 1957~1958. Box 44 (RG 338, 8th Army, Box 44로 약칭)

RG 338. 8th U. S. Army Information Section. Historical Reports 1950~1958. Box1495 (RG 338, U.S. Army Information Section, Box1495로 약칭)

RG 554. Records of General HQ, Far East Command, Supreme Commander Allied Powers, and United Nations Command. Box 12 (RG 554, Far East Command, Box 12로 약칭)

RG 554. Records of General HQ, Far East Command, Supreme Commander Allied Powers, and United Nations Command. Box 24 (RG 554, Far East Command, Box 24로 약칭)

RG 554. Records of General HQ, Far East Command, Supreme Commander Allied Powers, and United Nations Command. Box 25 (RG 554, Far East Command, Box 25로 약칭)

RG 554. Records of General HQ, Far East Command, Supreme Commander Allied Powers, and United Nations Command. Box 105 (RG 554, Far East Command, Box 105로 약칭)

RG 554. Records of General HQ, Far East Command, Supreme Commander Allied Powers, and United Nations Command. Box 119(RG 554, Far East Command, Box 119로 약칭, 국립중앙도서관 수집 자료)

찾아보기